初中数学课堂教学策略研究

蔡 宏 王元慧 朱国华 主 编

北京工业大学出版社

图书在版编目（CIP）数据

初中数学课堂教学策略研究 ／ 蔡宏，王元慧，朱国
华主编．— 北京：北京工业大学出版社，2022.10
ISBN 978-7-5639-8489-3

Ⅰ．①初… Ⅱ．①蔡… ②王… ③朱… Ⅲ．①中学数
学课－课堂教学－教学研究 Ⅳ．① G633.602

中国版本图书馆 CIP 数据核字（2022）第 186501 号

初中数学课堂教学策略研究
CHUZHONG SHUXUE KETANG JIAOXUE CELÜE YANJIU

主　　编：蔡　宏　王元慧　朱国华
责任编辑：李俊焕
封面设计：知更壹点
出版发行：北京工业大学出版社
　　　　　（北京市朝阳区平乐园 100 号　邮编：100124）
　　　　　010-67391722（传真）　　bgdcbs@sina.com
经销单位：全国各地新华书店
承印单位：北京银宝丰印刷设计有限公司
开　　本：787 毫米 ×1092 毫米　1/16
印　　张：19.75
字　　数：395 千字
版　　次：2022 年 10 月第 1 版
印　　次：2022 年 10 月第 1 次印刷
标准书号：ISBN 978-7-5639-8489-3
定　　价：162.00 元

作者简介

蔡宏，中学高级教师，中国数学奥林匹克一级教练员。工作以来多次参与国家级、省级规划课题研究，多篇论文发表或获奖。

王元慧，中学高级教师，曾获得"江苏省优秀青年教师"称号。

朱国华，盐城市文明职工。

前　言

目前，我们已全面进入知识经济时代。在知识经济时代，公众对数学的认识不断提高。数学素质直接影响着人的整体素质，如何提高数学教学的质量和效益，这既是一个理论问题，又是一个实践问题。

本书共分为十章。第一章为初中数学课堂教学概述，分别介绍了数学教学的内涵、基本特点及基本理念，初中数学教学现状与目标，初中数学课堂教学核心理念和初中数学核心素养与数学思想和方法。第二章为初中数学课堂的教学模式，主要从以下四方面展开论述：初中数学自主学习教学模式、初中数学合作学习教学模式、初中数学探究式教学模式和初中数学支架式教学模式。第三章讲述了初中数学课堂的类型，分别为对话互动型课堂、合作型课堂、探究型课堂、开放型课堂和创新型课堂。第四章主要讲述了初中数学课堂的教学方法，从以下两方面进行论述：初中数学课堂教学基本方法和初中数学教学方法优化。第五章讲述的是初中数学课堂的教学艺术，分别为初中数学课堂备课艺术、初中数学课堂讲课艺术、初中数学课堂组织与调控艺术和初中数学课堂交流艺术。第六章主要讲述的是初中数学课堂的教学设计，主要从两方面进行具体阐述，分别为初中数学教学情境的设计与策略、初中数学单元教学设计与策略。第七章主要讲述的是初中数学课堂的教学问题与策略，主要从以下两方面进行具体论述：初中数学教学存在的问题和初中数学教学的策略选择。第八章主要讲述的是初中数学思维培养，分别介绍了数学思维及其品质特征和数学思维训练途径。第九章主要讲述的是初中数学课堂教学的多元化探究实践，分别从初中数学课堂教学与信息技术的整合、初中数学课堂教学与文化的整合、初中数学课堂教学导入三方面进行论述。第十章主要讲述的是初中数学课堂的教学评价与反思，主要从两方面进行论述：初中数学课堂教学评价的实施和初中数学课堂教学反思的提出。

在撰写本书的过程中，笔者得到了许多专家学者的帮助和指导，参考了大量的学术文献，在此表示真诚的感谢！

限于笔者水平，本书难免存在一些疏漏，在此，恳请同行专家和读者朋友批评指正！

目　录

第一章 初中数学课堂教学概述

本章为初中数学课堂教学概述，主要从以下四方面进行阐述：数学教学的内涵、基本特点及基本理念，初中数学教学现状与目标，初中数学课堂教学核心理念和初中数学核心素养与数学思想和方法。

第一节 数学教学的内涵、基本特点及基本理念

一、数学教学的内涵

（一）数学学习过程

数学学习的目的不能被简单地理解为学生得到知识、掌握技能，数学学习的过程也不能被定位成全盘的接受过程。

数学学习的起点和终点源于和服务学生熟悉的现实生活，而数学课程内容则是从学生熟悉的现实生活开始，遵循着人类活动在数学发现中的轨迹，从生活问题过渡至数学问题，从具体问题过渡至抽象概念，从特殊关系过渡至一般规则，从而促使学生实现学习数学并从中获取知识的目标。根据以上发展途径，数学课程可促使课本数学及生活数学间的联系得到加强，为学生提供了解并热爱数学的机会，从而达到数学与生活的和谐统一。

数学学习应当既重视结果，也关注过程。数学课程不仅包括数学的现有概念、定理、法则和公式等，还包括以下两方面内容。①问题数学化。对问题中的数学成分进行符号化处理，将实际问题转变为数学问题。②抽象化处理符号化的问题，使其保持在数学范畴内。

数学学习过程应当是一个充满生命力的过程。学生的数学学习过程仍然包括认真听讲、课堂练习和课后作业等。但是仅限于此是不够的，应该积极提倡多种多样的学习方式，增加动手实践和自主探索与合作交流的机会。

数学学习已不再是原来单一的形式，而是趋于多样化，在教学过程中应该留出一定的时间和空间给学生，以便学生进行自主探索，从而明确自己的思想，共享想法，加深对数学问题的理解与认知，最终掌握基本的数学技能、方法及知识。

（二）数学教学过程

以科学体系为主，忽略学生自己的经验，这是传统数学课程体系的特征。其中的教学

内容也是人为策划组合而成的，教师以这种逻辑方式进行传授，将学生置于被动的地位，学生只需对课本提供的数学题目进行计算及解答即可。传统的教学方式优劣各有，其中优点在于可以为学生提供有计划性的学习，缺点在于学生的视野、思想受到很大的限制，不利于学生创造性及主动性的培养。

在数学教学中应以学生的生活经验为起点，既考虑学生学习数学的心理规律，又对数学固有的特点进行考量。同时确保在学生已有的知识基础及认知水平上，创建数学教学活动。应从学生终身学习的愿望出发，依据学生的心理发展规律及年龄特点选材，做到覆盖面广，从而形成有价值的数学素材。

举例来讲，数学素材应选取人们熟知的内容，以贴近生活、贴近实际，从而产生学习的动力。换句话说，提出的问题应当具有时代性、开放性且能满足学生的需求。

数学教学活动应该成为激发好奇心的源泉。而这样的数学教学就要从学生的生活经验和已有的知识体验出发，从直观的和容易引起想象的问题出发，让数学教学包含在学生熟悉的事物和具体情境之中，并与学生已经了解或学习过的数学知识进行联系，特别是与学生生活中积累的常识性知识和已经具有的但不那么严格的数学活动经验进行联系。

就学生的智力活动而言，数学学习本质上可以视为一种思维活动。数学内容本身所具有的抽象特征，使得数学学习结果与数学思维的相关性十分明显。因此，基于学生的数学思维开展教学是非常必要的。

一方面，由于初中学生正处于由具体运算阶段向形式运算阶段发展的过程之中，因此他们尽管可以从事逻辑思维活动，但还只能对具体事物或形象进行操作，而无法在头脑中把形式和内容分开，难以超出所感知的具体事物或形象，进行抽象的逻辑思维和命题运算。比如：几何证明一定要基于图形来进行，否则难以深入；代数运算需要赋予适当的数值、背景，否则很难理解其含义；概率模型和事件发生可能性的计算也需要借助具体的案例才能真正理解；等等。另一方面，学生的数学学习应当能够促进其思维得到发展，所以教学活动的设计和实施也应当致力于"思维的发展"。例如，在培养学生空间观念的教学环节中，开始的活动环节可以是"先动手操作，再借助想象"，而在学习的后期则可以是"先借助想象，再操作验证"，以使学生的空间想象能力的发展有一个实质性飞跃。

为了更好地开展数学教学活动，教师应做到以下两点。

第一，重新定位教师角色。在数学学习活动中，教师起到组织、引导及合作的作用，在这个过程中，教师已经不再是纯粹的传授者，而转变为学生发展的促进者。以下是对角色的解析：①组织者，收集学习资源，并组织学生开展有意义的数学学习活动，营造良好的课堂学习氛围；②引导者，对学生学习活动起到一定的引导作用，并激发学生对先前的知识及经验进行探究，对学习活动做进一步的引导，从而最大限度地发挥课程资源的价值；③创建一种平等、民主且和谐的师生关系，营造一种宽容、理解且信任的氛围，激发学生的学习兴趣。教师应与学生就学习的数学主题开展研究，并在活动过程中给予必要的建议，同时转变教师角色，从以往的教师教学生转变为师生之间的相互学习，为学生创设问题情境，使自己掌握的知识与学生思考的问题产生联系。

第二，教师针对不同的答案，可在加深理解的基础上，鼓励学生展开一系列的探讨，鼓励其将自己的思想及成果与同学分享，并审视自我看法。对于教师而言，需以学生为主体，善于抓住学生的想法，进而促使其关注重要问题。在这样的理念之下，数学教学活动就不再是一个单向的"知识传递的过程"，而是一个借助多向互动（学生之间、师生之间），共同"创造与应用"数学的过程，数学课堂也不再仅仅是"传递数学的场所"，而是一个"交流数学的场所"。

二、数学教学的基本特点

创新与探索是数学教学永恒的话题，也是数学教学实践所表征出来的基本特征。数学教学实践需要在理论的指导下不断地进行创新与探索，探寻数学教学发展的新路，引领学生获取人生发展过程中必备的数学思维品质和关键能力，让数学教学不断绽放生命的火花。

（一）理论与实践相融合

数学教学是数学教学理论支撑下的实践探索过程，在数学教学现实中既彰显其理论特质，又体现其实践灵动。对于数学教学需要基于理论的视角来透视现实，着力于教师、学生在数学教学中的行为表现，给予数学教学改革以支撑点，展开丰富多样的调研，剖析数学课程改革背景下教师教学观、数学观、行为方式、专业发展、科研现状等方面的实际情况，对学生学习策略、学习效能、认知方式、心理表征、情感态度、学习能力等方面进行调查研究，深度解析现实数学教学中存在的一些问题，充分体现出数学教学理论与实践相结合的特质，促进理论与实践的深度融合。

（二）现实问题与教学系统相融合

在探索与创新数学教学活动的过程中，一定要直击现实问题的要害，如：在教学设计环节，教师过分关注成绩，在教学实施中紧扣考纲，使数学教学应有的拓展性、实践性、发展性不足；在教学实施环节，出现教与学的分离，学生学习的主动性、积极性和创新性不高，缺乏问题意识；在评价反思环节，重结果轻反思，激励性评价偏少，一些应有的开放性、应用性、综合性、探究性题型在平时的周考、月考等检测中很少见，以成绩排名造成师生压力过大，使许多师生产生了一定的焦虑；在数学教学的其他环节，如课外实践、德育渗透、跨学科融合方面也存在着不足，从而使数学教学实践的时代性不强，一定程度上影响了数学教学质量的提升。对这些问题的研究要在数学教学系统中思考，全方位透视，从中分析出问题的要害，总结经验教训，开展对当下数学教学现实问题的调查，在继承传统的基础上，在国内外对比分析的过程中，对数学教学现实问题进行诊断分析，结合现代数学教学理念，分析传统优势，去其糟粕，取其精华，对数学教学改革与发展提出创新性的观念，充分体现研究数学教学问题的现实性、探索的深刻性、教学的解惑性、方向的指引性。

（三）深度调研和精细实验相融合

基于现实数学教学实情的探索与创新必须扎根于真实的数学课堂，从不同的层面，如数学教学理念、数学教学设计、数学教学内容、数学教学实施、数学学习方式、数学教学评价、数学教学管理等维度展开深度调研与精细实验，密切关注数学教学改革新动向，从真实的课堂、研究的论文、进行的课题中分析数学教学变革的新动向，要从关注具体的数学教学过程发展到关注数学教学主体——师生的观念、发展特点，再到关注数学教学的效率、理解程度、认知结构、发展水平及素质提升等，不断深入地探析数学教学的实质。在深度调研与精细实验中既要继承我国成功的经验，又不忘吸取他国优秀的理念，不断地对数学教学进行方法引领、思想转变与境界提升方面的探索工作，同时要从数学教学哲学的高度触摸数学教学发展之动向，促使数学教学系统化跟进。

三、数学教学的基本理念

（一）弗兰登塔尔数学教育理论

1. 对数学本质的看法

荷兰数学家弗兰登塔尔认为：数学是系统化了的常识，而常识并不等于数学，常识要成为数学，必须经过提炼和组织，而凝聚成一定的法则（如加法交换律）。这些法则在高一层次又成为常识，再一次被提炼、组织，而凝聚成新的法则，新的法则又成为新的常识，如此不断地螺旋上升，以至于无穷。这样，数学的发展过程就显出层次性，构成许多等级，同时也形成诸如抽象、严密、系统等特性。

"数学是一种相当特殊的活动"，这种观点区别于"数学作为印在书上和铭记在脑子里的东西"。他认为，数学家或者数学教科书喜欢把数学表示成"一种组织得很好的状态"，也即"数学的形式"，是数学家将数学（活动）内容经过自己的组织（活动）而形成的；但对大多数人来说，他们把数学当成一种工具，他们之所以不能没有数学是因为他们需要应用数学。这就是，对于大众来说，要通过数学的形式来学习数学的内容，从而开展相应的（应用数学的）活动。

2. 关于数学教育的用处与目的的观点

学习数学究竟为了什么？进行数学教育，最终要达到什么效果？这是人们议论最多，也常常困扰学生、家长和教师的问题。对此，弗兰登塔尔从数学教育的角度，通过对通常提到的数学教育的用处和目的进行仔细的分析和探讨后指出："数学教育最大的问题就是用处和目的之间的分歧，任何一个其他的教育领域，都不像数学教育那样，在无用处的目的与无目的的用处之间有着如此大的距离。"

首先，他指出，数学教育的目的很难确切地表达。一方面，因为数学应用广泛，又有高度的灵活性，且每个人将来究竟需要用到哪些数学难以预测，因此数学教学必须从数学内在的体系出发，通过整个数学教育让学生掌握数学的整个结构，但又不能忽视社会和学生的实际需要，一味地为培养数学家而进行数学教育。对此他强调说："除了未来的数学家，还有许多人必须学数学，其中只有少数人会用到比较复杂的数学，大多数人只用一些简单的数学，而即使是那些从不应用数学的人，也应该学习数学，因为数学已经成为人类生存所不可缺少的一个方面。"另一方面，由于从过去、现在一直到将来，教数学的教师都不可能浮在半空中，学数学的学生也必然属于社会，因此认真考虑数学在社会中的角色，应该成为数学教育的首要目的。即数学教育必须让学生了解数学在解决实际问题中的作用，会运用数学于具体现实。

其次，他指出，通常人们认为数学是"智力的磨刀石"，对所有的人而言，数学都是必不可少的思维训练，甚至强调数学可以训练人的逻辑思维，把数学作为测量学生智力和潜能的一种方法。但究竟什么是逻辑思维？是否存在思维训练？数学又是不是其中一种呢？甚至是最好的一种？以及数学学好了就等于一切都有可能学好了吗？这些都是很难回答的问题。

最后，他指出，人们也常常因数学可以解决许多问题，而对数学产生极高的信念，以为数学可以给人们提供解决各种问题的手段、背景，以及思维方法，这就为综合地分析各种因素，顺利地解决各种问题创造了条件，从而形成了能力。但数学究竟能培养哪些能力、数学与这些能力培养之间有多么密切的联系等也都是难以确切回答的问题。

对于数学教育的任务，弗兰登塔尔认为，每个人都有自己的"数学现实"，每个人在数学上能达到的层次因人而异，这决定于先天与后天的条件，但是，一个多数人都能达到的层次是必然存在的。因此数学教育的任务就在于帮助多数人去达到这个层次，并努力不断提高这个层次和指出达到这个层次的途径。

弗兰登塔尔在以上认识的基础上，提出了他对数学教育的看法。在他看来，数学教育具有以下五种特征。①情境问题是教学的平台。②数学化是数学教育的目标。③学生通过自己努力得到的结论和创造是教育内容的一部分。④"互动"是主要的学习方式。⑤学科交织是数学教育内容的呈现方式。这些特征又可概括为——数学现实、数学化、再创造。

（二）建构主义理论

1. 建构主义的知识观

知识的本质和知识是如何获取的问题是人类社会在数千年的发展过程中一直都在探究的一个悬而未决的难题。对此，作为一种认识论的建构主义必然要对知识问题做出明确的回答。知识观是建构主义思想中的一个核心问题。

传统知识论，即客观主义知识论认为，知识是客观世界的本质反映，是对客观事物的准确表征，知识是现存的，是独立于认识者之外的。知识只有在正确地反映外部世界的情况下才被认为是正确的，客观知识就是真理。在这种认识论思想中，科学概念是与各种事物相对应的，科学命题、原理、定理等是经过科学验证的，对事物唯一正确的、真实的解释。科学知识是有逻辑的、系统的、精确的，并且必须是用一套客观的方法加以验证的，而且只有这类知识是科学知识。对于一个人来说，只要掌握了这种知识，便掌握了这个世界的运转法则，便具有了支配世界的力量。知识是学习的重要内容，也是学习的主要结果。传统的客观主义知识观一直延续至今，并在指导和左右着学校的教育教学实践。

建构主义对什么是知识、怎样看待这些古老的问题做出了令人耳目一新的解释和回答。主要体现在如下几方面。

①知识不是对现实的纯粹客观的反映，任何一种传载知识的符号系统也不是绝对真实的表征。它只不过是人们对客观世界的一种解释、假设或假说，它不是问题的最终答案，它必将随着人们认识程度的深入而不断地变革、升华和改写，出现新的解释和假设。

②知识并不是绝对准确无误地概括世界的法则，也不能提供对任何活动或问题解决都

实用的方法。在具体的问题解决中，知识是不可能一用就准、一用就灵的，而是需要针对具体问题的情境对原有知识进行再加工和再创造。

③知识不可能以实体的形式存在于个体之外，尽管通过语言赋予了知识一定的外在形式，并且获得了较为普遍的认同，但这并不意味着学习者对这种知识有同样的理解。真正的理解只能由学习者自身基于自己的经验背景而建构起来，取决于特定情况下的学习活动过程。否则，就不叫理解，而是叫死记硬背或生吞活剥，是被动的复制式的学习。

按照建构主义的观点，课本知识只是一种关于某种现象的较为可靠的解释或假设，并不是解释现实世界的"绝对参照"。某一社会发展阶段的科学知识固然包括真理，但是并不意味着终极答案，随着社会的发展，肯定还会有更真实的解释。更为重要的是，任何知识在被个体接受之前，对个体来说是没有什么意义的，也无权威可言。所以，教学不能把知识作为预先决定了的东西教给学生，不要以我们对知识的理解方式来作为让学生接受的理由，用社会性的权威去压服学生。学生对知识的接受，只能由他自己来建构完成，以他们自己的经验为背景，来分析知识的合理性。在学习过程中，学生不仅理解新知识，而且对新知识进行分析、检验和批判。

2. 建构主义的学习观

学习是什么或什么是学习，看上去似乎是很简单的问题，但是，在建构主义的学习思考提出之前，我们对它的认识并没有真正解决。这就是源自鼠和狗等动物的学习行为的学习理论统治了我们学校教育和学习活动如此之久的缘故。建构主义就是针对行为主义这种并不符合人的学习规律的学习假设和实践而提出了自己关于学习的反思和理解。

①在建构主义看来，同化和顺应是学习者认知发生变化的两种途径或方式。

同化是认知结构的量变，而顺应则是认知结构的质变。同化—顺应—同化—顺应……循环往复，平衡—不平衡—平衡—不平衡相互交替，人的认知水平就是这样一个结构变化的过程。由此可言，学习不是简单的信息积累，而是新旧知识经验的冲突，并由此而引发学习者认知结构的重组或改变。

②学习是个体主动建构自己知识的过程。

"知识不是通过感觉或交流而被个体被动地接受的，而是由认知主体主动地建构起来的，建构是通过新旧经验的相互作用而实现的。"这一观点得到所有建构主义者的认同。有人在给建构主义的学习概念下定义时是这样界定的："学习是一个积极的建构过程，它总是在某一种关系和情境中、在多维度和系统的关系中发生一种积极的建构过程。"因此，学习不是由教师把知识简单地传递给学生，而是由学生自己建构知识的过程，学习过程不只是信息的输入、存储和提取，而是新旧经验之间的双向的相互作用过程，也就是学习者与学习环境之间双向建构的过程。

③学习意义的获得，是每个学习者以自己原有的知识经验为基础对新的信息进行编码，建构自己的理解。

当原有知识因新经验的进入而发生调整和改变时，即建立在自己的解释和理解基础上时，学习才称得上是主动的。而只有这种主动的学习才能促进学习者积极进行思维，才能使新的知识和其原有的知识与经验的联系重新得到建构。对于学习者来说，重要的是能够经历一个学习过程——自己体验那种具有重要意义的真实的建构。

④我们应该注意到还存在着其他人的建构，也就是说学习既是学习者个人的建构活动，同时也是学习共同体的合作建构过程。

个体的建构活动要在一定的社会文化背景中进行，而且必须与学习共同体的建构相结合。通过学习者的合作，既能使个体的理解更加丰富和全面，又可以使知识达到必要的一致性。

（三）情境认知理论

1.情境认知理论的基本观点

（1）情境认知理论的知识观

情境认知理论认为，所有的知识都和语言一样，其组成部分都是对世界的索引。知识源于真实的活动和情境，并且只有在运用的过程中才能被理解。因而，只有在丰富的社会真实情境中运用知识，人们才能真正理解它的内涵并正确、灵活地使用知识。知识是活动、情境和文化的一部分，它正是在活动中，在丰富的情境中，在文化中不断地得到运用和发展的。情境认知之所以将知识看作工具，是因为知识和工具一样只有在应用的过程中才能完全被理解，它的概念既是情境性的，又是通过活动和运用而不断发展的。情境认知理论不是把知识作为心理内部的表征，而是把知识视为个人和社会或物理情境之间联系的属性以及互动的产物，并试图通过实践中的活动和社会性互动促进学生的文化适应。因此，参与基于社会情境的一般文化实践是个人知识结构形成的源泉。情境认知理论要求注意知识表征的多元化问题，并加强各种知识表征（语义的、情节的和动作的）之间的联系，同时注意使知识表征与多样化的情境关联，并要求处理好情境化与非情境化之间的平衡。

（2）情境认知理论的学习观

情境认知理论认为，学习要在一定的情境或文化中发生才有效。这样的学习有利于提高学生解决问题的能力，而脱离情境的学习则无此效果。因此，真实活动是学习者进行有意义、有目的学习的重要途径，对学习者知识的获得十分重要，应当成为学习的中心。情境认知理论认为，学习不仅仅是为了获得一大堆事实性的知识，学习还要求积极思考并且产生行为，要求将学习置于知识产生的特定的物理或社会情境中，学习更要求学习者参与具体情境中的真正的文化实践。

（3）情境认知理论的教学观

情境认知理论认为只有当学习被镶嵌在运用该知识的情境中时，有意义学习才有可能发生。因此在教学中要提供真实或逼真的情境与活动，以反映知识在真实生活中的应用方式，为理解和经验的互动创造机会，提供接近专家以及对其工作过程进行观察与模拟的机会；在学习的关键时刻应为学习者提供必要的指导与搭建"脚手架"；在学习过程中为学习者创设可扮演多重角色、产生出多重观点的情境提供帮助；构建学习共同体和实践共同体，支持知识的社会协作性建构；促进对学习过程与结果的反思，以便从中汲取经验，使缄默知识转变为明确知识。

（4）情境认知理论的评价观

情境认知理论认为，评价必须模拟真实性任务，并能引发学习者进行比较复杂的思维。同时，在确定评价标准时，必须考虑到问题是有多个角度的，因此答案不是唯一的。评价的焦点应是真实情境中解决问题的认知过程，使学习者不仅关注测试的结果，更要注意自己认知策略和知识结构的发展。另外还要提供对于学习的真实性、整合性的评价。

2. 情境认知理论在教学中的应用

情境认知强调在真实的情境中通过完成真实的任务来获得知识与技能，并推崇认知学徒制策略，因而与传统的教学设计相比，表现出极大的差异。因此，基于情境学习理论的教学设计必须考虑以下四点。

（1）教师必须选择复杂的、真实的情境

这种情境能使学习者有机会生成问题、提出各种假设，并在解决结构不良的、真实的问题的过程中获取丰富的资源，同时，该情境还能提供其他丰富的例证或类似问题以使学习者产生迁移。大量的缄默知识隐含在共同体的实践之中，难以进行明确的教学。因而，对教学设计者最大的挑战是，他所设计的学习情境要让学习者"偷窃"到他们所需的知识。在学校学习中，学习情境一般不可能是实际的工作环境，这可以通过由录像提供的逼真的"虚拟"或仿真的情境或学生实地考察来代替。

（2）设计者必须给学生提供适当的支撑

支撑是指学习者处于维果茨基所说的"最近发展区"的最佳挑战水平上时，给予适当的支持，同时，随着学习者从新手向专家的转变，这种支撑要逐渐减少。支撑的方法包括内隐的思维过程的外化，给予暗示性与间接的指导等。此外，在专家身边工作以及与同伴合作也能提供有效的支持。

（3）教师必须转变角色并努力适应新的课堂文化

教师不再是知识的传授者而是学生学习的促进者。教师要转变角色，这并非易事，尤其在我国有数千年的"师道尊严"与教师"讲习"的传统。因而许多教师本身可能也需要得到实践共同体的支持以便实现这种转化。

（4）设计者必须在学习过程中对学生实施持续的现场评定

传统测验主要是回忆陈述性知识与程序性知识，而不能适当地评价高级思维技能与发现问题以及解决问题的能力。情境认知的评价出现以下若干种趋势：自我参照评定；灵活考查迁移能力；以学习者为中心；评价尺度的多样性与灵活性；要求生成与建构；实施持续的、进行中的过程评价。总之，评价要与学习自然地整合在一起。

第二节　初中数学教学现状与目标

一、初中数学课程的主要性质

义务教育阶段的数学课程应突出体现基础性、普及性和发展性，使数学教育面向全体学生，人人都能学有价值的数学，人人都能获得必需的数学，不同的人在数学上能得到不同的发展。

义务教育阶段的数学教育面向全体学生，因此具有以下三个特点：基础性——为学生未来的学习、就业与生活打基础;普及性——符合全国各地学生的学习需求;发展性——能够有助于学生的进一步发展。

①人人都能学有价值的数学。学生在义务教育阶段,了解并掌握数学知识及方法,从而在以后的社会中适应自身的个性化发展,使得思维得到启迪,智力得以开发。学生与"有价值"的数学形成紧密联系,构成对学生有吸引力的内容。素质教育赋予"有价值"的数学更为广泛的意义,使学生的人格得到健全,形成向上的价值观,使得学生的科学精神、求实态度、创新合作意识、自信心及责任感得以培养。可以说,"有价值"的数学既有助于学生学习,又可以为学生在事业上提供更多的帮助。

②人人都能获得必需的数学。学生通过学习必需的数学,可满足未来的生活所需,这是数学立足于生活现实的基本出发点。事实上,通过多种途径可实现"人人都能获得必需的数学",其中最基本且最有效的是在学生熟悉的生活中对数学进行发现、掌握及运用,从中领悟数学与个人成长的关系。

③不同的人能在数学上得到不同的发展。学生在生活中都有着一定的生活积累以及丰富的知识体验,也就是说不同的学生处理问题的思维方式及解决方案各不相同,所以课程覆盖范围是广泛的,有很多供学生思考、探究及动手操作的题材,让学生接触、了解、钻研自己感兴趣的数学问题,从而满足学生的数学需要,挖掘每个学生的潜能。同时,从满足每个学生所需出发,为具有特殊才能的学生提供更多的发展机会。

二、初中数学的教学现状

(一)初中数学教学的可喜变化

1. 教师的变化

(1)教师教育观念的变化

教师的知识观、教材观、学生观、教学观,正在悄然发生变化。教师对知识的理解发生了变化,多数教师普遍认同建构主义的知识观,即知识不是静态的结果,而是一种主动建构的过程。教师在教学中能够采用探究、讨论、实验、合作等多种教学活动形式,使学生与学习对象相互作用,使其主动认知、主动建构并获得充分发展。

教师把学生看作自主的学习者,学生来到学校,不应是被动地接受知识,而应是主动地进行知识的建构。通过自主的知识建构活动,学生的创造力、潜力等得以发挥,情感态度、价值观得以培养,个性得以发展。

教师普遍认为教学是对话与知识的建构活动,没有与学生沟通的教学是不可想象的。新课程教学中,教师与学生是平等的关系,师生相互尊重、真诚交往、共同探求知识,交流获得知识的体验。教师不再把教会学生知识作为唯一的教学目标,而是在教学目标中让学生掌握学习方法、激发学生的学习兴趣,使学生在探索中掌握知识。学生的情感态度、价值观与知识同等重要。

教师谈论的话题是教学如何从学生的经验和体验出发,密切知识与生活之间的联系,如何引导学生不断深入地观察和体会社会生活,如何在实际活动中发现问题,并运用所学知识去解决问题。

（2）教师教学方式的变化

教师的教学行为正在逐步变化。通过对一定区域内中学学生进行调查发现，有大致半数的学生认为教师所采用的教学方法是"讲授与探究"相结合的，其中也有少数学生认为教师的教学过程是"以学生探究为主"的。调查发现，在初中教学课堂上，有大约一半的学生认为教师是非常注重探究教学过程的，同时认为教师十分注重自身对于学习的兴趣、积极性和进取心。通过实地调研也可以看到，教师在教学中能激发学生学习的积极性，为学生提供从事探究活动的机会，指导学生自主探究。教师经常使用"你有不同意见，请讲"这类语言，教师正在逐步成为学生学习的组织者、引导者与合作者。

教学中教师尊重学生的个体差异。在学生讨论时，教师走下讲台，对学生进行个别指导；在课堂教学中，教师让学生进行开放式提问；在解答问题的过程中，教师让学生参与，经常使用"谁来回答问题""还有其他的答案吗"这类语言，让学生各抒己见，积极讨论，引导学生在讨论中思考。在合作中交流，教师为学生留有更多的思考时间，并经常使用"你再想想""让我们来帮帮他"等鼓励性的语言。

（3）教师评价方式的变化

教师评价观方面有较大的转变。评价的目的应是促进教师不断改进教学，促进学生的发展，因此评价的主体是多元的（包括教师、学生、领导、家长），评价学生的方式也应是多样的。在教学实践当中可以得知，大部分的教师在评价学生的过程中是十分注重学习过程的，而绝大部分的学生也同时认为教师对于学生学习的兴趣、积极性和主动性等是十分注重的。可喜的是，教师认为自己在教学中非常关注学生在学习活动中表现出来的情感态度和价值观。

教师评价学生的方式呈多样化态势。如有的班级采用在学生姓名下面画小红旗的方式，对学生在各门学科中取得的点滴成绩、在课堂中质疑探究取得的成绩等予以记录，获得二十面小红旗就可以获得一朵小红花。班里有"学生多样化评价栏"，班内选出了"学习优胜者""劳动模范""克服病痛的强者"等。这种多样化的评价方式极大地调动了学生的积极性、主动性，有助于学生个性的发展。

（4）教师的专业化成长

长期以来，多数教师把自己的职业角色定位在无所不知、无所不晓的"百科全书式"的理想模型上，总是期望自己成为博学者。随着时代的发展、知识信息的飞速增长，若教师还以无所不知、无所不晓作为职业目标的话，那么他将无法适应多变的时代。现在，教师成为研究者的理念正在逐步得以体现。许多教师意识到"不仅要考虑教什么和怎样教的问题，而且要思考为什么教的问题"，教师感到教学压力比以前大了，已经意识到自身的职业角色正在发生变化，正由"教"转向"导"。有的教师说："课标强调教师去指导学生探索发现知识，但由于以往的定式，有时觉得无所适从，但我也在努力地去做"。这表明教师的观念正在发生转变，正在朝着课标要求的方向改变。

2. 学生的变化

（1）教学中学生有独立思考的时间和空间

教师在课堂上少讲、精讲，留给学生更多的自主学习时间，激活了每一个学生的思维，回应了学生的"给我一次机会，还你一个惊喜"的期盼。教育的本质是解放人，使人更自由，让人发挥出最大的潜能。因此，自主学习是课标追求的目标之一。自主学习不仅可以培养学生的自主学习意识和学习能力，而且更重要的是有助于学生养成独立的人格和善于独立思考的习惯。

（2）课堂上师生平等对话，学生敢于质疑

课堂上建立民主平等的师生关系，学生作为独立的个体，根据自己的生活方式、性格特点、社会经验、知识水平去体会、去感悟，通过一题多解、不同角度观察、分析问题并形成一定的解答方法和技能，打破统一答案、唯一答案的"学习标准"。敢想、敢说、敢问、敢演、敢答，张扬了学生的个性，激发了学生的潜能。

（3）课堂上实现师生互动、生生互动

课堂上每个学生可以尽情地展示自己或小组的学习成果，教师以平等的身份与学生互动，提高了学生学习的积极性和主动性。经过生生互动、师生互动，形成生生、师生间思维的碰撞，使学生乃至教师加深对教学内容的理解。更为重要的是，学生拥有了自信和快乐地学习的空间，其意义不只在于学习成绩和学习能力的提高，更在于有效地促进了性格的发展，进而形成良好的学习习惯，为学生的终身发展打下良好的基础。

（4）学生成为课堂教学的主角

教师把课堂还给学生，相信学生、依靠学生、发展学生，真正调动学生学习的积极性，让学生的脑、手、口、眼都动起来。学生学习既有自主、自悟、自结，又有合作交流，学生相互启发、共同探究，学会学习，成为学习的主人。

（二）教学活动中存在的问题

1. 数学教学内容繁多，学生学业负担过重

就我国现代数学教育现状来看，我国数学学科的学习难度明显高于其他国家，课后作业量也明显高于其他国家。这一现状容易使学生掌握知识不牢固，对知识理解不深入，容易使学生形成挫败感，导致学生对数学产生厌烦心理，从而不愿意学习数学，最终给我国现代数学教育理论研究的发展造成阻碍。

2. 数学教育理论大于实践，学生应用意识不强

就目前来看，我国现代数学教育教学理论仍然过多看重学生对知识的掌握程度以及考试分数的高低，对学生在实际生活中的应用关注力度不够。这一现象，一方面容易导致学生只注重学习课本知识，又对学习到的知识不能很好地进行应用，造成学生过度崇拜高分，再加之对实际生活的应用意识不强，造成高分低能的现象；另一方面，容易导致学生缺乏自我思考、自我创新的意识，迷信权威，缺乏严谨的钻研态度和良好的学习习惯。

3. 数学教学模式陈旧，学生自主思考意识薄弱

目前，我国现代数学教育教学模式存在一些问题，教学方式比较落后。在课堂上仍然较多地采用"教师讲，学生听"的方式来进行教学，一方面容易导致学生缺乏自主思考的意识和意愿，只听教师的讲授，不对知识进行思考；另一方面容易导致课堂枯燥无味，使

学生学习数学成了被迫性的学习，无法调动学生自主学习数学的积极性。学生没有兴趣学习数学，也就不能培养学生对数学学科的兴趣和热爱，从而影响学生的潜能开发和个性发展。

4. 课后作业设计单一

在调查中发现，当前数学教师在设计课后作业时依然存在诸多问题，集中体现在几个方面。首先，数学作业量大。部分数学教师为了提高学生的数学成绩更加青睐"题海战术"，常常给学生布置大量的课后作业。数学作业量大且具有重复性，不仅增加了学生的学习负担，还导致学生在学习的过程中产生了极强的抵触情绪。其次，缺乏差异性。数学教师在设计课后作业时，忽视了班级中不同层次学生的学习需求，致使设计的作业难度系数偏高。最后，作业形式单一。当前部分数学教师在设计作业时常常集中在计算训练中，类型单一且枯燥，难以真正满足学科素养下的学习需求。

5. 教学评价形式单一

现阶段数学教学评价受到应试教学理念的束缚，教师在对学生进行评价时过分关注学生的数学成绩，忽视了学生在数学学习中的思维、能力、情感等目标，难以真正实现初中学生的全面发展。另外，在当前初中数学教学评价中，评价主体较为单一，导致学生始终束缚在被动评价的状态下，难以在参与教学评价的过程中实现自身的全面发展。

（三）影响初中数学教学的主要因素

1. 传统教育理念影响较大，学生群体教学价值未得到发挥

相关研究表明，就目前而言，在我国初中数学教学过程中，由于受到传统应试教育理念的影响相对较大，因此部分教师主要以自身作为教学工作的出发点，在教学过程中，并未有效实现对于学生群体教学价值的充分认识，从而导致教学过程中师生交流互动相对较少，进而不利于学生有效实现对于课堂教学环节的合理参与。研究人员指出，在这一问题的影响下，学生群体往往难以在数学教学过程中形成数学思维，继而对其数学知识理解水平造成不良的影响。

2. 课堂教学模式较为单一，不利于良好教学氛围的营造

从教学工作的角度分析，就目前而言，在我国初中数学教学过程中，部分教师所应用的教学模式较为单一，与此同时，在数学知识讲授问题上，教师以板书教学结合传统讲授为主，基于此，学生往往难以合理实现对于抽象知识的充分理解与直观认识，进而对其学习兴趣的培养造成了不良的影响。此外，基于传统的教学模式，学生的主观能动性往往受到抑制，不利于营造良好的课堂教学氛围，这对初中生数学素养的提升造成了不利影响。

3. 教学评价体系尚不完善，影响了课堂教学方法的调整

针对现阶段我国初中数学课堂教学方法缺乏针对性的问题，经过大量分析，研究人员

指出，造成该问题的主要原因是部分数学教师在进行数学知识教学的过程中并未实现教学评价环节的合理设计，从而导致教师往往难以对学生的数学知识理解水平进行充分的评估与认识。从全局观的角度分析，在这一问题的影响下，多数数学教师在进行数学教学设计的过程中往往带有一定的主观性，进而对教学工作的质量造成一定的不利影响。

二、初中数学的教学目标

教学目标是课堂教学的核心和灵魂，是课堂教学的根本出发点及归宿，它支配着教学的全过程，关系到教学活动的导向、教学内容的取舍、教学方法的运用和教学效果的评价等。在新课标理念下确立的教学目标应该具有全面性、明确性、层次性，既符合数学课程标准的要求，又符合学生的学习实际。

（一）对教学目标的基本认识

1.教学目标的含义

刘芳在其所发表的《高中思想政治课教学目标的价值取向研究》一文中指出：教育目的、教育目标、培养目标和课程目标的主要意图和方针都要通过教学目标来体现——它是教学活动的起点和终点，也是教学评价的重要依据。李如密在《中国教育学刊》上发表的《教学目标与目标教学》一文中指出：教学目标是指教学活动主体预先确定的，在具体教学活动中所要达到的，利用现有技术手段可以测度的教学结果。

覃翠萍、梁星全在《科技咨询导报》2007年第16期发表的《如何制定教学目标》一文中指出：所谓教学目标，就是预先确定的通过教学可以达到的，并利用现有技术手段能够测度的教学结果，是教师希望学生从该学科和每节课中应该学到的东西。它是组织、设计、评价一节课的基本出发点和依据，没有教学目标就好像一个人没有了灵魂、没有了思想，干什么都漫无目的。有了教学目标，教师才能根据教学目标去组织课堂教学，设计教学的程序等。教学目标这一概念具有四层含义：一是教学目标是师生双方共同的目标，对于教师来说，就是讲授的目标；对于学生来说，就是通过教学活动最终产生的终结行为的变化。二是教学目标是一种预期结果，是教学活动过程终结后出现的结果，而不是现实变化。三是教学目标是经过努力可以达到的结果，是具体可操作的。四是教学目标是可以测量的。

李旭东、何敏在2007年发表的《浅论教学目标》一文中指出：教学目标是教师从事教学活动之前所设想的行动要达到的目的与期望。它有两方面的含义：①它是以学生的身心变化为标准的。②学生的这种身心变化是从教师的期望开始的，教师为实现期望就要在整个教学过程中为之奋斗，通过不断备课、讲课，从中总结经验改进教学，提高教学质量。

2.课堂教学目标的确定

课程是学校教育的核心，课程目标是教学工作的方向和应当达到的水平或程度。教学目标是课堂教学的核心，课堂教学目标只是指导某一节课的教学过程。一方面，课堂目标是以课程标准所规定的知识内容、教学要求等为依据制定的。另一方面，课程目标又不能代替课堂目标，它们之间是"上位与下位""普遍性与操作性""总体要求与具体结果"的关系。另外，课程目标是既定的，课堂目标是生成的。

教学目标是期望学生在完成学习任务后达到的程度，是预期的教学成果，是设计、实施和评价教学的基本出发点。然而，经过调研发现，目前一些教师在教学目标设计方面仍存在一些问题。

①对教学目标设计认识不足，一些教师在设计教学目标时照抄参考书。

②教学目标空泛，不具有操作性、可评价性。

③教学目标不分主次，缺乏针对性。

④教学目标描述行为主体不明确，行为动词不规范、不具体。

教学目标确定的三个要素：

（1）课程标准

《义务教育数学课程标准（2022年版）》是纲领性文件，是教材编写、教学、评估和考试命题的依据，是国家管理和评价课程的基础，具有法定性、指导性。其指出，要制订指向核心素养的教学目标，具体如下所述。

《标准》将义务教育数学课程的总目标表述为：通过义务教育阶段的数学学习，学生逐步会用数学的眼光观察现实世界，会用数学的思维思考现实世界，会用数学的语言表达现实世界。学生能获得适应未来生活和进一步发展所必需的数学基础知识、基本技能、基本思想、基本活动经验；体会数学知识之间、数学与其他学科之间、数学与生活之间的联系，在探索真实情境所蕴含的关系中，发现问题和提出问题，运用数学和其他学科的知识与方法分析问题和解决问题；对数学具有好奇心和求知欲，了解数学的价值，欣赏数学美，提高学习数学的兴趣，建立学好数学的信心，养成良好的学习习惯，形成质疑问难、自我反思和勇于探索的科学精神。

总目标以"三会"为统领，体现基于知识内容学习的"四基"、基于问题解决的"四能"（发现、提出、分析、解决问题的能力）及在学习过程中形成的情感、态度、价值观。其中，"四基"自2011年版课标提出后已经被广泛接受，并在数学教育教学实践中有较为深入的研究，逐步形成了共识；问题解决能力是国际上公认的数学教育的重要目标，培养学生的"四能"，是培养创新型人才不可或缺的；培养学生良好的情感、态度、价值观，是全面育人教育方针的要求。

《标准》依据不同学段学生的发展特征，将总目标的三个方面分解为四个学段的学段目标。学段目标基于不同学段的内容要求，融入核心素养的具体表现，为教学内容的选择、教学活动的组织、教学评价的设计提供依据。

（2）教材知识体系

首先，要对章节、单元、全册或全套教材进行梳理，通盘了解，基本了解本学科的体系和结构、知识的前后顺序、章节或单元目标和重点以及课时分配等，这对本学期的教学起到纵观全局的统领作用。如图1-2-1所示，为初中数学课程的部分知识体系。

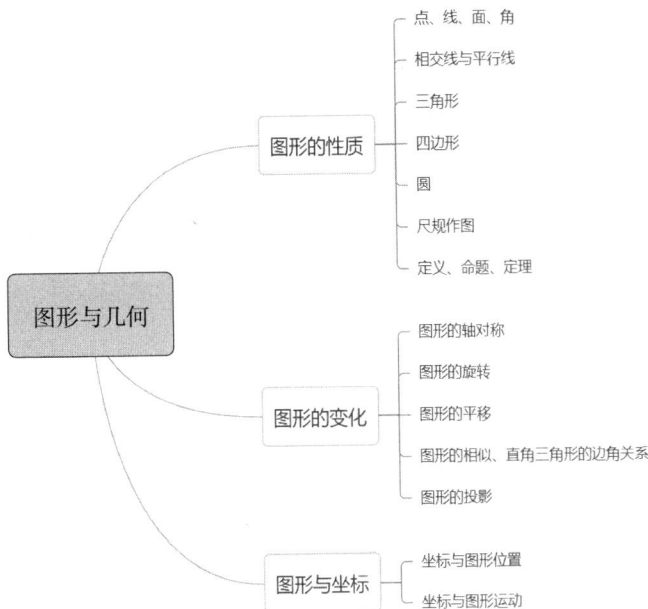

图 1-2-1　初中数学课程知识体系（部分）

其次，要读懂教材，因为教材本身是按照课程目标编写的，它不仅提供了知识内容，还考虑了方法因素、情感因素和素养要求及过程设计。教师在使用教材时首先要理解编者意图，深挖教材，从而确定教学重点、难点，避免"照本宣科"，做到"用教材教"而不是"教教材"。

（3）学生的学习实际

学生的学习基础、知识结构、情感态度，即学情分析，是我们制定教学目标的重要根据之一。学情分析主要是根据课程目标和教材内容分析学生的认知基础。先分析学生已有的知识和技能以及在学习新知识时需要哪些知识和技能，同时还要了解学生的生活经验、情感态度方面的适应性及学生的个体差异，为不同状态和不同层次的学生制定易于达成的目标，使教学目标更有针对性。

（二）加强初中数学教学目标设计的具体实施

1.教学目标要呈现层次性

新课标下的数学教学提倡促进学生能力和个性的发展，数学新课程标准也提出，要让不同的学生在数学上得到不同的发展。因此，教学目标的设计要体现出层次性，具体可以从以下四个方面入手。

（1）在思维策略的提升中呈现层次性

认知心理学告诉我们，学生的心理认知是沿着感性到理性、具体到抽象、低级到高级这样的脉络发展的。因此，在设计教学目标时，要充分考虑学生的思维特点，设计出符合其思维规律的教学目标，同时通过该教学目标的达成进一步提升学生的思维品质。

以《整式》的教学为例，教学目标中要求学生理解整式的概念。但是整式的概念涉及单项式、多项式等知识点，学生究竟是否理解了是无法被观察的。为此，在设计教学目标的时候，将不容易检测评估的教学目标"理解整式的概念"修改为可观测、可评估，且在思维上层次递进的环环相扣的层级目标，具体如下。

①能够举例说出单项式、多项式、整式。

②能够对给出的众多项整式（不超过八项）进行单项式和多项式的分类。

③能够用恰当的语言说出单项式的系数和次数的概念。

经过这样的梳理之后，显而易见，原来模糊的教学目标变得清晰了，原来不易评测的教学目标变得易于评测了。

（2）在动手实践的体验中呈现层次性

在设计教学目标的时候，教师要有意识地设计利于学生动手实践的教学目标，且让这些教学目标具有层次性。例如，在教学《扇形统计图》这一课时时，设计"通过教学，让学生会用扇形统计图表示数据"的目标。随着时间的推移，笔者突然发现这样的教学目标设计不但笼统含糊，还不可观察测评，这样就给评估学生"学得怎么样"带来了难度。后来，笔者将教学目标修改为："能够将课堂中教师提供的教学素材中的数据画在扇形统计图中，能保证百分比的计算有四分之一的同学完全正确，二分之一的同学基本正确。"

很明显，教学目标中的一个"画"字，将原来笼统含糊且不可观测评估的学生行为变得具体生动，其中的四分之一和二分之一，充分地体现出了对学生层次性的要求。这样修改过后的教学设计能激励更多的学生，特别是学困生的动手操作。

（3）在问题情境的创设中呈现层次性

核心素养背景下的课堂教学非常注重问题情境的创设，尤其非常注重在真实的教学情境中培养学生发现问题、处理问题的能力。因此，教师在设计教学目标的时候，要有意识地将现实生活情境引入课堂，以便于在问题情境的创设中呈现出教学设计的层次性。

（4）在研究性课题学习中呈现层次性

核心素养背景下，数学教学更突出学生的研究性学习，更加关注学生对数学知识的应用能力。如何引导学生学会研究性学习并提升学生对数学知识的应用能力？实践证明，有层次的研究性课题学习可以发挥积极作用，是提升学生数学应用能力的一个有效抓手。以数学课堂上"用一张正方形的纸制作一个无盖的长方体，怎样制作使得体积较大"的研究课题为例，在进行教学目标设计时，可以设计如下有层次的教学目标：

①能够画出无盖长方体的展开图（展开图有多种形式，要求学生至少画出三种展开图示）。

②能够结合所画的展开图在正方形纸上裁剪出无盖长方体所需要的五个面，并能动手把裁剪出的五个面拼装成一个无盖长方体，有困难的学生可以合作完成。

③在正方形边长一定的情况下，全班学生在小组合作的前提下，能够得出无盖长方体体积的表达式。

④在小组合作的前提下，百分之七十的学生能够研究出什么情况下无盖长方体的体积较大。

2.教学目标的设计要易于学生的体验

教学目标的设计要易于学生的体验，指的是教师在设计教学目标的时候，要做到眼中有学生，不能全是知识；在眼中有学生的同时，能设计出便于学生进行操作的教学目标，因为学生的体验是在动手操作中完成并得到落实的。为此，教师应该从以下两个维度做起。

（1）关注生活——体验的情境

数学学科，表面上看是抽象的，从内里看其实都是对具体生活的高度抽象和概括。反过来，我们又知道，生活又是由一个又一个具体情境构成的。那么，要让学生喜欢数学、理解数学，在数学课堂的教学中，一定要与实际生活情境相联系。

这一点，可以从中考的数学试卷中体现出来。据初步统计，近几年各市的中考数学试卷中，围绕现实社会生活的情境材料题比比皆是，比如有一年的题目选取的是"调结构、促发展"的生活情境，又有一年的题目中呈现的是"三农问题"的生活情境，这几年出现得比较多的是关于"垃圾分类"的情境。这一客观事实启发我们，教师在进行教学目标的设计时，要有意识地多关注当下的现实生活，将生活与数学有机融合。

（2）关注感悟——体验的境界

现代课程论认为，课堂教学不但是师生双方知识传递的过程，更是师生双方情感交流的过程。因此，在设计教学目标的时候，既要关注知识目标的设计，还要关注有利于情感交流、有利于学生感悟的目标设计。只有让知识与情感相辅相成，最终才能相得益彰。

（三）对教学目标的表述

将教学目标清晰、准确、全面、规范地表述出来，有利于发挥教学目标的导教、导学、导测作用。

1.教学目标具体化

设置质和量的具体规定性教学目标，可操作、可测量，便于实际教学时进行和评价。如"提高……""灵活运用……""培养学生……的精神、态度"等目标设置缺乏质和量的具体规定性，这样可操作性和可测量性都很差，不便于实际教学时进行评价。正确的做法是：在"知识与技能"领域常采用结果性目标方式，即明确告诉学生数学学习的结果是什么。采用的行为动词一般较为明确，可测量、可评价。例如：《一元一次不等式（第一课时）》知识与技能目标：经历一元一次不等式概念的形成过程，会判断一个不等式是不是一元一次不等式，会解一元一次不等式。再例如《锐角三角函数（第一课时）》知识与技能目标：探究当直角三角形的锐角固定时，它的对边与斜边（邻边与斜边、对边与邻边，邻边与对边）的比值都固定这一事实；会用锐角三角函数的概念进行一些简单计算。这样的教学目标非常明确，具有可操作性和可测量性。

2.教学目标规范化

行为主体应该是学生，而不是教师。教师不能凭自己的主观武断设定教学目标，而是要在充分解读学生的基础上，从学生已有的经验、认知结构出发，确保所设计的教学目标是学生想完成的（他们的需要）、能够完成的（他们的能力）、应该完成的（课标要求）。

教学目标的完成者是学生，学生是教学目标的主体。以往我们习惯采用"使学生……""提高学生……""培养学生……"等方式，这不符合"表述"要求。比如，"使学生学会用代入消元法解二元一次方程组"，行为主体是教师而不是学生。现在正确的表述是"会用代入消元法解二元一次方程组"，尽管行为主体"学生"两字没有出现，但是隐含的主体仍是学生。

行为动词要按照课标中给出的术语进行描述，即"了解、理解、掌握、运用"和"经历、体验、感悟、探索"或它们的同类词。

行为条件是指影响学生产生学习结果的特定的限制或范围。对条件的表现有四种类型：一是关于使用手册与辅助手段，如"可以带计算机或查字典"；二是提供信息或提示，如"参考例1的解题方法，完成……"；三是时间限制，如"在6分钟内，完成……"；四是完成行为的情境，如"在课堂上讨论，能……"。

行为程度是指学生通过一段时间的学习后，所产生的行为变化的表现水准或学习水平，用以评价学生的学习表现或学习结果所达到的程度。

如学生（行为主体）借助计算器（行为条件），探索（行为动词）方程的近似解（行为程度）。

3.教学目标全面化

以往教师在目标设置中较多地关注知识、技能的培养，缺少对数学思考、问题解决和情感态度的设计。现在，教师能够关注"数学思考、问题解决和情感态度"。

4.教学目标层次化

教学中学生均能达到教学目标，是教学的最佳理想状态，但客观实际是学生个体存在差异，不可能同时达到统一的目标。因此，要根据不同层次学生的需要，将课堂教学目标进行分解。一般分解出来三个层次，每个层次的目标都应该包括知识技能、数学思考、问题解决、情感态度，区别在于根据学生接受能力的差异确定不同的要求，从而保证不同程度的学生得到全面协调发展。

各层次的目标要与学生的学习水平差异相适应，准确地设在学生的"最近发展区"，不同层次的学生根据自己的需要、能力，自主地选择相应的教学目标。这样不同层次的目标能够诱发不同层次学生的学习积极性，学生"各有所获"，使教学目标在教学过程中真正起到激励作用和导向作用。

第三节　初中数学课堂教学核心理念

关于课程内容一共有六个核心理念，分别是数感、符号感、空间观念、统计观念、应用意识和推理能力。就初中数学教学而言，仅就后五个核心概念进行阐述。

一、符号感

数学是由"一整套抽象的符号体系来表达的"。不论是概念、定理（包括证明过程）、法则、公式，还是在解决问题的过程中，学生在进行表示、计算、推理、交流等活动时，都会频繁地使用数学符号。例如，在代数中，用字母表示数，用代数式、公式、方程、函数等表示事物之间的关系和变化规律，用关系式、图像、表格的手段对数学对象进行表示和对符号进行运算。

符号感主要表现在能从具体情境中抽象出数量关系和变化规律，并用符号来表示；理解符号所代表的数量关系和变化规律；会进行符号间的转换；能选择适当的程序和方法解决用符号所表示的问题。培养学生的符号感要使学生懂得符号的意义、会运用符号解决数学和数学以外的问题。

具体的学习活动包括挖掘问题情境中隐含的数学关系或规律等，并且用适当的数学符号或者数学模型，如用代数式、方程（组）、不等式（组）、函数等表达出来；反之，对于现有的数学符号或者数学模型，能够以恰当的现实情境（问题）、变化过程进行匹配。

二、空间观念

学生空间观念的形成，需从实物形状中对几何图形加以想象，然后借助几何图形再想象出实物形状，从而实现几何图形同三视图、展开图间的转化，并对几何图形或实物的运动及变化加以描述，同时对物体间的位置关系进行适当的描述，进行直观思考等。事实上，极具想象力且创造性的探求过程便是空间观念的形成过程，该过程是人进行二维空间与三位空间的转换过程。

就初中阶段的课程内容而言，具有空间观念的表现主要包括：能从较复杂的图形中分解出基本图形，能描述实物或几何图形的运动和变化，能采用适当的方式描述物体间的位置关系，能借助直观对象进行思考、推理，等等。

具体的学习活动包括：认识基本图形的性质，并上升到逻辑分析的层面，如认识三角形之间的关系时，分析相应元素之间的关系，解释整体之间的关系。描述图形的运动过程，并了解在运动过程中哪些事物（性质）发生了变化，如研究多边形运动时，使用几何或代数工具表示边长、角度、面积等是否发生变化。学习描述几何对象位置的代数化方法，如学习直角坐标系时，明晰坐标的内涵，建立适当的坐标系，以解决生活问题或数学问题。

三、统计观念

统计观念是初中数学教学中应当给予充分关注的，原因有两方面。各种数据是人们学习、生活中必然会遇到的数学情境。比如，在商店购物时，要对商店的信誉做出判断；出门时，要了解未来的天气数据；上班时，要对路线及交通工具做出选择；观看比赛中，推测自己喜欢的球队有多大把握会赢；等等。统计知识与方法的学习并非简单地计算统计量、统计图表。事实上，能从统计的角度思考与数据有关的问题，能通过收集数据、描述数据、分析数据的过程，做出合理的决策，能对由数据得到的结论进行合理的质疑等，都属于统计观念的内涵。因此，关于发展学生统计观念的教学，包含更为丰富的活动类型，而且更多的是让学生经历整个统计活动的全过程。例如要统计一个交通要道的车辆通过情况，以便设置更加有效的信号灯变化程序。对于这样的问题，在教学过程中就需要引导学生设计统计指标——统计什么；制定数据收集方案——何时收集数据、怎样收集等；确定数据表达方式并从中获取有用的信息；确定必要的统计量，并实际计算；分析数据处理结果，获得合理推断并给出建议。

四、应用意识

突出应用意识是新课程给人最为深刻的印象。计算机和现代信息技术的飞速发展，使应用数学和数学应用得到了前所未有的发展，数学几乎渗透到每一个学科领域，以及日常生活的方方面面。

新课程对培养学生的应用意识给予了特别的关注。具体而言，应用意识包含以下三层含义：

第一，使学生认识到现实生活中蕴含着大量的数学信息，数学在现实世界中有着广泛的应用。这表明，具备应用意识首先是能够以数学的眼光看待身边的事物，发现其中存在的数学。

第二，学生在面对实际问题时，能主动尝试着以数学的角度运用所学知识和方法，寻求解决问题的策略。事实上，现实中的许多问题之中常常隐含着数学规律，而具备应用意识的人可以尽可能地挖掘现象（问题）中蕴含的数学规律，借助数学理论、方法解释这些现象并获得解决问题的途径。

第三，学生在面对新的数学知识时，能主动地寻求其实际背景，并探索其应用价值。初中数学基本上都能够在其生活中找到它们产生的实际背景。这里，学生具备应用意识是指当他们面对一个数学对象时，能够主动地寻找满足其条件的实际背景，甚至能够借助背景来解释该数学对象的内涵以及应用情境。

例如，面对一个具体的二元一次方程和一个二元一次方程组主动寻找符合其特定要求的实例，并借助实例之间的差异，解释二元一次方程和二元一次方程组的区别。

五、推理能力

在日常生活中，人们总是要不断地对各种各样的事物进行判断。而事物之间是具有种种联系的，因而上述的判断就是依据相应的联系，从一些事实（原理）或正确判断出发，去推导或引申出另一些判断，具有这种"推导"关系的判断，就构成了推理的过程。

推理一般包括演绎推理和合情推理两种。演绎推理就是比较熟悉的论证推理，它由一定的前提出发，然后利用逻辑的手段得到结论。演绎推理的前提必然蕴含结论。合情推理常常是根据已有的知识和经验得到可能性结论的推理，它的主要形式是归纳和类比。合情推理的前提与结论之间没有必然的关系。

在数学课堂上，发展学生的推理能力，应当既包括发展其演绎推理能力，也包括发展其合情推理能力。学生能通过观察、实验、归纳、类比等活动获得数学猜想，并进一步寻求证据、给出证明或举出反例；能清晰、有条理地表达自己的思考过程，做到言之有理、落笔有据；在与他人交流的过程中，能运用数学语言、合乎逻辑地进行讨论与质疑。

从上段描述中可得出以下结论：推理能力包括能通过观察、实验、归纳、类比等活动获得数学猜想，这一个过程实质上就是借助合情推理的方式，获得发现的过程。不仅如此，完整的推理过程还要求在上述合情推理的基础上，进行必要的演绎论证，并进一步寻求证据、给出证明或举出反例，能清晰、有条理地表达自己的思考过程，做到言之有理、落笔有据。这一要求实际上就是指能够借助演绎论证方法进行逻辑推理活动。而在与他人交流的过程中，能运用数学语言、合乎逻辑地进行讨论与质疑则是要求学生能够借助数学进行理性化的交流。这里，更多地倾向于要求学生能够借助数学的语言（符号）去表达一种认识和思考。

第四节　初中数学核心素养与数学思想和方法

一、初中数学核心素养

（一）"双基"和"四基"

从"双基"到"四基"，再到数学核心素养，数学教育目标是一脉相承的。1992 年中华人民共和国国家教育委员会制定的《九年义务教育全日制初级中学数学教学大纲（试用修订版）》是把数学思想和方法含在"双基"里面的，其对基础知识的表述为："初中数学中的概念、法则、性质、公式、公理以及由其内容所反映出来的数学思想和方法。""四基"是把"数学基本思想"从"双基"里面单独列出来，另外再加上"数学基本活动经验"，这是对"双基"的继承和发展。数学核心素养有六个：数学抽象、逻辑推理、数学建模、直观想象、数学运算、数据分析，其中前三个就是数学基本思想，也是传承，后三个是传统的数学能力。因此，基于"四基"的数学教学也是基于数学核心素养的数学教学。

1. "双基"

1952 年 3 月，教育部颁发的《中学暂行规程（草案）》中提出，中学的教育目标之一是使学生"得到现代化科学的基础知识和技能，养成科学的世界观"。这是"双基"概念首次被提出。自此，我国数学教育界开始使用"双基"概念，并强调基础教育课程的主要内容应是基础知识、基本技能，教学中一定要抓"双基"，考试一定要考"双基"。

数学"双基教学"是植根于中国本土的教学观念，带有鲜明的中国特色，是中国数学教育的优势所在。历史经验告诉我们，什么时候加强"双基"，教学质量就提高；什么时候削弱"双基"，教学质量就下降。实行数学"双基教学"，应当是我国数学教学长期坚持的方针。

在新课程实施中，由于过分强调学生"自主"，冲淡了对"双基"的掌握，甚至有人怀疑"双基教学"还可不可以提。新课程实施中的种种迹象表明，我们的数学课堂淡化了"双基教学"。知识、技能目标是三维目标中的基础性目标，对基础知识和基本技能的掌握是课堂教学的一项极其重要的常规性任务，它是教师钻研教材和设计教学过程首先必须明确的问题。然而，由于认识上的片面和观念上的偏差，在不少课堂上，最应该明确的知识、技能目标，反而出现缺失或者变得含糊。我们不能像传统课堂那样只抓"双基"，但也绝不能走向另一个极端，放弃"双基"。

数学知识是数学能力发展的基础。认知心理学的研究表明，一个人不能"数学地"思考和解决问题的主要原因是缺乏必要的数学知识，所谓"隔行如隔山"就是这个道理。"双基教学"不仅是我国数学教育的传统和特色，也已成为国际数学教育研究者关注的热点，并被看作中国数学教育的经验。"双基教学"是实施素质教育的基本要求，我们要坚定不移地继承"双基教学"。当然，数学基础知识和基本技能的内容是随着时代的发展而发生变化的。"四基"就是在新的时代背景下对"双基教学"内涵的一种发展。

2. "四基"

教育部于 2011 年 12 月 28 日正式公布了《义务教育数学课程标准（2011 年版）》，它明确提出了"四基"，即数学的基础知识、基本技能、基本思想和基本活动经验，并把它们确定为我国义务教育数学课程的基本目标。数学教学是数学活动的教学。学生在各种数学活动中生成数学活动经验的过程，同时也是他们获得数学的基础知识、基本技能与基本思想的过程。

基础知识和基本技能形成了学生的知识系统，而基本活动经验形成的是经验系统，两个系统有机结合、相互促进才能构成完整的数学知识结构。数学活动是形成这个结构的纽带。

传统数学教学重"双基"，更多关注的是教育显性层面的目标，将基本思想和基本活动经验作为与原有"双基"并列的课程目标，是凸显教育隐性价值的重要标志，而教育的隐性价值之于教育对象才是长远的、根深蒂固的，因此，"四基"更加切合了教育的本质。如果说传统的"双基教学"侧重于知识的积累，是重视结果的教学，那么"四基"的提出就需要我们在教学中更关注学生经验的积累，实施重视过程的教学。从"双基"到"四基"的变化将有效促进教学方式与教学评价的转变。其一，"四基"的提出必然要求教师重新思考"双基"的定位，真正促进学生对"双基"的理解、内化与掌握。其二，"四基"要求的明确提出，必然促使教师在解读教材、设计教学时关注基础知识与基本技能中所蕴含的基本思想，多设计一些能承载基本思想、基本活动经验的数学活动。

（二）初中数学核心素养的内涵及培养

1. 初中数学核心素养的内涵

学生发展核心素养，主要指学生应具备的、能够适应终身发展和社会发展需要的必备品格和关键能力。发展学生的核心素养是落实立德树人根本任务的一项重要举措，也是适应世界教育改革发展趋势、提升我国教育国际竞争力的迫切需要。

中国学生发展核心素养，以科学性、时代性和民族性为基本原则，以培养"全面发展的人"为核心，分为文化基础、自主发展、社会参与三个方面；综合表现为人文底蕴、科学精神、学会学习、健康生活、责任担当、实践创新六大素养，具体细化为国家认同等十八个基本要点，根据这一总体框架，可针对学生的年龄特点进一步提出各学段学生的具体表现要求。

（1）文化基础

文化是人存在的根和魂。文化基础，重在强调能习得人文、科学等各领域的知识和技能，掌握和运用人类优秀的智慧成果，涵养内在精神，追求真善美的统一，发展成为有宽厚文化基础、有更高精神追求的人。

　　文化基础中的人文底蕴指学生在学习、理解、运用人文领域知识和技能等方面所形成的基本能力、情感态度和价值取向。具体包括人文积淀、人文情怀和审美情趣等基本要点。

　　人文积淀指古今中外人文领域基本知识和成果的积累；能理解和掌握人文思想中所蕴含的认识方法和实践方法等。人文情怀指以人为本的意识，尊重、维护人的尊严和价值；能关切人的生存、发展和幸福等。审美情趣指有艺术知识、技能与方法的积累；能理解和尊重文化艺术的多样性，具有发现、感知、欣赏、评价美的意识和基本能力；具有健康的审美价值取向；具有艺术表达和创意表现的兴趣和意识，能在生活中拓展和升华美等。

　　文化基础中的科学精神指学生在学习、理解、运用科学知识和技能等方面所形成的价值标准、思维方式和行为表现。具体包括理性思维、批判质疑、勇于探究等基本要点。

　　理性思维指崇尚真知，能理解和掌握基本的科学原理和方法；尊重事实和证据，有实证意识和严谨的求知态度；逻辑清晰，能运用科学的思维方式认识事物、解决问题、指导行为等。批判质疑指有问题意识；能独立思考、独立判断；思维缜密，能多角度、辩证地分析问题，做出选择和决定等。勇于探究指有好奇心和想象力；能不畏困难，有坚持不懈的探索精神；能大胆尝试，积极寻求有效的问题解决方法等。

　　（2）自主发展

　　自主性是人作为主体的根本属性。自主发展，重在强调能有效管理自己的学习和生活，认识和发现自我价值，发掘自身潜力，有效应对复杂多变的环境，成就出彩人生，发展成为有明确人生方向、有生活品质的人。

　　自主发展中的学会学习指学生在学习意识形成、学习方式方法选择、学习进程评估调控等方面的综合表现，具体包括乐学善学、勤于反思、信息意识等基本要点。

　　乐学善学指正确认识和理解学习的价值，具有积极的学习态度和浓厚的学习兴趣；能养成良好的学习习惯，掌握适合自身的学习方法；能自主学习，具有终身学习的意识和能力等。勤于反思指能对自己的学习状态进行审视的意识和习惯，善于总结经验；能够根据不同情境和自身实际，选择或调整学习策略和方法等。信息意识指能自觉、有效地获取、评估、鉴别、使用信息；具有数字化生存能力，主动适应"互联网＋"等社会信息化发展趋势；具有网络伦理道德与信息安全意识等。

　　自主发展中的健康生活指学生在认识自我、发展身心、规划人生等方面的综合表现，具体包括珍爱生命、健全人格、自我管理等基本要点。

　　珍爱生命指理解生命意义和人生价值；具有安全意识与自我保护能力；掌握适合自身的运动方法和技能，养成健康文明的行为习惯和生活方式等。健全人格指具有积极的心理品质，自信自爱，坚韧乐观；有自制力，能调节和管理自己的情绪，具有抗挫折能力等。自我管理指能正确认识与评估自我；依据自身个性和潜质选择适合的发展方向；合理分配和使用时间与精力；具有达成目标的持续行动力等。

　　（3）社会参与

　　社会性是人的本质属性。社会参与，重在强调能处理好自我与社会的关系，养成现代公民所必须遵守和履行的道德准则和行为规范，增强社会责任感，提升实践能力，促进个人价值实现，推动社会发展进步，发展成为有理想信念、敢于担当的人。

　　社会参与中的责任担当指学生在处理与社会、国家、国际等关系方面所形成的情感态度、价值取向和行为方式，具体包括社会责任、国家认同、国际理解等基本要点。

社会责任指自尊自律，文明礼貌，诚信友善，宽和待人；孝亲敬长，有感恩之心；热心公益和志愿服务，敬业奉献，具有团队意识和互助精神；能主动作为，履职尽责，对自我和他人负责；能明辨是非，具有规则与法治意识，积极履行公民义务，理性行使公民权利；崇尚自由平等，能维护社会公平正义；热爱并尊重自然，具有绿色生活方式和可持续发展理念及行动等。

国家认同指有国家意识，了解国情历史，认同国民身份，能自觉捍卫国家主权、尊严和利益；具有文化自信，尊重中华民族的优秀文明成果，能传播弘扬中华优秀传统文化和社会主义先进文化；了解中国共产党的历史和光荣传统，具有热爱党、拥护党的意识和行动；理解、接受并自觉践行社会主义核心价值观，具有中国特色社会主义共同理想，有为实现中华民族伟大复兴中国梦而不懈奋斗的信念和行动。

国际理解指有全球意识和开放的心态，了解人类文明进程和世界发展动态；能尊重世界多元文化的多样性和差异性，积极参与跨文化交流；关注人类面临的全球性挑战，理解人类命运共同体的内涵与价值等。

社会参与中的实践创新指学生在日常活动、问题解决、适应挑战等方面所形成的实践能力、创新意识和行为表现，具体包括劳动意识、问题解决、技术应用等基本要点。

劳动意识指尊重劳动，具有积极的劳动态度和良好的劳动习惯；具有动手操作能力，掌握一定的劳动技能；在主动参加的家务劳动、生产劳动、公益活动和社会实践中，具有改进和创新劳动方式、提高劳动效率的意识；具有通过诚实合法劳动创造成功生活的意识和行动等。

问题解决指善于发现和提出问题，有解决问题的兴趣和热情；能依据特定情境和具体条件，选择制定合理的解决方案；具有在复杂环境中行动的能力等。

技术运用指理解技术与人类文明的有机联系，具有学习掌握技术的兴趣和意愿；具有工程思维，能将创意和方案转化为有形物品或对已有物品进行改进与优化等。

2. 初中数学核心素养的培养

在初中数学课程中对学生的核心素养进行培养具有非常重要的意义。第一，可以促进学生的全面发展，有助于学生形成正确的数学观念，从对问题的探究、回答过程中，逐步提高学生的逻辑推理能力等。同时，还能够指导学生对其中所蕴含的科学智慧加以有效体会，在潜移默化中对他们的表达能力进行训练。第二，为适应现代化教学发展的需要，通过对现代教学策略的深入研究、教学的合理安排、课程设计的合理优化，以及教学的改革创新，在实践课程中合理渗透核心素养，有助于学生建构知识，提高学习效果。

（1）初中数学核心素养的培养现状

①停留在理论层面。

从核心素养概念出现至今，已经经过了"提出—推广—学习—应用"的过程，就其实际的发展状况而言，在提出—推广阶段还相对简单，但是学习—应用这个阶段，却不是很简单地就能够完成的。目前，中学阶段的数学教育对于核心素养概念的落实存在一定困难，还无法提高到实际运用层次。这个现象主要反映在以下三个方面：一是师资原因。就目前教育发展的实际状况而言，尽管教育部门加大了对师资的教育力度，对核心素养理念也积极地宣传，但是在实践教育过程中，由于部分教师还没有了解核心素养的实际培养技巧，对它的研究工作仍然处在理论层次。二是教育体制方面。在以往教育体制思想和理念的冲击下，部分教师的教学理念还被禁锢在应试教育中，尤其是在目前的教育体制中，并不能做出真正适应学生核心素养提升的改革。三是考评要求。对学生核心素养的培养，必须检验其培养成效，才可以保证执行效果。从以往的定性化考评要求出发，已无法满足如今的课程要求，无法进行核心素养的培养，也无法成为课程建设的指导思想。

②学习模式应试化。

在中国新时期教育背景下提倡的核心素养理念，主要是为了突破以往应试教育的思想束缚，大胆扩展学生的思想空间，对他们的创造力、逻辑思维等进行合理的培养。不过，从如今教育现状来看，初中数学教学存在着许多死记硬背、疲于应试的情况，并没有将培养学生的数学核心素养理念体现出来，直接制约了核心素养理念的落实。

③教学方式存在问题。

数学既是主要的学习课程，同时又是现行教育必考的科目，这就需要学生花费更多的时间与精力来学习，而由于初中的学习时间紧、任务重，不仅学生的压力大，教师压力也大，所以为了让学生尽快地学到更多的数学知识，教师就不得不采用多教、多练的办法，使学生更加快速地学习知识和技能。但是，这些办法不仅徒增了学生的压力，还无法调动其积极性，也无法长期保持教学效果。部分教师仍然以成绩作为对学生的考核标尺，并没有围绕着学生核心素养的发展情况做出相应调整。

（2）数学核心素养渗透到初中数学课堂教学中的有效策略

①渗透在教学设计中，吸引学生的注意力。

课堂设计重点是在授课前进行归类并梳理课堂教学中必须传授的教学内容，使课堂与教学能够很好地相互串联，使课堂的教学进行得更为顺利。这是由于教学设计属于辅助数学教师进行教学的重要工具，使得教师的教学用语更具简洁性。所以课程设计也是体现数学课程内容的一种主要方式，教师可以在课程设计当中增设培养学生核心素养的内容。除此之外，最关键的是应该将核心素养与学科核心知识加以融合，让学生能够在数学学习当中培养良好的核心素养。

例如，当教师在讲授几何图形中立体图形的正视图与俯视图等知识点的时候，在完成了基本知识点的教学之后，可以安排学生设计立体图形，教师在一旁及时进行协助。通过对学生进行训练，使学生更进一步地掌握立体图形的基础知识。同时，也能够让学生更好地感受到数学学习的乐趣，提高对数学学习的积极性。

②创新教学模式，促进课堂教学高效开展。

在实践教育过程中，为了使学生的主体作用加以发挥，教师必须进行引导。不同的学生对于知识点的掌握、接受情况不同，因此教师必须以学生的实际知识水平为基础，有针对性地对学生加以引导，并贯彻因材施教理念，从而帮助学生逐步解决自身存在的问题。同时教师也可通过运用合作学习模式，对学生加以合理的分类，使他们通过小组内部的积极配合，把教师所安排的任务加以完成。在此过程中，教师必须对学生加以正确引导和督促。小组协作练习可以帮助他们从持续的独立探究中获得学习心得以及学习能力。另外，教师还必须进一步优化教学模式，提高课堂的有效性，以推动初中数学课堂教学的有效进行。

③课堂导入中培养核心素养，提高学生的学习兴趣。

教师应在教学导入环节创设轻松的课堂环境，使学生以轻松的心态进行数学学习。初中数学与小学相比，难度明显提高。假如在数学教育当中，教师仍然不能增加课堂趣味性，很容易使学生缺乏数学学习的积极性。学生在上课期间，注意力集中的时间通常在 $10 \sim 20$ 分钟。所以，教师要想抓住学生的注意力，就需要提高对课堂导入的关注程度，使学生在注意力集中的这一时段吸收最多的数学知识，从而实现培养学生数学核心素养的目标。

例如，在学习"统计调查"这部分内容的时候，要使学生联系自身家庭的经济收入，更加轻松地掌握此方面的内容。在进行基础的练习以后，教师可以引导学生先计算近五年来的家庭年收入，接着再将其制作为图表，并按照图表制成折线图，然后再选用适当的函数模型把图形明确地表达出来，最后他们便可以通过函数来预测自己家庭今年的年收入。另外，教师也可以对学生的学习成果加以评价，帮助学生了解自身的缺点，从而使学生有效地进行改进。而经过教师的指导，也可以帮助学生在进一步了解知识点的同时，进行核心素养的渗透。

④优化课堂教学评估，多维度培养学生的核心素养。

课堂评估是对课堂教学内容进行有效性检查的手段，主要是为了使教师更加关注学生的全面发展。科学的课堂评估也需要学生具有核心素养，这就要求教师必须关注学生在学习态度、学习能力、知识运用等方面的全面提高，并对学生做出综合性评估。同时教师还必须以学生本人的实际状况为基础，合理制定教学目标、完善考核，从多维度对学生的核心素养培养情况加以考核，有效推动学生的全面发展。

⑤在教学时融入数学文化，让学生了解数学价值。

由于部分学校侧重于把数学当作一门必考科目，不理解数学的文化价值，使得一些学生学习数学的积极性不高。在初中数学课程中，部分教师往往只重视传授数学知识，而忽视了学生的能力的培养。在初中数学的教学上，教师必须以数学思想为依据，展开课堂教学，培养学生的数学思想，让他们在学习的过程中掌握数学思想，培养数学爱好，进而提升自身的能力。

例如，当初中数学教师在实施一元一次方程的教学时，也可以以《九章算术》为切入点，通过介绍方程式在中国的产生与发展历史，使学生了解现在方程式的发展趋势。而通过这种方式，教师不但实现了对一元一次方程的教学，还实现了对学生基础知识的全面传授，最主要的是激发了学生对数学的浓厚兴趣，让学生掌握了相应的数学文化，为学生今后的学习打下基础。

二、初中数学思想和方法

数学思想和方法是对数学知识和数学方法的本质认识，是数学知识与数学方法的高度抽象与概括，属于对数学规律的理性认识的范畴。从科学方法论的角度看，数学本身就是认识世界和改造世界的一种方法，同时具有方法和工具的作用。如今，化归思想、函数思想、集合与映射思想等已经成为应用广泛、体现数学魅力的重要思想方法。从教育角度而言，数学思想和方法的教学有着极为重要的作用，它是学生形成良好认知结构的纽带，是由知识转化为能力的桥梁，是培养学生的数学观念、形成优良思维品质的关键。

（一）数学思想和方法的含义

1. 数学思想的含义

数学思想是指现实世界的空间形式的数量关系反映在人的意识中再经过思维活动而产生的结果，是对数学知识发生过程的提炼、抽象、概括和升华，是对数学规律的理性认识。它是数学思维的结晶，并直接支配数学的实践活动，是解决数学问题的灵魂。

2. 数学方法的含义

数学方法是数学思想的表现形式，是指在数学思想的指导下，为数学活动提供思路和逻辑手段，以及具体操作原则的方法，是解决数学问题的根本策略和程序。

数学思想和数学方法既有联系又有区别，数学思想是数学方法的理论基础和精神实质，数学方法是实施有关数学思想的技术手段。

（二）数学思想和方法的特点

数学思想是在数学的发展史上形成和发展的，它是人类对数学及其研究对象，对数学知识（主要指概念、定理、法则和范例）以及数学方法的本质性的认识。它表现在对数学对象的开拓之中、表现在对数学概念、命题和数学模型的分析与概括之中，还表现在新的数学方法的产生过程中。它具有如下突出特点。

1. 数学思想凝聚成数学概念和命题及原则和方法

我们知道，不同层次的思想，凝聚成不同层次的数学模型和数学结构，从而构成数学的知识系统与结构。在这个系统与结构中，数学思想起着统帅的作用。

2. 数学思想具有概括性和普遍性，数学方法具有操作性和具体性

思想比方法更抽象。因此，对于学习者来说，思想和方法都是他们思维活动的载体，运用数学方法解决问题的过程就是感性认识不断积累的过程，当这种积累达到一定程度就会产生飞跃，从而上升为数学思想，一旦数学思想形成之后，便对数学方法起着指导作用。因此，人们通常将数学思想和方法看成一个整体概念——数学思想方法。

3. 数学思想富有创造性

借助分析与归纳、类比与联想、猜想与验证等手段，可以使本来较抽象的结构获得相对直观的形象的解释，能使一些看似无处着手的问题转化成极具规律的数学模型。从而将一种关系结构变成或映射成另一种关系结构，又可反演回来，于是复杂问题被简单化了，不能解的问题的解找到了。如将著名的哥尼斯堡七桥问题转化成一笔画问题，便是典型的一例。

4. 数学思想和方法是构成数学能力的核心，是教材体系的灵魂

从教材的构成体系来看，整个中学数学教材所涉及的数学知识点汇成了数学结构系统

的两条"河流"。一条是由具体的知识点构成的易于被发现的"明河流"，它是构成数学教材的"骨架"；另一条是由数学思想和方法构成的具有潜在价值的"暗河流"，它是构成数学教材的"血脉"灵魂。有了这样的数学思想和方法作灵魂，各种具体的数学知识点才不再成为孤立的、零散的东西。因为数学思想和方法能将"游离"状态的知识点（块）凝结成优化的知识结构，有了它，数学概念和命题才能活起来，做到相互紧扣、相互支持，以组成一个有机的整体。可见，数学思想和方法是数学的内在形式，是学生获得数学知识、发展思维能力的动力和工具。数学思想和方法产生了数学知识，数学知识中又蕴藏着数学思想和方法，二者缺一不可。

（三）初中数学教学的主要思想

对于初中数学中常用的数学思想，数学家和数学教育工作者的表述也不尽相同。概括起来，可以分为两类。一类是科学思想在数学中的应用，如分类讨论、分析与综合、归纳与演绎、类比、化归思想等；另一类是数学学科特有的思想，如符号化与变元表示、模型化、集合与对应、公理化与结构化、数形结合、函数与方程、极限、算法与程序化、概率与统计等。我们认为，数学教学应在重视基础知识教学的同时，重点突出下面几种重要的数学思想。

1. 优化思想

优化思想是指在一定条件下力求获得最优结果的思想与观念。数学中诸如求最大（小）值，生产中降低消耗、提高效益等问题的解决，都需要运用优化思想。优化思想被"大众数学"所关注，数学课程应有利于培养学生的优化思想，并通过优化思想的学习使学生能够运用到未来的社会活动中去。

2. 概率与统计思想

公民只有具备一定的处理信息的能力才能在信息社会中处于不败之地。现代社会的一些问题（如环境保护、核能、国防、太空探索、税收改革等）的解决需要能阅读和解释复杂的有时甚至是矛盾的信息，增强对数据的收集以及对概率的探讨。

3. 符号化与变元表示思想

使用符号化语言和在其中引进变元表示思想是数学高度抽象的要求，它能够使数学研究的对象更加准确、具体、简明，更易于揭示对象的本质，极大地简化和加速思维的过程。"大众数学"课程设计中应注重符号化与变元表示思想。

4. 函数与方程思想

函数思想是指变量与变量之间的一种对应思想，或者说是一个集合到一个集合的一种映射思想。而方程思想则是函数思想的具体体现，是已知量和未知量的矛盾统一体，是变量与变量互相制约的条件，它反映了已知量和未知量之间的内在联系。它们在解决一般数学问题中具有重大的方法论意义。

5. 数形结合思想

从最广泛的意义上来理解数学，它旨在研究两个问题：数和形。数与形是数学大厦最深处的两块奠基石，数学活动是围绕数和形的提炼、演变、发展而展开的。两者在内容上互相交叉，在方法上相互渗透、补充、并在一定条件下互相转化，这两种形式的转化，在数学中叫作数形结合。

6. 数学建模思想

数学建模思想就是把现实世界中有待解决或未解决的问题，从数学的角度发现问题、提出问题、理解问题，通过转化过程，归结为一类已经解决或较易解决的问题，并综合运用所学的数学知识与技能求得解决的一种数学思想和方法。

7. 转化的思想

苏联数学家雅诺夫思卡娅在回答"解题意味着什么"时说："解题——就是意味着把所要解的问题转化为已经解过的问题。"可以说，任何一个数学问题都是通过数或形的逐步转化，成为一个比较熟悉、比较容易解决的问题的，通过对新问题的解决，达到解决原问题的目的。可见，转化是解数学问题的一种重要方法。数学解题的过程实际就是转化的过程，换言之，解题就是把所要解决的问题转化为已经解决了的问题的过程，通过对条件的转化、结论的转化，使问题化难为易、化生为熟，最终求得问题的答案。

8. 推理意识

推理意识是指推理与讲理的自觉意识，即遇到问题时总是能做到自觉推测，并做到落笔有据，言之有理，这是数学严密的逻辑性的反映。推理意识主要包括演绎推理、归纳推理、类比推理的自觉意识。

（四）数学思想的教学原则

1. 目标性原则

数学课程标准既然已经把数学思想教学纳入数学基础知识的范畴，那么，在进行课堂教学设计时就应该设计关于数学思想的教学目标。这样，才能保证数学思想的教学落到实处。要落实好数学思想教学的目标性原则，应做好以下三方面的工作。

①从总体上把握初中数学教材中出现或蕴藏的数学思想和方法。研究表明，在初中数学教学中，我们应向学生渗透传授十四种数学思想和方法。可将它们分成三种类型：宏观型的思想方法，如抽象概括、化归、数学模型、数形结合、归纳猜想等；逻辑型的思想方法，如分类、类比、完全归纳、反证法、演绎法、特殊化等；技巧型的思想方法，如换元法、配方法、待定系数法等。

②对某些重要的数学思想和方法进行分解、细化，使之明朗化。可使用"了解（认识）、理解、掌握、灵活运用"等刻画数学思想和方法的目标动词，也可使用"经历（感受）、体验（体会）、探索"等刻画数学思想和方法形成的过程性目标动词。

③在每一节课的教学中，应将数学思想和方法的教学目标恰当地分配到课堂教学的各个环节中，以达到一般数学知识的教学目标与数学思想和方法的教学目标有机结合，并具有较强的操作性。

2. 渐进发展原则

数学思想和方法本身具有鲜明的层次，其内涵又相当丰富，这就决定了数学思想和方法的教学应与知识教学、学生认识水平相适应。对数学思想和方法的教学绝非一蹴而就，应遵循螺旋式上升、阶梯式的层次规律。我们认为，数学思想和方法的教学可分为四个阶段。下面以化归思想和方法为例简要说明每个阶段的任务。

（1）渗透与启迪阶段

这一阶段对应初一代数上册的内容。通过有理数大小的比较、四则运算、整式加减、一元一次方程解法的教学来反复孕育化归思想和方法，使学生初步了解和体会到化归思想和方法的意义与价值。

（2）意识与顿悟阶段

这一阶段对应初一代数下册的内容。通过二元一次方程组、一元一次不等式（组）、整式乘除等内容的教学，从正面向学生介绍化归目标、确定化归方法，并通过引典故、举范例，进一步深化学生对化归思想和方法的认识。

（3）形成与应用阶段

这一阶段对应初二代数全册和初三代数"一元二次方程"的内容。通过对这些内容的教学来引导学生参与到知识的发生、发展过程中，进一步揭示、概括、提炼化归思想和方法，从较高的层次上领悟化归思想和方法的含义及其价值。在宏观上培养学生应用化归思想和方法的能力；在微观上强化化归技能（巧）的训练，使学生将现有知识形态的化归思想和方法逐渐内化为意识形态的化归思想和方法。

（4）深化与发展阶段

这一阶段对应初三代数"函数"、几何"圆"这两章的内容。特别是解几何题时，引导学生把欲解问题作为化归对象，把基本图形作为化归目标，将复杂图形化为基本图形等。通过不断地在新情境下应用化归方法，可使学生进一步深化、巩固并发展对化归思想和方法的理解。

3. 反复渗透原则

数学思想和方法的教学必须依附于数学知识的教学，但又不同于一般数学知识的教学。在具体数学知识的教学中，一般不直接点明这些知识所应用、涉及的数学思想和方法，而是通过精心设计的教学过程，采用教者有心、学者无意的方式引导学生逐步领会蕴含在其中的数学思想和方法。数学思想和方法具有高度的概括性，它以元知识的形态与数学知识交织在一起。因此，对它的教学只能采用渗透性的方式。为了贯彻好这一原则，教师应做到以下两点。

（1）深入挖掘教材内容

数学知识是数学思想和方法的载体，数学思想和方法是通过数学知识来体现的。在实际的数学教学中，教师应以数学知识为载体；认真备课、精心准备，把教材中所蕴含的数学思想和方法的相关知识挖掘出来，设计好导学程序，以便于恰当适时地向学生渗透数学思想和方法。

（2）正确把握渗透方法

人们对每个数学思想和方法的认识，是随着自身数学知识的增加、认识水平的提高、抽象思维程度的提高而不断加深的。再加上数学思想和方法具有概括性、本质性等特点，这就决定了对它的教学应采用早期渗透、逐步渗透、反复渗透的方法，以适应学生思维水平的发展。

4. 学生参与原则

数学思想和方法的教学也是数学活动的教学，教师应引导学生积极地参与到数学思想和方法的形成过程中来。这一原则要求教师通过导学设计，努力给学生营造一种氛围，给学生提供思维活动的空间，促使他们积极进行思维活动。通过思考，产生一种内动力，从而使学生积极主动地参与到数学知识的发生过程中去，通过自己的内化，逐步领悟、形成并最终掌握数学思想和方法。只有这样，学生对数学思想和方法的理解、学习才是有意义的。

5. 概括和提炼原则

对数学思想和方法的教学不仅要符合数学思想和方法自身的特点，也要符合学生的认知规律。另外，我们知道，同一个数学知识可以蕴含不同的数学思想和方法。而同一个数学思想和方法又常分布在许多不同的知识点里。这就决定了数学思想和方法的教学具有以下特点：①数学思想和方法的教学需要在不同内容的教学中进行；②同一个数学思想和方法在不同阶段要求不同，即数学思想和方法的教学形式主要是以数学知识为载体进行的，这也决定了对它的教学必须遵循不断概括和提炼的原则。

进行数学思想和方法教学，除按照一般的教学原则进行外，还要遵循一些特别原则，以上所述的五条原则，是加强数学思想和方法教学所必须遵循的。我们认为，教师应不断提高对数学思想和方法的认识，把掌握数学知识和掌握数学思想和方法同时纳入教学目标中去，并按上述原则进行，才能收到良好的教学效果。

（五）数学思想和方法在初中数学教学中渗透的有效途径

1. 将数学思想和方法与知识探究相融合

从整体进行分析可以发现，在学生的学习生涯中，初中数学教学的根本作用在于夯实学生的数学基础，而数学思想渗透的核心目的也在于筑牢学生的根基，培养数学思维。将数学思想、数学方法逐步渗透到数学教学中，有助于激发学生的学习兴趣，逐渐消解学生对于初中数学知识的抵触心理、厌烦心理，进而提高整体的数学教学质量。由于每位学生的数学水准参差不齐，学习能力也不同，在日常课堂教学中，经常出现部分学生具有较高的学习效率，而部分学生学习效率较低的现象。此时，教师可将数学方法、数学思想融入教学中，结合学生实际的学习能力，为不同类型的学生安排针对性更强的学习内容，做到因材施教。例如，在围绕一元二次方程开展教学时，教师在讲解函数图像标点法时，全部学生都能够迅速理解并记忆相关知识；但在围绕函数性质与图像开展教学时，为增强教学效果，教师应针对学生的特点，对不同类型的学生进行讲解，引导其归纳、总结函数知识，以提升学习效率，使其能够深刻理解并认识到函数的性质。

2. 融入数学历史

生活实际是数学知识的重要来源，在日常教学活动中，教师应在数学课堂上引入数学历史，引导学生投入生活与数学历史中，不断发掘数学的本源规律，逐步强化自身的数学意识、数学概念。构建数学理论体系需要花费一定的时间，若教师在将数学知识教授给学生时，未能将数学历史渗透到学生的思维中，则很容易导致学生仅仅在公式、图形、数字等表层对数学知识进行学习，不会产生正确的数学思维，更不利于对数学解题方法进行深入探索。例如，在围绕勾股定理进行教学时，教师可将数学家毕达哥拉斯的经历与我国对于勾股定理的古籍记载相联系，使学生充分感知到曾经有大量的数学家、数学爱好者为看似简单的定理投入大量心血，进而增强学生学习数学知识的动力。

3. 引入情境教学方法

数学课堂教学的多样性、丰富性有助于培养学生的数学兴趣，更易于教师将数学思想渗透到学生的思维中，相应的数学思想、数学方法渗透的有效性主要体现在学生提高数学成绩以及养成学习习惯等方面。在新课标背景下，学生逐渐成为课堂教学主体，因此，教师应逐步强化学生的主体意识，充分挖掘其各项潜能。大多数学生已初步具备较强的主观意识，在选择课程学习时，会带有强烈的主观色彩，进而导致自身对不热爱、不喜欢的课程产生厌烦的心理。基于此，教师可将情境教学方法引入教学活动中，引导学生结合生活实际，深入了解数学知识。

4. 结合数学例题

教师应鼓励学生反思解题步骤，将正确的数学思想逐步渗透到学生的思维中。新课改的数学教材中拥有诸多优秀的题目，这些例题中蕴含了大量的解题方法、解题思路，包含了诸多过往中考真题，为教师提供了大量的教学案例，教师可将部分经典题目选取出来，先由学生自主进行分析，再由教师统一分析讲解，进一步开拓学生的数学思维。比如，在围绕一元一次不等式进行讲解时，教师可将不同的解题方法传授给学生，包括数轴解题方法、不等式组拆分方法，鼓励学生积极思考，促使其在解题过程中逐步养成自主学习的习惯，强化学生学习的独立性，进一步强化数学思想和方法的渗透效果。

5. 开展分组讨论

初中数学知识主要为基础性的理论、概念、公式，若教师单纯在课堂上依托数学教材开展实际教学活动，很难帮助学生产生深刻的记忆，更不会使学生深切意识到数学知识的重要性，很可能降低学生的数学成绩。部分数学教师不注重教学方法，采取生硬的授课方式开展教学活动，严重降低学生的积极性，进一步加剧了课堂教学的枯燥感。

初中数学课堂是锻炼学生逻辑思维的重要场所，需要将大量的定律、公式传授给学生。因此，数学教师应注重教学方法的科学性，重视在课堂教学中培养学生的实践能力。

例如，教师可引入分组讨论的教学模式，在教学开始前围绕本节课程，组织学生参与小测试，将班内学生分组；根据课程教学内容，由各组学生共同对教学内容进行讨论并制订具体的学习计划。在此基础上，教师可将部分教学问题抛给学生，引导学生从不同角度对问题进行讨论分析，将讨论结果与前期制定的小测试、学习计划相结合，组织学生分析、总结教学内容；由各小组派出代表在课堂上向全班同学阐述学习观点及原因；在临近下课时，教师可组织学生参与测试，检验学生的学习能力，引导学生举一反三，对同类问题进行深入剖析，进而逐步将整体思想、分类讨论思想渗透到学生的数学逻辑思维中，强化初中数学的教学效果。

第二章 初中数学课堂的教学模式

本章主要讲述初中数学课堂的教学模式，主要从以下四方面展开论述：初中数学自主学习教学模式、初中数学合作学习教学模式、初中数学探究式教学模式和初中数学支架式教学模式。

第一节 初中数学自主学习教学模式

一、自主学习概念

总体来说现阶段自主学习一般指学生自觉确定学习目标、选择学习方法、监控学习过程、评价学习结果的过程，即学生为了保证学习活动能够达到预期目标，而在学习活动的全过程中，将自己正在进行的学习活动作为意识关注的对象，不断对其进行计划、监控、检查、评价、反馈、控制和调节的过程。值得注意的是，人们对自主学习一般有狭义和广义两种理解。两种理解在学习方式、学习范围上都有所区别。

狭义的自主学习是指在教师的科学指导下，学生通过能动的创造性的学习探索活动，实现自主性发展的教育实践活动。广义的自主学习是指人们根据其所处的环境及具备的条件，自发选择学习目的，通过多种手段和途径进行学习活动，从而实现自主发展的社会实践活动。一般意义上的自主学习是指狭义的自主学习。

值得注意的是，自主学习也是一个相对意义上的概念，自主学习的自主不是绝对的。这一点可以从以下三个方面来认识。

①教师根据学生自身的学习，有效引导。学生在学习过程中，应始终在教师的控制下，教师及时纠正学生的学习时间和学习策略问题，师生保持紧密沟通，以免产生不必要的损失。

②自主不是任意的、放任的，自主性和责任是密切相关的。责任感是自主学习的先决条件，自主性随着责任感的增强而增强。在学生自主的学习过程中，调整教学目标，选择适当的学习材料，选择适当的学习策略和合作伙伴，会积极调整自己，并进行自我控制等，这些都是学生自己的责任。

③自主学习与自学不一样。自学是学生学习时，没有外部的帮助，以独立的教科书为载体，进行完全独立的学习。在自学过程中，没有其他同学和教师的帮助，学生必须具备很强的自控性。而自主学习则是在多种辅助手段下主动学习的一种学习形式，自主学习并

不等于绝对独立地学习，自主学习是在学校以及社会的一系列辅助手段下进行的学习，包括学校课堂教学，教师辅导答疑，借助教辅资料、计算机网络交互式学习，小组学习等多种途径。学生通过自主学习积极参加交流讨论活动，获得有关建议，最终达到学习的目标。

因此，一般而言，自主学习具有以下特征。

①独立性，自己的学习行为由学生独立自主地支配，表现为自控、自强、自尊、自立等；

②主动性，学生的学习是积极自觉地进行的，表现为浓厚的兴趣和强烈的求知欲，并具有成就动机、竞争意识等；

③自信性，学生对自己的学习充满自信，在学习困难面前不急躁，面对挫折不气馁，在失败面前能主动反思等；

④创新性，能创造性地学习，表现为有创造性思维能力，善于发现问题，能用新颖的方法解决问题等。

二、自主学习教学模式构建的理论依据

（一）认知建构主义理论

以美国心理学家弗拉维尔为代表的认知建构主义学派认为，自主学习实际上是元认知监控的学习，是学生根据自己的学习能力、学习任务的要求，积极主动地调整学习策略和努力程度的过程。自主学习要求个体对为什么学习、能否学习、学习什么、如何学习等问题有自觉的意识和反应。建构主义提倡在教师指导下，以学生为中心进行学习，既强调学生的认知主体作用，又不忽视教师的主导作用。该理论认为学生是信息加工的主体，通过与外部环境的相互作用构建新知识，是意义的主动建构者，教师只是意义建构的帮助者、促进者，而不是知识的灌输者。

认知建构主义认为，学生自主学习理论的形成，在很大程度上受课堂教学方法的制约。他们主张采用三种教学方法改善学生的自主学习行为，促进学生的自主学习。一是直接的教学；二是采用同伴辅导和学习问题讨论等方法，帮助学生建构自主学习理论；三是开展合作学习，让学生在合作中交流学习经验，丰富自己的学习理论。经过一系列教学实践，证明这些方法能够有效地提高学生的自主学习能力。

（二）元认知理论

元认知理论的创始者是弗拉维尔，该理论诞生于1976年。一般来讲，对认知结果的再认知就属于元认知。元认知包括以下一些方面：元认知体验、元认知知识，以及元认知的调节与监控。一般而言，研究人员将元认知一分为二，分别为元认知知识和元认知过程。元认知知识就是有关认知的知识，包括任务、策略等。元认知过程指的是计划、监控和调节认知的过程，具体包括策略选择、时间管理等。比较来看，对自主学习的决定作用而言，元认知过程扮演更重要的角色。所谓自主学习，主要是基于元认知监控。自主学习要求学生在以下方面有自觉的意识和反应：包括能否学习、学生为什么学习、学生学习的内容、学生学习的方式等，自主学习主要体现在学生对学习的自我计划、对学习的自我调

整、对学习的自我指导、对学习的自我强化方面。具体来讲，学生在学习前期就能明确自身的学习目标，在此基础上制订相关学习计划；学生在学习中期，能自我监督自身的学习过程、学习状态、学习行为，并对之审视与调节；学生在学习后期，能自我反思、评价自己的学习结果。学习心理学相关的研究同样表明：

学生的元认知能够通过激活改组策略、修正学习目标、监控学习过程、强化主体意识等方面来对学生自主学习的质量和效率产生影响。由此可知，促进学生自主学习的重要因素，就是培养学生对学习的自我监控意识，并使之养成固定的习惯。

（三）人本主义学习理论

卡尔·罗杰斯是美国著名的人本主义教育改革家和心理学家，他认为："发现自我、撩拨自我的学习是唯一能显著地影响行为的学习。"由此他主张学习的主人应是学生，在具体的教学中，怎么教、教什么，以及怎样对教学效果评价，都由学生的学习经验、学习意向、学习需要、学习兴趣等决定，而不是由教师决定。所以，要将学生作为学习行为的中心，让学生能够自发地学习。教学的任务是提供有效的学习环境，创造合适的条件，激发学生的学习潜能。对于教师来说具体的任务是：帮助学生提高自我认识和改变环境，使学生得到真正的发展。人本主义学习理论侧重于学习的学习方法，认为学习如何学习是最好的学习。

罗杰斯提出的有利于学生自主学习的教学措施是：

①认真组织教材使之适合学生的知识水平、学习兴趣和特长，便于学生学习。

②提出真实的、现实的问题，激发学生的求知欲、好奇心和学习动机。

③提出可选择的各种学习条件、情境和目标，让学生根据自己的情况做出选择。

④允许学生自己确立学习目标、计划和内容，按自己的兴趣选择学习程序。

⑤分组教学，建立自由度很大的学习小组，让学生自由结合，共同学习，互帮互学。

⑥让学生对自己的学习进行评价，教师和其他同学对学生的自我评价给予反馈。

（四）最近发展区理论

维果茨基是苏联心理学家，他提出了著名的最近发展区理论。他认为，在学生的学习发展中有两个层次：第一个层次为现有发展层次，具体表现是学生充分运用已有知识经验独立完成任务；第二个层次为最近发展层次，可以将这个层次视为准备水平，具体的表现是学生还不能独立地解决某些问题，需要教师的帮助，但是在教师的启发和引导下，能成功地解决这些问题。维果茨基的观点是：假若学生要学习的内容处于已有的发展区内部，那么遇到问题就由学生以自学的方式来解决；假若学生要学习的内容处于现有的发展区之外，那么教师从旁引导就显得十分必要，此外学生还需要一定的时间进行自我探究。而且，来自最近发展区理论的最新研究成果还表明，在传统的教学模式中，无论学习内容是否在学生的最近发展区内，所采取的教学方法都一概为教师讲授或满堂直接灌输，教学效果差强人意。苏联心理学家维果茨基的这个理论成为让学生自主学习的向导，同时也为学生的自主学习提供了理论依据。

（五）主体教育理论

主体教育理论认为，教育要充分挖掘、发挥、发展学生的主体性，要立足于培养学生自我教育、自我发展、自我完善、自我批判的能力，使之成为与社会发展同向的积极能动的主体，从而推动社会的进步。主体性，主要体现为作为主体的学生，在教师的引导下处理同外部世界关系时所表现出的选择性、自主性、能动性等特征。其中的选择应是在学校教育的总目标要求下，在教育的现实条件下进行的选择。因此教育给学生提供的选择，必须既要适应学生的认知和实践能力，又要满足学生个人的主体需要。自主性首先要求给予学生支配和控制客体的权利，其次学生必须成为自己开展活动的主人，能以自己的思维来支配活动，同时能进行自我调节和自我控制。能动性则主要表现为学生能以自己已有的知识经验、认识结构去主动地同化外界的教育影响，对它们进行吸收、改造、加工或加以排斥，使新旧知识进行新的组合，从而实现主体结构的建构与改造。这种建构是学生对知识的自我建构，建构过程与学生的个人经验、文化背景、社会环境有关。不同的学生，对知识的建构方式不同，这个过程教师不能代替，课堂教学应力求学生自主学习，引导学生用自己独有的方式将旧经验与新知识结合起来。

三、自主学习教学模式的主要特征

（一）以人为本

哈佛大学培养学生的首要目的是 "a fine human being"（育人），即品德第一。这个 "育人" 不是空头支票，而是具体实在的，是对社会、对自己的责任感，要求遵守法律、怀有良心、坚守良知等。要有 "吾爱吾师，吾更爱真理" 的求真追求，要有 "坚持真理不惜成为全民公敌" 的英勇人格。体现在课堂教学中就是处处站在学生的角度来实施教学，在充分了解学生的前提下，根据宏观的教育目的、微观的新课标细致地做好每一节课的教学设计，为学生做好教学准备。

但教学是一个过程，是一个动态生成的过程，每一个教学目标都不是通过备课实现的，必须在实际教学的过程中——课堂上来实现。所以，教学设计是固定的，而课堂教学是变化的。因为课堂教学不仅仅需要教师的 "教"、教师的预设，更重要的是不可忽视 "学"，需要活生生的人——学生参与。这就不得不让我们把目光转移到学生身上。也就是说，在实际教学过程中，教师除了要了解所教学生的年龄、心理特点、兴趣爱好等相对固定的 "学情" 外，还要学会在课堂上随时把握学生的 "学情"，抓住课堂上生成的东西，充分地加以利用，真正从学生发展的角度出发，以此调节、确定教学过程中每一步 "教" 的内容、策略、顺序、重点。这样，把以往课堂上一味地根据教师用书、教学设计来由教师主导上课，转变为根据学生的需要、兴趣等学生的 "实情" 来具体实施教学，一步步地引导学生自主学习，即教会学生自主学习。

（二）平等与交流

平等是实现真正交流的前提。没有平等的交流，人与人之间就获取不到真情实感，心与心就无法达到真正的沟通，随之导致人际关系出现问题。这些不正常现象的出现，久而久之在一定程度上会制约社会的发展和人类的进步。就某个人来说，如果长时间进行这种不公平的交流，就可能产生苦恼、压抑和烦躁等情绪，导致不能健康成长。

不能建立平等交流的主要原因是旧思想和老观念在作怪，包括旧的教育观念。学会交流和沟通，对我们的生活和工作非常有益，往往能起到事半功倍的作用，同时也能赢得人心。要想构建和谐的人际关系，需要我们多从他人的角度思考问题，多听听别人的意见。这样的交流，才有可能是建立在人人平等基础上的真正的平等交流，这样才能实现心与心的沟通。因此，在教学的过程中，要渗透这种观念，使师生进行平等交流，从而提高学生与他人交流的能力。

（三）尊重与合作

尊重是合作的基础。人人都有被尊重的需要，双方相互尊重、相互信任、相互交流，这是双方合作的基础。尊重是对弱势群体的同情，是对他人的隐私和权利的信任，是对不同生活方式和不同宗教信仰的包容，"我不同意你的观点，但坚决捍卫你有不同观点的权利"。

"自主学习、以学定教"提出在教学的过程中，要以自主学习的方式进行学习。在自主学习的过程中，教师要教导学生相互尊重，相互信任，相互包容，坦诚相对。学会隐忍是合作的必要条件。发言者要尊重倾听者，倾听者要尊重发言者。发言者自信大方、条厘清晰地表达自己的思想、情感。与此同时，倾听者要认真、仔细、耐心地听或记，并适时地回应、表达自己的感受。

对于学生合作品质的培养仅靠说教是不行的，还要建立合作的制度，梳理有效的合作流程，给予小组成员以恰当的分工，并提出具体可操作的要求，监督实施，及时评价，久而久之，学生便会学会尊重与合作，最终使学生获得各方面长足的进步与发展。

（四）思想与对话

有思想是能对话的必要条件。对话是在对话者有着自己思想的前提下实现的。没有自己的思想参与的对话只能是人云亦云、随波逐流，只是形式上参与的对话。因此，在课堂教学中应时刻关注学生的想法，创造平等民主的对话氛围。这是其一。

其二，要给予学生对话的机会，让学生能够对话。这就需要在日常教学中有意识地培养学生能思考、会思考的习惯，更重要的是在与学生对话或学生进行自主学习前给予学生独立思考的时间，让学生有思想可交流，能够与小组成员对话。

其三，要鼓励学生勇于对话。一种思想与另一种思想碰撞会产生两种以上的思想，这是人人皆知的道理。因此，要教育学生主动勇敢地参与小组活动，积极对话，使学生从其他同学身上学到很多意想不到的东西。不管是优等生还是后进生，都可以给小组成员以信息或其他资源。这样，学生既可以学会从不同人身上学习，培养谦虚谨慎、包容隐忍的品质，还可以学会与小组成员共享资源，培养学生互帮互助、合作共赢的品质。所以，教师要鼓励学生积极参与，多角度获得信息资源。只要参与就有收获，这样学生就会在日复一日的合作学习中学会学习与合作，甚至学会做事与做人。

四、自主学习教学模式构建的基本原则

自主学习教学模式是学生在教师的指导下，以学生为中心进行自主学习，其基本特征是课堂教学活动的中心是学生。在这种教学模式下，学生和教师的作用、地位与以往教学相比有明显差异。该教学模式构建原则如下。

（一）学生主体的建构

在教学过程中，学习活动的主体是学生，教师要引导他们在学习过程中，能创造性地认识世界；自我发展的主体也是学生，学生具有主体意识和实践能力，在对客观世界认识的同时，对自身的改造与完善必然会加深。学生主体的建构必须明确和尊重学生的主体地位，还给学生学习的主动权，经过教师的指导，学生通过思维活动，在学习过程中经历主动探索和创新过程。

（二）师生互动的强调

教学是双向互动的过程，闭门造车不是自主学习，自主学习不能没有师生、生生间的交流。教师要向学生明确学生要主动融入和谐友好的合作氛围。教师要事先设计好课堂讨论的问题，引导学生展开讨论，让学生在讨论中获得知识。在课堂互动关系中，教师和学生同时扮演着信息发送者和接受者的角色，双方在两种角色的相互驱动下，教师完成"传道、授业、解惑"的职责，而学生也达到了"学习、成长、成熟"的目的，传统的"要我学"通过师生互动变为学生积极主动参与的"我要学"，从而使学生的主体地位得到了真正的体现。

（三）激励性评价在教学过程中的重视

学生积极主动地学习可以通过教师赞赏、激励的评价语言来激发，这也使学生对学习产生浓厚的兴趣，师生情感得到交流，有利于营造宽松和谐的学习氛围，能够坚定学生自主学习的信心。在学生自主学习的过程中，教师要对学生自主学习的结果及时评价，肯定和鼓励学生解决问题时闪现的思维的火花，充分调动学生学习的内部动机、成就动机，增强学生的积极性和主动性，激发学生的创造性。

五、初中数学自主学习教学模式的意义

初中数学与其他课程不同，其重视培养的是学生的思维能力和逻辑能力等。在学习数学的过程中，并不需要学生按照课本来强迫自己硬记、硬背，而是需要教师在讲课时，调动学生的积极性，使学生自主学习数学知识，下课多加练习，并把学到的知识运用于实践中，不断巩固知识。这样的学习模式能够让学生更好地掌控学习方法，具备一定的自主学习能力，让学生在课堂中发挥主体作用。近年来，国家对学校的教育模式非常关注，并加大了整改力度，要求教师在教学时重视学生的主体地位，以学生为学习的中心，让学生发挥学习的自主性，为学生创造良好的学习环境，使其在课堂中主动地学习数学知识。随着社会不断地发展，知识更新的速度非常快，在这样的环境下，只有具备自主学习能力的人，才可以追上社会发展的步伐。所以教师在教学实践中要重视学习方法的运用，培养学生主动学习的能力，给学生步入社会奠定坚固的基础。

六、初中数学自主学习教学模式构建的途径

（一）建立和谐的师生关系，营造良好的学习氛围

课堂教学是一个双边活动过程，应营造宽松和谐的学习氛围，才能使学生积极、主动

地参与到课堂中，教与学必须步骤和谐，方可实施"师"教和"生"学。课堂教学是实施素质教育的主渠道，在课堂教学各环节应不断渗入学法指导，使学生学得积极主动，真正成为课堂学习的主人。一个人的思维在不受外来压力的情况下是最活跃的，教师要想方设法创造适合学生参与的课堂氛围。例如，教师让学生用语言描述"勾股定理的逆定理"时，有的学生总结为：如果一个三角形的两条直角边的平方和等于斜边的平方，那么这个三角形是直角三角形。教师不应一票否决，而是要引起全班同学热烈讨论。通过争论辨明真相：还没判断出这个三角形是直角三角形，不能运用"直角边"和"斜边"这类专用名词。学生的投入和参与程度只有达到一定广度和深度，才能形成课堂教学中师生和谐共存的良好状态，学生自主学习的积极性才能被调动。在数学课堂上，只有打造和谐的师生关系，学生的学习兴趣和积极性才能被调动起来，才能充分发挥学生的聪明才智和创造力。这就需要教师用爱心去对待每一个学生，而不是带着歧视的观念看待学生。教师要较多地关注学生的学习生活，多用肯定和鼓励性的话语对待他们的课堂回答和产生的疑问，不要草率地指责，以免增加学生的心理负担，致使学生抵制与教师交流，产生厌学情绪，从而不利于自主学习的开展。只有解决这些问题，才能让学生感受到班集体和教师的温暖与友好，使他们因为接受教师而对数学产生浓厚的兴趣。

（二）激发学生的学习兴趣，为自主学习提供充足的动力

兴趣是最好的老师，当学生对数学有了浓厚的兴趣时，就会产生一种强烈的求知欲，从而产生主动学习数学的积极性，由"要我学"变为"我要学"，把学数学当作一种爱好、一种乐趣、一种享受。这样不但减轻了学生的学习负担，而且使学生在学习上获得了巨大的成功。教师在教学过程中，要充分利用教育技术，应用多媒体和网络资源的优势，为相应的教学内容提供更丰富的感性材料，以期进一步激发学生的学习兴趣，从而使学生得到学习的原动力。这样学生会越学越想学、越爱学，有兴趣的学习事半功倍。相反，"强扭的瓜不甜"，如果学生在逼迫的状态下被动地学习，仅仅是装模作样，其效果必定很差。只要学生学习数学的兴趣长盛不衰，学习的动机就源源不断，长此以往数学学习将走向良性轨道，同时将所学的数学知识和数学思想方法应用于现实生活中，这对学生个人成长、发展起到至关重要的作用。

（三）注重选择题目的有效性，提高自主学习效率

实践证明，盲目的过多练习是不科学的，它不仅不能引起学生积极的思维活动，反而由于大量机械性的练习，学生的思维会变得呆滞，使他们在学习上处于被动状态，因此，在教学中，要精心选题，力求少而精，练在"点子"上，这样才能有利于学生主动学习。如在教学"二次函数"时，已知函数 $y=ax^2+bx+c$ 开口向下，并且经过点 A（0，1）和 M（2，-3）两点。①若抛物线的对称轴为直线 $x=-1$，求此解析式。②如果抛物线的对称轴在 y 轴的左侧，试求 a 的取值范围。③如果抛物线的对称轴与 x 轴交于 B、C 两点，且 $\angle BAC=90°$，求此时 a 的值。笔者将此题设计为三个层次的练习，难度逐渐递增，将全班学生分成三个层次的学习小组，每个层次的学生必须完成相关层次的练习，鼓励学生积极地完成高一层次的练习。这样的练习难度有层次，学生不仅没畏难情绪；相反，会促进他们向更高层次的目标迈进，一部分学生在把三个层次的练习都完成后可能还会主动要求

更高层次的练习。因此教师在练习中应精选习题，同时还要注重学生的个体差异，从而提高自主学习的效率。

（四）培养学生的数学问题意识

善于发现问题和提出问题是学生自主学习和主动探索的开始，也是探求新知识的动力。实践证明，在质疑状态下学生的求知欲和好奇心最强，他们会主动、积极地参与到学习中去，学习兴趣高，效率也高。提出问题是解决问题的开始，很多时候学生都能对问题提出自己的不同见解。孔子就说过："不愤不启，不悱不发。"只有在学生求知欲强的时候，思维才会积极，思维积极，学习才会事半功倍。但是，在这方面我们做得很不够，教师包办得多了一些，留给学生的空间小了一些。若学生提出精彩的有价值的问题，教师要给予充分的肯定，让学生获得成就感，并在班级形成思考提问的风气。要容许和鼓励学生有不同于教师的甚至是一反常态的想法和做法，让学生敢想、敢说。当然这里有一个科学性的"度"，对于学生创造中科学性的不足，可以先肯定后引导。有时候学生提出的问题并不是教师想要的，或者在教师看来是没有价值的提问。只要学生经过认真思考，我们就不能轻易地否定。此外，还可以给学生留一些创意性的作业，如知识拓展性的问题；也可以给学生留一些探索性的小课题，虽然需要的时间可能会长一点，但是学生在解决整个问题的过程中，自主学习的能力、创新意识等一定能得到培养。对这些创意性的作业和研究成果可以通过集中展示、教师引导、学生之间交流评价等方式给予积极评价，鼓励更多的学生自主学习和创新。

（五）有效开展数学课堂合作学习

合作学习倡导合作成员之间互教、互启、互学的状态，注重个体与集体智慧的结合，通过合作有效地加强学生主动学习的意识，同时优势互补，取得意想不到的教学效果。在合作学习中，每个学生的主体性都能最大限度地发挥，这对主动学习有着非常大的帮助，所以教师要积极地培养他们的合作学习意识。在初中数学教学中，合作方式可以凭借着学生自主选择来构建，也可以根据学生的情况建立相互帮扶型小组来展开。学生分成几个学习小组，每组 3 ～ 5 人，实现组内学生按周轮流当组长，开展组内、组外的讨论和沟通，这样学生不但能自主地参与进来，而且还有机会成为小组自主学习的活跃分子和组织者，从而使自主学习在合作的氛围下顺利地进行。

（六）培养学生预习的习惯，强化学法指导

在自主学习实践中，有意识地安排学生预习就是为了给学生创造自主学习的机会，让学生自己做主，独立学习，培养学生自主学习的独立性。在自学例题时，要弄清楚例题讲的是什么内容，告诉了哪些条件，求什么，书上是怎么解答的，为什么要这样解答，还有没有新的解法，解题步骤是怎样的，等等。抓住这些重要问题，动脑思考，步步深入，学会运用已有的知识去独立探究新的知识。

在教学过程中，教师要重视对学生学习方法的引导，积极组织学生的思维活动，不断提高学生的参与能力，通过有目的的教学促使学生有意识地掌握自主学习技能和学习策略，以提高学生的学习效率。在教学中，教师不但要教新知识，还要教学生如何"学"。

如教师在对"二次函数"一章复习时，可对学生提出如下问题：①二次函数共有哪几种形式的解析式？②学习和研究某种形式的二次函数时，我们通常从哪几个方面着手研究？③经过哪些步骤，可以画出二次函数的图像？函数的图像在研究函数的性质时有什么作用？教师通过创设问题，可以引导学生带着问题学习数学，使学生形成发散性的思维，从而提高自主学习效率。

（七）管理学习过程

只有把学生管好了，才能好好教，学生才能好好学，教师才能切实提高教学的有效性。教师要及时、公平地处理好课堂教学的每一个环节，管理好每一个学生。有利于学生自主学习的管理应是对班级自主学习气氛的管理、对不同层次学生的管理，以及对学生课外自主学习过程的引导与管理。教师通过管理，使学生个性鲜明，养成自主学习、终身学习的学习习惯。

（八）挖掘非智力因素

教师要充分挖掘学生的非智力因素，促进他们的学习。教师可以在学生作业结尾处加注评语，可以是表扬和鼓励，也可以是批评和建议，让学生拿到作业时，看到的不只是对与错，也可以看到教师的叮咛，无意中拉近了师生间的距离，激发学生的学习兴趣。

第二节　初中数学合作学习教学模式

为了实现新课标的要求，教师应将先进的教学模式灵活应用于课堂教学，改变以往的教学方式，转变教学思维，完成新时代课堂教学模式的革新。合作学习教学模式如今被广泛应用于各科的教学中，它的普及使教学质量有了质的提升。

随着新课程的落实，初中学校的教师也应实现新课标的要求，将其提倡的先进的教学模式落实到新时代课堂中去。在此过程中，教师要注重体现学生的主体地位，改变以往学生在课堂上的被动处境，充分发挥学生的主观能动性，建立以学生为中心的教学课堂。而课程教学则以学生的实际掌握为目标，以学科教材为基础，创设情境进行教学，组织学生合作探究。为此，本文提出了强化学生的交流互动、激发学生的学习积极性、利用课外学习方式等策略，希望在实际教学中，能够提高学生的学习效率与质量。

一、合作学习概念

合作学习是指在课堂教学中，学生以小组的方式进行合作学习的模式。教师在开展教学的过程中，组织安排学生进行自主探究学习，这可以改变学生的传统学习模式，由被动地接纳教师所传授的知识，转变为主动探索，这种教学模式可以潜移默化地提高学生的自主学习能力。合作学习模式在教学中的主旨是强调学生在课堂上的主体地位，使学生能够充分发挥主观能动性，教师充当引导者，对学生的学习起辅助、监督的作用。实现这个教学模式的第一步就是转变以往的"填鸭式"教学，提高学生在课堂上的交流能力，提倡学生敢于和教师进行交流，敢于发表自己的观点，与同学合作进行学习探究。

在现阶段新课标的实行下，学校的各科教学模式都在进行积极的转变，而合作学习教学模式在其中得到了广泛的应用，并且得到了教师和学生的认可。合作学习教学模式的实施，不仅提高了学生的学习效率，还使学生在学习过程中提高了自主学习能力、协同合作能力、交流沟通能力等，这些能力的培养，不仅有利于学生目前的课堂学习，对学生的课下学习以及未来发展都有很大益处。学生在学习中探索，将自己所学的知识尽可能地转化为在生活中的实践，如解决生活中的小问题等，而后进行逐步探索。在教学中使用合作学习教学模式具有较大的价值与意义。

二、合作学习的教学形式

合作学习很多种形式可供选择，可以是教师之间的合作，可以是教师和学生之间的合作，也可以是教师与教师之间的合作，再或是全员合作，其最终目标都是提高初中数学教学的效果。

（一）师生合作学习

有关教师与学生之间的合作学习理论有很多，代表人物是沙塔洛夫、阿莫那什维利等。这是在以前传统的教师主宰课堂的教学模式下，提出来的以教师为主导，以学生为主体的教育原则，并提出要加强教师与学生之间的交流与合作，建立起良好的师生关系。师生合作学习强调教师和学生的共同参与，在教学过程中，教师应该充分地尊重学生，信任学生，欣赏学生，理解学生，教师要注意充分调动学生学习的积极性，发挥好学生的自主性和主动性，引导学生积极地进行思维，充分地发挥学生的创造性，使学生得到充分的发展。师生合作学习有利于促进教师自身的发展，使教师在教学中能够不断地改进教学策略和提升自身的素养。当前大多数的课堂教学采用的是师生合作学习。

（二）学生之间合作学习

学生与学生之间的合作学习针对传统教学忽视学生之间的互助合作的弊端，重视了学生和学生之间的互动合作，构建了以生生互动合作为主要特色的课堂教学模式，这种模式借助学生与学生之间的小组合作学习以达到课堂教学的总体目标，最终使学生和集体获得协调发展。目前，这种生生合作的教学模式，已经在全国大多数学校都有开展，成为课堂教学的主流方向。

（三）教师之间合作学习

教师与教师之间的合作学习，是指相同或不同学科的教师相互配合，共同提高教学效果。教师之间合作学习的教学模式兴起于 20 世纪 80 年代末的美国，它主要是以合作授课的理论和实践为代表，针对教师之间缺乏互相交流和合作的现状提出来的，提倡两名或者是多名教师在课堂上共同协作授课。其实单靠教师一个人的能力毕竟是有限的，而不同的教师对待同一个问题的看法和角度可能是不一样的，所以在课堂教学中如果多个教师共同合作，就可以互相帮助、互相弥补，使得课堂教学的内容更加完善、更加合理。通过教师与教师之间的相互启迪，就会迸发出一些新的思维，这拓宽了教师的视野，启迪了教师的思路，提高了教师的授课水平和质量，这样更能发挥出合作学习的重要作用。不过因为受到师资、人员数量和人员素质等方面的限制，大多学校一时还不能达到师师合作这种要求。我们可以从教师之间的合作备课、合作研究、互相交流入手。

（四）全员合作

美国约翰·霍普金斯大学教授罗伯特·斯莱文在《教育中的合作革命》一书中曾经这样建议：这是一种完美的合作学习状态，我们正在进一步地研究这个问题，如何把课堂上的小组合作学习与班主任的班级管理，与学校的德育教育，与家长的家庭教育，与社会的社区活动，与我们的研究性学习等都结合起来，让它发挥出更加高效、更加理想的作用。

三、合作学习教学模式在初中数学教学中的开展方式

（一）创设情境

良好的课堂环境是促进学生学习的硬性条件之一，创设引人入胜的教学情境，是提升教学质量的有效措施，在这种情境下学生可以对知识点产生相关的联想。数学教师可以采用悬疑的方式，以故事为开场白，打造充满乐趣的教学课堂，给学生指明思考的方向与目标，再适时地提供合理的引导，从而有效地培养学生的思维。

（二）自主探究

自主探究在合作学习教学模式中是一个很重要的课题，如果缺少这个环节，则基于合作学习教学模式开展的数学课程就无法顺利进行，学生的学习质量无法达到教师的预期效果。开展自主研究，便是将学生依据组间同质、组内异质的原则进行分组，保证组内学生的水平差不多。而各个小组之间的情况相似，一方面保证每个小组的组建都有意义，使每个学生都可以参与其中；另一方面成绩好的学生带动成绩较差的学生，推动班级整体的学习进度。在教师的安排下，每个小组都有机会表达自己的观点，学生也可以与小组内部成员进行沟通交流，改进自己或者对方的观点，这充分调动了学生的学习积极性，突出了学生在学习中的主体地位。

（三）巩固课程知识

掌握知识的标准是学生可以对知识进行灵活应用，并且具有一定的实践与延伸探究能力，针对这个要求，可以采用以下三个步骤。第一，对所学知识进行复习，或者针对难点与同学进行讨论。第二，增强所学知识的首尾连贯性，如果感觉到有突兀的地方，要及时处理解决。第三，培养学生的创新能力以及学以致用的实践能力。

四、合作学习教学模式的必要性和优势

（一）初中数学教学中开展合作学习教学模式的必要性

1.实现有效的分层教学

在教学改革活动中，根据学生的学习特质和基础进行因材施教是提升教学效率的途

径之一。小组合作学习能够让教师将不同学习层次的学生整合到同一个小组，使学生之间可以相互学习，实现知识的互通。同时，能把原来统一的教学内容变为不同层次的教学内容，让学生自主选择合适自己的教学内容，并为达成目标而积极主动地学习。在合作学习过程中，学生是学习的主体，不再处于被动接受知识的地位，教师也可以更好地实施分层教学，使学生获取更多的数学思想。

2. 活跃数学课堂的氛围

不难发现，初中学生具有一定的从众心理，在集体环境中往往更容易受到他人的影响。合作学习创造了集体的数学学习环境，使学生具有一定的心理压力，因为个人的学习关乎小组的总体成绩，这就使得每个学生必须意识到自身的作用，投入课堂的学习活动中。在实际的教学实施活动中，教师很容易发现小组式的合作探究氛围往往比讲授式的课堂更加充满活力。教师的促评很关键，以鼓励为主，可进行略微夸张的表扬，再根据学生的表现提出合理的建议，让学生乐于接受，并产生强烈的成就感，增强学习的积极性，活跃课堂气氛。

3. 培养学生的团队合作意识

俗话说，众人拾柴火焰高，集体的智慧可以让课堂的效率得以提升，尤其在数学教育教学活动中。举个例子，一道数学题目，按照以往的教学模式，教师直接提问学生，会做的学生只有几个，不会做的学生基本没有表现的机会。但是小组合作的模式改变了这一局面，教师给予学生讨论的时间，小组内部可以讨论出不止一种解题方法，学习基础好的学生可以讲解给其他同学听，让整个小组掌握解题方法，原本不会做的同学也能掌握知识，有机会代表小组进行发言。教师要让学生积极主动地参与到团队合作中去，激发学生的热情，让学生在合作过程中取得学习成效，逐渐形成团队协作意识。

（二）初中数学教学开展合作学习教学模式的优势

1. 有利于学生团队合作意识和协同合作意识的培养

我国的教育改革力度比较大，使合作学习教学理念在初中教学中获得有效应用。传统的数学课堂教学模式比较单一，合作学习教学模式突破传统教学的瓶颈，有效地形成学生和学生共同进步的教学模式。互动学习的小组模式的建立，进一步促进学生对数学知识的探索，有利于学生养成合作学习的意识，从而形成协同合作的意识，让学生在良好的学习氛围中扬长避短，相互监督，从而有效地提升教学质量。

2. 有利于初中数学教学落实因材施教

在合作学习教学当中，学习的主体是学生，初中数学教师需要有效地引导学生进行小组学习，在对小组布置作业时，初中数学教师需要给学生留有更多的时间探讨数学问题，使学生分析数学问题的同时，寻找解决问题的方法。在小组探讨结束之后，学生还需要总结探讨结果，向数学教师进行汇报。初中数学教师需要认真检查学生的成果，总结出学生存在的普遍问题，有效地掌握学生的学习程度，把知识难点和盲点进行汇总。这样更容易让数学教师了解学生的学习情况，有利于数学教师落实因材施教，同时有效地利用课堂的教学时间，提高数学的教学质量。

3. 有利于引导学生对数学学科的学习兴趣

传统的初中数学教师以教学主体的身份站在讲台上授课，运用"填鸭式"的教学模式，在讲课的时候也都是以板书的形式把知识点讲授给学生，这导致学生不易跟上教师的教学进度，这种被动的教学模式不利于学生学习，反而会让学生产生厌烦心理。合作学习教学模式的建立可以有效地改善教学课堂氛围，合作学习主要以学生为主体，数学教师做好引导者的身份，有效地引导学生自主学习。同时，合作学习教学模式能够让学生对数学科目更感兴趣，学生为了完成教师布置的学习任务，也会主动地和其他同学进行知识探讨，让学生形成主动学习的意识，慢慢让学生对数学产生学习兴趣，进而提高初中学生的学习效率。

五、合作学习教学模式在初中数学教学中的应用策略

（一）强化学生的交流互动

在初中的数学教学中，合作学习教学模式开展的主要方式就是把学生分为固定人数的小组，小组之间互相沟通、解决学习问题，这是合作学习教学模式开展的关键。在数学教学中开展合作学习教学模式时，教师应事先调查、了解学生的具体学习情况、思维分析能力、认知层次等方面，可以采用谈话、观察或者是习题测验等方式，而后以此为依据，结合教学要求将学生分为数个小组。在开展教学的过程中，教师先教学课程内容，而后给学生短暂的时间，自主查阅与课程内容相关的知识点，让学生在小组之间以课程知识为中心展开学习方法、解决问题的思路等方面的讨论。在初中数学教学中应用合作学习教学模式不仅提高了学生对课程内容的学习质量，还强化了学生的自主思维、分析能力等。例如，在教学"一元一次方程"时，教师可以给学生布置合作学习任务：学校的机房有一台计算机，它已经使用了1700个小时，以后的每个月规定使用时间是150小时，那么这台计算机还需要几个月的时间会达到2450小时这个检修标准？而后教师在黑板上列出方程式"1700+150x=2450"，同时给出探究话题：这个方程里有几个未知数？未知数的次数是多少？这个方程有什么特点？让学生根据刚刚所学的知识进行讨论。在讨论的过程中，学生不仅可以对知识点有深入的了解，还可以通过讨论将同学的观点总结为自己的知识，而后与其他同学进行二次讨论，最终获得结论：只有一个未知数，未知数次数都是1，等号两边都是整式，解方程就是求出使方程等号左右两边相等的未知数的值，而这个值便是这个方程的解。此过程的合作学习有利于对学生合作探究能力的培养，达到提升初中教学质量的目标。

（二）激发学生学习的积极性

学生的学习兴趣对提升教学质量有很大的影响，同样也是合作学习教学模式开展的关键，只有在兴趣的驱使下主动参与，才可以充分发挥学生的主观能动性。因此在开展合作学习时教师应根据教学环境与条件创设学习情境，强调学生加强与同学间的合作，进行合

作探究，使学生在学习中感受到乐趣。在此过程中，数学教师还需要注重对学生的引导，对学生的探究方向进行指引，使学生在自主探究中不会迷失方向，防止出现无效学习等类似情况。除此之外，教师在课堂上要善于表扬，教师的认可以再次激发学生的学习动力，在表扬之后也要为学生指明下一个探究方向或者探究中需要注重的问题等，这样可以充分尊重学生的自主意识，使其不会对数学学习产生抵触心理。教师的表扬还可以给予学生发散思维的勇气，这对活跃课堂气氛也有较大作用，在相互影响之间可以提升学生整体的综合素养。

（三）利用课外学习方式

教学的最终目的不在于学生能够阐述多少理论知识，而是能否将所学知识灵活运用、付诸实践。初中数学教师在专注于讲授教学理论知识时，还应将一部分的心思放在引导学生灵活运用知识方面，以此来培养学生学以致用的能力。而在数学中开展合作学习教学时，课外学习方式同样也占据了较重的比重，借助课外的资源、活动交流，可以使学生更加全面、深切地了解所学数学的本质，并且更深入地掌握所学内容。例如，在教学"轴对称"时，教师就可以使用课外学习方式，把学生分为人数相同的几个小团队，每个团队投票选择一个队长，队长在队伍中负责引领与组织。教师可以让学生以团队的方式去搜集、讨论生活中的对称物体，而后引导学生进入课程，探究这些对称物体的中心线在哪里。教师还可以让学生以自己的手掌为例，让学生将手掌平行地放在地面上，然后两个手掌逐步重合，并告诉学生中间那条线叫作对称轴，而两个手掌背对背重合的点叫作对称点。

六、初中数学教学中合作学习教学模式的实践

合作学习的教学模式在初中数学课堂教学上的应用，经过不断摸索和完善，基本达到了预期的教学效果。在具体实践过程中应结合调查研究过程中发现的问题制定解决策略，使合作学习的教学模式得到进一步完善。

（一）明确合作学习的相关理论

每一项课堂改革的成功实施，离不开坚实的理论基础。教师对一种理论理解得是否深入，往往会对教师的教学观念产生深远的影响，教师的教学观念又会表现在教学行为上。教师应该深入理解有关合作学习的基本理念、基本含义、基本方法和应用条件等。这种理解不能只停留在理论上或者思想上，也不只是对国外合作学习进行简单的学习，而应该是建立在消化吸收的基础上进行创造性的使用，并在实践中不断创新。只有经过教师积极深入地理解和融会贯通，合作学习的根本精髓才能够被教师所掌握，在教师的指导下，学生才能对合作学习的学习方式真正领会，并更好地参与合作学习。

（二）建立合理的合作学习小组

1.科学划分小组

（1）合理确定小组人数

合作学习小组人数的多少直接影响到合作学习的质量，合作学习的小组人数以 4～6

人最为适宜，尤其是 4 个人最好。笔者所在学校每班人数在 40～45 人，所以每班可以分为约 10 个小组。因为如果人数太多，所以交流时用的时间也会多，将不利于学生之间的相互交流和学生个人才能的充分展示；如果人数太少，那么产生的不同意见就会比较少，很难碰出智慧的火花，将不利于学生之间的相互交流和互相帮助。有时候学生碰到难度比较大的问题，单凭一个小组的力量可能得不到解决，需要向其他小组求助，通过小组间的合作解决问题。在教学中，教师还可以根据教学的需要调整小组的人数，以达到合作学习的最佳效果。

（2）小组划分的原则科学合理

合作学习小组的划分是否合理，直接关系到合作学习的效果，因此合作学习小组的划分应该坚持科学合理的原则，那就是分组要遵循"组间同质，组内异质，优势互补"的原则。首先教师要了解学生的情况，综合学生各方面的差异，考虑到学生的学习成绩的差异、思维方式的不同、能力的不同、性别的差异、家庭情况等。这样有利于小组成员之间取长补短、优势互补，也有利于各个小组之间站在同一起点，做到公平竞争。如何科学合理地划分小组，发挥出小组合作学习的最大优势，也是一门学问，而且小组的划分也不是一成不变的，还要根据出现的不同问题及时地做好调整工作，使小组的划分更加科学合理。可是无论怎样划分，有道是五个指头还不一般齐，总有的小组要弱一些，有的小组稍微强一些，为了均衡，可以采用强势小组和弱势小组在座位上互相搭配的原则，使他们互相帮助，共同进步。

2. 明确组员分工

合作学习要想取得成功，明确的组员分工是少不了的，因为组员只有明确了自己的责任，才能各司其职，互相分工合作，共同完成合作学习的任务。否则这个合作学习就会成为一盘散沙，虽然热闹但没有秩序、没有效率，达不到良好的效果。

一般来说，合作学习小组内可以设小组长、检查员、记录员、汇报员各一名。小组长的责任最大，所以开始的时候要选择组织能力强、责任心重、学习成绩优秀的学生担任，起到模范带头的作用。等大部分学生熟悉了合作学习要求以后，就可以培养其他学生轮流担任了。小组长的主要职责包括：对合作学习小组的组员做出合理化分工，并有组织地开展探讨活动；鼓励组员积极参与小组活动，积极发表自己的意见和建议；总体把握合作学习的过程和时间；整合小组讨论的有关建议和观点，并促使小组内达成统一性的意见。小组长职责的落实是保证合作学习有序进行的保障。此外，其他成员也有各自的职责。

3. 培养小组长

教师要把小组长的选择和培养作为组建小组后的首要任务。在合作学习刚开始的时候，由于学生对于合作学习的有关模式、过程以及注意事项还不够清楚，学生还缺乏合作学习的有关的技能和意识，所以这时小组长应该选择优秀的学生担任。小组长选好后还要对他们进行集中的培训，让他们尽快掌握合作学习的技能和组织领导小组成员合作学习的基本技能等。开展合作学习的初期，小组长可能一时达不到要求，这就要靠教师的及时指导，帮助他们逐渐掌握有关的技能。教师可以成立小组长沙龙，及时了解他们在合作学习中碰到的困难和一些意见、建议等，鼓励他们一起来献计献策，想办法解决问题，再辅以教师的指导，提高他们的管理能力。例如，为了让家长协助班级管理，小组长想到由他们向家长汇报小组成员在小组内的表现情况，起到了很好的效果。为了调动学生的积极性，给每个学生锻炼的机会，一批小组长培养出来以后，就要着手培养新的小组长了，最终要达到使小组内的成员轮流担任小组长的目的。新小组长的培养有了原来小组长的示范作用和协助培养，就要省事多了。负责、合格、得力的小组长保证了合作学习的顺利开展。

（三）学习习惯和技能的培养

1. 培养学生学会倾听

只有学会倾听，才能更好地发表意见。虚心地听取别人的发言和意见，和别人交流，从中吸收对自己有用的东西，取别人之长补自己之短，对合作学习显得尤为重要。

孔子曰"三人行，必有我师焉"，说的就是这个道理。教师要在学生合作学习之前强调学会倾听的重要性，并在合作学习的过程中不断指导学生怎样去倾听，使学生不断地提高自己倾听的能力，培养他们合作学习中的倾听的耐心，使学生能够互相倾听对方的意见，弥补自己考虑问题的不足，提高合作学习的有效性。

2. 培养学生学会质疑

在合作学习过程中，不仅要学会倾听，更要勇于质疑，质疑比倾听还要重要。如果学生在合作学习时只是听别人的发言和意见，自己不敢发表意见或者没有自己的见解，无疑达不到合作学习的目的。学生能够质疑，说明他勤于思考，学习积极主动。因此教师要鼓励学生勇于质疑，学会质疑。当学生有疑问的时候，要鼓励他们及时提出来；当学生对问题有不同的见解或者意见时，要鼓励他们勇于提出来，大胆地质疑；当学生想到了其他同学们没有想到的或想不全面的，要鼓励他们勇于进行补充。教师要通过表扬和鼓励促使学生不断进步。

3. 培养学生学会表达

仅仅会倾听、会质疑还是不够的，必须让每个学生学会表达自己的想法和意见。教师在课堂教学的过程中，希望学生能够勇于表达自己的观点，但是很多时候，由于这样那样的原因，常常只有几个比较活跃的学生举手。有的学生在参与小组合作讨论时能够说出自己的想法，而且发言很有价值，但是等到全班交流时羞于表达没了声音，这就需要教师及时发现、及时鼓励；还有的学生属于肚子里有东西却表达不清楚的，这就需要教师有意识地培养学生的表达能力。事实证明，只要教师能够调动起学生参与的欲望，培养学生敢于表达的勇气，循序渐进，给学生机会，有意识地把一些容易表达或者比较简单的问题留给那些不爱发言或者是学习上比较困难的学生来回答，并且及时地对他们的表现给予肯定和表扬，平时注意多鼓励他们，学生的表达能力是能够通过培养获得提高的。

4. 培养学生学会遵守组织纪律

教师应该要求学生专心，不能游离于小组活动之外，小组讨论时要控制声音，不能影响到其他小组的同学，使合作学习有序地进行。

（四）建立合理的评价机制

对于合作学习，科学合理地进行评价十分重要。对合作学习的评价是一项比较复杂的工作，因为合作学习的方式千差万别、各式各样，合作技能和合作技巧的不同又加大了评价的难度。新课程提倡评价方式的多样化。因此，我们应该从教师、学生、小组三个方面进行综合评价，只有这样才能从整体上把握合作学习的情况，使评价达到激励学生积极参与合作学习的目的。

1. 教师评价

教师评价是一种传统的比较常见和重要的评价方式，它对学生的身心发展起到重要作用。因此，教师在对合作学习进行评价时，要做到公平合理，既要重视对学生个人的情感、合作态度、参与情况等表现的评价，又要注重对合作学习小组之间的整体评价。

重视对学生个人的评价，能发现学生的闪光点，能够使每个学生获得成功的体验，看到自己的进步；注重对小组的整体评价，更能激发学生的小组意识，培养学生的集体荣誉感，激励学生为了小组利益而互帮互助，为了共同的目标而努力。教师可以开展小组间的评价竞赛来调动学生的积极性，可以把学生每次课堂上的发言加在课堂表现得分里，让负责记录的同学统计得分后评出表现较好的 3 ~ 5 个小组 . 教师课上对表现好的小组提出表扬，并给他们组的每个人再加上奖励得分，采用个人和小组的捆绑式评价，以小组为单位进行评价。一个月后教师对小组评价进行汇总，评出优胜小组，还可以评出进步最大的小组以示鼓励。为了鼓励那些学习水平较低的学生上课积极发表自己的意见，还可以对学生发言得分进行调整，水平高的得分少，水平低的得分高，这样能够激励小组内的成员对水平低的学生切实地进行帮助，有利于促进全组学生的共同进步。

2. 小组互评

小组互评也是合作学习评价中的一种评价方式。由于小组内的成员平时合作互助比较多，互相之间比较了解，所以让他们互相进行评价，不仅有助于调动小组成员参与合作的积极性，而且有助于科学合理地对学生进行评价。在笔者所在的学校，小组互评已经成为一种模式：开展合作学习后，教师发给学生一份评价表，表中详细地列出评价的具体内容和评分方式、评分标准等，每个学生参照评价表给组员打分，把所打分的平均分作为这个组员的分数，这样每个学生都参与其中，比较公平合理。

3. 学生自评

学生作为合作学习的主体，能够及时反思自己在合作学习过程中的表现，不仅反思自己的不足，而且从中汲取对自己有帮助的经验，通过及时总结自己与同学合作过程中的交流的方式、讨论的方法以及解决问题的方式等，引起自己的深入思考，从而不断进步。学生自评的方式可以是多种多样的，可以是组内口头交谈方式，还可以是班内口头交流方式，还可以采用书面方式，让学生写出自己在合作学习中的感悟，当然也可以是根据教师给出的自评标准让学生自己进行评价。学生的自我评价是学生不断进步的基础。

4. 组间互评

在前面评价的基础上，我们还可以开展小组间的互评，以促进合作学习小组间的竞争，激发小组成员积极向上的热情，增强小组的凝聚力，使全体学生以自己的小组为荣，为了小组利益团结在一起，互帮互助。可以让各个小组互相评一评哪个小组合作学习活动开展得最好，哪个小组的互帮互助最有效果，哪个小组表现得最积极，哪个小组最团结，等等。

只有科学合理的小组评价方法是不行的，教师还要注意把小组评价落到实处。评价要想发挥应有的效果，还要做到及时总结和评比。在每一次合作学习结束以后，教师都要及时地对个人及小组进行评价和总结，每周要进行一次简单的总结，每月进行一次大的总结，并且还应该采取必要的奖惩制度。

第三节　初中数学探究式教学模式

（一）探究式教学

探究式教学又称研究法、发现法，主要是能引导学生在学习数学概念和原理时，学会借助教师提供的生活实例和实际问题进行深入探讨，让学生自己通过观察、阅读、思考、实验、听讲、讨论等途径去独立探究，并从数学的角度发现并掌握相应的原理和结论的一种方法。探究式教学的目的是使学生初步学会用数学的思维方式去观察和分析现实社会，让学生自觉主动地探索事物，研究客观事物的属性，掌握认识和解决问题的方法和步骤，发现事物发展的起因和事物内部的联系，从中找出规律，形成自己的概念。在探究式教学的过程中，学生的主体地位、自主能力都得到了加强。

在探究式教学过程中，精心的教学设计在课堂教学中是十分重要的，其原则包括以下几个方面。

1. 目的性原则

探究式教学的选题内容必须充分考虑到其应发挥的作用，选题内容应富有"挑战性"。在教学过程中，应该根据教学内容有目的地引导学生在亲身实践和实际操作中提高发现问题、分析问题、解决问题的能力以及动手能力，并在实践与探究的过程中体会和学习科学的数学方法。

2. 完全探究与部分探究相结合的原则

探究式教学的设计，就是要给学生创造良好的情境和条件，选择恰当的数学内容，能让学生完整地经历数学探究的整个过程。但是由于实际教学过程中课堂教学时间和教学所探究内容、任务的限制，在安排具体探究活动的过程时，要站在整体和全局的高度去系统地安排，有意识地设计，逐级进行。不是所有的教学内容都探究，可以采取在课堂中设计有挑战性的问题进行探究，控制其时间的合理性，也可采取"讲""探"相结合的模式。

3. 主体性原则

学生是学习的主体，在整个教学实践和探究的过程中要尊重学生的主体地位，发挥学生的主观能动作用，使学生在自我发展和互相启发的过程中获得成功感。教师作为数学探究活动的设计者和活动过程的引导者与组织者，要让学生的主体地位和主动性得到充分的发挥，教师还应该了解学生，了解学生已经知道什么，还要掌握什么，并进一步判断学生容易做到什么程度，制定相应、有效的教学策略。在学生探究式学习的探索过程中，教师还应做到耐心等待，善于不断地观察学生，及时了解学生出现的问题，不论学生是成功还是失败，都要给予鼓励，并特别鼓励学生探索的新问题和提出的见解。

4. 主动发展的原则

学生是发展的主体，学习是通过学生的主动行为而发生的。学生的学习取决于学生自己学到了什么知识，而不是教师教了什么。教师要调动学生学习数学的主动性，使学生学会主动地发现问题，能积极地参与交流和讨论，不断对自己的学习方式进行反思，并改进学习策略。

5. 面向全体的原则

在确定探究式教学设计的要求时，要全面考虑所有学生的情况，尊重个体差异，面向全体，在注重知识与技能，过程与方法，情感、态度与价值观三个维度的教学目标的同时，始终坚持"每个学生都能成功"的信念，充分发挥每一个学生的最大潜能。学生的个体差异是客观存在的，每个学生都有自己的优势和弱势，教师应根据不同学生的特点和个体需求开展教学，尽可能发挥学生的优势，弥补学生的弱势，以满足各种水平学生发展的需要，使每个学生都能在自己的基础上得到充分的发展，这样才能做到面向全体学生，因材施教。

6. 与多种教学方式相互补充的原则

在教学中教师应根据实际的教学内容和学生特点，组织不同程度的探究活动，通过探究式教学与其他教学方式的结合进行，使教学具有时效性。

7. 实践性与创新性的原则

教师要鼓励学生在原有知识水平、能力水平的基础上学习创新。

8. 科学性和教育性的原则

一个可行的、高质量的创造性教学设计必须以科学性作保障。科学性是指采用的教学形式和教学方法等是符合学生的认知结构和认知规律的。教育性原则是指探究活动要有教育意义，寓教育于探究活动之中。科学性和教育性的原则要求探究活动要有明确的方向和教育目的，把思想性和科学性统一起来。

（二）数学探究式教学

数学探究式教学是指学生在数学教师的指导下，以学生为主体的学习过程，即不断地发现问题、提出问题、解决问题和反思问题的过程。

1. 数学探究式教学的目的与原则

数学探究式教学的目的是使学生在掌握数学知识与技能的同时提升自己的科学素养、数学文化修养，形成和发展自己的数学品质，提高数学思考和解决问题的能力、探索创新能力，形成良好的数学学习情感、态度与价值观。

在探究式教学中学生要自觉遵循以下三条基本原则。

①既学知识又学方法的原则。

②既学证明又学猜想的原则。

③教、学、研同步协调的原则。

2. 数学探究式教学的特征

数学探究式教学具有自主建构性、问题性、探究性、合作性、实践性和多维性等特征。

（1）自主建构性

自主建构性是探究式教学的前提、本质和灵魂，表现在两个方面：一是自主性，二是建构性。没有学生知识的自主建构就没有探究性，也就不能被称为探究式教学。

（2）问题性

问题性是数学探究式教学的核心。数学探究式教学活动一般都是围绕问题而展开的，探究式教学的过程就是一个不断地提出问题、解决问题和反思问题的过程。

（3）探究性

探究性是指学习过程的探索性和研究性。数学探究式教学遵循"人人学有价值的数学"，主张不（教）学现成的数学，而是学生在教师的帮助下，独立思考、合作交流、探索研究。因此，数学探究式教学不是停留在对待书本知识的直接接受、占有上，而是要求学生带着质疑和批判的眼光去对待书本提供的信息，利用已有的知识、经验，在真实自然的问题情境中主动发现问题、提出问题，并积极地寻求解决问题的策略和方法，通过独立思考、自主探索、合作交流，进行"再创造""再发现"去获取对所学数学知识意义的建构过程。这既是一个学习的过程，又是一个探索和研究的过程。

（4）合作性

合作性是探究式教学的有效途径。要想有效地完成探究式教学的任务，在自己独立思考而不得其解时需要与同伴进行合作与交流。成员之间缺乏交流和合作，仅靠学生个人的力量是难以孤立地承担起知识自主建构的责任的。

（5）实践性

探究式教学是以学生的主体实践活动为主线展开教学的。学生借助一定的手段，运用多种感官，通过自己的主体活动，在做中学，在学中做，教、学、做合而为一，融为一体，使得学生的实践活动贯穿于学生活动的始终。探究式教学特别强调学生的实践活动，强调学生的直接经验和间接经验的交融、统一，使认知活动建立在实践活动的基础之上，用学习主体的实践活动促进学生的发展。

（6）多维性

多维性包括学习的途径和手段的多样性、交往方式的多向性、教育格局的开放性、学习评价的多元性，它是探究式教学的保障。

3.探究内容的选择

（1）探究内容选择的范围

探究内容选择的范围绝非简单地局限在学科知识体系之内。探究的内容一般非常具体，数学学科知识体系是经过抽象概括出来的，而探究的对象则是具体的事例。探究内容可能来自社会、科学知识乃至学生自身。我们提出的探究内容选择的范围包括：

①教科书。之所以把教科书列在第一位，是考虑到教科书是学科知识体系的精选，也是教师最方便的教学工具，具有一定的可操作性。

②社会生活问题，即选择社会生活中的现象、问题进行探究。

③学生自身的发现。

（2）探究内容选择的依据

①探究目标。探究目标从以下方面决定其内容的选择：一是知识目标决定探究内容选择的范围，即只能在这个知识体系内选择具有代表性的事例进行探究；二是技能目标决定探究内容选取的角度；三是态度目标决定探究内容的呈现方式。

②学生学习的准备情况和学习特征。学生学习的准备情况指明了学生已经具备的学习条件，而这种学习条件决定哪些内容可以进行探究。因此，学生学习的准备情况决定了探究内容的难度系数。学生的学习特征则对探究内容的具体形式、抽象或是形象、概括程度或具体程度等提出了要求。

（3）探究内容选择的原则

①适度的原则。这里的适度，一方面是指工作量上的适度。在探究式教学中，探究内容既不能过于复杂，不能需要太长的时间进行探究，也不能太过简单，使学生很容易就可以得出结果，从而失去探究的兴趣。在每一次探究中，一般选择只含一个中心问题的内容，进行一次探究循环即可解决问题，通常不要求学生对证据做过多的探究。另一方面是指难度上的适宜。探究内容难度确定的理论依据之一就是"最近发展区"理论。在一般情况下，探究问题的解决所需的能力应在学生的最近发展区之内，使学生通过努力就可以解决这样的难度水平的问题。适宜的难度要求探究的内容具有适度的不确定性，其变量的多少要以学生能够掌握和控制为限度，过多的变量使学生产生过多的疑惑。

②引起兴趣的原则。学生主体性得以发挥的前提条件之一便是他们具有了内在动机，因此，以发挥学生主体作用为特征的探究式教学，必须能充分激发学生的内在动机。可以这样讲，学生对探究内容产生兴趣是探究活动进行下去的动力源泉。什么样的内容才能引起学生的兴趣呢？首先，能够满足学生现实需要的内容才能引起学生的兴趣。这也是当代科学教育把目光转向学生生活、选择切合学生实际内容的原因之一。其次，对于超越常规但也在情理之中的问题，学生也会感兴趣，因为这样的问题能够激发学生了解的欲望。最后，对于具有一定难度的问题，学生会感兴趣。学生有一种天生的好奇倾向，喜欢探索未知世界，喜欢探究问题的答案。随着问题的解决，学生的好奇心得到了满足，也同时感受到了成就感，这些成为他进一步探究的动力所在。

③可操作性的原则。探究式教学的特征决定着探究内容应具有可操作性，即探究内容是可以通过有步骤的探究活动得到答案的。这里主要有两条标准：一是探究的结果与某些变量之间具有因果关系，而因果关系通过演绎推理是可以成立的。如果这种因果关系不成

立，探究活动便没有结果；如果这种因果关系不能以演绎方式而推得，就会使探究活动不严密，学生也难以把握。二是这种因果关系在现有条件下可以通过探究活动而证明。所谓现有条件，一方面是指现有的物质条件，如学习材料、实验设备等；另一方面指学生已有的知识准备、技能准备等。不可否认的是，虽然有些内容并不具有可操作性，但是利用探究的方法更有助于学生深刻理解，这时对这种内容要进行一定的转化，转化的策略之一便是对这一内容进行推演，然后通过对推论的证明来证实原有内容的正确。

（4）探究内容选择的意义

我们在这里所说的探究内容，并非探究活动所依据的学科知识体系，而是指探究的具体对象。为什么要对探究内容进行选择？这是因为：

①并非所有的内容都适合于探究。这里面又有两种情况：一是有些内容，特别是一些抽象言语信息是很难通过简单的探究活动所能概括出来的，不利于我们进行探究教学；二是有些内容，由于材料、设备或者由于学生学习准备情况的限制，不能进行探究。

②并非所有可探究内容都符合探究教学的整体计划。有时也许是不符合学科知识、体系的要求，有时也许是不符合学生能力的发展。

当然，我们也不否认这种情况存在：有时我们所面对的内容是固定的，只是经过分析觉得这个内容适合于进行探究，所以才展开探究式教学。此时，教学内容的选择就只是确定突破点的问题了。

选择探究内容的意义主要体现在：

①探究内容是教学探究目标实现的载体。任何探究目标的达成都必须通过一定的探究对象而实现。因此，选择恰当的探究内容是实现探究目的的必要条件。

②探究内容是选择学习材料、安排学习环境和教学条件的依据。探究目标对此三者的决定作用不是直接实现的，而是通过探究内容对它们提出具体要求。因此，选择探究内容为这三个方面的设计确定了指向和依据，同时也为探究目标的具体化奠定了基础。

二、初中数学教学中开展探究式教学的途径

为了更好地开展探究式教学，教师需要培养学生的探究意识，创设教学情境，激发学生的探究热情，合理设计问题，引导学生进行探究，开展实践活动，给学生提供探究的机会。下面，笔者将结合教学过程中的一些经验和体会，谈一谈途径。

（一）注重培养学生的探究意识

探究式教学的主要实施者是学生。在当前的初中数学教学中，有的教师虽然尝试组织学生开展探究式教学，但对学生的了解不足，盲目地在课堂教学中组织学生开展探究式教学，导致学生只能按照教师的想法去做，没有探究意识，更谈不上取得实质性效果。因此，要想在初中数学教学中有效地开展探究式教学，教师必须做的就是培养学生的探究意识，这样他们才会主动投入对未知知识的探究中，在此基础上，教师对学生进行有针对性的指导，就能取得预期的探究式教学效果。例如，在教学人教版七年级上册"有理数的混合运算"一节后，为了帮助学生进一步巩固算理和算法，教师在课堂上留出一些时间让学生进行反复练习，练习可以通过竞赛的形式开展，这有助于调动学生的参与积极性。竞赛结束后，教师要结合学生的得分对他们进行分组，并让学生以小组为单位

探讨以下问题："为什么有的同学运算能力较强，能在竞赛中屡屡获胜，而有的同学得分较低呢？思考一下，造成这种差距的原因是什么？"在问题的引导下，学生会积极思考，结合自身情况分析原因，这样的过程既营造出了活跃的学习氛围，也培养了学生的探究意识，同时能使学生在相互帮助中共同成长，并积累探究经验，为以后的探究式教学奠定良好的基础。此外，在初中数学教学中，教师可以经常组织学生开展自我反思，引导学生分析自己在学习中的优点和不足，以及产生问题的原因。这样既有助于学生及时复习所学数学内容，又能帮助他们养成善于反思的习惯，同时培养和增强他们的探究意识，可谓一举多得。

（二）创设教学情境，激发学生的探究热情

在课堂教学过程中，教师的作用不仅是给学生提供现成的知识，更为重要的是给学生提供一种能促进他们主动思考、独立探究、合作学习的氛围或情境。因此，在初中数学教学中开展探究式教学，教师应为学生创设相应的教学情境，借助情境激发学生的探究热情，引导学生开展探究活动，使学生找到解决问题的方法，获得相应的知识和能力。教师结合教学内容创设恰当的教学情境，有助于具象化课堂教学内容，调动学生的积极性。尤其是创设生活化的教学情境，能使学生体会到数学就在自己身边，大大激发了他们的探究热情，使他们成为学习活动的主人，进而取得良好的教学效果。

（三）合理设计问题，引导学生进行探究

我们常说"学起于思，思起于疑，疑解于问"，问题是点燃学生思维的火花，是开启学生智慧之门的钥匙。由此可见，在课堂教学中，问题有着非常重要的作用，它能引发学生的思考，能激发学生的求知欲，能引导学生探索。基于以上认识，在初中数学课堂教学中，要想有效开展探究式教学，教师一定要重视对问题的设计，尤其要通过具有可操作性的问题引导学生对某一数学知识点进行探究。这就要求教师设计的问题符合学生的实际学习水平和认知能力，能逐步引导学生进行探究，以便充分发挥他们的学习主体性，而不能为了凸显问题的高深，而盲目增加问题的难度，否则会打击学生的探究热情和积极性。例如，教学人教版八年级下册"一次函数"这一章中的"函数"的概念时，由于学生是初次接触函数，对其概念很难理解，如果教师直接让学生对函数的概念进行探究学习，学生会感到无从下手。因此，教师可以设计一些操作性较强的问题引导学生，使他们先认识到函数与现实生活中的一些变化规律有一定联系，在此基础上再引导学生进行探究性学习。这样，在问题的引导下，学生的探究逐步深入，发挥了他们的学习主体性，同时使学生增强了信心。

（四）开展实践活动，给学生提供探究学习的机会

在初中数学教学中开展探究式教学，教师不仅要重视课堂教学，还应该注重课后延伸，如设置一些实践活动，给学生提供探究和动手操作的机会，这不仅能拓宽学生的学习途径，还能锻炼他们的知识运用能力，同时能充分发挥他们的主动性、创造性。例如，教学完"三角函数、相似三角形"的知识后，教师可以鼓励学生根据所学的有关知识，布置一个实践活动——测量旗杆。由于对应角相等，两三角形相似；对应边成比例，两三角形

相似；有两组对应边成比例且其夹角相等的两个三角形相似。据此可知，人与阳光下的影子，旗杆与阳光下的影子所构成的三角形是两个相似三角形，即可求出旗杆的高度。这个活动需要学生走出教室，实地考察和记录，然后设计具体的测量方案，不仅培养了学生的观察能力、操作能力，也使他们将所学知识运用到了探究实践中，有效锻炼了他们的知识运用能力。

总之，开展探究式教学是新课程改革的要求，是培养学生核心素养的有效手段，这一教学方式对激发学生的学习兴趣，体现学生的主体地位，培养学生的探究意识，发展学生的分析和探索能力、自学和合作能力等都有积极作用。因此，在初中数学教学中，教师要根据实际情况组织学生开展探究性学习，将学生接受知识的过程转化为探究问题的过程，将学生掌握知识的过程转化为解决问题的过程。这样，能够发挥学生的学习主动性，培养学生的探究意识，唤醒学生的创新思维，使学生不仅理解和掌握了所学知识，也实现了对知识的内化和延伸，进而促进了数学学科核心素养的培养和发展。

三、初中数学教学中开展探究式教学存在的问题

（一）学生积极性不高

从目前情况看，大部分教师在进行课堂教学时没有很好地开展探究式教学活动，依然采用传统的教学方式，缺少和学生的互动交流，这也让学生不能很好地和教师交流，这种模式所带来的结果是教师和学生产生隔阂，不利于课堂活动的开展，同时也不利于学生发表自身的意见，尤其是探究式教学活动是需要学生主动去进行数学学习以及交流的，这就需要教师改变自身的教学方式，激发学生的学习兴趣，提高他们的学习积极性，这样才能够让学生主动进行学习。兴趣是一个人学习最大的动力，这就需要教师对学生进行兴趣的引导，而数学学习本身是一个比较枯燥无味的过程，在这个学习过程中，学生很容易出现枯燥、不耐烦等不良情绪，因此教师应当很好地激发学生的学习兴趣，让他们通过探究活动来激发学习兴趣，这样才能够促使他们主动进行数学学习，让他们在课堂中通过参与探究活动来学习。

（二）探究活动不合理，忽略内容价值性

教师在开展教学活动时，要突破重点和难点，帮助学生更容易地学习重点和难点，但是从目前情况来看，教师在开展探究式教学时往往忽略了对学生学习理念、数学兴趣的培养，没有很好地加强学生对知识点的理解能力。因此，教师在以后的教学过程中应当以学生为主体，深入探究教学活动，以便加深学生对知识点的理解和把握，让学生很好地进行数学学习，让学生在学习活动中找到数学学习的乐趣。但是在开展探究式教学活动的过程中可能会出现一系列问题，学生可能会出现盲目探究以及迷茫心理等，这就需要教师对学生进行引导，设计合理的探索问题，通过科学合理地设计问题来提高学生探究活动的有效性。这一过程需要教师在设计问题时深入探究教学活动的内容和价值，根据课程标准对教学课件进行选择和整合，以便很好地把握学生的学习方向。因此，教师要紧密结合学生的学习现状，科学合理地设置课堂教学活动来满足学生的探索欲望，让学生能够突破重点和难点。

（三）探索力度不够，教师没有很好地指导

对于探究式教学活动来说，教师的引导是非常重要的，因为数学本身就是一门比较复杂的学科，学生在探究学习时可能会出现各种问题，可能探究的方向不对，这个时候就需要教师进行探究指导，如恰当地引用情境教学帮助学生进行思考和学习，通过这种活跃课堂学习气氛的方式来激发学生的学习兴趣，让学生能够顺利地完成学习。比如，教师在启发学生思维的时候，就可以采用小组式教学方法，在分配完任务之后，不能完全放手，而是在小组探究期间时刻观察学生的探究过程，对于不合理以及错误的探究方式要及时纠正。但从目前情况看，教师在分配完任务之后就退出了教学活动，让学生盲目探究，这在很大程度上是不利于培养学生的探究能力的。因为刚开始探究时学生的思维比较混乱，可能会造成教学环境嘈杂，久而久之，班级学习氛围就遭到了破坏，也就不能提高数学教学的有效性，因此，要让探究活动更加合理，就需要教师很好地对学生进行引导。

四、初中学生开展数学探究式教学的措施

（一）学校加大对教师的培训及探究式教学的重视

根据某市教育局的统一规定：在初一和初二两个年级的课程中，把研究性学习纳入课程安排中，给探究式的教学工作一个施展的舞台。另外，学校组织各种形式的培训使教师掌握包括探究式教学在内的各项教学技能，提高个人的科研能力，为在探究式教学中成功设计高智力问题打下基础。通过这些培训让那些对探究式教学产生误解的教师认识到：探究式教学在短期内提高学生的分数确实没有做题的作用大，但它在培养学生创新素质上具有不可替代性，而国家的发展需要创新型人才，必须帮助这部分教师转变观念，共同参与到我们"探究式教学"的课题研究中来。

（二）发挥备课组的作用

一堂探究课要想成功，最重要的前提是教师的课前准备，它需要教师在课前花大量的时间做精心的准备，设计出高质量的问题，这就需要教师有足够的时间。而每个人的力量是有限的，这就需要发挥整个备课组的集体力量，做好分工，来保证和促使教师能够为学生的探究式学习做复杂费时的准备工作。

（三）做好课堂设计，营造探究空间

罗杰斯提出："有利于创造活动的一般条件是心理的安全和心理的自由。"探究式教学注重学生探究、思考过程，就必须给予学生良好的探究空间，这就要求教师做好课堂设计，打造平等民主、尊重信任、友好合作的人际关系，营造适宜学生主动学习、主动参与的活跃的课堂气氛。

1.适当将一些常规性题目改造为探索题

如可以把条件、结论完整的题目改造成给出条件，先探索结论，再进行证明的形式；也可以改造成给出多个条件，需要整理、筛选以后才能求解或证明的题目；还可以改造成

要求运用多种解法或得出多个结论的题目，以加强发散式思维的训练，提高学生探索问题的能力。

2. 设计数学探索题的基本要求

设计数学探索题要选择有用、有趣、学生熟悉的问题情境，使学生容易进入解决问题的角色，要使不同的学生都能在解决问题中得到最佳发展。

3. 适度开展数学探索题的教学

由于数学探索题的教学费时太多，而课堂教学授课时的制约，因此，必须适当控制问题的探索程度，必要时教师做一些铺垫。同时，为使数学探索题逐步进入课堂，我们应根据时代的需要，大力推进中学数学课程、教材、教法的改革，数学教师必须转变教育观念，掌握新的教学基本功，积极进行数学探索题的教学实践。

4. 给予学生充分的交流时间

在学生做自主探究时，教师应该给予学生充分的自主探究和交流的时间，并在教室四处走动，采取以听、看为主的交流方式，把注意力集中在对学情的了解上，再迅速地加以思考：该不该介入、什么时候介入、下一步的教学应该做何调整、哪些问题需要教师讲解等。对此，教师需要把握时机，及时做出最恰当的选择，确保探究课能够取得预期的效果。

对于学生来讲，开展探究式教学是为了培养学生的创新精神和实践能力，真正实现素质教育的目标。在开展探究式教学的过程中，教师不把结论交给学生，而是让学生去猜想，让学生去质疑，让学生去实验操作，让学生去讨论，让学生去发现。探究式教学更加重视学习的过程而非结果。它强调尽可能让学生经历一个完整的知识的发现、形成、应用和发展的过程，学生通过这个过程，理解生活中的数学问题是怎样转化为数学模型的，理解数学概念是怎样形成的、数学结论是怎样获取的。学生在充满探索的过程中学习数学，可以让已经存在于头脑中的那些非正规的数学知识和体验上升为科学结论，并从中感受到学数学乐趣，提高自身的学习能力。进行探究式教学的内容可以是：概念的教学，定理、法则的发现，例题的学习和拓展，应用数学知识解决实际问题，开展课外活动，等等。

（四）给予展示机会，营造宽松环境

学生通过自主探究与合作交流，终于得出了方案，他们不仅可以体会到成功的喜悦，而且也需要展示自己的研究成果，希望得到教师的肯定与表扬。自我展示，是探究课的华彩所在，探究课的高潮正是在这个时候来临。学生在展示成果的同时，也可以训练自身的语言表述能力。这时，教师要鼓励学生畅所欲言，并对学生的每一种方案，不论正确与否，不论烦琐与否，都要给予积极的正面评价，以保护学生的进取心，营造宽松的课堂氛围。教师还应对探究结果进行适当总结，让学生获得充分肯定的同时，能进行更加深入的思考。

①在数学课堂上，教师要转变自己的角色，从高高的讲台上走下来，平等地对待学生并积极地鼓励学生敢于发表自己的独立见解，尊重学生的不同意见，支持学生在学习中的

讨论。教师要放下"架子"，容许学生向教师质疑、问难，高度重视学生的新体会、新发现，充分肯定和赞扬学生的独特见解，并给予帮助和指导。例如将一个不等边三角形剪拼成一个矩形，问题一提出就有一个学生举手回答，而且想出了三种不同的剪拼方法，教师趁此就要大力赞赏学生大胆表达自己观点的勇气并及时地让学生分享其他的想法。

②教师也是人，在教学过程中出现失误也在所难免，这个时候教师就要正确对待自己的失误，及时地向学生致歉，并虚心接纳学生的正确意见。也许有的教师可能会觉得这样会贬低自己在学生心目中的形象，其实相反，只有这样才能重新博得学生的信任和尊敬。如果教师对学生的指正置若罔闻或严词拒绝，只会失去学生对教师的信任并引起学生的反感，从而也就失去了探究的兴趣。在教学中师生之间要建立一种相互理解、相互尊重、相互信任的新型师生关系；否则，师生之间将会有一条难以逾越的鸿沟。

③教师语言的特点对教学也起着重要的作用，恰当幽默的语言往往会对教学产生事半功倍的作用，能融洽师生的情感，引发学生的兴趣，增强课堂的吸引力，引起学生的注意力。富有幽默感的语言可以打破沉闷的课堂气氛，使抽象的数学知识变得生动而又具有吸引力，让学生能够在轻松愉快的氛围中活跃思维，并乐于探究，从而达到自主探究的目的。

④要适当开展小组合作学习。数学课堂中采用小组合作学习是一种十分有效的教学组织形式，通过小组成员之间的交流合作，能使学生之间互相交流对数学知识的见解，实现优势互补。

⑤数学课堂应该采用多种多样的教学形式，借助开放互助的方法和手段来激发学生探究数学的意识，激发学生探究数学的浓厚兴趣。激发学生学习兴趣的方式是灵活多变的，比如在讲授"中心对称图形"的时候，教师可以采用小组比赛的形式，看哪组找出中心对称图形的种类最多，看哪组能出题难到其他小组……在讲授"随机事件的概率"的时候让学生自己动手掷骰子，自己动手摸球，自己动手扔硬币，让学生亲身体验事件发生的可能性。在复习"一次函数的应用"时，让每个小组模拟出租车收费的标准，模拟商场策划经营的收费方案，并用函数的图像表示出来。在数学教学中，给学生创设问题情境，把问题的条件或结论设计成开放性的，如研究中点四边形时，矩形的中点四边形是什么图形，菱形的中点四边形是什么图形，什么样的图形的中点四边形是菱形，等等，让学生去加条件，去研究四边形的性质，以达到激发兴趣的目的。

学生创造性思维的产生需要一个自由自主的心理活动空间，这就需要在教学中营造和谐、民主的学习氛围，为学生营造探究式课堂，激起学生自主学习数学的欲望和兴趣，让学生成为学习的真正主人。

（五）面向全体，因材施教

在探究教学工作中，"要面向全体学生"，以促进每个学生在数学上得到最大限度的发展，要兼顾学有余力的学生和学习有困难的学生，因材施教。教师在进行数学教学设计时，要从学生的实际情况出发，根据学生在知识、能力、兴趣、心理等方面的个性差异，有针对性地推进分类分层教学，使每个学生在数学上都能得到最大限度发展。在教学过程中要尽可能地让学生独立活动，让学生独立去看课本内容，让学生独立去想概念问题，让学生去找寻规律，让学生去取得结论，让学生去分析解决问题，尽量体现学生获取知识的自主性，确保学生的主体地位。另外，一定要给学生充分的时间和空间，让学生能用适合自己的学习速度去学习，从而达到快者快学多学，慢者慢学少学，这样才能做到因人施教分层教学。在教学中教师还要强化学生的主导作用，整体把握，分层推进，把学生的学习活动始终置于教师的引导之下，让全体学生充分参与。由于学生学习水平的差异，必然出现各类学生参与程度、学习效果不同的现象，教师要抓住时机，及时了解各类学生对所学内容的认知情况及所遇疑难，并以此因势利导，分层施教。

第四节　初中数学支架式教学模式

一、支架式教学的内涵

现在绝大部分学者将支架式教学看作重要的建构主义教学模式之一，根据欧共体"远距离教育与训练项目"的有关文件，将支架式教学定义如下：支架式教学就是为学生建构对知识的理解提供一种概念框架，这种概念框架是发展学生对问题的进一步理解所需要的，为此，就需要事先把复杂的学习任务加以分解，以便于把学生的理解引向深入。

学者迪克森等人提出，支架式教学是系统有序的，包含了提示性的内容、材料、任务以及相应的为改善教学所提供支持的过程。学者罗森赛恩等人认为，支架式教学是教师或更有能力的同伴为帮助学生解决独自不能解决的问题，也即帮助学生跨越当前水平和目标之间的距离而提供帮助、支持的过程。学者伍德等人认为，支架式教学是一种幼儿或新手在更有能力的他人帮助下解决问题、完成任务或达到他们在没有支持的情况下不能达到的目标的过程。学者斯南文指出，支架式教学是教师引导教学的进行，使儿童掌握、建构和内化所学的知识技能，从而使他们进行更高水平的认识活动的过程。

支架式教学所隐含的意义就是指教师引导着教学的进行，使学生掌握、建构和内化所学的知识技能，从而使他们进行更高水平的认知活动。简言之，是通过支架（教师的帮助）把管理学习的任务逐渐由教师转移给学生自己，最后撤去支架。在实施支架式教学时，可以是先由教师将学生引入一定的"问题情境"，并提供可能获得的工具。然后由教师为学生确立目标，用以引发情境的各种可能性，让学生进行探索尝试。这种目标可能是开放的，但教师会对探索的方向有很大影响，他可以给以启发引导，可以做演示，但要逐渐增加学生自己对问题探索的成分。最后，教师要逐步地让学生自己去探索，由他们自己决定探索的方向和问题，选择自己的方法，这时，不同的学生可能会探索不同的问题。

支架式教学强调在教师的指导下学习，强调教师指导成分的逐渐减少，最终要使学生达到独立发现的目的，将监控学习和探索的责任由以教师为主向以学生为主转移。学生是主动的，他要对自己的学习活动进行计划、监视、评价和调节，因此监控学习的责任不再完全由教师承担，学生要对学习过程进行自我监控，但这需要有一个由教师监控向学生监控转化的过程。在开展支架式教学的过程中，尽管刚开始教师掌握着较多控制权，但教学的最终目标是隐藏教师的指导，使学习成为独立、自主的学习。

支架式教学起到了一种临时性的、可调节的支撑的作用，能帮助学生发掘新技能。在这个过程中教师将知识的表达和示范都加以情境化，并针对学生的情况加以指导，促进他们对知识的理解和思想的交流。

支架式教学是一种教学模式，是一种改变传统的教师主宰课堂的局面，从而构建教师和学生互动、共同参与课堂活动的教学模式。在教学过程中，教师通过一套特定的概念框架来帮助学生理解特定知识、建构知识意义，借助该框架的支持与帮助，使学生进行独立探索，最终能够完成任务或解决问题。支架式教学强调有教师指导下的探索，教师要通过做大量的示范与铺垫来为学生搭建支架，通过支架的帮助把学习和探索的任务逐渐转移给学生，随着教师的逐渐淡出，学生进行独立探索，最终完成预定的目标。支架式教学的整个过程就是师生共同合作解决同一问题的过程，教师根据学习的内容，给学生提供必要的学习支架，通过支架的帮助，使学生能够利用有关资源与工具积极主动地进行探索，最终达到教学目的。

（一）搭建脚手架

教学活动开始之前，教师应基于义务教育数学课程标准的教学目标，将教授的内容与学生的具体情况相结合，从构成要素和等级范畴来分解教学目标，选择适当的支架，从而开展教学活动。支架的表现形式是具体例子和问题、过程和图表等，实施方式有多媒体、直观教具等。教师应根据学生的"最近发展区"和"潜在发展水平"、知识间内在联系来搭建脚手架，注重学生知识和技能水平的提高。

（二）创设情境

创设情境，就是要求教师在教学过程中，通过教学设计设置特定的场景，将学生引入其中，使学生产生疑惑，产生求知的渴望，激发学生的学习兴趣，使其积极参与讨论和思考。在进行情境创设时，要充分考虑学生的基本学情、教材内容以及教学目标，且与学生认知相符。这样的情境设计具有真实性和新颖性，而且能很好地反映出数学与实际生活情境的联系。在一堂数学课中，好的问题情境具有连续性。如在人教版九年级上册"一元二次方程"的情境创设——人体雕像的设计中，该情境的创设可用于引出第一节一元二次方程的一般形式，在第一节解一元二次方程中，我们可以由求人体雕像下部的高度来引出解一元二次方程的实际意义。该情境的设计不仅仅在于激发学生的学习兴趣，还可以将这两节教学内容恰当地衔接起来。

教师在创设情境时，如果能更好地将数学教学场景与实际生活相连接，将课本知识融会贯通，且充分发挥学生的主体作用，则会让更多的学生融入课堂，加深对数学学习的兴趣。当下，由于多媒体的引入，更便于教师创设教学情境，有利于开展支架式教学。

（三）独立探索

我们常说，教学的最终目的是使学生学会学习。学生学会学习的必备品质包含独立探索，从刚开始的依靠教师到后面的独立学习都要求学生必须有独立探索的能力。设计独立探索的教学时，教师必须设计合理的教学目标。教师应为学生研究问题提供合理的建议，引导学生独立思考并提出问题，培养学生的自主学习能力。当然，学生必须首先拥有探究的基本前提，在探索开始之前，教师应使学生掌握探索所需的基本知识和方法。最后，教师的合理引导和启发是探究过程中必不可少的教学行为。教师应在必要时向学生展示解决问题的过程。整个课堂教学应贯穿于学生自主学习的活动中，使学生能够在独立探究中构建学习知识体系，实现知识的最大内化。

（四）协作学习

课堂上的协作学习主要由教师通过语言和问题来激发学生的思考和兴趣，指导和组织学生开展学习活动，使教师和学生之间、学生和学生之间通过讨论、协作、探究等方式开展学习活动，完成教学任务。在协作学习的过程中要充分发挥学生的创造性思维，增强学生的团队意识，充分发挥学生学习的主观能动性。现代教育不可或缺的目标是让学生学会在特定群体中生存和生活，培养参与精神和合作精神。支架式教学在让学生自主探究的同时，还让学生之间相互学习与合作，在个体之间的互动中建构知识。教师在设计教学时应加强互动学习的设计，为学生提供更多协作学习机会。

（五）效果评价

在课程结束时，教师要组织学生对整节课的学习内容进行总结评价，使学生之间进行互评。对于学生的反馈，教师要给予一定的评价，最后要对整节课的学习内容进行总结概括。同时，教师应引导学生反思并提出新的问题，以达到知识的拓展和知识的灵活运用。目前的教学评价具有评价标准多样化、评价主体多样化、评价工具人性化等特点。适应这一发展趋势，支架式教学的评价主体包括教师、教学管理者、学生个体、学生群体等。评价方法包括学生的教师评价、学生的自我评价和小组成员的评价以及管理者对教师和学生的评价等。支架式教学的教学评价不仅注重对知识的检验，而且注重对学生的态度、品德、创造力和心理素质等的考查。支架式教学的评价标准全面、开放、多样化，既注重全体学生的全面发展，又注重学生的个性化发展。支架式教学的教学评价方法不仅侧重于评价结果，而且强调过程评价，旨在促进学生的发展。

二、支架式教学的理论基础

（一）建构主义理论

建构主义兴起于 20 世纪 80 年代中期，由瑞士著名儿童心理学家皮亚杰提出。皮亚杰的建构主义基本观点指出，儿童认知结构的发展是一个循环的发展过程，在"同化"和"顺应"中通过"平衡—不平衡—新的平衡"三个阶段来完善和建构儿童的认知结构。当代被人们广为熟知的建构主义理论是在整合了皮亚杰、布鲁纳等人的认知主义理论的基础上并加以创造所形成的。建构主义认为，知识不是主体对于客观实在的、简单的、被动的反映，而是主体以自己已有的知识经验为依托所进行的积极的、主动的建构过程。

支架式教学源于建构主义理论，强调学生的主动探究和教师的启发引导。将建构主义理论下的支架式教学应用于数学学习当中，其基本观点主要呈现在以下四个方面。

1.建构主义数学知识观

知识只是对现实的一种解释和假设，知识的理解取决于学生自身已有的经验背景，由学生在认识世界的过程中用自己的方式主动建构而来。在数学的学习中，面对同一知识点，即使授课教师相同，但仍然会存在着学生理解不同的现象。例如，询问学生什么是正切，有的学生认为正切就是比值，有的学生认为正切是边与角的关系，还有的学生则会指出正切是坡面的坡度。这三种不同的答案正是由教学内容同学生自身的经验背景相结合产生出来的结果，也就导致了学生的经验背景不同，就会有不同的看法。支架式教学拥有丰富的支架类型，教师可以对同一知识采用不同类型的支架，来帮助学生多方位、多角度地理解知识。

2. 建构主义数学学习观

学习是在一定情境下学生主动对知识的建构，在这一建构过程中常常需要其他学生的共同参与来合作完成。数学学习的过程应从现实生活入手，着眼于学生关心的话题或感兴趣的事物，让学生在实际问题中观察发现，在合作交流中探索新知，最终在教师的指引下学生自主完成知识的学习。这样的学习过程既保障了课堂教学的情境性，又保障了学生学习的互动性和主动建构性。在这一过程当中，引导者的角色显得极为重要，通过为学生搭建支架，不仅对学生起到了"指明灯"的作用，同时也帮助学生完成数学知识的学习。

3. 建构主义学生观

学生是学校大集体下的独立个体，具有个体的主观能动性。这种主观能动性使得学生在日常的生活和学习过程中习得了一定程度的认知经验。因此，建构主义充分肯定了学生在学习活动中的主体地位，并指出学生在走进教室之前并非空着脑袋的。可见，数学课堂中的支架式教学一定要明确学生是知识的主动建构者，支架的搭建要以学生为中心，为学生服务，而不能以教师自己的意志为转移，随意地进行搭建。这也就要求教师充分掌握学生当前的学习状况，在学生原有知识的基础上搭建出合理、妥当的教学支架，促进其新知识的学习。

4. 建构主义教师观

建构主义在教学活动中把重心倾向于学生，强调学生是学习的主体，是知识的主动建构者，虽然这一观点挑战了教师的权威性，但这并不意味着教师失去了课堂所赋予的重要作用。首先学生对知识的主动建构并不是"空穴来风"，需要在教师所提供的问题、情境与活动中才能完成探索学习，其次教师的引导是学生高质量学习的保障，在缺乏教师的引导下，学生的学习活动就缺少了主心骨，合作交流就很容易变成一盘散沙。因此，教师在建构主义理论下数学的支架式教学中应做到：①合理利用支架帮助学生从已知通往未知，处理好实际问题与数学问题之间的有效衔接；②成为课堂学习氛围的营造者和创设者，充分发挥支架对激发学生学习动机的作用；③努力提升自身的专业素养，丰富自身的教育知识，以高视角来把握整个教学活动的进程。

（二）最近发展区理论

最近发展区理论由苏联著名心理学家维果茨基提出，维果茨基认为，儿童的发展状态可以划分为两种水平，充分了解两种水平有助于处理好儿童的发展与教学之间的正确关系。第一种水平是现有发展水平，具体表现为儿童在没有他人的帮助下独立地解决问题的能力；第二种水平是潜在发展水平，具体表现为儿童在教师的帮助下解决问题的能力；而处在这两种水平之间的区域就是"最近发展区"。如图 2-4-1 所示，为最近发展区理论模型。

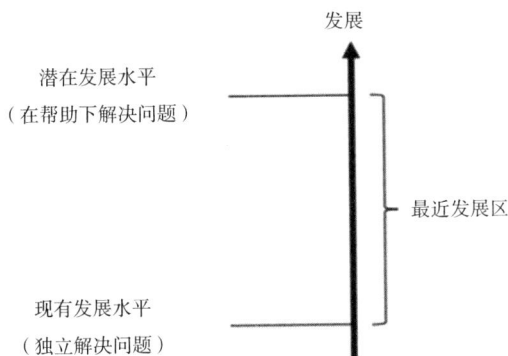

图 2-4-1　最近发展区理论模型

国内外学者普遍认为，最近发展区是支架式教学的核心理论基础，该理论强调教学不能只把目光聚焦于学生的现有学习水平，而应将教学置于学生发展之前。可见，教学不仅为最近发展区的产生创造了条件，同时也为实现两种水平之间的跨越搭建了桥梁。因此，在支架式教学当中教师应围绕最近发展区下功夫，要在把握课本教材的基础上正确判断出学生的最近发展区，并以此为前提进行支架的搭建与撤除，从而帮助学生对学习任务进行合理划分，引导学生进行递进式学习。与此同时，教师还要根据学生的最近发展区来引导他们在课堂中时常处在"跳一跳摘果子"的状态之中，让学生既有学习的紧迫感，又不会觉得学习难度大，从而激发学生的学习动力。所以，最近发展区不仅是正确把握学生发展与教学之间关系的钥匙，更是支架式教学在教育教学领域经过时间的洗礼仍得以长盛不衰的重要原因。

（三）认知结构理论

对于学生的认知结构，美国教育家布鲁纳认为，当学生学习新知识时，他们需要有效地转化和吸收知识，并且需要通过评价来强化学习的动力，学生的"学"在整个过程中起着至关重要的作用。对于知识本身的结构，他认为知识的学习对学生提出了最低的学习要求，即掌握学科的基本结构。

教学设计要求教师深刻理解学生的发展特点，并在"先学后教"时准确找到与"学习"相对应的障碍，体现理解学生认知水平的重要性。维果茨基的最近发展区理论认为，除了围绕学生进行教学、考虑到学生的发展、强调教师的教学以外，强调合作学习对学生身心发展的影响也是必要的。教师需要发现学生学习过程中可能出现的问题，考虑如何解决问题，并考虑使用哪些教学方法让学生更容易突破关键点和难点。通过对教学内容进行适当分析，有必要为不同学习水平的学生设计实践教学目标，引导学生自我发展。

（四）有意义接受学习理论

无意义的学习认为，无论学生的学习需求如何，教师都会在学生面前以权威的形式呈现教科书的内容，学生为了掌握学习内容，必须将教师教授的内容与自己的认知结构生硬地结合。这种类型的学生是被动地接受知识并违反知识本身的建设性原则的。无论学生的学习是否有效和有意义，都有必要根据奥苏贝尔的学习分类来研究教师和学生在课堂上的具体行为。对于初中学生来说，有意义的学习接受在教学中更为常见，学生可以积极主动地学习。有意义接受学习理论是支架式教学的体现，不同教师的教学风格和教学理念也渗透到学生文化素养的培养之中，正确地运用能够起到积极的作用。

以上理论为基于核心素养的初中数学支架式教学设计奠定了理论基础。

三、初中数学课堂教学中的支架类型

在课堂教学中运用支架式教学的关键是教师要在合适的时间搭建适宜的支架，让学生沿着这个"脚手架"逐步攀爬，直至完成学习目标。但在实际操作过程中，学生的基本情况不一样，教学情境不一样，以及学习内容的性质不一样，教师应当在综合考虑这些因素之后搭建支架来帮助学生。查阅文献之后，笔者发现，根据实际教学，可将支架划分为多种多样的类型。根据支架的表现形式，分为问题支架、工具支架、情境支架、范例支架、图表支架等。根据知识的抽象程度分为具体知识与技能的支架、思维支架、知识与技能体系的支架。下面主要介绍中学数学课堂中常见的支架。

（一）问题支架

在数学课堂上，针对一个复杂问题，教师会根据学生的基本情况将大问题分解成相联系的小问题，问题的层次不断深入，所设的问题要具有启发性，难度中等且能激起学生学习的兴趣，并在学生思维的最近发展区内，问题一定要明确具体，避免出现封闭式问题，会影响学生思维。通过一个个的问题支架帮助学生一步步掌握重点知识，一步步地培养数学思维。例如，在学习有理数比较大小时，课上教师提出问题1：我们前面已经学习了数轴的相关知识点，数轴上的数有什么特点？学生回答越往右边数越大。问题2：那么我们是不是可以借助数轴来给有理数比较大小啊？问题3：数轴上的正数和负数有什么特点？问题4：你总结出比较大小的法则了吗？通过系列问题，帮助学生逐步掌握知识点，发展他们的归纳能力和数感，以达到潜在的水平。具体环节如图2-4-2所示。

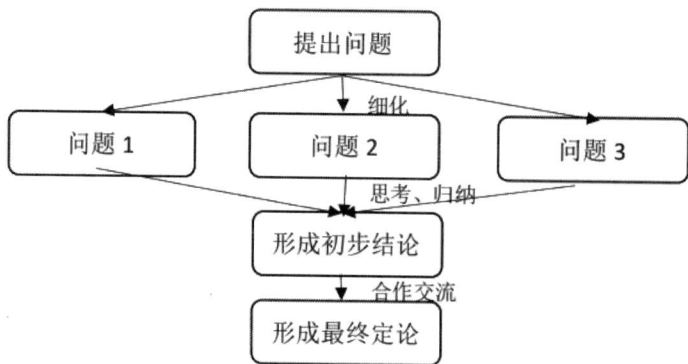

图2-4-2　问题支架应用示意图

（二）工具支架

工具支架是在数学课堂上，通过借助多媒体、课件、书籍、实物模型等来帮助学生更加直观、深刻地理解知识。例如在引导学生初步接触几何内容时，教师可以借助实物帮助学生从具体情境中抽象出相关概念，通过观察水杯、易拉罐等的形状形成对圆柱的认识，观察讲台、教室和三棱镜形成关于棱柱的形状，进而得出柱体是"上下一样粗"的立体图形。教师要借助直观模型帮助学生形成关于抽象概念的知识结构，使学生的能力进一步发展。

（三）情境支架

情境支架是指根据学习需要教师创设真实情境，增强学习内容的吸引力，促使学生自主参加学习活动，增强学生的感受性，帮助学生完成新旧知识之间的迁移。

例如在学生学习负数的时候，教师可以让学生回想小时候玩游戏挖地的情形，地面以上可以用尺子测量计数表示，那一步步地往下挖该怎么办呢？从学生生活的实际出发，为学生理解新知降低难度，自然而然引入负数概念以及数轴的相关知识点。

（四）范例支架

范例即从一个典型的例子开始剖析，从个到类，再到找出规律。教师主要是搭建范例支架提供给学生，尊重学生的主体地位，推动学生建立自主思维过程框架，寻找解决实际问题的数学规律。例如在讲授一元一次方程解法的时候，教师要在黑板上规范板书含分母或含括号的一元一次方程的解法及检验方法，帮助学生习得解此类题目的思想方法。

（五）图表支架

图表支架主要包含图形和表格两种基本形式，一般有流程图、思维导图、各种类型的表格等。而数学学科的性质决定了图形的广泛应用，借助图形，学生能够更加直观地理解几何与代数的关系。如在学习线段的计算时，很多题目都是借助几何图像来解决的，当将线段的和差关系用图像展现的时候，问题就会迎刃而解。在学习方程的应用时，学生可以利用框图和表格明晰各个量之间的关系，进而找出等量关系列方程。

（六）建议支架

在中学数学的实际教学活动中不仅需要问题支架，也需要建议支架。问题支架是通过明确、具体、启发性的问题因势利导，帮助学生获取新知的，建议支架则是教师根据学生的认知情况给出建议，帮助学生简化问题并建立相应的知识系统。例如，在解决有关一元一次方程应用中的实际销售问题时，教师可以建议学生画出销售流程图，写出公式，再寻找等量关系。

（七）运算支架

通常在解决数学问题的过程中使用频率最高的是运算支架。因为数学离不开运算，所以训练学生的运算能力和培养学生的运算技巧是贯穿于整个教学过程中的。初中要培养学生良好的学习数学习惯和对数字的敏锐感，因而教师在教学过程中不仅要对学生运算的准确性提出要求，也要训练学生简便运算的思维方式。对于一道复杂的计算题，倡导学生一题多解，引导学生针对数学难点进行举一反三，以提高学生解决实际问题的能力。

以上几种支架类型是笔者在初中数学课堂教学中的应用总结。教师在突破重难点的过程中要注重运用问题支架，不仅能激发学生探索求知的兴趣，吸引学生的注意力，而且能帮助学生在学习数学的过程中打下扎实的理论基础，帮助学生自主构建知识体系。而在进行巩固性练习时多使用图表支架等，根据学生掌握知识的不同程度给出针对性的建议，促使每个学生都能突破自己的难点。不同性质的课程和不同的内容所需搭建的支架类型也是不一样的，因而，教师要根据学生的学情和知识点的性质设计不同的支架，促进支架式教学在中学数学课堂上发挥最大作用。

四、初中数学支架式教学模式的构建与应用

支架式教学模式应当为学生建构对知识的理解提供一种概念框架。这种框架中的概念是为发展学生对问题的进一步理解所需要的，为此，事先要把复杂的学习任务加以分解，以便于学生逐渐加深理解。其指导思想是：以学生为中心，在整个数学教学中由教师起设计者、组织者、促进者、帮助者、指导者和评价者的作用，利用情境、协作、交流等学习要素，充分发挥学生的主动性、积极性和首创精神，最终达到使学生有效地实现对当前所学数学知识的意义构建的目的。

在初中数学教学过程中，构建具体的支架式教学模式，教师需要从以下几个方面进行。

（一）教学过程中最近发展区的构建

支架式教学的思想源于最近发展区理论。最近发展区理论认为，在儿童智力活动中，对于所需要解决的问题和原有能力之间存在差异，通过教学，学生在教师的帮助下可以消除这种差异。我们在教学过程中应当对最近发展区加以利用。

1. 在教学中寻找、确立最近发展区

教学中的最近发展区是一个动态的概念，在儿童的发展总进程中，现有发展水平和最近发展区是一条不断移动的水平线。首先教师需要寻找、确立最近发展区。教学必须促进学生的发展，只有促进了学生发展的教学才是有意义、有价值的。而要想让教学有价值，就必须找到学生的最近发展区，或者说，必须找到他们不能独立解决，却能在课堂教学的环境中、在教师的帮助下得到解决的问题。如果这些问题在教学之前确实是学生不能独立解决的，而在教学之后能够独立解决了，教学就显现了它对学生发展的促进作用。总体说来就是要注意分析学生的实际发展水平、潜在发展水平及要达到潜在发展水平所需具备的使能目标。在教学过程中起点是学生的实际发展水平，终点是学生的潜在发展水平，要完成从起点到终点的转化必须分析学生应具有的使能目标。

2. 利用最近发展区创设认知不平衡，激起学生的学习兴趣

在课堂教学中，对于教材例题（包括探究与思考）的讲解与教学，由于其有解答过程

或思路显得简单，部分学生总是对例题教学不屑一顾，产生自得、满足之感，其思维往往处于"停止"状态，这时学生的学习动机处于较低状态。这就需要教师挖掘出学生的最近发展区，让其思维摆脱平衡状态，从而激发学生的探究动机，使其积极思考数学问题。也就是说学生的学习是一个认知平衡与不平衡之间相互转化的过程，当学生习得新知识时，心理会获得满足，认知会暂时处于平衡状态，当平衡状态被新的情境所打破时学生又会具有获取新知识的动机。

3. 用思考题创设"最近发展区"，衔接上下节教学内容

教师应善于发现教材中的各种联系，让学生由此及彼地学习知识，为此教学中必须在新课前给予学生时间回忆上一节课学习的内容。下节课结束后要提示下一节课将要学习的内容，提出思考问题，把课内和课外有机结合，并促使学生在课外自主探索，进行合作交流，丰富学生的数学习方式，同时，促进系统知识的理解，缩小基础知识与高级知识的距离，促进更大的正迁移。这个"最近发展区"的建立，不仅激发学生的求知欲，又把同类项和合并同类项等知识有机地结合起来，更重要的是为下节内容的引入做好了强有力的铺垫。

（二）数学支架式教学模式"脚手架"的创建

1. 根据学生的数学和生活知识搭建"脚手架"

（1）构建背景支架

奥苏贝尔的研究表明，学习的实质是学生使具有潜在意义的新知与其原认知结构建立实质性的联系，进而扩建新认知结构的过程。可见，新的知识是基于已有知识而建立起来的。已有的数学知识或认知结构是学习的必要条件，没有必要的基础知识或背景知识，或者认知结构不完备，就很难学习新的知识，学习困难的学生最重要的缺陷，就是认知结构不完备。因此，结合学习内容，有针对性地给学生补充或纠正相应的数学知识或背景知识是非常必要的，这种准备性知识就是背景支架。因此在教学中设置背景支架，有利于帮助学生找准新旧知识的联结点，唤起与形成新知识相关的旧知，从而使学生的原认知结构对新知的学习具有某种召唤力。搭建"脚手架"应该根据学生的最近发展区，既不能脱离学生的实际水平，又能在任务背景中找到支撑点。鉴于学生的最近发展区和已有的数学常识和生活常识必然存在方方面面的联系，帮助学生跨越最近发展区就不能不考虑知识背景。例如参照日常温度的变化来学习"正、负数"，通过"价格的升降"认识"指数、对数"，等等。就"映射"概念的教学，教师可以利用生活中的常识搭建"脚手架"，引导学生举出各种各样对应的例子，如"电影院座位号和电影票的对应关系""汽车与车牌号码的对应关系""公民与身份证的对应关系"等。并让学生指出各种对应的异同，然后教师稍加点拨，学生便可以根据这些常识描述映射的特征，从而牢固掌握映射的抽象定义。本来很难的"发展区"，有了相应的"脚手架"理论支撑，学生不仅能顺利地穿越，而且由于是在熟悉的背景中完成的主动建构，所以学生记忆的持久性也较好。像"函数""映射""极限"等抽象的概念，仅以一般形式引入而毫不提及相关的知识背景或赖以形成的自然语言，很难想象学生能顺利地得以发展。

（2）充分利用计算机与网络资源，构建直观支架

人类已进入信息时代，以计算机和网络为核心的现代技术不断发展，正在越来越深刻地改变着我们的生产方式、生活方式、工作方式和学习方式，在科学技术发展日新月异的今天，信息技术的迅猛发展冲击着现代教育。网络以其灵活、方便的特点和高度的互动性为实现数学教学的多样化提供了广泛的教学资源。利用网络课程资源是实施中学数学教学的重要途径，它不仅使数学教学在教学观念、教学方法等方面有了质的转变，而且为教师创设情境、激发兴趣、突破重难点、渲染氛围的教和学生的学提供了途径，极大地激发广大师生的热情。

数学是高度抽象化、形式化的科学，不仅数学的概念、原理、法则已远远脱离了客观的具体事物，而且大量采用了形式化的语言符号，数学的这种高度的抽象性向学生提出了严峻的挑战，同时也要求教师认真研究教材，创设直观支架（直观教具、计算机课件等）。如学习三角形内角和时，采用计算机课件进行教学，学生可以在计算机上具体地去测量各种三角形的内角和，自己发现"三角形内角和等于180°"。

计算机和网络资源教学取代传统而单调的"粉笔＋黑板"的教学手段，并被越来越多地运用到教师的日常课堂教学中。初中数学教学充分利用网络课程资源中的文字、图像、声音、动画、视频等，改变教师教的方式和学生学的方法，改革传统的教学模式，使教学辅助手段多样化，给学生创造更真实的学习情境，提供更多的信息和课程资源，让数学课堂教学生动多姿。

2. 构建情感支架

德国教育家第斯多惠说："教学的艺术不在于传授本领，而在于激励、唤醒、鼓舞。"创设适宜情境，使课堂教学处于最佳状态，正是关于激励、唤醒、鼓舞的一种教学艺术。因而，教师应采取各种手段去创设情感支架，让学生以积极饱满的热情去学习。例如，在学习等差数列时，可以将德国大数学家高斯10岁那年如何聪明解答1+2+3+…+100的故事以及其他数学家对等差数列的研究和发展做出的贡献介绍给学生，学生会聚精会神地了解这些知识，会不自觉地被数学家那种大胆探索、不断开拓的精神所感染，从而加强情感教育，激发学生学习数学的自觉性和积极性。

3. 构建能力迁移支架

（1）正向能力迁移支架

在教学中，教师要努力创设支架，让学生参与学习活动。如学习一元二次方程的求根公式，在实数范围内求一元二次方程的根，在复数范围内求一元二次方程的根，等等。

（2）逆向能力迁移支架

心理学研究表明，每一个思维过程都有一个与之相反的思维过程，在这个互逆过程中存在着正逆向思维的联结。逆向思维属于发散性思维，是一种创造性的求异思维。一般说来，在数学学习中，学生习惯于正向思维，而忽视逆向思维，如习惯于公式、定义的正面运用，而不善于对它们的逆向运用，所以教师在教学中培养学生的逆向思维能力，对于提高学生的能力迁移水平有很大帮助。

4. 通过学生的"个人体验、自主参与"来搭建"脚手架"

顺利跨越最近发展区，完成数学知识的主动建构，必须有学生的个人体验、智力参与和自主活动。正如学游泳要亲自下水一样。数学应该是再创造的数学，相应的数学活动也应该是学生主动体验的过程。我们认为，无论是学习定义、概念、定理还是公式，在推导之前都应努力创设一种情境去让学生探索、体验，尽可能地让他们通过自身的努力在活动中、在个人体验中构建新知识。

综上所述，重视"脚手架"的搭建有利于在最近发展区理论下促进学生的数学学习。在支架式教学中，我们要重视"脚手架"的搭建，首先表现在注重学生自身的数学背景，其次是注重"脚手架"对新知识的作用。只有这样，我们才能够真正做到在教学中突出学生的主体性和教师教学的引导性，让学生在支架式教学中实现发展。

五、基于支架式教学模式打造初中数学高效课堂的措施

（一）带领学生课前复习，搭建支架

在初中数学课堂上运用支架理论来辅助教学，教师首先需要认识到这种理论在实际教学中的具体环节，并且从这几个环节出发对数学课堂教学模式进行调整。支架式教学环节分为五个阶段，包括在课堂上搭建支架、进入情境、自主学习、合作探究以及课堂评价五个板块的内容。教师在此过程中需要充当数学课堂上的辅助者，首先能够在教学中带领学生进行数学课前的复习，在学习数学课堂新知识时需要对之前所学的知识点进行复习和回顾。这样的教学方式不仅能够将旧知识与新知识充分衔接起来，而且可以让学生通过复习的方式搭建起本节课堂的基本支架。由此可以帮助学生在课前复习和预习阶段进行温故知新，能够从已有的知识点中不断探究出其与新知识点之间的共性和差异。例如，在学习人教版七年级下册"二元一次方程组"时，教师可以在课前让学生复习一下七年级上册所学的"一元一次方程"，从中找到两个知识点之间存在的共性和差异。由此可以让学生在解二元一次方程组的过程中养成更好的习惯，能够建立起方程思维，从而在数学课堂上整合知识点，强化自身基础。这样的课前导入环节有利于让学生更好地适应课堂教学模式，使学生在一定的知识基础上进行深入探究。

（二）构建课堂问题情境，活跃学生的数学思维

为了适应支架式教学理论的要求，教师在数学课堂上需要进行课堂导入，给学生构建起整体性的课堂问题情境。在此过程中，可以引导学生跟随着教师的思维，对数学知识展开学习和探索。教师需要合理地设计一系列与本节课知识点相关的问题，在课堂上直接对学生进行提问，让学生在回答教师问题的过程中能够进一步活跃他们的数学思维。这样的问题情境可以让班级学生都能集中精力在数学课堂上进行听讲和思考，并且可以通过回答问题的过程使教师得到教学的反馈，以便在后续的教学过程中对教学模式和课堂情境进行优化。例如，在学习八年级上册"全等三角形"时，教师可以从全等三角形的一般概念考查学生对于这种特殊三角形的理解，让学生能够在问题中逐步了解其判定方法，以及构成全等三角形需要符合的条件，使学生能够在数学课堂上对几何图形的理解进一步加深，从而主动进行后续的学习拓展。

（三）培养逆向反思能力，引导学生自主探索

在数学课堂上对知识点进行思考以及对数学题型进行训练的过程中，教师不仅要通过问题来考查学生对于知识的正向思考能力，还需要在此过程中培养学生的逆向反思能力。这样才能够使学生在数学课堂上灵活运用思维，学生由此可以在学习过程中形成独立自主、积极学习的意识和习惯，还能够在听讲的过程中对于教师所讲授的内容形成一定的批判性思维，并对自身解题的结果进行充分的验证。这样可以更好地培养学生在数学学科中的思维严谨性，让他们能够在数学基础支架的背景下对这门课程进行全面把握。例如，在学习勾股定理的时候，教师可以在课堂上进行延伸学习，使学生能够自主地对课后的拓展环节"费马大定理"进行思考和探究，从而在自主学习模式下有自己的见解。教师在此过程中则需要给学生加强支架基础，让学生进行独立的学习。

（四）建立课堂合作机制，激发学生的积极性

在数学课堂上运用支架理论，实际上是借助了建筑中的支架概念，在课堂上教师需要像盖房子一样给学生搭建学习的支架，由此可以让学生在此基础上进行学习和发展。作为课堂的主要角色，学生之间应该建立起一定的合作关系，由此可以建立更加牢固的支架基础。在此过程中，教师可以辅助学生完成课堂合作，让学生在小组的协作学习中发挥出自身的聪明才智。例如，在学习实际问题与二次函数时，由于知识点难度较高，因此学生可以彼此之间相互帮助，形成相互讨论和交流的氛围。在这样的课堂模式中学生能够集思广益，从而在交流碰撞中提高整体的学习实力。

（五）重视课程评价反馈，鼓励学生积极求知

教师作为数学课堂支架的主要"建造者"，应该在教学中给学生建立开放的学习平台，给学生指明学习的方向。此外，教师还需要对数学课程的结果进行评价和反馈，及时发觉课程中存在的问题，进行针对性改善，从而打造高质量的数学课堂。学生在学习中将自己不懂的问题进行实时反馈，能够让教师改变课堂支架的整体结构，向着学生的下一阶段的发展目标迈进。教师在此过程中扮演着教学辅助者的角色，能够利用积极的评价鼓励学生在课堂上积极求知，从而提高数学课堂的受欢迎度。在教学中可以利用各种学习平台帮助学生对自己的学习情况进行回顾，或者反馈一些自己的学习问题。可以积极利用互联网技术，辅助师生、生生之间的沟通，让课程评价反馈更顺利地进行。

第三章　初中数学课堂的类型

本章讲述初中数学课堂的模型，主要从以下五方面展开论述：对话互动型课堂、合作型课堂、探究型课堂、开放型课堂和创新型课堂。

第一节　对话互动型课堂

互动式教学是通过师生互动促进学生的知识的生成、能力的发展和素质培养的教学模式。互动式教学的方法构成主要为问题探究、专题讨论和案例分析，其呈现形式即课堂对话。课堂对话研究始于 20 世纪 60 年代。认知学习理论唤起了人们对互动学习效果的研究。然而，在认知主义研究框架内，人们无法运用实验法来研究课堂对话。因为课堂是动态的，许多因素有其不确定性，是人无法控制的。如果人为地设计课堂互动对话中的自变量和因变量，这种对话就会不真实，因为对话应该是自然发生的对话。"互动分析"是一种以非实验法来研究课堂对话的方法。它通过观察真实课堂中的对话现象，记录并分析对话对语言学习的功用，为语言教学提供直接的指导与帮助。自 20 世纪 90 年代以后，互动分析逐渐成为分析真实的课堂教学活动的主要研究方法。

一、互动分析方法简述

20 世纪 60 年代，美国学者贝拉克首次向人们介绍了互动分析方法的操作过程。贝拉克是根据著名哲学家维特根斯坦的"语言游戏"理论框架来分析课堂对话过程的。通过对美国大量的教学案例的研究，贝拉克确认，教师"诱导"—学生"应答"—教师"反应"这种最为频繁的对话结构几乎占了 80%。此后，学者梅汉借助民族学理论框架，通过互动分析技术分析课堂对话，揭示了课堂对话的社会性质。

在一般对话中，未知信息者向已知信息者询问，在课堂对话中是已知信息者向未知信息者询问；在一般对话中，提问者对应答者表示感谢，而在课堂对话中提问者给予评价性的话语，即课堂对话实现了从二元结构（问—答）向三元结构（问—答—评）的转变，即 IRE 结构。这种结构揭示了课堂教学中所蕴含的社会关系、权利关系，体现了课堂对话的本质属性。梅汉的研究确认并发展了贝拉克的互动分析研究，认为课堂对话中最基本的结构是教师主导性的提问和提示—学生回答—教师做出反应、评价这样一种循环连续的过程。

在 IRE 这种对话结构中，教师处于权威地位，课堂对话井然有序，但是，这种对话结构使教学过程成为形式化步骤，师生均缺乏创造性。学生在对话中进行机械性的对话训练，不利于进行有意义的学习。

为了进行有效的观察，美国明尼苏达大学的学者弗兰德在 1970 年提出互动分析系统。通过运用一套代码系统记录师生互动情况，分析课堂教学行为。弗兰德互动分析系统对教室中的师生互动行为进行分类，对每一类行为都下了操作性定义，以便教师及教学督导人员进行操作。

20 世纪 90 年代以后，互动分析方法及技术得到不断的拓展。学者波森运用互动分析方法对一段课堂对话进行分析，揭示出学生是如何利用他们的上课笔记促进小组对话的结构化和个人对分散的知识点的联结的。他把"目光注视"作为一项参照指标来表示学生在对话中注意力的变化。

波森的互动分析方法着眼于学生与学生之间的对话研究，以小型的对话为研究内容，以揭示出认知的潜在意义和内容。该技术记录大量细节，如重复、话语打断、口头和非口头的言语等细节，能够提供许多关于小组协作学习性质的准确见解，为获悉学生在什么时候才真正建构自己对知识的理解提供表征。

二、对话互动型课堂的要求和操作

（一）对话互动型课堂的教学要求

1. 明确教师职能

新课标要求，教师要积极地利用各种教学资源，创造性地使用教材，设计适合学生发展的教学过程。要关注学生的个体差异，使每一个学生有成功的学习体验，得到相应的发展。对话互动型课堂，将更加关注学生的学习兴趣、态度和情感，将更加尊重学生的独特性，激发个体的自主精神和创新精神。在教学活动中，学生是学习的主角，教师起"导演"的作用。教师的主要任务是为学生设计学习情境，激发学生的学习兴趣，调动学生的学习积极性，让学生参与教学活动全过程，自主探索学习，获取知识，提高发现问题、分析问题和解决问题的能力。而对学生提出的问题，若教师也不知道，要勇于承认自己不知道，而不能用回避敷衍的方式，甚至呵斥提问的学生。教师要改变观念，必须从"填鸭式"教学转变为"互动式"教学。互动式教学，就是要强调教师与学生之间的相互交流。对教师来说，教学已不只是传授知识，更重要的是教学生怎样思考，怎样行动，怎样创新。

2. 创设互助合作情境

每个学生都是一个独立的个体，不同的个体形成的班级必然会有差异性，这对于教学其实是非常有利的。教师可以利用这种差异，组建学习小组，创造出一种合作互助的学习情境，让学生在小组中实现互补。教师在教学过程中，可根据每个学生的异质性来分组，使小组成员之间能够优势互补，形成共同的学习合力。在小组建成之后，教师可以进一步分配角色，划分小组的策划者、问题的设计者，领引学生通过合作、讨论等形式去思考、探究问题。

3. 强化师生互动，使学生成为学习的真正主人

课堂教学的互动主体有三种：教师个体、学生个体和学生群体。课堂教学包含了五

种交流形式：教师个体—学生个体；教师个体—学生群体；学生个体—学生个体；学生个体—学生群体；学生群体—学生群体。生生互动占据了课堂教学的重要地位，因此要重视小组内部与小组之间的相互作用，使学生群体建立一种互助合作的关系，增加学生之间的沟通，让学生积极参与教学过程。

4.关注学生的心理需求

动机、兴趣、习惯对学生的学习具有重要作用。学生希望得到教师的关注、信任，希望实现自我价值、突出自我等。因此，课堂对话应尽可能满足学生的这些内心需求，精心设计问题和活动，使学生"跳一跳，便够得着"，从而获得成功的体验和满足。

如学习"二次函数的图像"时，教师先引领学生复习抛物线 $y=a(x-h)^2+k$ 的特点，包括开口方向、对称轴、顶点坐标等。在此基础上，让学生探究二次函数 $y=\dfrac{1}{2x^2}-6x+21$ 图像的主要特点，这样学生就不会感到力不从心。

5.让兴趣激发自主对话

我们的数学课堂应该注重对学生兴趣的激发，从教学的导入、提问的方式、活动的开展形式方面激发学生的兴趣，将学生引进瑰丽的知识世界。

如学习"图形的旋转"时，教师以谈话的方式引领学生走进课堂：你喜欢到游乐场玩吗？你最喜欢游乐场的哪些设施和活动？再给出时钟、电风扇、秋千等真实情境，让学生议一议时钟、电风扇、秋千的转动现象有什么共同特点，在转动过程中，其形状、大小、位置是否发生变化。再让学生将一个小球拴在细绳上，细绳的一端固定，给这个小球施加力，让小球旋转起来，在旋转的过程中，观察小球的旋转特点，即旋转中心和旋转角的问题，再探究小球旋转的决定因素有哪些。这样，学生在动手中观察和探究，从问题的提出到活动的探究，无不从兴趣入手，从学生的特点出发，使学生在课堂上"动"起来。

6.以活动激活学生对话

教学"数据的收集与处理"时，教师可以把学生分为四人一组，让每一组的学生调查班级学生、家庭成员等的身高、体重、年龄以及喜欢的体育运动、喜欢的歌手、喜欢看的喜剧和电视剧等，让小组成员互相分工、共同合作，充分调研，分析数据，在课堂上交流调查结果，这样不仅培养了学生的合作意识和竞争意识，也培养了学生动手操作和实践的能力，更激活了学生对话的积极性。

(二) 对话互动型课堂的具体教学操作

对话互动型课堂的具体教学操作为引、读、议、练、结。

1.引

教师围绕教学内容，设计每节课的引入，创设情境。采用问题提出、设问引思、复旧引新等手法，为新课铺路搭桥，激发学习兴趣和求知欲望。

2. 读

教师给出阅读提纲，为学生自学定标定向，或有针对性、有选择性地阅读教材的重点、难点。在阅读时，要求学生对于书中的概念、定理、公式、法则、性质等边看边思，反复推敲，顺着阅读提纲的思路，弄清知识的提出、发展和形成过程，弄清知识的来龙去脉。教师必须来回巡视，指导学生阅读，了解阅读效果，明了学生自学中存在的疑难问题和不足之处。

3. 议

对于各小组在自学中存在的困惑不解的问题，教师不要急于做讲解、回答，要针对疑惑的实质给以必要的点拨，让学生调整自己的认识思路，让全班学生共同议论，互相探究，取长补短，通过再思、再议达到"通"的境地，解惑释疑。对于积极发言的学生，教师要给予表扬；对于有独到见解的学生，教师要给予肯定、鼓励。这样，既调动学生参与教学的积极性，促进学生的创造性思维能力的发展，又培养了学生表达问题、展开交流的能力和合作精神。

例如，教学"三角形中位线"时，教师提出三个问题：①什么是三角形的中位线？一个三角形中位线有多少条？它与三角形中线有何区别？②何谓三角形中位线定理？它的条件和结论各是什么？③如何证明三角形中位线定理？根据反馈，学生可以轻松地理解并掌握前两个问题，但对课本中这个定理的证明思路和方法感到陌生，存在疑惑。教师不要急于向学生讲解，而是由学生在全班提出问题，教师给予点拨，让全班学生再思再议，发挥集体智慧，合作分析解决问题。

4. 练

练的目的是巩固知识，培养能力，发展智力。教师要精心设计练习题，突出解题的思路和思想方法，突出在练习过程中所出现的难点、疑点，先让学生独立思考，小组共同议论，后由教师讲解，促进全班开展合作学习，创造性解决问题。

5. 结

结就是对所学内容进行归纳整理，巩固深化所学知识。课堂小结也应以师生合作的形式进行。先让学生谈学习体会，谈学习中应注意的问题，教师再予以点拨。学生之间交流自身学习的体会，往往能击中知识和方法的关键点，更易于被同伴接受，起到教师单独总结不能达到的功效。

三、对话互动型课堂主要存在的问题和产生原因

（一）对话互动型课堂主要存在的问题

1. 设计上流于形式

教师在传授知识的同时，要建立知识之间的联系，向学生提供科学的思维方法。但当

前教学中，教师过于追求结论，淡化数学的本质，不挖掘数学的知识背景，不能揭示知识的发生过程，导致教师带着学生走，课堂看似流畅，但学生难有收获。

2. 生成上拘泥预设

通过师生之间的对话，激活学生的生活经验，激发学生的创造潜能，点燃学生的智慧火花。部分教师让学生沿着自己的"标准思路"走，一旦与其相左，教师就会本能排斥，认为学生在钻牛角尖，往往采取回避、压制等措施。其实，这是难得的教育机会，教师要善加利用，因势利导，开发学生的潜能，训练学生的思维，增强他们主动学习的意识。

3. 方法上刻求自主

部分教师刻意追求对话教学，实施"10+35"分钟的模式，将讲授式与对话教学对立起来，丢弃必要的讲授，让学生在某些问题上产生疑惑，导致对话变得肤浅。在对话课堂教学中，教师需不需要讲，什么时候讲，要讲多少，是不能预先设计的，完全取决于学习的需要。

4. 语言上呆板生硬

课堂是学生学习的主要场所，教师的教学语言若局限于书本，势必出现简单的复制，而变得缺少深度，语言枯燥乏味，对话引向不明。学生的想象力丰富，问题答案也丰富多样，如果问法不能启智、缺少追问，课后的评价单调，对学生随意夸奖，这对发展学生的思维无益。

（二）对话互动型课堂存在问题的原因

1. 功利性的人才观驱使

在功利主义的影响下，学校往往以学生的考分来衡量教学的优劣，部分教师也借一次次考试给学生贴上不同的标签，在分数面前，成绩不好的学生自然就是后进生。

2. 教师的教学资源分布不均

部分教师按照自己的标准将学生分类，对喜欢的学生给予微笑、关怀，对不喜欢的学生视而不见，提问也往往集中在少数高分学生身上，导致他们比其他学生获得了更多表达交流的机会。

3. 教师的评价不当

部分教师在教学中仅凭主观感情进行评价，忽视了学生的差异，对高分学生采取民主、肯定的态度，对后进生多采取控制的方式，较少给学生思考的时间与表达的机会。

四、对话互动型课堂的有效实现途径

（一）创设生动情境，提振主动对话的状态

对话交流，是人们交往沟通中必需的重要路径。部分学生在学习数学的过程中，习惯

于自主独立地学习，缺乏与教师、其他同学进行对话交流，使得部分学生的交往能力、表达能力较差。而课堂教学的双边性特征，决定了课堂对话必须渗透和融入其中。加之当前新课程标准的深入实施，更加注重和强调学生主体主动与教师进行深入互动交流、与其他学生进行深入合作探讨，从而在有效的对话中促进教学进程。因此，在初中数学课堂教学中，教师要保证师生、生生对话的有效开展，必须把思想工作、情感激励作为第一位的任务和工作。一方面，要构建良好、平等的师生关系，让学生能够对教师产生"亲师"心理；另一方面，要营造良好的氛围，放大教材的生活特性，设置贴近学生生活实际、符合学生认知规律的数学案例和教学情境，让学生在思想上、情感上、心理上受到强烈提振，从而保持积极的情绪，主动与他人进行交流沟通。如在讲授"一次函数的图像"时，教师为了提升学生数学学习的积极性，对现有教材进行深入分析，联系现实生活中的"移动通信公司开展通信促销活动"，设置了"移动公司为发展潜在客户群，推出两种电话卡，分别采用不同的收费方式"的生活实例，并借助多媒体教学器材，将其内容予以生动、形象、直观的展示和呈现，从而让学生在认知上受到冲击，在情感上受到提振，保持积极的学习态度，主动与教师和其他学生交流、探讨。

（二）设置有效话题，提供有效对话的由头

常言道："话不投机半句多。"教师只有提出学生感兴趣的话题，才能促使学生主动地与教师进行交流、能动地与其他同学进行沟通。但有部分初中数学教师强行植入对话话题，设置对话内容，致使学生不能深刻地领悟教师的教学意图，无法进行深入有效的对话交流。这就要求，初中数学教师要达成有效对话的目标，必须结合教材的重点和难点，抓住教学目标要求，遵循学生的认知规律，设置出典型的话题，引导学生围绕需要探究解决的话题，主动地思考，深入地与教师、与同学进行交流、讨论，在保证对话交流覆盖面的同时，提升沟通交往能力。如在讲解"平行四边形的特征"时，教师为了引发学生的兴趣，有意识地向学生提出"我们已经对平行四边形的定义有了认知和了解，那平行四边形相对于正方形和长方形，有什么不同之处呢"，通过提问的形式，将学生的关注点集中到所提问题上来，促使学生更加深入地思考教师所提的问题，并在强烈求知欲望的驱使下，主动与其他同学进行讨论和交流，积极地表达自己的观点，与他人进行深入的观点交换，推动互动对话进程。

（三）注重互动教学，推动交流对话的实施

教师在教学活动中，只有发动学生、引领学生、推动学生与教师所设置的教学内容"同频共振"，才能实现双边互动的有效开展和对话交流的深入实施。因此，教师要充分利用课堂教学的互动特性，围绕数学教材的目标要求，开展深入有效的对话活动，让有效的对话活动成为推进教学进程、推动师生互动的有效"利器"。如在"矩形"的教学中，教师围绕该节课的教学要求，设置了如下师生之间、生生之间的互动对话活动，其过程如下。

教师：通过上述学习活动以及多媒体的演示过程，我们知道了平行四边形在具备了什么条件下，就可以变为矩形。那么，我们可以类推得到矩形的定义是什么。

学生深切地感受到矩形是无数个平行四边形中的一个特例，正确地给出矩形的定义。

教师提问：矩形是特殊的平行四边形，它除了"有一个角是直角"以外，还可能具有

哪些平行四边形所没有的特殊性质呢?

学生开展分组探索。

教师引导学生根据研究平行四边形获得的经验,要求学生分别从边、角、对角线三个方面探索矩形的特性。

学生根据教师的指导,分别从边、角、对角线三个方面探索矩形的特性。

学生进行合作讨论,归纳得到:矩形"有一个角是直角",矩形的四个角都相等,从而得到矩形性质定理1。教师展示性质定理,组织学生进行证明。

学生开展证明活动,深度感知矩形的性质定理内涵。

(四)强化认知交流,提升深入对话的效能

学生个体之间的差异性,决定了学生学习实践的过程,既需要自己的有效反思,又需要他人的科学指点。相互指点的互帮互助活动,需要教师和学生、学生和学生进行深入讨论和有效对话,说出自己的见解,展示自己的学习过程。同时,教师或其他学生第一时间阐明自己的观点,指出存在的不足,指明前进的方向和推进的重点,从而在自身努力和他人指点的双重作用下,推进学习的实际成效,提升深入对话的效能。组内成员热烈讨论,主动发言,在归纳提炼中得到解题思路,既提高了学生的对话交流能力,又提升了学生的分析解答能力。

第二节　合作型课堂

一、合作型课堂概述

(一)合作学习的内涵

合作学习是目前世界范围内广泛使用的课堂教学组织形式,它兴起于20世纪70年代初,其研究和实践在70年代中期至80年代中期取得实质性进展,是一种富有创意和实效的教学理论与策略。我国对合作学习也早有研究,如"独学而无友,则孤陋而寡闻""三人行,必有我师焉"等,这些说法从一定层面上反映了当时人们对合作学习的认识。

随着课改的实施,作为新课程倡导的学习方法之一——合作学习,在经历了广大教师的探索、实践后,正在逐步深刻地被人们认识,逐步准确地被人们把握。那么究竟什么是"合作学习"呢?它主要是指学生在小组或团队中为了完成共同的任务,有明确目标,能进行互动与交流的互助性学习。它是课堂学习的一种组织形式,是对课堂学习方式的有效补充。它有以下几个方面的要素:

①小组和小组成员必须有明确的共同目标并能积极参与。

②小组成员要有相互依赖、相互支持的意识和个人责任,要有能进行有效沟通、相互尊重信任、求同存异、相互帮助的合作技能。

③在合作学习时,要提供个体独立思考和面对面的互动交流时间,使他们有机会互相解释、共同进步。

④对共同活动的成效能进行合理的自我评价和小组评价，寻求提高有效性的途径。

合作学习在这里主要是指生生之间的合作，还有师生合作、师师合作。

（二）合作型课堂的内涵

课堂是教学的主要场所，是学生得以发展的主阵地。合作型课堂就是生生合作、师生合作、师师合作的课堂。教师在合作型课堂中，应及时地抓住教学时机（如遇到个体无法解决的问题或个人学习效率低等情况），运用合作学习的理念和方式，恰当地组建合作小组，给学生以充分的时间和空间，通过学生个体的独立思考和成员之间有效的合作，让学生更充分地参与到学习活动中，更好地表现自我、相互学习，从而拓宽获取知识的渠道、提高课堂教学的效率、发展学生各方面的能力。

合作型课堂主要有以下几方面特点：

①合作型课堂是学生自主的课堂。学生在学习中积极参与合作学习，探究数学问题，获取知识，发展能力。

②合作型课堂是平等的课堂。师生、生生在合作学习中关系融洽，公平民主。

③合作型课堂是协作的课堂。学生在课堂中通过相互沟通、相互倾听等探究数学问题，获取数学知识。

④合作型课堂是均衡发展的课堂。它起到弥补教师面向参差不齐的学生难以周到照应所有人的学习的不足，有利于实现每个学生都得到发展的目标。

⑤合作型课堂是立足于学生终身学习能力培养的课堂。它有利于培养学生的责任意识和团队合作意识，顺应时代发展的要求。

（三）合作型课堂中的师生关系

学生是学习的主体。在合作型课堂中，他们相互讨论，共同完成学习任务，这改变了传统教学中学生经常处在被动学习、单一接受知识的状态，有利于培养学生主动参与、乐于探究、获取新知识的能力，分析问题与解决问题的能力以及交流与合作的能力。同时合作型课堂把教学建立在满足学生心理需要的基础上，小组成员之间相互尊重、相互交流，将个人之间的竞争转化为小组之间的竞争。学生在学习中有明确的分工和职责，有互助的行为，有独立的思考，更有相互的交流，他们主动参与学习，成为学习上真正的"主人"。

合作型课堂中的教师不再是知识传授的权威，教师的任务不仅仅是"传道、授业、解惑"，更多的是扮演"组织者、引导者、合作者"的角色。在课堂教学中，教师既要按照预先的计划组织学生进行合作学习，也要根据教学过程中出现的情况适时组织学生进行合作学习，让学生通过合作交流共同达成学习目标。在这个过程中，教师还应帮助学生营造良好的氛围，并通过与学生平等地交流，充分了解不同层次学生的学习情况，及时调整教学策略，针对问题探究过程中出现的问题给予点拨、引导，使学生通过合作学习达到预定的教学目标。

二、初中数学课堂中合作学习现状

（一）分组方式不科学

目前，在我国初中数学课堂中应用小组合作的教学方法，已经被大多数教师和学生所接受，并且能够经常出现在课堂上，但是这一方法在实际应用过程中，还存在着一系列的问题，其中最主要的就是分组方式不科学。

在数学课堂上，部分教师会按照以往的传统习惯，根据成绩对学生进行排序，给学生进行名次的排位，对学生进行分组。但是这样的分组缺乏一定的合理性，因为每一个学生的性格、能力等都是不同的，如果按照这样的方式分组，很容易忽视学生的个性，影响学生的全面发展，导致数学成绩本来良好的学生，在课堂上就有着更多的参与机会，也能够通过小组合作学习更好地掌握数学知识，但是排名在后面的学生，就很难在课堂上有表现的机会，甚至在小组合作学习的过程中，都不知道应该学什么，也无法提高能力，影响了小组合作的教学初衷。

（二）内容选择不合理

在课堂教学中，数学教师在采用小组合作教学方式的过程中，存在教学内容选择不合理的问题，教学内容呈现出片面化的特点，影响了学生的学习兴趣。部分教师还把深奥难懂的问题集合在一起，让学生进行探讨，导致学生很难解答，影响了小组合作学习的效果。

（三）学生积极度低

因为每个小组的学习情况不同，每个小组成员的学习能力差异较大，再加上小组成员的性格和语言表达能力不同，以至于学生的集体讨论和优势发挥受到限制。在实际学习过程中，教师会发现，一些擅长沟通的学生被安排去整理资料，而一些擅长整理资料的学生则被安排代表小组发言。这样的小组分配导致小组汇报结果不理想，而且滔滔不绝却讲不到重点。此外，并非所有的小组成员都拥有较高的合作团队意识，所以很多学生在实际学习过程中都一直处于被动状态。

（四）教师功能缺位

从某种角度来看，应用小组合作学习方式有效减轻了教师的教学负担，但这也容易成为个别教师偷懒的工具，而让成绩好的学生给学困生讲课的方法也必然不可能成为教师完成课业教学目标的方式。此外，因班级人数众多，即便分成若干小组后，教师也不可能做到面面俱到，为每一个学生都提供针对性的教学指导，所以"管不过来"也成为当前初中数学教师在应用小组合作学习方式中遇到的教学困难之一。

三、构建合作型课堂的有效途径

（一）构建多元化合作关系

①师生合作。构建平等、民主的师生关系，教师参与到学生的合作学习中，倾听学生的声音并给予指导和帮助。

②生生合作。构建平等、民主、和谐的合作氛围，使学生形成自控守纪、善于表达、注意倾听、互帮互助等合作技能。

③师师合作。数学教师之间加强交流，通过集体备课、研究课等形式实现资源共

享、优势互补；不同学科之间教师加强沟通，形成年级组教师全员合作，协同培养学生的能力。

（二）构建合理的学习共同体

①"同组异质、异组同质"的分组可以保证每个小组在大致相同的水平上开展合作学习，增强合作的动力，促进合作任务的完成。

②"同质联合"的分组方式，将水平差不多的学生集中起来，方便教师辅导学习困难小组的学生。

③按学生的能力特点、认知水平以及兴趣爱好进行分组，可以实现组内优势互补，达到分组的最优化。

④根据合作学习环境进行分组，如"就近"原则的分组能够较好地保障课堂的秩序。

⑤学生自由组合形成合作学习小组，有利于营造融洽的氛围，而且学生乐于选择这种形式。

（三）准确把握课堂合作学习的三个要素

①恰当选择合作学习问题。教师对学生的基础知识状况、认知能力程度、思维水平要充分了解，选择的问题应当是个体独立解决比较困难、需要通过多人合作才能解决的问题，或者是希望通过合作学习达到相互交流思想的问题等。

②恰当把握合作学习开展时机。教师要能把握好时机，适时地采用合作学习形式，让学生体会到合作产生的价值。

③恰当评价合作学习。评价应当是多方面的，有学生自我评价、生生评价、教师评价、小组评价……评价不仅要关注结果，还应重视过程，既要有对学科知识掌握的评价，还应有合作学习过程中情感的评价。

（四）处理好合作学习中的四个关系

①独立思考与合作学习的关系。独立思考是合作学习实施的保障，教学中应当给予学生充分的思考时间，这样有利于学生迸发出思维的火花；合作是个体思维的展现，要提供学生畅所欲言的机会，让学生体验由思考后的交流带来的快乐。

②竞争与合作的关系。合作学习中常常采用小组游戏竞争的方式，不应过分地强调竞争，尤其是过分强调速度的竞争，否则将不利于学生合作精神与合作能力的培养。合作学习需要的是组内合作、组外竞争的景象。

③合作学习与其他学习方式的关系。教师讲授、学生个体独立学习、学生小组合作学习等学习方式都有各自的优点和缺点，不是所有教学内容、所有教学时机都适合于合作学习，教学中应当有机地将合作学习与其他学习方式结合起来，切实提高课堂教学效果。

④课堂内与课堂外合作学习的关系。课堂教学时间是有限的，要确保实现有效合作，有时需要在课前提前布置，让学生做好准备，以保证课堂上有足够的时间进行合作学习；同样，对于课堂知识的进一步拓展、延伸是通过课堂外的合作来实施的，有机地将课堂内与课堂外的合作学习结合起来，可以提高合作学习的效果。

四、合作型课堂在初中数学教学过程中的优化

(一) 选择适合的合作内容

不是所有的内容都适合合作学习，方法不确定、答案不唯一、具有探究性和挑战性的、个人无法完成的内容适合采用合作学习的方式。

1. 在教学内容有重点、难点时合作

例如在学习"平方差公式"时，教学的重点是经历平方差公式的推导过程，难点是如何归纳出公式。

在教学中，教师先出四道小题：

① $(x+1)(x-1)$；

② $(1+3x)(1-3x)$；

③ $(2a+5)(2a-5)$；

④ $(100+1)(100-1)$。

并在教学时安排了下面几个步骤：自主学习，自主发现；小组合作，共同探究；交流结果，总结规律。这样很自然地就推导出平方差公式。

通过在教学内容有重点、难点时组织学生开展合作学习，能有效地对学生进行数学思想方法的渗透，引导学生有层次地进行分析、比较，对规律的探索做到循序渐进、水到渠成，真正让学生积极参与知识的形成过程，最大限度地调动学生学习的积极性。

2. 在问题的解答策略不唯一或答案不唯一时合作

有些问题其解题策略不唯一、答案不唯一，而一个人的思维能力毕竟有限，很难多角度地去思考，需群策群力才能展示各种策略和结论。

例如，如图 3-2-1 所示，用火柴棍拼成三角形，如果图形中分别含有 1、2、3 或 4 个三角形，分别需要多少根火柴棍？如果图形中含有 n 个三角形，需要多少根火柴棍？

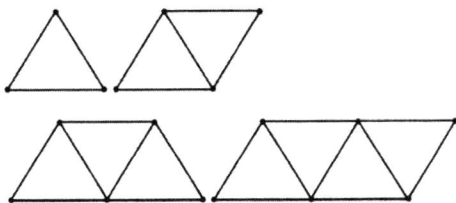

图 3-2-1 例题 1

教师在学生独立思考几分钟后，安排了小组合作学习，每个小组承担了不同的任务，让学生把自己的结论及依据在小组内展示出来，然后每个小组派代表在班级展示（学生从不同的角度展示了他们的想法），这样每个学生都从别人那里学到解决问题的不同方法，并逐步养成全面考虑问题和善于从别人身上取长补短的好习惯。教师恰当把握合作时机，可以充分调动学生学习的积极性，发挥主动性，活跃思维，使学生不仅加强对知识的理解，而且掌握学习数学的方法。

3. 在对问题进行深化、拓展时合作

数学课堂上教师能适度地拓展和延伸，是传授数学思想和方法、培养学生思维能力和创新意识的重要途径。

例如，在 $\triangle ABC$ 中，$\angle ACB=90°$，$CA=CB$，直线 MN 经过点 C，且 $AD \perp MN$ 于 D，$BE \perp MN$ 于 E。当直线 MN 绕点 C 旋转到图 3-2-2 的位置时，$\triangle ADC \cong \triangle CEB$，且 $DE=AD+BE$，你能说出其中的道理吗？当学生解决完此问题之后，教师适时提出另外两个要求："当直线 MN 绕点 C 旋转到图 3-2-3 的位置时，猜测 DE、AD、BE 三者之间的数量关系，并说明理由""当直线 MN 绕点 C 旋转到图 3-2-4 的位置时，DE、AD、BE 三者之间具有怎样的数量关系？请写出这个数量关系"，并组织学生分组合作交流。

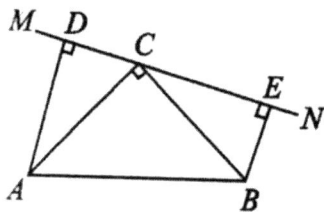
图 3-2-2　例题 2（a）

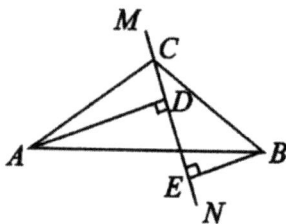
图 3-2-3　例题 2（b）

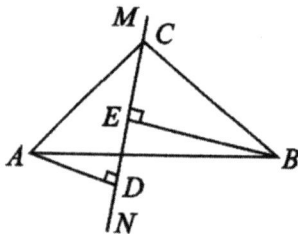
图 3-2-4　例题 2（c）

此时进行合作，有助于拓展学生的思维，激发学生的灵感，使学生形成独特的认识。

（二）把握合作技巧

1. 合理分组

对于每个小组的成员的划分，当前研究更多认同"组内异质，组间同质"，即将不同学习能力、学习态度、学习兴趣、性别、个性的学生分配在同一组内，组成一个学习小组，目的在于形成优势互补但同时尽可能保证不同小组之间整体水平相当，目的在于体现公平竞争。根据初中学生的实际情况，一般情况下，每个小组 5 ～ 6 人比较合适。

2. 合作适度

一定要控制好一节课中合作学习的次数和时间。一般情况下，每节课合作学习的次数为 1 ～ 2 次，每次 8 分钟左右。同时在合作学习之前，应让学生独立思考，使学生在独立思考的基础上进行合作，这样的合作才有效、有意义。

3.教师的作用

在合作学习中，除了进行学习目标的制定、学习任务的设计、合作技能的指导外，教师还要对每个小组的合作学习情况进行观察和介入，提供适时的引导和帮助，教师要对学生的学习活动有充分的预见，如：学生会遇到怎样的困难？会得到哪些结果？该如何应对？当学生无所适从时，能给其提供怎样的活动任务？当学生的活动内容偏离问题的实质时，如何指明研究的方向或进行恰当的干预？

4.评价方式

合作学习强调团体的成绩，每个学生对小组的成绩都负有重要责任，但不能简单地认为小组成绩等于个人成绩，这样容易造成部分学生的学习积极性受挫和部分学生抱着坐享其成的态度。评价方式的计分方式，应当既可以表现出每一个学生的学习情况，又能体现小组的集体意识。

教师可以为每一个成员的课堂表现记分，课后将小组所有成员的分数和作为本小组的分数。这种记分方式的好处是每一位成员的记分都表现出他的进步，是以一种发展的眼光看待每一个学生的学习行为，而且每一个成员的分数也都与小组的成绩相关，培养团队意识。一节课结束，根据个人得分和小组得分，评出先进个人和先进学习小组。

总之，合作学习的水平高低与合作内容、技巧紧密相关。如果合作时机把握不好，学生的合作交流便是低效率的，就如同"你有一个苹果，我有一个苹果，相互交流，仍然是每人一个苹果，也就是 1+1=1"；如果合作时机把握恰当，就能实现"你有一种想法，我有一种想法，交流之后，每人都有多种想法，达到 1+1>2"的目的。

(三)创设合作气氛，燃起参与热情

初中数学涵盖的内容极具抽象性，学生在接触新的知识时感到吃力与无趣，教师必须通过科学的授课手段营造出愉悦而又轻松的课堂气氛，使学生萌生交流的欲望，可在表达自身想法的过程中产生合作欲望，将其合作需求有效诱发。学生在数学课堂中乐于进行深入思考，也会积极进行多角度的讨论，从而有效加深对所学知识的理解，在最短的时间内将其吃透并在后续解题时加以利用。例如，在解读全等三角形的判定时，教师可将学生分成 5～6 人的小组，在合作中探究三角形相等所需的多个条件，使之主动进行思考，寻找到所需的答案，萌生一定的成就感，为后续的课堂活动带来不断的动力。教师随之设置带有深入性的问题："如果满足其中一个条件，能画出我们需要的全等三角形吗？"各小组开始进行相应的推理，明白判定时必须同时满足几个条件，从多角度看待所学的知识并形成牢固的记忆。学生在合作模式下对所获信息进行科学总结，从而有效吃透概念，不仅感受到参与的乐趣，也感受到数学的魅力和严谨性，在愉快的课堂合作中内化新的知识。与此同时，教师应将合作学习视为一个讨论的过程，从而对该环节进行精心设计，使数学课堂自然生成，同时让合作气氛带有一定的赶超意味，使学生带着持续的热情参与合作。为此，教师在设计合作问题时要进行反复斟酌，保证体现教学重难点的同时，让学生进行深度学习，对其思维有一定的启发效用，还要保证与学生的真实能力相契合，使学生可以在合作中大胆创新，将新旧知识有效结合并寻

找出所需的答案，树立起自信，为后续的合作学习夯实基础。在新时期，教师应对合作模式进行针对性的调整，保证合作方案的可行性与有效性，借助自由讨论实现教学重点的快速突破，一方面与课程标准相契合，另一方面满足各层次学生的真实需求，从而诱发更多的合作需求。教师要有意识地对自身的角色进行灵活转换，在合作学习中多以引导者的方式鼓励学生质疑，使之可以表达出所想，对讨论的结果进行全面总结并形成良好的习惯，不仅能让学生对所学知识做到深入吃透，还能让学生在愉快的气氛中感受数学的魅力，主动进行多角度的探索，将课堂教学的水平提升到一个全新的高　　　　　　　　　　　　　　　　度　　　　　　　　　　　　　。

（四）创新合作形式，实现深度学习

在初中数学课堂中，教师不应将目光放在传统的合作教学上，还应对其进行针对性的创新。例如，丰富合作的形式与内容，使学生在每一次的合作中可以获得不同的收获，在无形中提高学生的数学素养。具体而言，首先，教师要做好前期的各项准备，除进行科学的分组之外，还应对教材内容做到全面性的研读，从中找到合作的契机，同时准备好带有趣味性的多媒体课件和所需的教学工具，使课堂的合作愈发有趣，不断吸引学生参与，让其紧跟授课节奏探究更多的内容。学生在合作中会充分利用教具，有效开拓思路，可以从多角度看待数学知识，让合作学习彰显出实效性。其次，教师应重视预习环节，设计有方向性的预习方案并保证其可行性，从而使课堂中的合作实现有的放矢。各小组可以很快地融入合作氛围，通过解决不同的数学问题，锻炼综合能力，进而掌握多种学习方法，构建出高效的合作型课堂。最后，教师要通过点拨，帮助学生对合作后的成果进行总结，一方面可以让学生加深对新旧知识的理解，有效重构数学知识；另一方面可以使小组合作的效果得到切实有效的巩固，为深度学习夯实基础。例如，在解读二次函数的内容时，教师可给出已知条件：已知抛物线会经过点（1、3）、（-1、1）和（0、-1），抛物线的解析式为 $y=ax^2+bx+c$，其中（$a \neq 0$），让学生在小组合作中用一般式求二次函数的解析式。每位组员都可以表达自身的想法，尝试将点的坐标代入已知的解析式，将 x 视为1，将 y 视为3，也将另外两个点代入其中，那么可以得到 $a+b+c=3$、$a-b+c=1$、$c=-1$。此时，部分小组将 c 代入，那么可以将这个三元一次方程转换为二元一次方程，最后由题意而计算出 $a=3$、$b=1$、$c=-1$，同时得到所需的抛物线解析式 $y=3x^2+x-1$。在各小组完成合作任务后，教师鼓励各小组进行相应的总结，一是巧设二次函数的解析式；二是根据已知的条件，可以得到相应的方程（组）；三是进行求解，从而可以准确求出所需的函数解析式。在该过程中，每位学生均参与进来，通过合作验证自身的想法，逐渐进入深度的学习，不仅吃透二次函数，还懂得灵活地运用。学生在合作学习中处于主体地位，教师由知识的传递者转换为点拨者，加强合作学习中的指导，在巡查过程中可以对学生所遇的难题做到及时发现，从而马上引导，使学生获得启发，有效将问题进行针对性的突破，从而有效解决学习中的各类问题，保证合作教学达到预期的效果。

（五）完善课堂评价，强化综合能力

在小组合作模式的应用下，教师应对自身的角色进行灵活的转换，不仅要完成知识的精准传递，还应对学生进行正确的引导，同时还要对合作成效做到科学和客观的评价，使

各小组的成员可以看到自身的不足，继而有方向地进行改进，实现共同进步，也营造出良好的"赶超"气氛。具体而言，一是要丰富评价的方式，保证多样化，走出以往教师独自评价的困局，邀请学生参与评价，可以通过学生间的互评或自评，让评价内容更加准确和客观，帮助组员寻找弥补不足的方法，在互助中提高学习的效率。二是科学利用评价结果，使学生看到真实而又极具信服力的评价结果，从而开始进行相应的反思，能够激发学生的主动性，找到问题的根源并进行有效整改，提高合作学习的能力。教师不应直接向学生具体讲解一道题的解题方案，而是通过多角度的点拨，让其不断思考，通过合作和讨论验证不同的想法，使之形成数学思维，完成自主学习，加强学生的团体意识并获得不断的进步。例如，在解读与圆相关的内容时，教师可借助合作学习模式鼓励学生对圆的性质进行有效探究。首先，教师画出两个圆的位置关系图，让学生在对比中看到不同，诱发合作与讨论的需求。其次，教师鼓励学生在合作中选用自身喜爱的方式比较两个圆的位置并探索其关系，由组员做好相应的记录，收集讨论的结果。最后，教师应不定时地巡查合作的情况，鼓励各小组加快速度，可以借助以赛促学的方式进行小组间的评比，使之在合作与比赛中实现不断的进步。在该过程中，每位学生在小组中均发挥出自身的作用，在绘图、记录等明确的分工下，通过组长的指导完成知识的探索，让合作讨论井然有序，从而对圆的位置关系做到吃透，对其学习有一定的促进作用。教师还应借助课堂评价，让学生看到自身的不足，有方向地进行弥补，在合作中做到互相督促，从而增强团队精神，使合作学习模式发挥出应有的作用。

第三节　探究型课堂

"不同的人在数学上得到不同的发展"是《义务教育数学课程标准（2022年版）》的基本理念，也是科学探究最根本的目的。探究性学习是一种富有创造性的学习方式，是凸显学生主动性、培养学生创新精神和创造能力的一条有效途径。

一、探究型课堂的内涵

（一）探究的含义

从字面上说，"探究"就是深入探讨、反复研究，也就是探索追究之意。《美国国家科学教育标准》对探究的定义是："探究是多层面的活动，包括观察，提出问题，通过浏览书籍和其他信息资源发现什么是已经知道的结论，制定调查研究计划，根据实验证据对已有的结论做出评价，用工具收集、分析、解释数据，提出解答、解释和预测以及交流结果。探究要求确定假设，进行批判的和逻辑的思考，并且考虑其他可以替代的解释。"

（二）探究性学习

我国学者认为，探究性学习指的是学生仿照科学研究的过程来学习学科知识，在掌握学科知识内容的同时经历科学研究的过程、理解和体验科学研究方法，养成科学精神并形成学习能力的一种学习方式。

（三）探究型课堂的本质

探究型课堂的本质特征是不直接把构成教学目标的有关概念和认知策略直接告诉学生，取而代之的是教师创造一种智力的社会交往环境，让学生通过探索发现有利于开展这种探索的学科内容要素和认知策略。探究的课堂应该是学生在教师的指导下，根据教材特点、自身个性特点和学习条件，从课堂学习中确定探究学习内容，合作或独立开展探究，让学生积极主动地经历"提出问题—自主探究—尝试解决—反思小结—观点提炼"，建构自己的智能结构。在学习、实践过程中，学生能获得丰富的情感体验，塑造良好的心理品质，形成科学的情感、态度、价值观。

二、探究型课堂在初中数学教学中的实践

（一）适合探究性学习的内容

在教学实践中，笔者总结出这样的一个结论：并不是所有的教学内容都可以开展探究性学习，有的内容适合部分探究，有的内容适合完全探究（课题学习）。同时，总结数学教材中适合探究的内容，开展探究性学习，并对探究性问题进行分类。

①条件性探究：此类题型给出问题的结论，探究使结论成立的条件，其探究策略常采用分析方法。

②结论性探究：此类题型给出问题的条件，探究问题的结论，其探究策略常采用分析方法（执因索果）。

③结论存在性探究：此类题型探究符合条件的结论是否存在，常采用假设推理得出结论合理或矛盾。

④规律性问题的探究：此类题型由特殊推广到一般，探求规律，其探究方法常采用归纳法，将一般化归到特殊，寻求途径找到规律。

（二）创设探究的情境

通过创设情境，把知识融于学生喜闻乐见的情境中，让学生在情境中进行自主探究性的学习活动。

1. 在情境中引入新课

在故事情境中引入新课。在讲"一元一次方程"时，可以运用多媒体创设情境：英国伦敦博物馆保存着一部分极其珍贵的文物——纸莎草文书，这是古代埃及人用象形文字写在一种特殊的草上的著作。这部书记载了许多关于数学的问题。如一个数，它的三分之二，它的一半，它的七分之一，它的全部，加起来共33，这个数是多少？同学们知道古人是怎样计算的吗？通过课堂观察，我们发现，面对这样富有新意与智趣的情境引入，比较枯燥的计算题教学富有了乐趣，学生能在最短的时间里主动进入学习状态，愿意去学。

2. 在情境中探究

学生在操作情境中探究新知。例如，学习"等式性质"时，借助天平，学生亲自动手

操作，通过在天平两端同时增加或减少相同质量的砝码，观察天平是否平衡，从而归纳出等式的性质，使学生感受到数学就在身边，易于接受。

学生在交流情境中完善自主探究学习。例如，学习"有趣的七巧板"时，学生在小组内交流各自制作七巧板的方法，然后几个学生代表本组发表自己的见解，并讲解制作的原理，以此来增强合作的精神，同时在交流中学生学会欣赏别人，倾听他人的见解，使能力得到发展。

3. 在情境中运用

学生在游戏情境中运用知识。例如，学习"日历中的方程"时，利用投影出示某月的日历，学生说出某一竖列三个日期之和，教师很快分别说出这三天的日期。同学们觉得很神奇，心想教师到底掌握了什么诀窍呢？这样培养了学生学习的兴趣，同时促使他们自觉运用所学知识解决问题。再如，在学习打折销售后，学生设计物品购买方案，计算怎样购物花钱较少等，这样学生既能灵活地运用知识解决实际问题，又能感到数学知识就在身边，有利于培养学生用数学眼光去观察认识周围事物。同时通过实际运算，弄清打折销售中的欺诈行为，使学生认识到"诚实为人，立信为本"，达到"求真""求是"的目的。

4. 在探究中交流

巧设"陷阱"，引发"冲突"。学生的生活经历、经验积累、认知水平、知识背景、思维方式等往往不尽相同，由此而产生的争辩可以激发学生产生更多思考，引出更广泛的讨论，从而促进更高质量的理解。在教学过程中，教师要善于把握学生的思维特点，巧妙地设置"陷阱"，自然引发学生间的争辩，使学生学有所得，探有收获，体会更深。

适度使用教具，激发学生进行探索交流。例如，在学圆时，教师出示一道具有挑战性的数学问题：在一昼夜中，时钟的时针与分针一共有多少次成直角？有的学生慢慢地计算；有的学生在纸上画草图；有的学生直接拿出手表，用手拨动指针，很快得出答案……虽然每个人都得出了答案，但大家都有自己的收获，他们经历了探究的过程（探究的过程也是促进人全面发展的过程），获得了独特的体验。

5. 在时空中互动

由于受时空等的限制，在传统课堂里往往出现"说不清""想不明"的现象，使交流互动受阻。随着信息技术逐渐应用于教育、教学，教师不但可以充分利用先进的网络技术来创设逼真的情境，形象展现思维的过程，还可以将无限的时空引入课堂，使互动更广泛，更深刻，在互动中实现资源共享。例如，教学"利息"时，课前教师布置作业，让学生自己获取有关利息的知识。课上汇报时，有的学生通过到银行调查获得；有的通过查阅资料获得；有的是在网上获得的……获得知识的方法不同，正是学生具有不同个性的体现。这样，不仅可以开阔学生的视野，打破课堂学习的局限性，而且有利于学生充分发挥个性。

（三）探究性学习方法的归纳总结

通过大量的课堂观察，针对探究内容，笔者整理出学生探究学习的基本方法。

1. 实验探究法

所谓实验研究法，是针对某一问题，根据一定的理论或假设进行有计划的实践，从而得出一定的科学结论的方法。

运用实验探究法进行自主探究的一般步骤：教师提出问题—学生实验操作—观察分析—猜想结论—交流校正—验证或证明。

例如，在学习"三角形的三个内角和等于180°"时，有的学生经过以下操作实验获得初步经验：先自己画一个三角形，用量角器量出它的三个内角，求其和，再将一个三角形的三个角剪下来，自主探索出三角形的三个内角和等于180°这一数学结论。也有的学生用铅笔在纸上画一个 $\triangle ABC$ 做实验（图 3-3-1）：

第1次将笔尖指向 A 点（铅笔与 AC 边平行）；

第2次旋转 $\angle A$ 后，笔尖指向 A 点；

第3次旋转 $\angle B$ 后，笔尖指向 C 点，但铅笔与 BC 边平行；

第4次旋转 $\angle C$ 后，笔尖指向 C 点。

经过4次旋转后，笔尖正好掉转一个方向，这说明 $\angle A + \angle B + \angle C = 180°$。

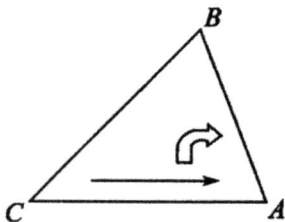

图 3-3-1　三角形内角和证明实验

2. 归纳探究法

归纳探究法就是利用数学归纳法进行问题探究。

运用这种方法进行自主探究的一般步骤：提出问题—积累数据—观察分析和归纳—猜想结论—交流校正—验证或证明。

例如，在学习"直角三角形斜边的中线等于斜边的一半"时，学生经历了这样的探究过程：提出问题（这节课要研究直角三角形斜边的中线与斜边的关系）；积累数据（每个学生任意画几个直角三角形，并做出斜边上的中线，然后测量直角三角形斜边的中线与斜边的长度，形成一组数据）；观察分析和归纳（观察一组数据的比值，并分析比值的特点）；猜想结论（学生猜想直角三角形斜边的中线与斜边的关系）；交流校正（学生互相讨论、交流，达成一致的意见）；验证或证明（学生画图并证明）。

3. 类比探究法

类比探究法就是经历提出问题—找出类比对象—猜想结论—交流校正—验证或证明的过程得出结论。例如，在学习"分式的基本性质"时，学生是这样探究的：从分式与分数的定义可以知道，分式和分数有很多类似之处。学生运用类比方法猜想结论：分式的分子与分母都乘以（或除以）同一个不等于零的数，分式的值不变。学生得出的结论有可能是错误的，有的学生会得出分式的分子与分母都乘以（或除以）同一个数，分式的值不变。这时学生之间进行交流便可发现错误。

三、探究型课堂在初中数学中的实施策略和注意要点

（一）初中数学在探究型课堂中的实施策略

1. 问题引入

数学本身就是一个发现问题与解决问题的过程，教师需要做的就是引导学生发现问题并解决问题，学生需要在这个过程中不断总结与进步。数学教学不是教师单方面的教，还应该有学生自主的学，课堂开始于提问，终止于提问，在课堂中贯穿问题式的教学模式能培养学生主动探索的能力和意识，也能引起学生的注意，让学生将注意力集中到数学教学上。然而教师在选择问题上，要充分考虑问题的有效性，考虑问题的难度是否与学生的学习能力相符，在学生能够解决的基础上，不断加大难度，为此，教师要熟悉教科书中的内容，这样才能引入有利于探究的问题。

例如，在教学"有理数"时，教师首先以问题导入："我们生活中都有哪些事物是用数字来呈现的呢？今天我们开启本节课的教学内容。"在教学过程中，如果发现有些学生注意力不集中，教师可以提问："什么是正数？反之，什么又是负数呢？"然后引起学生的思考，使学生加深对于这两个概念的记忆，而在最后又可以通过问题让学生对该堂学习的内容做一个总结，再一次加深学生的理解，因此，好的问题可以很好地促进探究型课堂的展开。

2. 实践探究

实践探究在数学教学中发挥着重要的作用。通过开展实践探究，可以让学生切身体会数学问题，对数学问题有一个探究式的思考，通过动手提高学生对数学问题的认知程度，让学生在实践中找到学习数学的乐趣，找到数学中的奥秘，并在实践中增强学生的自信，让学生在以后的学习中更轻松。

例如，在教学"平面图形的认识"时，教师让学生在课前准备好一套尺子。为了在课上探索直线平行的条件，教师先让学生画出一条直线，然后将直尺与该条直线重叠，用三角尺的一条三角边对齐直尺，再借助另一套三角尺完成两条平行线的画图，让学生体会其中需要的条件，这样在后面的教学中学生就可以很快地理解。

3. 赛制教学

在探究型的课堂教学模式中，可以通过分组比赛的方式，促进学生对问题的思考。通过创设竞赛活动，可以很好地营造课堂氛围，调动学生的参与积极性，培养学生的竞争意识和合作意识，让学生在小组中发挥自己的优势，这样更有利于探究型思维的发展。

例如，在教学"勾股定理"时，教师在讲解完勾股定理的理论知识后，可以将学生分为几个小组，完成接龙的游戏。第一轮是对七巧板进行测量，第二轮是计算三角板是否满足勾股定理，然后看哪个小组用时最短找出最多符合勾股定理的三角形。课堂最后，让学

生自己设计游戏，加深学生对勾股定理的理解。

（二）实行探究型课堂教学模式的注意事项

1. 充分发挥学生的主体地位

在任何一个学科的教学中，学生都是学习的主体，数学也不例外，在初中数学课堂上，教师要充分发挥学生的主体地位。探究型课堂教学也要遵循以学生为主体的原则，将学习重心转移到学生身上，教会学生探索式学习的方法，而教师只是教学课堂的组织者、解决问题的引领者，要把控好上课教授理论知识的时间，将更多的时间留给学生探索问题。

2. 课堂内容的有效性

探究型课堂教学模式必须遵循课堂内容有效性的原则。正确合理的内容是课堂开设成功的关键，课堂内容既包括数学知识的内容，又包括教师设计的课堂内容，为此，教师要对教科书的内容有一个全面的认识，准确地抓住其中有效的内容，然后再对课堂内容进行合理的设计，体现课堂内容有效性的原则。

3. 与生活实际相符

数学是一门与日常生活息息相关的学科，教师在传授数学知识的同时不能脱离生活实际，要围绕生活实际展开。例如，在教学"一元二次方程"时，教师可以借助数学计算来解决生活中的一些问题，在一定程度上简化数学问题，提高效率。为此，教师在问题引入、实践教学等方面可以借助生活元素，以促进学生对抽象知识的理解。

四、学生探究能力的培养

新课改倡导的探究性学习，不仅关注学生获得了多少知识，更关注学生的学习过程与学习方法的掌握。因此，教师要在数学教学中注重培养学生的探究能力。探究性学习是一种复杂的学习活动，需要学生学会观察，学会提出问题，学会运用多种手段来收集、分析和处理数据。在学生的探究活动中，教师要采用有效而具体的教学策略帮助学生达成探究目标，要为学生创设情境，启发学生思考；组织学生讨论，适时给予评价；帮助、引导学生在问题探究中不断地质疑和释疑。

（一）创设新颖的情境把学生引入探究的问题中

创设情境的目的就是激发学生的好奇心、求知欲，这是探究活动的序幕。创设情境的形式可以多种多样：可以是问题的情境，可以是一个有趣的小实验，可以是一个小故事，也可以是一段录像。实践证明：如果一个数学知识是以学生喜闻乐见的形式呈现出来的，就能使学生产生积极的情感体验，使学生乐于去学、乐于探究。因此课堂教学中教师要根据学生的心理需要创造性地使用教材，唤起学生探究的欲望。教师在教学中要精心设计问题，提出符合学生认知水平和富有启发性的话题，把学生引入探究的学习状态中；教师也可以联系生活实际，让学生看到数学知识在现实生活中的应用，提高教材知识的价值，从而让学生产生生活离不开数学、生活呼唤数学的积极情感。

（二）让学生明确探究目标，确保学生真正投入探究活动中

学习是一个过程，探究性学习更是一个观察、实验、推断的过程。教师作为这个过程的组织者、合作者和引导者，应明确告知学生探究的目标是什么，要解决一个什么问题，在此基础上设计出探究的方案，从而大胆猜测、大胆质疑。在学生进行探究的过程中，教师应大胆放手，不要代替学生去"发现"，让学生真正经历一个探究的过程，从而切实培养学生的探索精神和探究学习的能力。

第四节 开放型课堂

一、开放型课堂概述

（一）开放型课堂的界定

开放型课堂在百度百科中定义为是针对封闭型课堂来讲的，是一种鼓励学生参与学习活动，采用多种教学方式，以学生为中心的学习模式。开放型主要体现在：开放的时间和地点、开放的教学内容、开放的教学情境、开放的交流合作、开放的资源整合。

开放型课堂与封闭型课堂相对，开放型课堂适用于开放的人群，没有固定的教学场所、教学方法，采取多种教学媒介。在中国，教学主要集中在学校，还是采用一种封闭式教学模式。开放型课堂在学校教学中并不是很普遍，主要集中在各种类型的广播电视大学中。因此，对于开放型课堂，并没有一个统一的定义。徐晓放、夏春德在《论开放式教学模式的基本框架》一文中，提出开放式教学具有多元的教学目标，具有开放的教学环境，具有多维的教学设计。郭金生在《对开放教育的新思考》一文中，从教育思想、教学质量体系、教育行为三方面对开放教育进行了再认识。

（二）开放式学习

开放式学习即以学生为主体，在教师适时、适度的引导下，将学习作为探索相关知识并进行总结、提炼，螺旋式上升的过程。教师在教授学生知识的同时，更应注重教授学生主动获取知识的学习方法。"开放"是相对于"封闭"而言的。《美国学校数学课程与评价标准》中谈到，新时期人才应具备懂得多种解决问题的方法以及随时准备面对开放性问题的素质，强调了"在课堂里，无论是教师的讲话，抑或是儿童的言谈都应是开放的、可议论的、可追究的"。我国自 1993 年以进行数学开放题的数学实验为起点开始了对开放式学习的研究。开放式学习是一种顺应现代社会发展的、充满生命活力的、崭新的学习方式。

（三）开放的课堂教学

开放的课堂教学是相对于封闭的、僵化的、缺乏活力的课堂教学而提出的，其实质是把课堂教学看作创造性的学习行为，把课堂教学看成以教师和学生这两个不同的主体为中心的全方位开放的一个系统。它要求教师在课堂中减少教条的"权威性"的指令，从尊重学生的学习需要和个体体验出发，抛弃抑制学生情感、认知与能力发展的各种条条框框，给学生以开放的心理空间、学习与思维空间，使他们在开放的课堂教学中，敢说、敢想、敢问、敢做，能够快乐地学习，使学生能够有个性地提出问题、多途径地解决问题、大胆能动地探究规律，进而培养学生开放的、多元的、创新的意识。

（四）开放型课堂的特点

开放型课堂本着"教为学服务"的观点，想方设法调动学生自身的积极性和主动性，挖掘学生的学习潜能，培养学生的开放的思维方式和创新精神。开放型课堂具有以下四个特征。

1. 民主性

教师要为学生营造一种民主、和谐的氛围，使学生的心理处于开放的状态，激发学生的学习活力。宽松、和谐、合作、民主的课堂气氛是学生树立学习信心、主动参与学习、自己体验成功的前提。陶行知先生说："只有民主才能解放最大多数人的创造力，而且使最大多数人之创造力发挥到最高峰。"在课堂上教师应给予学生多一些鼓励、多一些真诚的赞许、多一些会心的微笑，建立和谐民主的课堂，激起学生自主学习的欲望，使学生成为学习的真正主人。

2. 动态性

课堂教学过程是动态发展的、适时变化的，学生的课堂表现、课堂需求是调整教学活动进程的基本依据。在传统的教学中，教师过分依赖于课前的预设，课堂教学往往显得过于严谨而周密，具有很强的计划性，这一点是预设的优点，同时也是预设的不足之处。教师在预设的过程中不可能充分想象课堂上所发生的一切，必须随时发现、审时度势，根据课堂的变化而变化。苏联著名教育家苏霍姆林斯基说过："教育的技巧并不在于能预见到课堂的所有细节，而是在于根据当时的具体情况，巧妙地在学生不知不觉中做出相应的变动。"

3. 创造性

随着信息时代的到来，创造性——人类智力能力的最集中表现，已经成为一个社会富有生机与活力的前提条件，启发学生主动去探索、去发现、去认识新领域，培养他们的创造意识和创造能力，这样有利于促使学生成为创造型人才。创造意识是一种总想用新的思路、新的方法去解决问题的意愿和态度。创造意识强的人总能够从独特视角来研究问题，产生出强烈的创造欲望和创造勇气。创造意识来自问题的质疑，只有善于发现问题和提出问题的人才能引导他产生创造的冲动。教师要引导学生自己去做并在做的过程中不断激起学生探索、发现、想象和表现的愿望，鼓励他们勇于突破书本上的条条框框，提出不同的意见。

4. 多样性

开放型课堂提倡自主、探索与合作的学习方式，使学生在教师的指导下主动地、富有个性和创造性地学习；强调学习方式、教学活动的多样化，强调学习的选择性；注重思维方式的发散性，提倡解决问题方法的多元化、探索未知的开放性、获取知识方法的多样性。而且在课堂教学过程中还具有师生互动、生生互动的多向性。

（五）初中数学教学中开放型课堂的作用

1. 改变教学观念

在传统的教学观念中，提升学生学习成绩就是教学的主要任务，应试教育下的教育观念，不仅制约了学生自主性思维的发展，填鸭式的教学效果也不佳。开放型课堂进入初中数学教学，有利于营造适合学生自主学习的情境，从而更好地激发学生的学习热情，让学生能全身心地投入数学学习，提升学生的成绩。教师通过建设开放型课堂，能提升教学水平，自然会摒弃传统的应试教育理念，转化成适应现代发展的开放型课堂教育理念。

2. 促进学生思维的发展

在开放型课堂上，可以培养学生的发散性和创新性思维，使学生交流学习内容，可以是同学之间的交流，也可以是师生之间的交流。如此一来，学生就能通过积极探索满足自身的求知欲，并在探索的过程中深化对自身所学知识的理解，进而促进学生思维的发展和成绩的提高。

3. 发挥学生的主体作用

在传统的初中数学教学方式中，教师作为教学的主体，在应试教育的理念下，对学生进行填鸭式的教育，不仅效率低，还制约了学生自主性的发挥。而新课标要求教学中提升学生的主体地位。开放型课堂将学生作为课堂的主体，能积极地引导学生参与教学进程，进而提升学生的学习水平。

二、开放型课堂的理论依据

（一）开放型课堂的国内教学理念的发展及理论依据

中国古代的开放式教学主要体现在打破入学限制、因材施教、知识与实践结合三方面，但是并没有形成专门的开放教学模式。直到陶行知提出教育思想，开放式教学才真正融入教育行为中来。陶行知是中国伟大的教育家、教育思想家。其教育思想主要体现在"生活即教育""社会即学校""教学做合一"的"生活教育思想"。"生活即教育"，反对以灌输知识为中心的学校教育，主张教育的目的、内容和方法等由生活来决定，教育要通过生活来进行，打破了传统以教材内容为主，以知识传授为本的教学模式。"社会即学校"则主张打破学校和社会的壁垒，充分利用社会的各种资源对学生进行教育，极大地拓展了教育的媒介，从而改变了以学校班级课堂教学为主的教学方式。"教学做合一"中"教"

指的是对别人产生影响，"学"指的是自己有进步，"做"指的是生活。陶行知提出的教育思想改变了传统的以灌输书本知识为主的学校教育，强调在生活中学习，拓展了教学的内容，丰富了教学的媒介，突破了教学的时空限制，从真正意义上打破了学校教育的藩篱，是现在实行开放式教学的理论基础。

（二）开放型课堂的国外教学理念的发展及理论依据

国外开放式教学最早可以追溯到意大利文艺复兴时期的维多里诺。维多里诺是"快乐教育"的创始人，他反对机械的学校授课，主张让学生自然快乐地获取知识；在教学方式上注重对直观教具的使用；在有特长的学生身上，坚持"因材施教"的原则。英国教育家尼尔创办的夏山学校被认为是现代开放教育的开端，其教育思想也成为开放教育的理论基础。尼尔认为儿童生来是明智和现实的，学校应该放弃对学生的约束，让学生自由地进行学习并且管理自己。虽然尼尔在对儿童的认识上走向极端，但是其倡导的"自由"则是开放型课堂的精髓所在。20世纪，美国的人本主义教育家罗杰斯在坚持自由的基础上指出教师不应该完全放任学生不管，而是要对学生进行指导，让学生完成意义学习。同时，罗杰斯非常重视情感和人际交往在教育中的作用。现代教育建立在建构主义学习理论之上，而建构主义理论又来自维果茨基的"历史—文化"发展理论、皮亚杰的认知发展的阶段论和布鲁纳的发现学习理论。维果茨基的"历史—文化"发展理论认为，人的心理过程是在交往过程中产生的，受到社会历史和文化等的制约，在教学中强调直观工具和交往的作用。皮亚杰的认知发展的阶段论认为，儿童的智力发展分为四个阶段，教育要适应儿童的智力发展，体现"因材施教"的教育原理。布鲁纳的发现学习理论认为，学生是探究者，教师不提供知识而布置情境，学生应该积极思考，参与到知识获得的过程中。

在此基础上，建构主义学习理论应运而生。建构主义教学观强调学习的主动性、社会性和情境性。教师不再单纯地提供知识，而是调动学生的学习积极性，提倡情境性教学。

三、开放型课堂的开展策略

开放型课堂主要是指学习氛围与心理的开放、知识内容与思维方式的开放、教学空间与学习方法的开放。课堂教学从封闭走向开放是在三个维度上同时进行的，这三个维度分别是：教师与学生的心理空间由封闭到开放；教材的知识空间与学生的思维空间由封闭到开放；课堂的教学空间与学生获取知识的方法由封闭到开放。

（一）教师与学生的心理空间由封闭到开放

过去，面对授课的教师，学生往往会自然而然地产生被动感，加之有时教师对理解问题慢的学生缺乏耐心，对胆小、性格内向的学生缺乏鼓励与引导，对爱发言又常离题的学生动辄批评，造成学生的抵触情绪，限制和压抑了学生在学习过程中主动学习的兴趣与积极性。学习的最佳条件应该是宽松的、自由的。师生间的心理空间关系是决定课堂活动性质的基础。"权威"型的师生关系容易给学生带来心理压力，而同学型师生关系可以使学生对教师产生一种心理认同感，从而得到心理自由。因此，同学型师生关系的确立是开放型课堂教学的首要特征，它要求教师放松对学生行为的控制，向学生敞开自己的心扉，把学生当作学习的主人，在平等和相互尊重与信任的氛围中进行学习。教师要尊重学生的不同体验、尊重学生的原创、尊重学生的第一次错误，教师是学生中的"学长"，是学习活动的组织者、参与者和指导者。在开放心理空间中，学生学得愉悦、学得放松，从而学习的潜能得以充分发挥。

（二）教材的知识空间与学生的思维空间由封闭到开放

开放型课堂要求教师在课堂上传授的知识内容是开放的，培养的思维方式和解决问题的方式也是开放的。这就要求教师在课堂教学中突破教材知识的局限，不断渗透和融合其他学科的有关知识，关注生活与实践内容，使学生在学习数学的同时又能够体会到它在生活实际中的来源，并能运用其所学到的数学知识。在由浅入深、由单一到多样的教学过程中，教师应从问题的条件和结论两个方面的开放性入手，从解决问题方式的多样性入手，着力培养学生的发散性思维，提高他们的思维品质，激发他们的学习活力和创造活力。

（三）课堂的教学空间与学生获取知识的方法由封闭到开放

教学空间和学习方法的开放性是指数学教学活动不再受课堂的限制，获取知识的来源不仅是教师和教材，学习的方式不仅是教师说学生听的被动接受。教学的空间可由课内延伸到课外、由校内延伸到校外，获取知识可以借助网络等多种渠道，学习的方式可以是自主的、合作的。开放的教学活动空间形成一个交互、开放、多元的教学运行机制，多层次、多角度地优化了教与学的活动过程。

四、开放型课堂在初中数学教学过程中的构建

（一）初中数学教学过程中开放型课堂构建的必要性

开放型课堂是指学生参与自主探究、合作交流，师生有效互动的综合性课堂。在初中数学教学过程中构建开放型课堂，对提升数学教学有效性具有积极意义。一方面，可以改善传统课堂教学中学生学习效率低的问题。在传统教学过程中，很多学生习惯于被动记忆教师讲解的公式、定理等，这就导致其在实际应用所学知识期间，很容易出现知识点混淆或遗忘的问题。而在开放型课堂中，学生可以更多地参与到新知探究环节，并通过有效的课堂练习和讨论掌握其推理过程和应用场合，进而在实际应用过程中高效解决问题。另一方面，可以有效提升学生的自主学习能力。学生应该具备较好的自主学习能力，尝试在没有教师辅助的情况下，通过自主查阅学习材料或与同学进行讨论探究出自己想要了解的知识，解决遇到的实际问题。构建开放型课堂，可以逐渐减少教师对学生的影响，使学生在良好的课堂氛围中有效进行自主探究和合作交流活动，在一定程度上解决自己的困惑，并在教师的有效引导下掌握探究新知的方法，丰富自主学习的经验，提高自主学习能力。

（二）开放型课堂在初中数学教学中的构建策略

1.注重授课的语言艺术，活跃课堂气氛

在教学过程中，教师所使用的教学语言是联系课本知识点和讲台下学生的中介物。学生在接收到教师的信息后，可以通过肢体语言或是口头语言将自己的所思所想反馈给教

师。其中，教师所使用的教学语言的表达方式和表达技巧，对于学生对课本知识点的接受兴趣和接受程度有着至关重要的影响。规范使用普通话是每个教师必备的技能，这是消除师生沟通障碍的首要因素。作为初中数学教师，首先必须学好、用好普通话，使用规范的学科语言和学科术语来授课，不能杜撰一些生僻的词汇，尤其是不能操一口方言去讲授数学课本上的概念、公式和定理。就初中数学教师使用语言的表达方式和表达技巧而言，最重要的是一定要规范准确，简洁严谨。数学是一门非常严谨的学科，一个词语的篡改就可能让一个定义或是一条定理失去科学性，所以，作为数学教师，在授课时自己一定要先吃透定义，删繁就简，用准确易于理解的语言把知识点讲给学生听。教学既不像演讲，亦不似朗诵，书面语太多会显得沉闷，口头语过多又会有失严谨，只有通俗形象的表达才能让学生听得有滋有味，对此，教师应该将抽象的概念尽可能通俗化，将描述性的材料生动化，在此基础上，教师还应尽可能让自己的语言幽默风趣，形成自己的语言风格。

2. 为学生提供开放型教学环境，让学生愿意学习数学

（1）开放师生关系，使学生成为学习的主人

师生关系是指教师和学生在教育教学过程中结成的相互关系，包括彼此所处的地位、作用和相互对待的态度等。师生对话平等开放，教师在教学过程中，不只是负责将知识传授给学生，也不能够随意地命令学生。

在课堂的交流中，应当保证师生关系平等，教师与学生之间相互尊重，互相听取对方的意见和建议，共同创建和谐的学习氛围。在这一过程中，教师与学生建立伙伴关系。

（2）开放探索空间，调动学生的学习积极性

开放型课堂不能仅仅局限于课堂教学，还应开放学习空间，让学生走出教室、走向社会，去参加丰富多彩的课外活动与实践活动，开阔他们的视野，使学生在感受新知的过程，根据已有的数学知识，去发现、去思考、去探索，从而解决问题。

3. 巩固数学知识与方法的指导

（1）培养学生对数学的兴趣

兴趣是学习的动力，它在许多方面决定着数学学习的成败。兴趣决定着一节课的学习效果，而课后能否保持对数学的兴趣，则决定着学生是否巩固了数学知识。要培养学生浓厚的数学学习兴趣，教师首先要注重自己课内外的形象，主动亲近学生，让学生首先从心理上接受自己。其次是教师要在课内外抓住一切机会，利用情境问题和自身丰富的专业知识，去激发学生学习数学的兴趣，逐渐使学生能积极主动地学习数学、巩固知识和发展能力。

（2）记忆方法的指导

教师首先要指导学生相信：当今科研成果证明，每个人的记忆潜能是很大的，记忆和遗忘是有规律的。只要科学地进行记忆，主动记忆，养成记忆习惯，就能大大提高记忆效果。可以具体针对以下几点来指导记忆：①充分调动多种感官来协同记忆；②根据识记材料的不同，指导学生采用不同的记忆方法，在数学中理解记忆占的比重很大；③师生共同努力，编些顺口溜或口诀来记一些较难记的知识。

4. 应用数学知识的指导

（1）解题方法的指导

①审题指导。

现在绝大多数学生对材料型数学题很头疼，无从下手，说到底是因为数学阅读能力与审题能力差，教师应指导学生对数学文字题注重读题，必要时做到"三读"：一是通读；二是复读，同时勾画出重点词和数量；三是重点读出数量之间的关系，最后再动手解题。

②复习相关知识。

通过直接或间接的联系，回忆复习与解题相关的内容。由于学习或考试时过分紧张，会阻碍新旧知识在大脑中的联结，教师要教会学生自我调节和放松的方法，消除紧张，稳定情绪，让学生通过联想回忆，使相关知识得到顺利提取。

③问题类化，建立数学模型。

教师要指导学生把问题归类，以便在解题时能从同类或类似问题的解题模型中得到启发，尽快找到正确简捷的解题途径。

（2）创新能力的指导

培养学生的创新能力应先从课堂内抓起，教师在指导学生探求数学公式、定理时，在应用数学知识解题时，都要时刻注重学生创新思维的培育，表扬或鼓励学生不拘泥于常规的思路或结论。

5. 精讲知识点，带领学生多想多练

数学和其他学科最本质的区别是这门课程主要与数字打交道，通过掌握一些概念、定理和公式来运算和解题，对逻辑思维和空间想象能力以及数字运算能力的要求极高。鉴于此，教师要想教好初中数学，就要把握好点和面的关系，对那些简单的概念和定理点到为止，而主要讲透一些重要的公理和公式；学生要想学好初中数学，只有通过有针对性的、大量的练习才能更好地记忆和理解知识点。据此教师的教学必须讲求科学性和针对性，不能一股脑地进行"满堂灌"，而是要通过精讲多练的教学技巧，带领学生多动脑、多动手，在实例中去理解和消化重难点，然后总结出一个类型题的解题思路和模式。这样的教学方法和模式在调动学生积极性的同时，也将减轻学生课外的负担，真正地实现高效课堂教学，提高课堂效率。

总之，在教学过程中，教师充当着主导者的作用，主导教学中的各类活动，引导学生进行学习，而学生则处于主体地位，是学习的执行者。在初中数学开放型课堂中，教师要充分发挥自身的主导作用，积极开展各类教学活动，引导学生正确学习，构建自身的知识体系与能力体系，成为学习的主人。

第五节 创新型课堂

一、创新与创新教育理论建构

（一）创新与创新教育实质

创新是指在前人或他人已经发现或发明的基础上，做出新发现、提出新见解、开拓新领域、解决新问题、创造新事物，或对前人、他人已有成果做出创造性的运用，其核心在于一个"新"字。

德国科学家费舍尔因为发现了卟啉铁而获得了 1934 年的诺贝尔奖。但卟啉铁的批量生产一直是一个世界性的难题。武汉大学张庭璧教授通过红桃 K 生血剂解决了这一难题，可以说是对费舍尔的成果做出了创造性的应用。

创新教育是素质教育的重要组成部分，主要是指研究和解决如何培养人的创新意识、创新精神和创新能力的教育实践，其宗旨是发掘人的创新潜能、弘扬人的主体精神、促进人的个性和谐发展，以利于其做出创新贡献。

（二）创新教育的必要性

从小的方面讲，创新教育是为了培养学生的学习兴趣，增强学科的凝聚能力，提高学习成绩。随着教学改革的不断深化、综合考试科目的出现，学科内的综合甚至跨学科的综合是命题的基本原则，学生不具备一定创新思维能力是无法适应这一变化的。相关数据表明，综合考试成绩存在两个差异：一是明显的地域差异，城市学生优于农村学生；二是一定的性别差异，男生优于女生。之所以会出现这种区别，笔者认为主要是因为城市学生、男生平时接触媒体比较多，接受的新事物、新观念比较多。

从大的方面讲，所谓知识经济无非就是创新经济。江泽民同志指出："创新是一个民族进步的灵魂，是一个国家兴旺发达的不竭动力。一个没有创新能力的民族，难以屹立于世界先进民族之林。"胡锦涛同志也曾讲"自主创新能力是国家竞争力的核心"。

无论是从小的、眼前利益来看，还是从大的、长远利益来看，作为一名教师，都应在课堂上尝试实施创新教育。

二、创新型课堂概述

（一）创新型课堂的含义

简单地说，创新是建立在已有事物的基础上，推动事物发展，生产新成果、产生新效益的活动。创新的含义主要包括以下三个要点。

①创新是新设想或新概念发展到实际和成功应用的阶段，是创造的某种价值的实现。

②创新是运用知识或相关信息产生或形成某种有用的新事物的过程，这种事物可以是具体的产品、工艺和方法，也可以是抽象的思想、观念和理论。

③通过对已有事物的改进、完善、扩展与延伸获得收益。创新本质指的是引入或者产生某种新事物，并且造成变化。所以单纯地复制、再现和模仿不是创新。简而言之，创新一定要有新意。但创新也并不神秘，任何人都可以创新。创新和发明是不一样的，创新不一定都是发明，当然发明肯定是创新。创新是一个民族的灵魂，是一个国家兴旺发达的不竭动力。

创新型课堂主要是指培养学生创新精神和创新能力的课堂。

（二）创新型课堂的前提基础

中小学校的课堂创新教育主要是培养学生的创新意识、创新精神，为形成创新能力打下基础。要真正做到这一点，首先就要求师生关系平等、融洽，学生心情舒畅、愉快，课堂气氛宽松、民主、和谐，课堂上应该自始至终地洋溢着既合作又竞争的团队精神。

自然放松但又注意力集中是出色完成各项任务的关键。试想，一个学生如果在课堂上紧张兮兮，那他有何"新"可创？可以毫不夸张地说：紧张不安只会形成思维障碍，负担过重只会导致肤浅平庸。

教育学生的前提是什么？是了解学生。了解学生的前提是什么？是尊重学生。所以，教师应该本着尊重的原则，怀着宽容的心走进课堂。所谓"亲其师，信其道"讲的也是这一道理。

课堂提问是教师常用的教学方法。何时提问，问哪个学生，是很讲究策略的：问在当问之时，问在当问之人。正如苏霍姆林斯基所讲：课堂提问，应该让学生能够"体面地坐下"，让每一个学生在学校里都能抬起头来走路。

从这一意义上讲，教育应该是一片肥沃的土壤，而绝不应该仅仅是一把锋利的剪刀。我们的教育是不是可以不要过分地苛求于学生，不要总是拿着放大镜和显微镜去观察学生的现在，甚至找寻学生的过去，而应该多用望远镜去望一望学生的未来？

因此，教育的艺术不仅仅在于传授知识的本领，更在于对学生的激励，激励学生对未知世界不懈探索；在于对学生的鼓舞，鼓舞学生求真、求善、求美。如此，学生必定充满自信，坚定信念。

（三）课堂上创新精神和能力的培养

①教师要有培养学生创新精神和创新能力的强烈意识和必胜的信念，创新的精神和能力是可以培养的，每个人都有创新的因子，奇异和与众不同就是创新的"萌芽"。

②勇于实践是培养创新精神的必经之路，探究实践的过程有时比结论更重要。从某种意义上讲，"在黑暗中摸索"比"等待火炬引路"更可贵；亲身体验比道听途说更可贵，亲眼所见比鹦鹉学舌更可贵，锐意开拓比坐享其成更可贵。要善待创新中的错误。

③要兼顾知识与创新精神的同步增长，知识堆砌得多不一定创新的能力就强，如通常所说的知识与能力的同步增长是我们的奋斗目标。在知识传递的同时，一定要注意创新精神和创新能力的培养。

④培养创新要从小处着手、从平凡入手，抓住日常教学的课堂机遇，养成创新的习惯。

⑤学会提问是培养创新的切入点，适时的"变式"，是培养创新的好方法。

⑥注意创新思维方式的体验是培养创新的催化剂。在教学中，要注意发散思维和收敛思维的统一，形象思维和逻辑思维的结合，直觉思维和分析思维的互补，归纳猜想与推理论证、讨论与类比的交融。

⑦民主和谐的课堂氛围是培养创新的保证。

三、创新型课堂在初中数学教学中的构建策略

（一）重视教学情境的创设

以往的初中数学课堂教学以讲解相关题型为主，学生在不断的练习中掌握一定的解题方法，从而形成题型记忆。这样的课堂教学难免会使学生感到枯燥无趣，从而逐渐失去学习数学的兴趣。为了更好地调动学生的数学思维，符合创新型课堂教学的要求，教师不妨采取情境教学法，利用一些巧妙的工具进行数学教学，尽可能地将题型所描述的数学情境模拟出来，增强学生对题目的记忆能力与理解能力。初中数学教师应该充分认识到情境教学法的重要性，尽可能利用数学情境来激发学生的学习兴趣，使其能够在课堂教学过程中有效领悟数学知识。教师在创设情境时要尽量与学生的生活相关联，以生活中常见的事物来模拟教学，更容易加强学生对题型的记忆，有效激发学生的创造性思维，从而发挥情境教学法的实际作用。但不是所有题型都适合创设情境，具体的情境创设要结合具体的教学内容，初中数学中的应用题以及简单的知识点都可以模拟相应的情境。例如，教师在讲解"平行线的性质"时，可以让学生举出生活中常见的例子，并将其特点尽可能描述出来，讲解了平行线的性质后，教师可以结合对顶角、内错角等内容进行教学延伸，使学生加深对数学知识的理解。

（二）鼓励学生自主探索，培养创新意识

众所周知，实践是检验认识真理性的唯一标准，实践出真知，这句话对学习来说也同样适用。由于传统的教学观念以及教学条件有限，多数教师为了更快地实现教学目标，往往采用以教师教学为主、以学生自主探究为辅的教学方式，这虽然能够在较短时间内提高学生的学习成绩，但是也在一定程度上使大部分学生对这种单调枯燥的学习方式产生厌烦心理。随着新课标改革的实施，教学方式以及教学目标都在发生着改变，不再是一味地追求速度，而是将效率与速度紧密结合起来，因此，为了更好地解决传统教学模式中存在的种种弊端，作为初中数学教师，需要紧随新课标改革的方向，积极进行创新型课堂教学策略的探究，鼓励学生自主探索，培养创新意识。比如在教授新内容之前，教师可以让学生先对教材内容进行大致预习，然后在研究清楚例题的解题思路之后自行进行后面例题的解答；或者在当天课堂教学任务完成之后，教师让学生开动脑筋，用其他解题方法解答所学过的习题，教师在看过学生的答题情况后进行批改，这样的教学方法可以让那些思路有错误的同学在教师的帮助下厘清思路，同时，这也可以不断培养学生发现问题、解决问题的能力，为其今后数学学科的学习打下良好的基础。

（三）注重题型的开放与创新

不管是进行哪一学习阶段、哪一学科的习题训练，学生反复做的那些题与之前考生

做的几乎一模一样，久而久之，这会使得学生的学习思路固化，不利于其答题技巧的创新与知识的延伸。作为初中数学教师，需要注重题型的开放与创新，为拓展学生的思维提供更好的条件。教师编题并不意味着可以随意地进行习题的编制，而是要在仔细研究过考试大纲后编制大纲范围内知识点的相关习题，这样可以使得教师编制好的习题不会偏离考试范围，也能够对学生巩固数学知识起到很好的效果。除此之外，在数学课堂教学任务完成后，教师应当及时让学生复习所学知识，同时布置课下作业，让学生运用自己所学到的数学知识进行课后习题的创新，教师再对学生编好的题目进行汇总和筛选，将那些出题方向正确、考查点细致且独到，对学生提高答题技巧水平有益的题目与教师编制的题目合并到一起，用于以后的习题训练中，这样不仅可以让学生有机会尝试解答新型数学题，更新其脑海中的数学知识储备，还可以培养学生的创新能力。

总而言之，数学创新型课堂的建立不是一朝一夕的事，需要初中数学教师不断探究学习内容，探究创新方法，为学生建立良好的创新型教学环境。从创新型教学情境的创立入手，结合相关题型的创新与对学生创新思维的引导，激发学生的数学学习兴趣。在初中数学教学过程中，教师要采取正确的方法引导学生养成良好的学习习惯，培养其思维的灵活转变能力，使学生能够接受更加复杂的数学知识，培养综合型数学人才。

（四）在教学理念上进行改革创新

传统的数学教学方法往往是直接的"灌输式"的教学方法，这种教学方法往往不能在实际教学过程中和学生形成良好的互动，学生往往在学习新知识和新概念的过程中不能很好地理解所学的数学知识。在这种情况下，数学教师讲再多的数学概念也是徒劳的。所以数学教师必须转变教学理念，敢于尝试新颖的教学方法。

例如，在教授"图形的旋转"时，由于初中学生的空间想象能力有限，并且大多数学生很少接触和几何有关的课程学习，如果数学教师还是按照课本按部就班地教学，那么就难以达成理想的效果。在这种情况下，数学教师可以借助多媒体，通过放映幻灯片等方式，让学生更加直观地理解图形旋转方面的知识。数学教师可以为学生放映生活中一些图形旋转的动画，如大风车、电风扇、陀螺等，这样学生便能将学习到的内容和生活实际相结合。在成功激发学生求知欲的情况下，数学教师可以进一步问学生这几种常见的图形旋转的共同点和区别是什么，留出一定的时间让学生自由讨论。这样的教学方式可以在很大程度上加深学生的学习印象，并且提高对所学专题的把握度。

第四章 初中数学课堂的教学方法

本章主要讲述初中数学课堂的教学方法,主要从以下两方面进行论述:初中数学课堂教学基本方法和初中数学教学方法优化。

第一节 初中数学课堂教学基本方法

教学方法是指教师在教学过程中为完成教学目的、任务而采取的活动方式的总称。它不是教师孤立的单一活动方式,它包括教师"教"的方式,还包括学生在教师指导下"学"的方式,是"教"的方法与"学"的方法的统一。

学生学习应当是一个生动活泼的、主动的和富有个性的过程。认真听讲、积极思考、动手实践、自主探索、合作交流等,都是学习数学的重要方式。学生应当有足够的时间和空间经历观察、实验、猜想、计算、推理、验证等活动过程。教师教学应该以学生的认知发展水平和已有的经验为基础,面向全体学生,注重因材施教。教师要发挥主导作用,处理好讲授与学生自主学习的关系,引导学生独立思考、主动探索、合作交流,使学生理解和掌握基本的数学知识与技能,体会和运用数学思想和方法,获得基本的数学活动经验。

我们知道,教学有法,但无定法,贵在得法。任何一种教学方法都有它的适用范围,在它适用范围内,选择使用此种教学方法,就会取得较好的效果。现代认知心理学根据知识的不同表征方式和作用,将知识划分为陈述性知识、程序性知识和策略性知识。陈述性知识(事实、现象、概念等),选择讲授法比较合适(在较短时间,获得比较系统的知识);程序性知识(技能),即操作性知识,可选择观察、练习、实验、多媒体教学(有利于技能技巧的掌握);而策略性知识,是如何使用陈述性知识和程序性知识解决问题的知识,如培养学生的创新意识、思维能力,可选择发现式教学法。如果一节课完成多项任务,就需要教师综合选用多种方法,或以某一种方法为主,配合应用其他方法。针对不同的教学内容,选择适应的教学方法,并对其进行探索和改进,从而提高课堂教学的有效性。

美国当代著名认知心理学家奥苏贝尔从两个维度对认知领域的学习进行了分类:根据学习进行的方式,将学习分为接受学习和发现学习;根据学习内容与学生原有知识的关系,将学习分为机械学习和意义学习。接受学习和发现学习对应的教学方法是讲授式教学方法和发现式教学方法。接受学习可能是意义学习,也可能是机械学习。发现式教学方法,是教师提供某些学习材料,让学生自己去探索发现相应的结论。此外,小组合作法、讲授式等都是有利于学生发现学习的有效方法。

一、小组合作法

有效的学习活动不能单纯依赖模仿与记忆，动手实践、自主探究、合作交流是学生学习数学的重要方式。教师在初中数学教学课堂上让学生进行小组合作学习，就是让学生以组为单位，同学之间通过互相帮助、互相监督，共同完成数学教学任务。通过这样的学习方式，教师可以有效地提高学生的学习效率，培养学生的合作精神与探索精神，全面地提高初中学生的数学素养，促进学生的全面发展，推动初中数学高效课堂的开展。

（一）小组合作学习的意义

1. 变被动接受为自主学习

传统的数学课堂教学通常以例题、示范、讲解为主要方式，在客观上导致学生只能被动接受，因此课堂中几乎看不到猜想、实验、观察、推断等学生亲身体验的实践探究活动。目前，当务之急是迅速转变观念，改变学生被动接受为自主探究性学习。教师应从学生好表现、求参与的心理需要出发，尽可能多地给学生提供自主探究的机会，改变以往那种让学生跟在自己后面学习的习惯，引导学生自主学习。课堂教学是一个双边活动过程，教师应营造浓厚的自主学习氛围，唤起学生的主体意识，激起学习兴趣，使学生调动自身的学习潜能，进行自主学习，成为课堂学习的主人。

2. 变个人学习为合作交流

合作是人类社会赖以生存和发展的重要动力，学会共同生活，培养参与和合作精神是教育不可缺少的重要组成部分。联合国教科文组织的报告《教育：财富蕴藏其中》指出"学会合作是面向 21 世纪的四大教育支柱之一"。合作学习作为对传统教学组织形式的一种突破和补充，已经被教师越来越广泛地运用于以学生发展为本的课堂教学之中，这也是新一轮课程改革所倡导的自主、探索与合作的学习方式。合作学习首先要把学生分成若干小组；每个小组可由 2～6 名不同能力、性别、性格、文化背景的学生组成，以小组合作的形式，在教师的指导下，通过组内学生的探究和互助活动共同完成学习任务，同时对学生的认知、情感、自信心、同伴关系等产生积极影响。小组合作学习与传统的班级授课制相比，有很多优越性。根据建构主义学习理论，学生是在自己已有的知识、经验和文化背景的基础上建构新知识的，学生知识、经验和文化背景的差异会导致对理解知识的侧重点不同，小组合作学习通过学生间的互动交流能够实现优势互补，从而促进知识的建构。通过合作学习，学生的合作意识和能力（包括合作的知识、技能和情感态度等）得到培养，学生在学习过程中减轻了压力、增强了自信心，增加了动手实践的机会，因此能够培养创新精神和实践能力，同时促进全体学生的个性发展（包括学习成绩、情感等个性品质的发展）。与传统的班级教学形式相比，小组合作学习有很多新的特点，如教师权威的淡化和角色的转变，学生的主体性增强，注重互助式、互动式、讨论式的学习；学生的学习任务由过去的个体化转向个体化与合作化相结合，学生之间由过去的竞争关系转向合作与竞争相结合的关系；评价和奖赏也由过去主要针对个体转向以小组为主；等等。

（二）小组合作学习存在的问题

1. 重形式，缺乏实际合作

首先，部分教师开展小组合作学习不够深入，简单地让学生针对某一个具体问题进行讨论，导致学生并未获得实际的提升。在缺乏有效指导的情况下，学生更多地将合作视为聊天的过程。讨论后，教师继续以传统"填鸭式"的教学方式上课，小组合作学习的作用没有充分发挥出来。其次，初中数学小组合作的目标是为了解决某一个具体的数学问题，激发学生的学习兴趣。然而，在实践中，部分教师仅仅为了讨论而讨论，没有制定明确的目标或点拨过多、帮助过多，导致学生仅停留在表层讨论，不明确学习重点，最终导致小组合作的形式化。最后，学生的知识基础较为薄弱，在合作学习过程中需要充分的时间进行独立思考，但有的教师为了全员参与，并不去深究问题是否需要讨论，而是一概论之，浪费课堂时间。

2. 小组合作学习流程不规范

首先，对初中数学而言，"学"和"习"是相辅相成的，知识的内容需要在学习过程中生成和转化。然而，在实践教学中，小组合作学习往往更强调合作，教师在活动设计中下功夫，对于如何引导学生进行讨论、交流、合作却思考不多，这导致学生活动有余而互动不足，学生数学语言的表达能力得不到提高。其次，有的学校没有形成系统规范的小组合作学习模式，开展的合作学习不但不符合新课程教学的要求，也未能从教育学、心理学角度契合学生的年龄特征、知识能力。最后，教师对学生的交流过程调控不足，课堂讨论呈现无序状态。尤其是在选题简单、缺乏深度的情况下，学生的讨论就会变成无目的、无效果地闲聊。

3. 分组标准不一，小组合作丧失吸引力

首先，在学习小组成员分工中，有的学校对于学生小组合作的分组没有形成统一标准，班级各有不同，这不利于教师对分组情况进行比对。学生对于学习小组如何组织、运行，自身在小组中的角色定位、分工不明确，导致其学习交流的盲目和无序。其次，学生的心理特征是自尊与自卑并存，既希望得到认可又容易否定自我。学生对自身的评价直接影响小组合作交流的效果。最后，学生的性格、学习动机、兴趣存在差异，导致小组划分标准不统一。

据观察，在小组合作学习中还暴露出其他的问题：教师对小组学习的内容分类不足，缺少整体规划；学生自学能力不足，无法进行深度探究；小组合作偏向于完成教学内容，缺少引导学生进行深度思考和突出学生主体地位的教学；教研部门对小组合作关注不够，对一线教师的指导不足。

（三）小组合作学习的策略

1. 根据学生的实际情况，科学合理地创建学习小组

在初中数学课堂上，教师在进行学习小组分组时，要充分地考虑学生的实际情况，遵循"同组异质，异组同质"的原则科学合理地分配小组成员。在进行小组分配时，每个小组里的成员学习水平有高有低，让学习水平高的学生带动学习水平较低的学生，使学生共同进步。在进行小组分配时，教师也要充分地考虑学生的性格特点，如每一个小组安排一个比较活泼开朗的学生带动整个小组的学习氛围，安排一个沉着冷静的学生把控小组的学习进度等。教师还要保障不同的小组之间的总体学习水平相当。否则在课堂上，有的小组表现得很活跃、很突出，而有的小组因为水平跟不上，就不能快速地融入课堂中，这样就影响了一些小组的学习效果。因此在教学过程中，教师一定要充分地根据学生的学习水平及性格特点科学合理地分配小组成员，从而提高小组合作学习的效率。

2. 构建有效的小组学习机制

（1）小组要明确分工、细化评价

每个小组的成员都必须安排任务，如检查作业、发言、记分、监管纪律和协调课堂氛围等。例如，教师班上有这样一个学生，上课较认真，作业及时完成，但是每次作业都是漏洞百出，因为他的基础实在太差，自己又没自信，也不愿与别人交流。那么这样的学生在小组合作中怎么办？教师可以和组员商量，如果基础实在跟不上，可以安排他念题目。总之，不能有任何人无事可做。当然，组员的分工可以根据需要不定期轮换。

（2）制定严格的检查制度，明确评价机制

在课堂或课后作业的检查方面，实行"组长—科代表—数学教师"三层把关，做到堂堂清、周周清、月月清。在课堂上，小组从组内讨论、汇报倾听、倾听标注、实时练习四个方面去评价，记分员做好组员积分记录，监察员、协调员从旁协助。在课后，完成作业一定不能马虎了事，很多时候，学生可以坚持一个月，但是慢慢就放松了要求，那是无法成功的。所以，在小组合作中先是组长检查组内作业，接着科代表检查组长作业，顺便抽查组内其他成员，最后教师再检查科代表的作业，抽查组长的作业，每次检查做好记录，及时为各组积分。如果有没完成的组员，由组长安排其他组员督促完成。在这个过程中，教师一定要耐心鼓励，适时表扬。

（3）每天安排一个学生上台讲题

提前一天告诉上课的学生，让他做好准备，确定讲解的题目，迫使他主动复习上一堂课的知识点，积极进行课前预习。安排学生上台讲题，可以促使学生在课堂上认真听新知识，积极吸取其他同学上课的优点。

3. 教师改变观念，落实小组合作学习

（1）合理创设情境，使学生乐学

在课堂教学中，合理创设情境，不仅能够激发学生学习的兴趣，帮助学生理解教材内容，加深印象，提高教学效率，而且能提高全体学生的认知水平，拓展思维，成为学习的主人。如在教学"复式条形统计图"时，上课前教师可以让学生去了解学校各班的男女生人数，再让学生根据自己得到的信息来制作统计图。这样学生整堂课都怀着极大的兴趣投入学习。

（2）渗透学法指导，使学生善学

良好的学习方法，是学好知识的前提和保证，并能达到事半功倍的效果。教师在教学中要以身示范，明确要求，使学生在潜移默化中获得学习方法。如在解应用题时，教师要组织学生讨论从何想起，怎么想，怎么做，让学生从讨论中领悟方法，进行学法交流，比一比谁的方法好，让学生之间取长补短，形成良好的学习习惯。

在教学过程中，教师只有以学生为本，处处为学生着想，通过激发学生的学习兴趣，让学生热情高涨地自己动手、动脑、动口，学习知识，巩固知识，拓展知识，学生才能不断独立，不断自主地学习新知。也只有让学生积极参与，才能不断提高课堂效率。只要教师充分相信学生、尊重学生，以充分调动学生学习的积极性为前提，以教给学生学习方法为重点，以促进学生全面发展为核心，把学生作为课堂的主人、学习的主人，让学生有足够的时间操作、观察、思考、质疑、讨论、练习、评价等，就能使学生更加主动地学习，主动地发展。

4. 为小组学习提供足够的合作时间

（1）合作学习前应留给学生足够的独立思考时间

合作学习是建立在学生个体合作需要基础上的，在学生个体解决某个数学问题遇到障碍，苦思而不得其解时进行合作学习才有价值，才有成效。但在实际教学中，部分教师在呈现问题情境后，不留给学生片刻思考时间，就立刻宣布"下面开始小组合作学习"，这样学生还没来得及思考问题情境，更谈不上提出问题，容易造成要么组内优等生一言堂，要么使讨论流于形式，达不到合作学习的目的。因此，在小组合作学习前，教师一定要让学生有独立思考的时间。

（2）合作学习中教师要精心设计问题

教师设计的问题要有利于促进学生动脑，使学生主动探究数学知识，要有利于集体研究，促进合作学习。不提出过于简单、不假思索就能解决的问题，问题过于简单，学生张口就会，看起来气氛活跃，久而久之，学生容易形成思维惰性，不利于创新意识的培养。如教学"梯形面积"时，教师首先组织学生量一量、画一画、拼一拼，然后利用两个梯形拼成一个平行四边形，提出："通过刚才的学习你发现了什么？"如果学生回答有困难，教师可以设计以下问题：①这个平行四边形的底与梯形的上、下底有什么关系？②平行四边形的高与梯形的高有什么关系？③每个梯形的面积与拼成的平行四边形的面积有什么关系？④梯形的面积应怎样算？梯形面积计算公式导出后，为加深学生对公式的理解和记忆，教师可以提问："计算梯形的面积为什么要除以 2 ？"在小组合作学习中，学生通过动手、动脑、动口来寻找事物之间的联系，抓住本质，寻找共同点，促进组内交流，顺利地实现自我建构和知识创造。

除了以上几点，教师还应注意了解合作学习小组的活动开展情况，由于每一个学习小组的水平不同，教师要定期地组织更大范围的组间交流，让小组与小组之间做到知识互补、能力互补，互相促进，从而达到共同提高的目的。

二、讲授式

所谓的讲授式教学方法，是教师运用口头语言，准确而系统地向学生传授知识的方法。这也是较为传统和使用极为普遍的一种教学方法。

（一）讲授式应用的条件

1. 学习内容

很多的数学内容都可以运用讲授式教学，特别是陈述性的知识，如事实、现象、概念等，选择讲授式比较合适，可以用较短的时间，获得比较系统的知识。

2. 学习目标

运用讲授式教学，不仅要考虑学习内容，还要考虑学习目标，如果学习目标只定位知识，那么可以采用讲授式。如在讲解"线段、射线、直线"时，线段、射线、直线的表示方法是约定俗成的，让学生记住就可以了（图 4-1-1）。

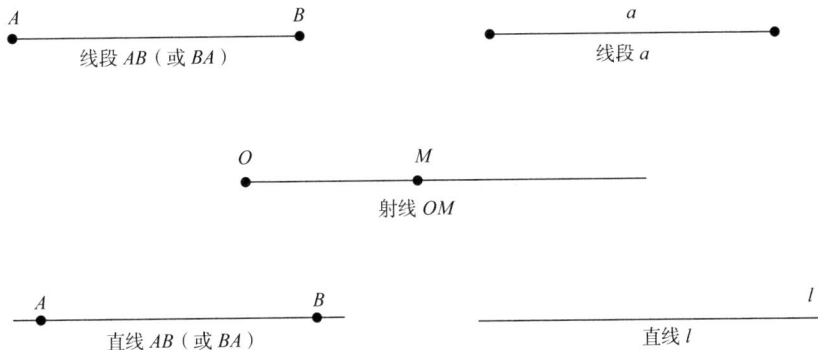

图 4-1-1　线段、射线、直线的表示方式

如果学习目标定位于数学思想和方法、积累数学活动经验、能力的发展、解决问题策略的多样化等，就不能采用讲授式。

3. 学情

讲授式还要适合学生的学习态度、学习基础、学习习惯、学习能力、兴趣爱好、年龄特点、心理特点等。如课堂学习目标虽然定位于数学思想和方法、积累数学活动经验、能力的发展、解决问题策略的多样化等，但当学生的学习基础比较薄弱、学习能力比较差，学生难以进行自主探究时，就需要教师讲授完成。

（二）优化讲授式的策略

讲授的方法不等同于"填鸭式"的教学方法，从教师教的角度来说，讲授是一种传授型的教学手段，从学生的角度来说，讲授是一种接受型的学习方式。讲授法，有利于提高课堂教学效率，有利于发挥教师的主导作用。如果讲授不当，容易演变成"满堂灌"，使学生被动地接受学习，因此要对讲授式教学方式进行优化。

1. 设问解疑，突出启发性

培养学生用数学的思维方式来看待问题是数学教学的核心，一个有价值的数学问题是培养学生的源泉。教师在讲课时，善于设问解疑，既激发了学生的求知欲望，又引发了学生的积极参与，使学生在教师的讲解过程中，边听讲，边思考，边探究，最终掌握了知识，培养了能力。

2. 语言生动，突出形象性

在保证科学性的前提下，借助语言将抽象的数学概念、法则、公式具体化，形象化，将枯燥的内容生动化、趣味化，这样的课堂讲授教学起到了事半功倍的效果。

3. 充满激情，突出感染性

语言表达效果是判断讲解成功与否的重要标志，教师饱含激情、深入浅出、情真意切的讲授，会给学生心灵的震撼。所以，使用讲授式特别要求教师加强语言修炼，做到语言精确性、逻辑性、形象性、感染性、趣味性、启发性，以此激发学生的情感，开启学生的心智。

三、赏识鼓励法

赏识鼓励法是一种常用的教学方法。俄国政治思想家托尔斯泰曾就此形象地说过："激励能使人产生巨大的精神力量，是促使他人创造奇迹的催化剂和导火线。"赏识鼓励法是一种体现"人本精神"的教学方法，有利于激发学生的学习兴趣和培养其创新精神，还有助于解决当前中学数学教学所面临的一些难题，在教学活动中广泛应用可以取得很好的成效。

（一）赏识鼓励法是"以人为本"的教学方法

正处在青春发育期的中学生，虽然处于敏感的叛逆期，但他们同样也渴望得到教师对自我的认可与赏识，从而达到自我实现的目标。因此，从人本关怀的角度讲，在教学中多采取赏识鼓励法，是符合人的心理特点的，容易被学生接受。运用赏识鼓励法，也是增强中学数学课吸引力的一种有效方式。中学数学教育目前面临着一种困境，就是有些学生对这门功课感觉学习困难，缺乏学习兴趣。但是，作为一门基础课程，数学教育对于引导学生形成正确的数学观发挥着不容忽视的作用。要促使学生重视数学课的学习，教条地说教或冰冷地批评，事实已证明难以奏效。相反，通过不断地鼓励，潜移默化地引导学生喜欢数学课，不失为一个行之有效的好办法。

在日常的教学实践中，可以采取以下几种方式来对学生进行鼓励：少批评，多肯定，培养其学习的兴趣与激情；多当众表扬，满足其自我实现的心理需求；鼓励其开动脑筋主动思考问题，培养创新能力。这些鼓励方式的实行，在教学实践中取得了较好的效果。学生都是朝着教师鼓励的方向发展的，而批评则不利于学生树立自信心，进而缺乏学习的兴趣。数学课程由于其独特的知识体系，又稍显枯燥，多数学生普遍感到数学课不好学，存在一定的畏难情绪，甚至失去学习信心，考试成绩不理想。在这种情况下，教师应该少去批评学生做得不好，而是尽可能地肯定他们已取得的成绩，挖掘他们在学习中的"闪光点"，表扬其与以往相比有进步的地方（哪怕是不起眼的一点小进步）。通过抓"闪光点"，暗示他们都可以通过努力学习学好数学课，从而帮助其树立自信心，克服畏难情绪，培养学习的乐趣。为了给学生创造一种自我实现的环境，在教学实践中教师应注意利用课堂提问的机会，当众表扬学生。具体的做法是根据学生的成绩，有针对性地让学生回答一些难易程度不同的问题。回答正确的，可以予以当堂表扬；回答不正确的，也不批评，而是引导其认真分析错误出现的原因，并对其勇于回答问题的表现进行表扬。在提问时，注意语气亲切，表扬诚恳，发自内心，使学生感到教师是真诚地关心他们的。提问的难度也是循序渐进，以学生通过思考能回答为宜，使他们既不觉得教师是特意挑选容易的问题让他们回答，又使他们通过回答提问获得学习的成就感，使学生更进一步地爱上数学课。

赏识鼓励法作为一种常用的教学方法，是一种真正闪耀着"人本精神"的教学方法，能够在实践中切实有效地解决当前中学数学教学所面临的一些难题，对于激发学生学习数学的积极性，提高数学成绩起着非常重要的作用。

（二）发挥学生的主体作用

长期以来，一些学校的课堂教学存在一个严重问题，即只注重教师与学生之间的"教"与"学"，而忽视了学生与学生之间的交流和学习，从而导致学生自主学习的空间不够。表现为：教师权威高于一切，对学生要求太严太死；课堂气氛紧张、沉闷，缺乏应有的活力；形成了教师教多少，学生学多少，教师"主讲"学生"主听"的单一教学模式，违背了"以教为主导、以学为主体"的原则。长此以往，学生在学习上依赖性增强，缺乏独立思考问题和解决问题的能力，最终导致厌学，致使学习效率降低。因此，教师在教学过程中要鼓励学生主动学习，充分发挥学生的主体作用。

1.创设情境，鼓励学生活跃思维

精彩的课堂开头，往往给学生带来新异、亲切的感觉，不仅能使学生迅速地由抑制到兴奋，还会使学生把学习当成一种自我需要，自然地进入学习新知识的情境。因此，创设学生学习的情境，不但可以激发学生学习的兴趣，激起学生好奇的心理，促使学生由"好奇"转化为强烈的求知欲望，还活跃了学生的思维，从而使学生尽快地进入最佳学习状态。如在讲解"平行线等分线段定理"时，教师可向同学们亮出一根一米长的竹竿问："同学们，能在不用刻度的情况下，迅速将这根竹竿五等分吗？"这样一来，创设了探究问题的情境，激起了学生学习这节课的兴趣，活跃了学生的思维，使学生很快进入最佳学习状态，积极主动地参与到课堂学习之中，从而达到预期的教学目标。

2.鼓励学生进行独立思考和自主探索

教学应为学生提供自主探索的机会，鼓励学生在讨论的基础上发现知识。比如在讲授"轴对称图形"时，出示松树、衣服、蝴蝶等图形，让学生讨论这些图形具有的性质。学生经过讨论得出"这些图形都是沿一条直线对折的，左右两边都是对称的；这些图形的两侧正好能够重合"。学生自己得出了"轴对称图形"这个概念。为了加深学生的理解，当学习了"轴对称图形"之后，可以让学生两两提问生活中的（如数字、字母、汉字、人体等）"轴对称图形"。学生在自主探索的过程中，经历了观察、实验、归纳、类比、数据处理等思维过程。

3. 鼓励学生合作交流

为了促使学生合作交流，在教学组织形式和教学方法上要变革，由原来单一的班级授课制转向班级授课制、小组合作学习多种教学形式。教师可指导学生在小组中进行学习活动，借助学生之间的互动，有效地促进学生的学习，并以团体的成绩为评价标准，共同达成教学目标。在教学中，应注意如下几个方面：首先，合理分组。为了促进学生进行小组合作学习，应对全班同学适当分组。分组时要考虑学生的能力、兴趣、性别、背景等因素。一般讲，应遵循"组内异质、组间同质"的原则，保证每个小组在相似的水平上展开合作学习。其次，明确小组合作的目标。合作学习由教师发起，教师不是合作中的一方。这种"外部发起式"的特征决定了学生对目标的理解尤其重要。只有理解了合作目标的意义，才能使合作顺利进行。因此，在教学中，每次合作学习，教师应明确提出合作的目标和合作的要求。

在教学中要鼓励学生大胆创新，自主探究，敢于挑战教材，挑战教师。如果每一节课学生都能对所学的知识多问几个为什么，甚至能对一些观念、定理、公式提出独特的看法，这样才会不断涌现新思想，久而久之，他们才会逐渐树立创新意识。在数学教学中，不断地改进教学方法，更新教学观念，培养学生的创新意识，才能提高学生学习数学的兴趣。

四、导学案法

"导学案"顾名思义就是引导学生学习的方案，着眼点和侧重点在于引导学生自主学习，引导学生获取知识、获得能力，实质是教师用来培养学生的自主学习能力和建构知识能力的一种重要媒介。

"导学案"即以学案为载体，以导学为方法，以教师的指导为主导，以学生的自主学习为主体，师生共同完成教学任务的一种教学方法（或教学模式）。

导学案是教学的路线图、指南针。它的构成包含三部分：学习目标，学习重点、难点、关键，学习内容与过程。

（一）学习目标

从"教案"到"学案"的转变，教师必须把自己的教学目标转化为学生学习的目标，把学习目标设计成学习方案交给学生。依标靠本，学习目标的设定应概括准确、简洁易懂、操作性强。可在目标中将学生自学中会涉及的重点、难点以及易错、易混、易漏等内容做出标注，以便引起学生重视。

（二）学习重点、难点和关键

教学的重点、难点是学生学习的困难点，它又是启发学生思维、引导学生探究的最佳切入点。如果在导学案中不加以明确，直接让学生去自学教材，势必会导致学生费劲、卡壳。所以不但要把重点、难点在导学案中说明清楚，还要进行分割，将难点分解为一个一个的小问题，将困难的问题简单化，使学生能比较轻松地掌握重点和难点，然后再进行整合，可达到事半功倍的效果。

（三）学习内容与过程

学习内容是导学案的核心，要体现导学、导思、导练的功能。导学案设计的重点在"问题导学"上。问题设计要遵循以三线一面贯穿整个过程的原则：一是知识线，根据学生的认知规律，将知识点进行拆分、组合，设计成不同层次的问题，给学生一个自学、探究的思想引导；二是学法线，指导学生读、思、操作，同时做出培养学生能力的具体设计；三是能力线，通过让学生思考问题、解决问题，培养学生的归纳、总结、理解问题的能力，培养学生的动手和动脑的能力，培养学生在新情境里解决新问题的能力。三条线通过一连串相互衔接的问题形成一个立体的知识、感悟、能力体系，从而建立全面的知识体系、知识网络。具体的设计分七个环节：知识链接、问题设置、双基训练、拓展延伸、归纳小结、达标测评、教学反思。

1. 知识链接

或通过复习旧知识、承上启下进入新知结构；或利用有意义的问题导出新课；或采用类比、推广等手段自然进入新知结构。总之要调动起学生的学习积极性和兴趣，如果涉及的是相关概念、一般式、定理等内容，可设计成填空题或举例说明或设计成几道小题来体现，但其内容一定要有针对性。

2. 问题设置

问题设置的设计是一篇导学案最核心的部分，是达成目标的关键，是导学案最重要的设计内容。要实现导学功能，学生首先要知道怎样学和学什么的问题；其次，学生要知道具体可执行的程序和研究的问题。也就是说要告诉学生"学习方式"和"学习内容"。把学习方式及程序概括为"学线"，把学习内容及问题概括为"问题线"，那么问题设置的过程就是围绕"学线"和"问题线"来设计的。设计时要做到"知识问题化，问题层次化"，把知识点转变为探索性的问题点、能力点，通过对知识点的设疑、质疑、解释，激发学生主动思考，逐步培养学生的探究精神以及对教材的分析、归纳、演绎的能力。问题设置要有梯度，能引导学生由浅入深、层层深入地认识教材，在此环节设计时将难易不一的学习内容处理成有序的、阶梯式的、符合各层次学生认知规律的学习方案。能引领学生的思维活动不断深入，还应满足不同层次学生的需求，要使优秀学生从导学案的设计中感到挑战，使一般学生受到激励，使学习困难的学生也能得到成功。问题的设置尽可能考虑到学生的认知水平和理解能力，由浅入深，小台阶、低梯度，让大多数学生"跳一跳能够摘到桃子"，要让每个学生都学有所得，体验到成功的喜悦，从而调动学生进一步探索的积极性，增强学生学习的自信心。

设计问题要遵循以下几点：

①问题要能启发学生思维。

②问题不宜太多、太碎。

③问题应引导学生阅读并思考。

④问题或者说知识点的呈现要尽量少用填空的方式，避免学生照课本填空，对号入座，抑制了学生的积极思维。

⑤问题的叙述语应引发学生积极思考和积极参与。如：你认为是怎样的？你判断的依据？你的理由？你发现了……多用"想一想""议一议""试一试""练一练"等问题情境

去设计学习过程，让学生在导学案的主线下进行自学，让导学案成为学生自主学习的指导教师。

⑥要注重规律、方法、技巧等的总结。这一点也正是我们数学教学中缺少的，要在导学案中留出适当的位置让学生归纳后写出来。

3. 双基训练

针对本节课的学习目标任务、知识内容、能力要求，设计一定数量的达标练习，目的是落实好知识点，进一步促使学生形成熟练的技能。设计题目的基本思路是注重基础、分出层次、扣准目标，围绕重点和难点，不偏、不怪，有代表性，有典型性，做到选题类型全、有梯度，可以与知识点对应，边学边练。

4. 拓展延伸

拓展延伸环节含两部分内容，一是规律、方法等归纳，二是变式训练。所以可设计适量典型例题让学生进行分析、讲解与点评，可以在双基训练题的基础上进行变式训练。例如，如图 4-1-2，分别以直角三角形 ABC 三边为直径向外做三个半圆，其面积分别用 S_1、S_2、S_3 表示，则不难证明 $S_1=S_2+S_3$。

变式训练（一）：如图 4-1-3，分别以直角三角形 ABC 三边为边向外做三个正方形，其面积分别用 S_1、S_2、S_3 表示，那么 S_1、S_2、S_3 之间有什么关系（不必证明）？

变式训练（二）：如图 4-1-4，分别以直角三角形 ABC 三边为边向外做三个正三角形，其面积分别用 S_1、S_2、S_3 表示，请你确定 S_1、S_2、S_3 之间的关系并加以证明。

变式训练（三）：分别以直角三角形 ABC 三边为边向外做三个等腰直角三角形，其面积分别用 S_1、S_2、S_3 表示，请你确定 S_1、S_2、S_3 之间的关系（不必证明）。

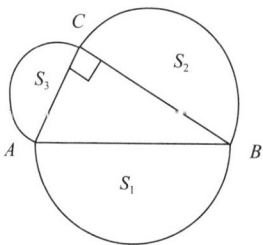

图 4-1-2 例图 1

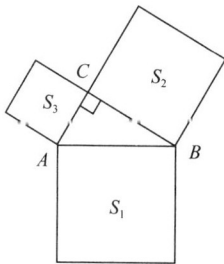

图 4-1-3 例图 2

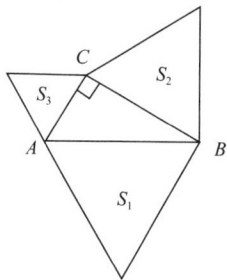

图 4-1-4 例图 3

学完三角形相似的知识后还可变式。

变式训练（四）：若分别以直角三角形 ABC 三边为边向外做三个一般三角形，其面积分别用 S_1、S_2、S_3 表示，为使 S_1、S_2、S_3 之间仍具有与变式训练（二）相同的关系，所做三角形应满足什么条件？证明你的结论。

类比变式训练（一）至变式训练（四）的结论，你能总结出一个更具有一般意义的结论吗？

5. 归纳小结

归纳小结，即知识结构整理与归纳。按知识点之间的内在联系归纳出知识线索，具体的知识点要尽可能留出空由学生来填。在归纳出本节知识结构的基础上要体现与其他章节等知识的联系，同时还要引导学生对学习方法进行归纳。可设计成：

①本节课你学到了哪些知识？
②通过这节课的学习你能解决哪些问题？
③每个知识点在运用上要注意什么？
④你还有哪些困惑？

6. 达标测评

达标检测题的编写及使用的具体要求：
①题型要多样，量要适中，不能太多，以 5 分钟左右的题量为宜。
②紧扣考点，具有针对性和典型性。
③难度适中，既面向全体，又关注差异。
④规定完成时间，要求独立完成，培养学生独立思考的能力。
⑤注重及时反馈。

7. 教学反思

教学反思是课后对整个课堂教学行为进行思考性回忆。反思可以从以下几个方面入手：反思学案的设计是否符合学情；反思教师在预习课上的指导是否到位，反思教师在展示课上的点评、追问是否及时、恰当，反思学生在课堂上对知识点的理解、掌握在哪一点上存在障碍，原因是什么，对于新知识的理解与运用是否形成方法、规律、技能。

五、教法与学法

中学教学过去比较注重教的方法（以下简称"教法"）的研究和实施，而对学生学习的方法（以下简称"学法"）的探索和指导不够，致使学生的学法逐渐向单一的"死记硬背"方向发展，严重地阻碍了学生聪明才智的发挥，甚至影响到学生身心的健康成长，更影响了国民素质的全面提高。针对这种情况，《国家中长期教育改革和发展规划纲要（2010—2020 年）》明确提出"中小学要由应试教育转向全面提高国民素质的轨道"，为基础教育的改革和发展指明方向。所以改革教法必须同时研究学法，使学生不但能"学会"，而且能"会学"。

（一）数学教法与学法的关系

①教法与学法的关系：教学中教法与学法的关系是对立统一的，学生中好的学法有赖于教师的指导和培养。教师备课时，不仅要考虑用什么方法使学生掌握教材内容，同时，还要考虑用什么方法使学生用科学的学法来灵活运用知识。可见教学过程可以看作"由学转化为教，又由教转化为学的过程"。

②教师的主导作用与学生的主体地位的关系：我们在教学中普遍存在的弊病是教师讲，学生听，最后造成"满堂灌""一言堂"。表面看似乎教师的主导作用很突出，实质上是抹杀了学生的主导地位。教学中，教师虽然不能代替学生学习，但是可以促使学生提高教学效率。

③基础知识教学和学法指导的关系：重视"双基"教学，这无疑是正确的。进行学法指导的目的之一就是使学生更好地掌握基础知识，进而去学习、探索新知识。学习都要有一定的方法，科学的学法会促进基础知识的学习。在教学中，"双基"教学就成为学法指导的基础，而搞好学法指导，又会提高"双基"教学的质量。

我们明确几个关系之后，结合应用题教学，根据不同的内容，适时引导学生学习运用有关学法，在教学中注意渗透比较、分类等基本观点，让学生逐渐学会分析、比较，并掌握应用题的一般解题规律。

（二）数学教法与学法的应用——以列方程解应用题为例

列方程解应用题在教学中既是重点又是难点。其之所以是重点是因为它可以初步解决一些现实生活中的问题，直接为现实生活服务，培养学生分析问题和解决问题的能力。事实上，列方程解应用题就是要在错综复杂的数量关系中，去寻找已知与未知的内在联系，这就是对问题中所涉及的各种数量关系做精细的分析，要求我们有正确的思维，要求我们运用科学的方法。因此通过解应用题的方法，可以发展学生的逻辑思维能力，而这正是中学数学的教学目的之一。

其之所以是难点，概括地说，这部分内容难教、难学。我们知道有的教材难教但并不难学，有的教材是难学但并不难教，可是列方程（组）解应用题既难教又难学。

①列方程并不像解方程那样有法可循，对于同一个问题由于思路不一样，可以列出不同的方程，一步考虑不到或不周，就会陷入困境，由于客观实际的内容是如此丰富多彩，反映在数量关系上又是多种多样，企图用一个公式或法则去解决它是不可能的，这就要求我们对具体问题做具体分析，这对初学者来说比较困难。

②要善于分析实际问题中的已知与未知，找出它们之间的关系，从而列出方程，这就要求我们仔细地分析题意。分析的方法就是辩证的方法，所谓分析，就是分析事物的矛盾。对所谓矛盾不真正了解，就不可能有中肯的分析。也就是说，要有中肯的分析，要熟悉生活。但是应用题里所涉及的有些东西，学生是不熟悉的，这就增加了教学的难点。对于重点，我们要保证足够的教学时间；对于难点，要做教法上的处理。具体来说，从以下几方面入手。

1. 读题

读题是解方程的第一步，如果题都读不懂，那列方程无从谈起。读题应注意题中哪些是已知的，哪些是未知的，已知量与未知量之间有什么关系，这些关系是直接给的，还是由物理、化学定律给出的，或者是由生产实际给出的。

2. 注意单位

要让学生明确选择字母表示未知数时应附单位；组成方程时，两边只需数值相等，不必写出单位。但是相等的条件是由于量的关系，所以两边表示的量的单位又必须相同，如果不同单位应化成同一单位。

3. 设未知数

在解应用题时，组成方程的各个代数式，都是以未知量作为已知条件组成的。如果代数式中不含未知量，则就不是方程了。可见，未知量不仅是探求目的，也是分析问题的核心。因此，解方程应正确地选定未知量。

①列方程没有一定的方法，要根据问题所给的条件，适当地来组成。同一个题目，由于思路不一样，也可以列出不同的方程。

②一般地说，题中求什么就设什么，但有时这样做，解方程反倒不便，而且列方程也颇感烦琐，这时，可先设间接未知量，然后再间接求出答案。

如下面这道例题：

有个两位数，个位数字比十位数字大 2，此数与其十位数和个位数字和的乘积是 280，求此数。

解法 1：设个位数字为 x，则十位数字为 $(x-2)$，则 $[10(x-2)+x][(x-2)+x]=280$

解法 2：如果求什么就设什么，那么方程不易列，也不容易解。

设这个数为 x，那么 $\dfrac{280}{x}=$ 数字和

个位数字 $=\dfrac{\text{数字和}+2}{2}=\dfrac{\frac{280}{x}+2}{2}$，十位数字 $=\dfrac{\text{数字和}-2}{2}=\dfrac{\frac{280}{x}-2}{2}$

这样列出方程

$$10\left[\frac{\frac{280}{x}-2}{2}\right]+\left[\frac{\frac{280}{x}+2}{2}\right]=x$$

由此可见，未必所求即所设就容易，还要具体问题具体分析。当存在两种以上的解法时，我们认为列方程、解方程简单的方法就是较好的方法。在确定等量关系时，为了便于计算，一般用和比用差好，用积比用商好。

4. 会分析数量关系，列出有关方程

列方程解应用题的关键在于寻找等量关系，可以从"关联词"或"不变量"入手，所谓不变量就是一定的数量关系，如：

锻压问题：锻压前后体积（或重量）相等。

行程问题：同向追及则从出发到追及地的距离已定，或时间已定；相向相遇则所走距离一定。

连比问题：各分量的和等于总量。

但到底如何分析数量关系呢？一般来说，可用综合法与分析法来进行分析，所谓综合法就是从已知到未知，即先假定某一未知数为已知，用字母 x 来表示，再看这个数与其他已知数与未知数的关系，从而列出两个代数式，最后找出这两个代数式的相等关系，列出方程。

另一种分析方法就是分析法。所谓分析就是从未知到已知，先找出题中最明显的两个性质相同的量的相等关系，然后再找这两个量分别与其他已知数、未知数的关系，如此一直推到最后只剩一个未知数为止，即假定这个数为已知，并用字母 x 来表示它，代入上式的各种关系中，即得两个相等的代数式，由此列出方程。

在分析问题的时候，有时为了帮助发现数量关系，还可以采用一些辅助方法，如表格法、线示法、图示法等。

总之，从以上四个方面入手分析，使教师的教和学生的学相互适应，使教学成为双向活动，就有利于学生能力的培养，有助于对学生的学法进行指导。

六、数学分层次分组教学法

（一）数学分层次分组教学法的提出

由于遗传、环境和教育等错综复杂的因素，每个学生都表现出不同的特点和发展倾向，但是每个学生都有获得成功的需要和潜能，通过教育每个学生都可以在原有的基础上获得发展。而在现实教学中教师向班集体进行统一的教学，而全班同学则以不同的方式来接受，于是在学习新知识的过程中出现了信息输入和思维加工不同步的现象，导致部分学生在参与课堂教学中遇到困难。为此教师要以不同层次学生的认知水平为起点，从调动不同层次学生的学习积极性、全面激发不同层次学生的思维入手，以使学生积极参与教学活动、促进其全面发展，即采用数学分层次分组教学法。

（二）数学分层次分组的方法

数学分层次分组教学法中的分层次是把全班同学按数学学科的成绩，以及非智力因素的差异，分上、中、下三个层次，教师按照教材内容和新课标的要求，再把每一个课时的内容划定为基本内容、提高内容、拓展内容三个层次，不同层次的学生选择学习不同层次的内容。分组是把不同层次的学生分在一组。教学中通过调控使不同层次的学生互相帮助，互相促进，经过一个单元或几个单元的学习后，再重新分层次分组。

（三）数学分层次分组教学法的基本做法

数学分层次分组教学法，要求教师在教学过程中根据教材和新课标的要求及学生认知水平的差异，科学地设计好适合不同层次学生学习的教学环节，使不同层次的学生都处于学习的最近发展区，创造出具有弹性的学习环境，使各个层次的学生都学有所得，培养学生的创新意识、探索精神和实践能力。

1.教学目标层次化，为每个学生创造成功的目标

在数学分层次分组教学过程中，根据教学内容和新课标及学生个体实际差异，将每节课的教学总目标分解成基础目标、提高目标、拓展目标，不同层次的学生根据自己的需要、能力，自主地选择几个目标或所有目标，通过教学活动中教师的引导和学生的探索，逐步达到各自的目标。教师的引导与学生的探索均能达到总目标，是教学的最佳状态，但客观实际是学生个体存在差异，不可能同时达到总目标。根据不同层次学生的需要，将总目标分解成三个目标，能够诱发不同层次学生的学习积极性。不同的诱因，诱发了不同层次学生的动机，再由动机到主动探索再到讨论合作最终达成目标，使教学目标在教学过程中真正起到激励作用和导向作用。

2.教学内容层次化，为每个学生创造成功的条件

教学目标的层次化是通过教学内容的层次化来实现的，教学内容层次的划分主要是根据教学的目标及学生认知水平的差异，对教学内容的处理坚持由易到难、由浅到深、由简单到复杂、由形象到抽象的原则。在教学过程中，教师要鼓励学生发表不同的见解，引导学生大胆思考推测，鼓励学生小组内讨论、组与组之间讨论，帮助每个学生树立自信心，使课堂轻松、愉快。在学生的探索之路上，教师适时地进行"铺路"、及时"搭桥"，使学生在"山重水复"之时，能够出现"柳暗花明"。

（1）创设情境，提出问题层次化，探索新知

教学时以问题作为学生学习的出发点，创设情境，力争设计出适应不同层次学生认知水平的具体明确的问题串，诱发引导，由相应认知水平的学生根据先前的认知结构、经验及活动主动地、有选择地、有意义地知觉外在信息、建构知识体系。课堂上教师启发引导学生，展开名副其实的师生交流、生生交流，通过各种活动，进行各种观点之间真诚的交流。学生能探索到的教师不说，低层次学生能解答的高层次学生不答，使全体学生都有问题思考，都有机会表现自我、发展自我，从而感觉到学习数学是很重要的活动，增强学生的参与意识，并初步形成"我能够而且应当学会数学的思考"。

（2）课堂练习、测评层次化，应用创新

针对不同层次的学生，设置基础、提高、拓展三个层次的教学目标，教师要选配不同层次的练习题、测评题。练习题、测评题一般分为 A、B、C 三组题，A 组题以理解为主，题目较简单，知识的应用较为直接；B 组题以熟练掌握为主，题目较复杂，知识的应用较为灵活；C 组题以熟练运用为主，题目的综合性较强，能运用所学知识分析和解决较为复杂的综合问题，从而形成数学的思维能力、运算能力和解决实际问题的能力。

学习较轻松的学生要求做完 A、B、C 三组题，中等生要求做完 A、B 两组题，学习困难的学生要求做完 A 组题。学生在答完必答题的基础上，教师鼓励学生再做较高层次的题，为所有学生都有效地学习创造良好的条件。对没独立完成必答题的学生，教师要个别辅导帮助他们完成任务，并鼓励他们迎头赶上。通过做 A 组题，学习困难的学生"吃得了"；通过做 C 组题；学习较轻松的学生"吃得饱"。

（3）作业层次化，巩固拓展

各层次学生的作业内容、数量、要求不尽相同，作业题也分为 A、B、C 三组，三

组题分别相当于或略高于基础、提高、拓展三个层次。不同层次的学生完成不同层次的作业题，强化学生对知识的理解和掌握，同时培养学生对数学的兴趣，发展学生的数学特长。

3．教学评价层次化，增强每个学生成功的信心

不同层次的学生，在课堂上的心态不同：成绩好的学生，是在积极的情绪状态下学习的，表现出朝气蓬勃、思维活跃、想象丰富、乐于表达、易于探索、发现新知识；学习困难的学生，是在消极的情绪状态下学习的，表现出消沉、思路阻塞、思维迟缓，大脑皮层处于抑制状态，从而难以积极思考，更难以探索创新，以致影响对知识的理解和掌握，影响对学习的兴趣。

因此，课堂教学必须采用多种激励手段，把不同层次学生的智力与非智力因素全部激发，使学生独立思考、探索创新。

（1）制定评价模式

评价模式可以分为横向评价和纵向评价两种（图4-1-5、图4-1-6）。

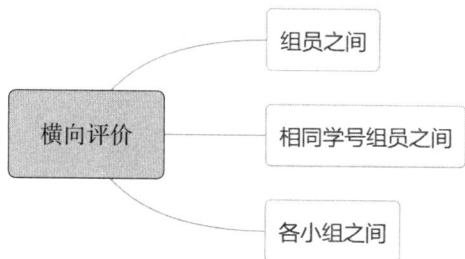

图 4-1-5　横向评价模式

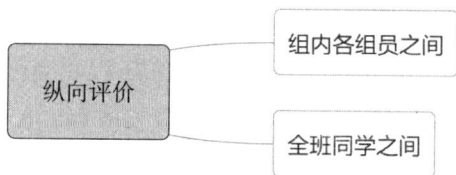

图 4-1-6　纵向评价模式

（2）创设平等的评价环境和多元的评价内容

根据初中生的年龄特点和心理特征，让评价贯穿教学的各个环节，进而优化教学过程。评价的内容应包括学习成绩的评价及学习能力、学习态度、学习方法、实践能力等的评价。教学中在同一层次学生之间、各组之间开展竞赛，学生能够得到心理平衡，在评价中充满信心，这就自然地创设出一个平等的评价环境，调节和控制了不同层次学生课堂上的学习情绪。例如，实验班有48名学生，通过数学学科的成绩检测和智力检测及非智力因素差异把全班学生分成6个级别，每级别8人，然后以龙摆尾式分别取各级别中的1人组成1组，共组成8个组，每组6人。每组中第一级别中的学生担任组长，5名组员按成绩高低编成1～5号。每组的组长为第一层次，1～3号为第二层次，4～5号为第三层次。这样各组中的组长是同一级别，相同学号的组员是同一级别，各组之间水平相当。例如某

组中的 5 号同学，总认为自己基础差，与优等生相比相差甚远，因此情绪低落，沉默寡言。通过各组 5 号同学之间开展竞赛进行评价，在评价中他始终名列前茅，尝到了成功的喜悦，情绪高涨，后来由 5 号升为 2 号。

（3）在评价中加强量化管理

①制定小组和个人记分表。

②定期评比。一般情况下，学习一章评比一次。

（4）在评价中开发和发展学生的潜能

通过教学评价层次化，不同层次学生的自尊心、自信心、好胜心、责任感、荣誉感得到充分体现。比如某组的 1 号同学，经过一章的学习之后，下降成为某组的 4 号组员，可喜的是又经过一章的学习后他又夺得了该组组长的宝座，全班同学都为之振奋。通过在各组之间开展竞赛进行评价，变原来每个学生的学为小组集体的学，利用学习困难学生的进取心和组长的责任心，使全体学生之间相互帮助、相互促进。

（四）数学分层次分组教学法的实践效果

1. 提高了学生的学习成绩

数学分层次分组教学法调动了不同层次学生的学习积极性，使全体学生获得了成功，提高了教学质量。

2. 统一要求与因材施教相结合

通过分层次分组教学，教师从多种多样的个性中概括和把握学生的共性，把教学措施建立在学生共性的基础上，提出统一要求，针对不同层次学生的认知水平，选择相适应的学习内容，兼顾了学生的学习水平和能力的差异，实现了因材施教。

3. 情感和认知相结合

数学分层次分组教学法适应上、中、下不同层次学生的情感需要，使其在教学中形成一种很强的心理优势，成为智力活动的正确导向。学生在教师的点拨、引导和激励下努力学习，使情感和认识相结合、相适应，充分发挥了学生在教学中的主体作用，促进了学生个性的健康发展。

4. 有效地培养和利用了学生的优良意志品质

数学分层次分组教学法，科学地设计了符合不同层次学生认知水平的各个教学环节，不同层次的学生都受一定目标的支配，并经过一定的努力就能获得成功，增强了学生认识过程中克服各种困难的自信心，有效地培养了学生学习数学的自觉性、坚持性等意志品质。

5. 发展了不同层次学生的思维

数学分层次分组教学法，将教材的教学目标划成不同层次，引导学生思考、探索、创新，在教学的全过程中，均按照数学特有的思维顺序展开，不断进行深层次挖掘，无疑是对不同层次学生进行了潜移默化的示范与诱导，激发了不同层次学生的思维，使其得到充分发展。

6. 建立了民主、信任、和谐的师生关系

在数学分层次分组教学法中，教师尊重不同层次学生的特点和心理需要，精心地设计问题，组织课堂竞赛，让不同层次的学生都有较多的表现机会。教师则淡化自己的权威，突出学生主体，鼓励学生自主学习、探索创新。对学生每个微小的进步，教师都满腔热情地鼓励，不放弃任何一个学生，让不同层次的学生均能尝到成功的喜悦。学生对教师的信赖感、亲切感增强，从而形成课堂教学的合力，提高课堂教学效率。

实践使我们深深体会到：分层次分组教学法，能创设具有弹性的学习环境，同时创造动态的教学环境，从而利用这个外在的条件去调动、激励学生的学习积极性，增强学生学习数学的自信心，使学生对数学的学习具有持久的推动力。

七、多媒体教法

（一）多媒体教法的意义

1. 运用多媒体，提高学生学习数学的兴趣

初中学生正处于形象思维向抽象思维过渡的时期，由于他们在小学阶段习惯于根据具体的事物来判断分析问题。到了初中，特别是高年级学段，数学课本中出现一些晦涩难懂的概念、变化多端的过程、纷繁复杂的图形，使得很多学生很难把握其中的关键之处，理不出其中的头绪，很容易陷入困境。长此以往，学生便会觉得数学无趣无味，逐渐丧失了学习数学的兴趣，直至厌倦数学，抵制数学。而如果我们针对这一现象，巧妙利用计算机对数学图形进行分解，对图像进行动态的跟踪，便可将复杂的图形简单化，将复杂的运动过程化、细微化，将其直观地展现在学生面前。如果在此过程中，教师再在动态的变化中植入一些灵动的声音，可以充分调动学生眼、耳、口、脑等各个器官，使他们体会数学课堂的与众不同，从而轻松愉快地参与进来。例如在教学"线段的垂直平分线、角平分线"等概念时，教师可以运用动画将线段的垂直平分线、角平分线表示出来，充分体现垂直平分线和角平分线的特点。再如，在教学"三角函数值与角的关系"时，可以将三角函数值和角的关系放在直角三角形中，让学生在因果互动的形式中充分感受三角函数与角的位置关系。在学习"圆"的知识时，可以运用动画不断变换角的顶点、角的边与圆的位置关系，让学生从运动的角度去理解圆心角、圆周角、弦切角与圆的位置关系，从而让学生把握这些角之间的相互联系。多媒体的这些丰富的表现形式能够使抽象的数学概念变得浅显易懂，使学生乐于接受。实践证明，学生在多媒体的设计引导下，可以产生强烈的探奇觅胜的心理，对数学课堂产生浓厚的兴趣。

2. 运用多媒体，优化数学教法和学法

任何一门学科的学习都有其独特的学习方法，学生在学习中结合学科特点和自身实际，总结出适合自己的学习方法是非常重要的。在数学学科的学习过程中，这一点尤为突

出，很多学生在学习过程中，完全是盲人摸象，误打误撞，不注重方法的选择，这不仅导致学习效率低，还会影响学生的学习兴趣。因此，教师在教学中，要善于对学生进行学法指导，不断帮助学生总结方法，厘清知识的结构，让学生在轻松愉快的氛围中学习数学。而在此过程中，运用多媒体手段，可以起到让纷繁复杂的数学过程变得清晰，使抽象的问题变得简单的作用。如"二次函数的增减性"是一个难点，在传统的教学中，教师总是通过静态图形去讲解和分析，教师往往大费口舌，学生还是一头雾水，或者部分学生只能死记结论，对函数增减性的实质根本不能理解，更不可能去主动探索了。而笔者在教学时，充分发挥多媒体技术寓教于乐的优势，将这一知识点设计成了动画片。结合画面，笔者让学生分析函数 y 与 x 的对应值，让学生观察比较，进而分析、总结出函数变化的规律。通过这样的设计，不仅巧妙地将数形结合思想、化归思想等渗透给学生，教给了学生分析和解决问题的方法，更让他们学会了面对问题和困难应该如何去思考，如何突破思维的瓶颈，找到解决问题的途径，从而为学生学会研究、探索问题，培养终身学习的意识，起到重要的推动作用。

3.运用多媒体，突出教学重点和难点

数学对学生的思维能力、思维品质要求较高。而初中学生由于其自身思维的特征，往往会形成思维与认知之间的矛盾，造成认知障碍。为此，在数学教学中运用多媒体进行教学，可以为学生认知与思维之间搭起顺畅的桥梁，实现教学重点和难点的有效突破。如教学图形的平移、旋转等知识时，笔者在电脑上通过动画演示图形变换，将其投影到大屏幕上，使空洞抽象的知识变得直观易懂；再如教学"圆和圆的位置关系"时，利用多媒体动画展示平面内两圆的位置关系，让学生发现其特征，从而掌握不同位置关系的判断方法，使学生轻松掌握了这一知识，突破了教学重点和难点。教学过程中运用多媒体，不仅能让数学知识变得浅显易懂，而且可以使学生在突破学习障碍之后获得成功的快乐。

4.运用多媒体，培养创新精神

丰富的信息资源，可以开阔学生的视野，激发学生的思维，增强学生的想象力，培养学生的创新精神。运用多媒体技术可以改变学生的学习方式，实现学生创新能力的培养。如教学"展开和折叠"时，教师可以通过三个阶段进行。

首先，创设问题情境。通过播放"美丽的图形世界"，将学生带入一个缤纷多彩的图案王国，让他们体验展开和折叠的魅力。其次，进行实践。学生利用日常经验，收集一些展开和折叠的图形，在教师的引导下，从简单到复杂，开展探究活动，总结其中的规律和结论。最后，进行表达交流。教师给学生提供部分图形，鼓励学生开展数学活动，完成任务。学生情绪高涨，他们经过设计、讨论、粘贴、组合，创造出丰富多彩的图案，一些图案颇有创意，凸显了学生的创新个性。

总之，数学课堂中运用多媒体，可以给严肃枯燥的课堂增添无穷的魅力，只要我们精心设计、巧妙运用，多媒体技术必然能够充分发挥出它独特的优势，使抽象、概括和富含逻辑的数学概念直观化、形象化、简单化，让学生在轻松愉快的气氛中获取数学知识，内化为能力。我们有理由相信，只要我们广大数学教师不断创新方法，勇于实践，在多媒体技术的帮助下，我们的数学课堂一定会绽放出绚烂多姿的花朵。

（二）多媒体教法的特点

1.备课过程发生改变，由繁向简转变

在以往的备课过程中，教师总是通过查阅参考资料和教材内容，将教学内容大篇幅抄在教案本上，而通过电子备课，除了得到课本知识和参考资料外，还可以补充很多课外知识给学生，备课内容也直接通过打印机打印，从而节约了备课时间，使备课过程由繁向简转变。

2.学生学习方法发生转变

传统教学总是将教学内容以板书形式写在黑板上，学生的学习以记为主，在方法上缺少突破。而利用多媒体教学，学生的注意力从黑板转向电视屏幕，学习内容从枯燥的文字转为优美的图像、图片、声音、动画，使学生从被动学习转向主动学习，从乏味转向兴趣，学习方法的转变带来了学习效果的改变。

3.教师教学方式发生转变

在以往的教学过程中，粉笔充斥整个课堂，而利用多媒体进行教学，鼠标代替了粉笔，屏幕取代了黑板，节省了课堂板书时间，教学过程变得生动活泼，一些抽象的内容借助多媒体变得直观，教学方式的转变带来环境的改变和教学效果的改变。

总的来说，利用多媒体教学节约了备课时间，增加了课程内容，提高了学生的学习兴趣。

第二节　初中数学教学方法优化

一、教学方法的选择

高效课堂，不仅源于教师良好的课堂驾驭能力，还源于教师充分的课前准备，即备课。诚然，深挖教材教学内容，是备课的主要内容，但是绝对不是备课的全部。依据教学内容、根据学生学情，选择科学、合理、有效的教学方法，也是教师备课的一项基本内容。

（一）依据教学内容选择教学方法

教学内容不同，教师运用的教学方法自然也会有所差异。在课前，以深挖教材教学内容为前提，教师就可以依据教学内容，选择一些与教学内容相符的教学方法。当然，教师科学、合理、正确选择教学方法的前提，是他们对各种教学方法的特征、利弊以及局限性等，都有较清晰、透彻的认识与了解。

以教学"勾股定理"这部分内容为例，教师可以选择情境教学法。围绕"勾股定理"的相关知识，结合学生的生活实际，依托一些信息技术手段，教师就可以创设形象逼真的

教学情境。聚焦形象逼真的教学情境，学生对于"勾股定理"的相关知识就会全面、通透地理解。以教学"平行四边形的性质"为例，教师可以在新知探究环节运用小组合作交流法，让学生齐心协力、团结一致，全方位、多角度、深层次探究"平行四边形的性质"。

实践证明，相比于"一招吃遍天下"的教学方法而言，教师依据教学内容选择的教学方法，更加有助于学生全面、透彻地理解与扎实、牢固地掌握教学重点，更加有助于学生循序渐进、卓有成效地突破课堂教学难点。

（二）根据学生学情选择教学方法

在选择教学方法时，教师不仅要依据教学内容，还要根据学生学情。不同的学生，在基础知识、理解能力、探究能力、合作能力等方面，也存在着不同的差异。唯有充分考虑学生的实际学情，教师才能够选择一些适合学生"生长节奏"的教学方法。

比如在教学"直线、射线、线段"这部分内容时，教师首先可以设计一项课前预习作业。这项课前预习作业主要包括学生对于"直线、射线、线段"的概念的认识与理解。之后，教师要仔细认真地检查每一位学生的课前预习作业。以课前预习作业为窗口，教师不仅从宏观上了解了学生的实际学情，还从微观处了解了每一位学生的实际学情。无论是从宏观上来看，还是从微观处来看，学生对于"直线、射线、线段"的概念的理解都趋于片面化。根据这一学情，教师选择了小组合作交流法，旨在让学生通过小组合作交流，全面、深入、细致、透彻地认识与理解"直线、射线、线段"这三个概念。

从教学实际效果来看，教师根据学生实际学情选择的教学方法，更加符合学生的"生长节奏"，更加有助于学生的个性化学习。因此，课堂教学的效果会显著提升，学生的核心素养也会显著发展。

二、教学方法的运用策略

一堂精彩、高效的课堂，是由诸多教学环节组成的，如导入、新授、巩固、拓展、小结等。每一个教学环节，都是构建高效课堂、发展学生核心素养不可或缺的环节。显然，在不同的教学环节，面对不同的学生，教师如果运用相同的教学方法，其教学效果自然也不会太理想。那么，初中数学教师究竟应该如何运用教学方法呢？

（一）"分层"运用

"分层"运用，说到底，是指教师依据学生的实际学情，在不同的教学环节，"分层"运用不同的教学方法。此举，不仅能够将"培优转差"工作落到实处，还能使每一位学生都能够"学有所获"。不过，教师"分层"运用教学方法的关键，既在于教学方法的选择，又在于对学生的合理"分层"。

比如，在教育信息化背景下，教师可以在课前基于班级信息化平台，如班级网络学习空间、班级钉钉群等，精心设计并发布一些预习作业，并要求学生在线完成。紧接着，教师就可以利用大数据技术，对学生完成作业的实际情况进行统计、分析、梳理、总结。而这，也是教师对学生"分层"的重要依据。在对学生科学、合理、细致"分层"的前提下，教师可以根据学生的实际学情，"分层"运用一些科学、合理、有效的教学方法。

显而易见，通过"分层"运用教学方法，学困生也好，中等生也罢，优秀生亦然，都能够"学有所获"，并且都能够学得轻松、学得高效。建构高效课堂与发展核心素养，也就成了水到渠成的事情。

（二）"混搭"运用

即便是相同的学生、相同的教学内容，在同一堂课中，教师也不可能只运用一种教学方法。为了更有效地提升课堂教学效果，更有效地发展学生的核心素养，教师应该综合运用各种教学方面，即"混搭"运用、组合运用。与单一的教学方法相比，"混搭"运用教学方法能够"扬长避短"，将各种教学方法的优势"最大化"，将短板"最小化"。

比如，在教学"点和圆、直线和圆的位置关系"这部分内容时，就可以在导入环节运用情境教学法。利用多媒体课件，向学生展示现实生活中各种"点和圆""直线和圆"的位置关系。情境教学法在导入环节中的运用，不仅激发了学生学习本课内容的兴趣，也让学生对"点和圆""直线和圆"的位置关系有了感性的认识。紧接着，在新授环节，教师除了继续运用情境教学法之外，又融入了探究法和小组合作法。之所以如此，是因为在新授环节运用情境教学法，能够让学生继续保持旺盛的学习兴趣；在新授环节运用探究法，能够有效发展学生的自主学习能力、对比分析能力、抽象概括能力等；在新授环节运用小组合作法，有助于弥补探究法的不足，让学生更全面、更通透地学习、理解新知。

很显然，在初中数学教学过程中，"混搭"运用各种教学方法，并不是各种教学方法的简单叠加，而是各种教学方法的优势互补。

三、初中数学课堂教学方法的优化路径

（一）关注课堂导入环节，调动学生的学习热情

"良好的开端是成功的一半。"课堂导入是数学教学的一个关键环节，导入环节是否成功对后续教学的成效具有直接影响。所以，教师应注重优化课堂导入，以激活教学氛围。

如在"轴对称图形"的教学中，可利用多媒体技术为学生展现一些生活中的对称事物，如故宫、中央电视台大楼、凯旋门等，以此来调动学生的学习热情。在此基础上，灵活设置激趣性问题：同学们，这些建筑在设计时采用了什么原理？你能设计出这种建筑吗？这样的导入方式，既激发了学生的求知欲，又使学生在求知欲与好奇心的驱使下，快速投入学习活动中，为后续教学做好铺垫。

（二）合理应用现代信息技术，提高知识的理解与应用能力

随着现代信息技术的发展，许多新兴技术在教学中获得了推广与应用。合理应用现代信息技术，可有效提高学生对数学知识的理解与应用能力。信息技术与数学教学相结合，不仅可以进一步拓展教学资源，还可以丰富教师的教学方式，对培养学生自主探究、合作学习的意识和能力，进而达到教学目标具有重要的辅助作用。

如在"三视图"的教学中，仅凭想象，学生很难理解三视图的概念。对此，可结合教学内容，借助 3D 软件为某个物体建立三维模拟模型，引导学生以各种角度来观察该物体，学生很容易就理解了三视图的内涵。既有效提高了教学质量，发展了学生的思维能力，开阔了学生的眼界，又在对问题的探索中培养了学生的创新意识与能力。

（三）增强教学实效性，提高学生的参与度

将数学理论知识与实践活动相结合，引导学生灵活运用所学知识发现问题、分析问题，进而解决问题，复习和巩固课堂所学知识。这样的实践活动有助于增强学生的数学思维能力，提高学生综合应用所学知识解决实际问题的能力。在此过程中，教师应合理设置实践内容，提高学生的参与度，并注意观察学生的表现，对学生适时予以点拨，增强学生的数学学习能力。

如在教学了"一元一次方程"之后，教师可以根据一张课桌消耗木料的情况，假设为学生提供一定的木料，要求学生计算这些木料能够制作成多少张课桌。又如教学了"频率与概率"后，教师可以组织学生开展课外活动。教师提前准备一个盒子，其中有三种不同颜色的小球，让学生随机取球再放回去，而其他学生分为三个小组，分别猜测学生取球的颜色，并探讨三种颜色小球出现的概率。可以多次取球，活动结束后，看三种颜色的小球出现的概率与所学概率知识是否相符。这种实践活动有助于学生深刻认识和理解数学概念，增强学生数学学习的积极性，提高教学效果，达成教学目的。

（四）针对教学方法进行创新型优化

随着社会的发展、科技的进步，教学环境也在发生着巨大的变化。面对新的教学环境，如果教师仍然"新瓶装旧酒"，即在新的教学环境中运用陈旧的、落后的教学方法，那么，课堂教学效果自然也不会得到显著提升。当然，旧的教学方法，也绝对不是"一无是处"。一些旧的教学方法，在新的教学环境中依然奏效。只不过，这些旧的教学方法在某些方面已经与新的教学环节"格格不入"。这就需要教师立足新的教学环境，对旧的教学方法进行创新，以使学生更加适应新的教学环境。而初中数学教师在创新教学方法时，应该以教学方法的瓶颈为创新切入点，以学生素养的发展为创新着力点。

1. 以教学方法的瓶颈为创新切入点

"金无足赤，人无完人。"教学方法亦如是。没有哪一种教学方法是"万能钥匙"，能够适用于各种不同的教学环境以及教学情形等。每一种教学方法都有优势与劣势、长项与短板。因此，初中数学教师在创新各种教学方法时，应该以某种教学方法的瓶颈为创新切入点，据此"扬长避短"，让这些教学方法的优势、长项"最大化"，将这些教学方法的劣势、短板"最小化"。

例如，在教学"相似三角形"这部分内容时，教师可以对情境教学法进行创新。在传统的情境教学法中，因为受到教学环境的束缚、教学条件的限制，所以教师通常会创设一些静态的教学情境。不够形象、不太逼真，是静态教学情境的"劣势"所指、"短板"所在。鉴于此，教师可以利用信息技术对情境教学法进行创新，即将原本静态的教学情境动态化，使其更加形象，更加逼真。

以教学方法的瓶颈为创新切入点，创新、优化教学方法，能够"缩小"教学方法的劣势、"放大"教学方法的优势，能够更好地发挥教学方法在提升课堂教学效果与发展学生核心素养方面的作用。

2. 以学生素养的发展为创新着力点

发展学生的核心素养，是课堂教学的长远目标。教学方法，是助力教师实现课堂教学

长远目标的无形推手。因此，初中数学教师在创新教学方法时，还必须以学生素养的发展为创新着力点。

如在创新自主探究教学法时，初中数学教师要充分考虑创新之后的教学方法，是否能够更好地发展学生的对比分析能力、直观想象能力等。为了更好地发展学生的对比分析能力，教师可以利用多媒体课件，向学生呈现更多的比较对象；为了更好地发展学生的直观想象能力，教师可以利用多媒体课件，向学生呈现更逼真的探究情境……

不难发现，以学生素养的发展为着力点创新教学方法，能够使得教学方法更加符合学生的需求，更加有助于学生核心素养的全面发展。

总而言之，教学方法的选择、运用与创新，是建构高效课堂、发展学生核心素养的关键因素。因此，每一位初中数学教师都应该在具体的教学实践中，不仅要精挑细选教学方法，还要灵活运用教学方法，也要创新优化教学方法，让初中数学课堂因教学方法的选择、运用与创新而更加高效，使初中学生的数学核心素养因教学方法的选择、运用与创新而全面发展。

（五）针对教学过程进行优化

在目前的初中数学教学中，普遍存在比较严重的"离教"现象。"离教"就是指学生的学习范围、过程、方法等严重脱离和违背了教师正确的教学要求和目的，进而造成了"教与学"的极不平衡，此现象的存在对提高初中数学的教学质量有更为直接的负面影响。"离教"现象主要表现在课内和课外两个大的方面：课内，学生听课不专心、不认真；课外，不进行知识的复习，或者不完成作业等。此现象会导致部分学生从"不听和不做"逐渐恶化成"听不懂和不会做"。因此，初中数学教师在教学中要结合教材的实际内容采取科学、合理的教学方法，如此才能有效实现教学质量的提高。

例如，教师在针对"有理数"一章的小结进行讲解时，部分学生会产生"不就是复习课"的意识，进而表现出轻视的态度。此时，教师可以把此章分成三个环节，即概念环节、法则环节、运算环节，让学生通过讨论在规定时间内找出各环节的知识点和注意事项，当学生讨论完毕后，由某些学生进行讲解，教师再进行最后的总结。

（六）体现学生的学习主体地位

基于新课改教学理念的影响，在教学的过程中应当体现学生的学习主体性。初中数学教学改革的根本在于是不是充分地体现了学生的学习主体性。传统意义上的以教师作为核心的教学方式难以将学生的学习主体地位完全地体现出来。因此，需要对传统的教学模式进行改革和完善。例如，教师在教授学生全等三角形知识的时候，组织学生根据三角形的三个角与三条边，动手操作画出图形，然后剪下来，最后比较两个相同边长的三角形，以判断在什么样的情况下两个三角形是全等的，并且让学生归纳和概括全等三角形需要满足的条件有哪些。在这种教学实践活动中，体现了学生的学习主体性，激发了学生的自主探究意识。

总之，初中数学教师在教学中必须具备一定的专业水平和素养，引导和帮助学生加深对数学知识的理解，充分激发他们对数学的学习兴趣，并针对学生的作业和考试进行及时的评测与讲解、对学生的错误进行正确、及时的纠正，从而顺利提高初中数学的教学质量。

第五章　初中数学课堂的教学艺术

本章讲述的是初中数学课堂的教学艺术，主要分为以下四方面：初中数学课堂备课艺术、初中数学课堂讲课艺术、初中数学课堂组织与调控艺术和初中数学课堂交流艺术。

第一节　初中数学课堂备课艺术

一、备教材

（一）备教材的基本要求

1.钻研数学学科教学大纲和课程标准思路

课堂教学过程是由"教"和"学"双方构成，由教材作为中介联结起来的。教师备课时要对教材做充分的研究，这是没有疑义的。在备教材之前，一项必须做的工作是要认真钻研课程标准。对课程标准没有理解深透，备教材往往备不到"要点"上。也就是说，即使耗费了大量精力，效果也会大打折扣。教师备课时必须认真钻研课程标准，因为教材只是教师讲课时所依托的材料，它是受课程标准制约的。从理论上说，课程标准是必须遵循、不能违背的，而教材则是可以由教师自由地加以选择的（当然，现在的实际情况与之尚有一段距离）。教师的讲课应以完成课程标准所规定的教学要求为目的，在教学过程中对教材做讲授、解释以及必要的变动，均不得脱离课程标准的基本要求。

教师在备课前钻研学科课程标准是备教材之前的必要准备，只有准确地理解和把握其精神实质以后，才能去接触具体的教材。教师需知道数学知识的存在形式有显性和隐性两种，即相应地有"明确知识"和"默会知识"。

2.厘清讲课思路，明确重点和难点

教材重点与教学重点的区分：教材重点是就教材的具体内容而言的，其中的各个知识点并不是同样重要的，它们在整册书中占有的地位是各不相同的。对顺利学习教材中其他内容起举足轻重作用的知识点就是教材重点。教学重点是指那些在课堂教学过程中教师应着重讲解，并且要求学生在学习时特别关注的知识点。教材重点与教学重点是两个内涵不完全相同的概念。教材重点必然同时是教学重点；而教学重点不仅指教材重点，还包括那

些虽不属于教材重点但在上课时必须着重加以讲解的内容。教材重点是由其在整册教材中所处的地位和所起的作用决定的；而教学重点的确定除了要关注其是不是教材重点外，还应根据学生的学习基础和学习能力（"可接受程度"）的实际情况而定。例如，"因式分解"章节中的利用立方和与立方差公式，这堂课虽不是教材重点，却是教学重点。教师在备课时，必须考虑它在整个章节中的地位与作用，它不仅为后继的综合因式分解题的灵活解答打基础，以后的不少分式计算、解方程等也离不开它。因此，在备课时，我们应把它作为教学重点。

除了教材重点外，教材中的内容也有难有易，教师在备课时应充分重视其中的难点。所谓难点，是指那些大部分学生难以较快较好地理解、掌握和运用的知识，比较复杂的技能和比较生疏的技巧。具体地说，对学生而言，通常比较抽象的知识、比较复杂的问题及表面相似、容易混淆的内容都是难点。教师备课时对难点首先自己要理解透彻，同时要从学生的实际可接受程度出发，着力化难为易。对于比较抽象的知识，应当配备生动形象的例子来解释；对于比较复杂的问题，应当通过多层次的分析来化解；对于表面相似、容易混淆的内容，应当用比较的方法指出它们之间的异同。为了准确地发现、确定和把握教材内容中的难点，为了有效地化难为易，促使学生顺利地学习其他教学内容，有必要对"难点来自何方"做一下简要的分析。难点通常来自三个方面。

①来自教材。教材上那些比较抽象的知识、比较复杂的问题以及表面相似、容易混淆的内容是难点。

②来自学生（当然，每名学生的具体情况各有不同，但对于同一班级学生而言，大体上还是相近的）。教师应从学生的生活经验、知识水平和理解能力这三个方面去考虑，看看学生是否具备学习某一教学内容所需要的基础。若不具备，则这一教学内容便成了难点。

③来自教师。从教师的自身教学素质方面分析，则可从以下三个方面去找原因：是否因为受思想水平、教学业务水平的限制；是否因为钻研教材的深度不够；是否因为选用的教学方法不当，导致不能准确地发现和把握难点，不能巧妙地化难为易，进而导致学生不能比较容易地学习、掌握和应用这些教学内容。

难点的确定与重点的确定不一样。重点的确定是基于这些教学内容必须是"基本的"这一点，掌握了这些内容有利于迁移到其他的教学情境中去；而难点的确定，主要应考虑这些教学内容对大多数学生而言，是不是难以理解和掌握的。因此，教师在确定难点时不但要考虑学生的可接受程度，而且要考虑什么样的内容对学生而言是难以理解和掌握的，从中是否可以找出一些带有规律性的东西。确定难点时必须遵循以下两条原则：

按知识发展的一般规律确定。人类对客观世界（包括自然界和社会界）知识的获得和认识经历由简单到复杂、由具体到抽象的过程，从中不难看出，难点必然具有复杂性和抽象性两大特点。

按学生认识的一般规律确定。知识本身的发展是由无到有、由简单到复杂。但从学生学习知识的角度看，思维过程往往是从已知到未知的（学习新知识时总是拿它与以往已经学得的旧知识加以比较）；就学习和掌握技能技巧而言，总是先技能后技巧，在熟练地掌握技能的基础上才有可能掌握和应用技巧，因此不难看出，难点往往是那些对学生来说比较生疏而带技巧性的内容。例如，在"全等三角形判定"的教学备课中，我们可以把教学重点确定为全等三角形判定的初步应用，而教学难点可确定为全等三角形判定方法的引入以及严格规范推理书写格式。

3.选择学生易于接受的方法，对教材内容做必要的加工和再组织

备课备得好不好，虽然与教师的教学实践经验丰富与否有很大的关系，但是从根本上说，主要取决于教师综合素质的高低。其中最为重要的是教学素质，它是教师备好课应具备的基本条件。具体来说，它包括以下四个方面：具备较为扎实的知识功底和精湛的教学技艺（如应具有较强的逻辑推理能力和解题能力）；有较强的理解、处理教材的能力（能迅速、准确地把握教材的实质，能根据教学目的、要求，迅速、准确地确定重点）；有较强的了解学生心理发展水平的能力（能较为准确地了解学生的现有学习基础和学习能力，并能把握其略微超前量）；有较多的可供选择的教学方法（对不同年龄、不同学习程度的学生，以及有不同要求的教学内容，均有有效的应对办法）。

（二）正确、合理地使用教学参考书

教学参考书是教师备课时的参考用书，教学参考书的内容包括：介绍教材的编写意图，揭示教材中蕴含数学思想；论述教材和各单元的内容概要，详细介绍各章节知识在教材中的地位和作用、前后知识的联系、教学的重点和难点关键、实施教学的评价；介绍章节教学的多种设计方案；说明例题、习题的编写意图，提供习题的答案或提示等。教学参考书仅供教师参考而已。但在有些学校，部分教师的备课笔记成了教学参考书的翻版，十有八九是差不多的。显然，这种过分依赖的态度和照抄照搬的做法是不可取的。要想正确、合理地使用教学参考书，提高备课质量，应注意以下几点：

第一，应该在对课程标准理解透彻及对教材内容初步熟悉之后再参阅教学参考书。如果在未了解课程标准的基本要求和对教材内容毫不熟悉时就匆忙翻开教学参考书，不动脑筋地把"教学目标""教材分析""教学建议"等内容抄到备课笔记本上，不对教学内容有较为深刻的理解，就不可能把教学内容讲深、讲透，更不用说在学生提出问题时能从容自如地"解惑释疑"了。

第二，应该在厘清教学思路及构建好讲课的基本框架的基础上再去阅读教学参考书。不管教学内容多么繁多和复杂，教师都应大体上做到"心中有数"：讲课的意图要明确（主要应完成哪几项教学任务），条理要清楚（先讲什么，后讲什么，哪些是要着重讲的，哪些只需一般提及，要形成"粗线条"），方法要恰当（根据课的不同内容和不同结构类型加以选择）。在心中有数之后再去参阅参考书，将其中的有关内容充实到自己的备课笔记中，这些"死"材料就很容易用"活"。这样，教师讲起课来便会更加自然，学生理解起来也会更加容易。

第三，应该带着审视的目光去阅读、借鉴和利用教学参考书，同时加以认真的分析和研究。不要认为书上的东西就一定是对的，对于书上的错误不应视而不见，而应根据不同的具体情况妥善地处置。对于其中的某些常识性错误，如果备课时照抄不误，讲课时照本宣科，那么很有可能贻误学生的终身。教师在备课时应善于发现书中的问题，对于错误的应剔除或批判，对于弄不清楚的应鉴别或验证，对某些带有普遍意义的问题，还可以在教学时加以分析、评判。这样做不仅可以避免将错误的知识传授给学生，而且能增强学生辨别正误的能力。

二、备学生

课堂教学的目的主要是让学生掌握知识、发展智力、培养能力。备人比备课更重要。只有备好了人，才能有效地激发学生学习的兴趣，充分调动学生的积极性，才能使教师的教和学生的学和谐统一起来，才能将情感、态度、价值观融合到教育教学中。

（一）教师在备学生中出现的问题

许多青年教师在备课过程中能认真钻研教材，分析教材的重点、难点、关键点，设计提问、板书环节，这固然是极为重要的。但却忽视了另一头——学生。诸如备的课是否适合学生的认知水平；选择的教学方法是否适应学生的学习方法和习惯；是否贯彻因材施教的原则；能否达到学优生"吃得饱"、学困生"吃得了"；等等。忽视备学生，是部分青年教师在备课中的问题。

造成这种问题的原因有以下几种：

其一，青年教师教学经验不够丰富，往往重视教材，忽视学生，缺乏对备课中备学生的重要性的感性与理性认识。例如，有位青年教师刚踏上工作岗位，凭着一股热情和干劲，在接到教学任务后，即利用暑假休息时间，备好了全册教材的教案。他在从来没有见到教学班学生一面的情况下备好了全册教材的课，其精神可嘉，可是一旦进行教学就会碰到很多麻烦，于是只得推倒重来。有经验的老教师，当接到新班级时，总是先了解学生，熟悉教材，再备课。

其二，青年教师在备学生中仅注意课前工作，如了解学生、选择方法等，而忽视课堂教学过程中备学生。备好的教案，只会照本宣科，而没想到在上课过程中如何根据学生的反馈随时调控，改变教法。青年教师往往应变能力较差，当照本宣科出现问题时，会出现失控现象。

其三，青年教师往往不够重视课后反思。即使能做到，也会忽视对学生这方面的反思。其实，课后反思从学生方面多做考虑、多加分析是十分有益的。

其四，在备课过程中忽视对学生的心理分析，不能根据学生的心理特征选用适当的教学手段和方法。

其五，一些青年教师在备课时图省力，仅按教材进行备课，甚至抄袭，这是不负责任的表现。

教师要克服上述通病，备课中做到既备教材又备学生，以克服教学活动的盲目性，提高教学的针对性，从而提高教学质量。

（二）教师在教学实践中备学生的策略

教师备课时一定要注意尽可能地适应学生的智力发展状况，这样才能做到有的放矢地"备学生"。在确定教学内容、提出教学要求，以及选择教学方法时，都应考虑学生的实际发展水平，具体说来应考虑以下三个因素。

一是学生的年龄特征。尽管同年龄学生之间在智力发展状况方面存在着较大的差异，但是就整个班级学生而言，这种差异只是数量和程度上的差异，而不同年龄段学生之间（如七年级与九年级相比）智力发展状况的差异就不一样了，它们有着性质和根本的区别。教师应考虑采取适应学生年龄特征的方法进行讲授（如同样举例、阐述，先后顺序就应不一样，教七年级学生应先举实例后阐述原理，而教九年级学生则应先讲原理后举实例）。

二是学生的学习基础。要使学生学习新的知识，一定要考虑他们原有的学习基础。新传授的知识如果太浅，他们学习起来毫不费力；如果太深，他们学习起来十分吃力，这两种情况都不能使他们对学习内容产生兴趣。因此，只有从学生原有的学习基础出发，略微超前一些，才能收到较好的教学效果。

三是学生的学习能力。学习能力不相同，学习起来效果就大不一样。如果在教学过程中不恰当地向学生提出过高或过低的学习要求，那么很可能出现"心有余而力不足"或者"马马虎虎不当一回事"这两种极端状况，这对于学生知识的获得和能力的增强显然都十分不利。

备课时除了要考虑学生的智力发展状况外，还要注意他们的非智力因素的发展状况，其中特别值得考虑的是学生的学习兴趣和求知欲望。学习兴趣是指学生对学习的一种积极的认识倾向和情绪状态，这种认识倾向和情绪状态就是古人常说的"乐学"。兴趣是学生学习的内部驱动力，是学习积极性中最具活力的部分。如果学生对学习产生了浓厚的兴趣，那么不需要教师督促便能积极愉快地完成学习任务。因此，教师在备课时应使学生对学习活动产生浓厚的兴趣，如结合教学内容增加一些生动形象的例子，提出一些能适应学生现有的心理发展水平而又使他们感到"有些不满足"的要求，选择他们十分感兴趣的教学方法等。求知欲望是人的一种与生俱来的心理状态，它的起点是对客观事物的好奇心，好奇心向较高层次发展，便形成了求知欲望。学生有了强烈的求知欲望，便会产生较为持久的学习动力；而对学习活动具有持久的动力，便会使学生的思维态势处于主动进攻状态，在这种状态下，取得良好的学习效果是很自然的事。教师在备课时应当充分重视培养、激发学生的求知欲望，如设计一些能引起学生深入思考的问题，并注意在适当的时刻提出，以使学生的思维较长时间保持活跃状态；或者组织他们对某些有典型意义的教学内容进行专题讨论，鼓励他们为阐明自己的见解而探索更多的新知识。例如，七年级的学生是初中阶段起始年级的学生，他们主要学习算术的计算和简单图形的运算，还未形成良好的学习习惯。他们在课堂中思维活跃，但思考问题不够全面，想说什么就说什么，很容易受外界的干扰，凭直观感觉做题，同时求知欲望很强，渴望通过实践得到新知。因此我们应该保护学生的求知欲望，可通过创设情境、师生互动，达到激发兴趣的目的，让他们在宽松、和谐的课堂气氛中学习，留给他们足够的时间与空间，让他们在观察、实践中不断发现数学问题、领悟数学思想。

备课的着眼点应放在全班大多数学生身上，这是一条重要的备课原则。丢掉大多数而只对少数学生"因材施教"的做法是不可取的。大多数学生容易理解的知识应少讲，大多数学生感到困难的地方应该多用一些时间讲解，以利于他们及时消化新知识；大多数学生感兴趣的内容应多讲，有时根据教学需要组织他们进行讨论，鼓励他们各抒己见；大多数学生有可能感到枯燥无味的地方需要增设幽默、风趣的材料，以提高他们学习的积极性。

备课时，除了把重点放在大多数学生身上以外，还应注意智力发展水平较低及非智力因素方面发展较差的那部分学生。教师要从他们的实际水平出发，多准备一些低层次、难度较小的材料，讲课时起点适当定得低一些，并有意准备一些适合他们思考的问题和练习，以便引导他们较快地跟上一般学生的学习速度。这样，他们的信心会有所增强，能力也会有所提高。

备课时还要注意智力发展水平较高、非智力因素方面发展较好的那部分学生。这些学生思维比较敏捷，求知欲望比较强，往往不满足教师讲的一般性内容。教师备课时要根据他们的实际水平，多准备一些高层次、难度较大的材料。在完成一般性教学任务的基础上，适当准备一点他们感兴趣的任务，布置一般性作业后可再适当布置一些适合他们思考的练习。

备学生关键在于教师要真正了解学生的实际情况，即了解学生智力与非智力因素的实际水平。教师不能凭着老经验想当然地认定，因为不同班的学生学习水平是不相同的，就是同一个班的学生学习水平也是不断变动的。了解学生的方法有许多，其中容易见效的主要有以下五种：一是新接手一个班级时，可先做两项工作，即向前任任课教师了解班级情况，了解不应局限于学习基础和学习能力如何，同时也应了解学生的兴趣爱好及学习习惯；可以通过开座谈会，鼓励学生畅所欲言，多提些教学建议。二是教过一段时间，对学生的情况有了初步了解之后，还应不定期地征求学生对教师上课效果的看法。这样，从学生的反馈信息中也可以了解到他们的水平如何。三是上课时要善于察言观色。学生听课时的表情是教师的讲授是否符合他们实际水平的晴雨表，或满意，或疑惑，不管何种神情都形象地把他们的实际水平呈现在教师眼前。四是设计一些看似简单但带有倾向性问题的当堂完成的小练习，以测定学生在某一方面的实际水平。五是认真批改学生的作业，仔细分析其中的错误，尤其要关注那些带有普遍意义的问题，因为这些问题是最能体现出学生的真实水平的。

三、备开头和结尾

（一）备好开头，引人入胜

一节课的导言设计得好，常常能引发学生对探求新知识的好奇心，为上好一节课奠定基础。创设教学情境，常从导言开始，在导言上下功夫，常常会收到较好的教学效果。例如讲相似三角形的性质时，可以哲学家泰勒斯用一根短绳测出金字塔高度的故事来引入新课。

数学课可以采用趣味式引入、故事式引入、设陷式引入、问题式引入、联想式引入、发现式引入、实验式引入、悬念式引入等方式。

"开讲"是一种艺术，从讲课一开始，就要做到吸引学生，打动学生，做到以"情"入境，以"奇"入境，以"疑"入境，以"趣"入境。

（二）备好结尾，引发探索

教师往往不够重视一节课的结尾。其实，课堂结尾的教学设计，具有与导言同样的作用。巧妙的结尾，或前呼后应，或留有余地，或引发探索……都能产生良好的教学效果。

数学课的结尾常常有悬念提问式、延伸思考式、前呼后应式、激情演讲式、知识竞赛式、阅读课本式、开放小结式、作业评议式等。

四、备问题

教师备课时，除了备教材、备学生外，还需要备问题。备问题是备课过程中不可缺少的一个环节。问题既能联结教材内容和教学目的，又能沟通师生之间的思想，这对于获得最佳教学效果有着至关重要的作用，因此必须充分重视。大家知道，备课过程是教师厘清教学思路的过程，教学思路畅通是获得最佳课堂教学效果的重要保证。尽管每节课的具体教学内容不同，具体教学要求也不同，但教学思路必须清晰这一要求是一致的，均应遵循这样一条思维路线：提出问题、分析问题、解决问题，教学目的由此得到贯穿。因此，不难明白，如果问题备得深透，备得恰当，那么教师讲起课来便会思路清晰、语言流畅，学生听起课来也会觉得毫不费力。

设计的问题要有层次性，有利于不同水平的学生进行思考和探究；要有明确指向，有利于学生开展议论和理解数学；问题的提出要适度，符合学生探索求知的需要，既有思考性又有可行性，既能培养学生的学习兴趣，又能引起认知冲突；要有适当的思维空间，有利于学生从不同的视角、用不同的思路和方法去分析问题和解决问题；要由教师提出问题逐步转向由学生发现问题、提出问题、给出解决问题的方案。

教师可以把问题串在一起，一环扣一环，以利于学生进行积极思考。

上面说过，备问题是备课过程中不可缺少的一个环节。问题备得好，教学思路一下子就会变得清晰，整个教学过程便会变得流畅，课堂教学的效果也会相当理想。然而要真正备好问题，也不是一件易事，不是不假思索地随意提几个问题便能达到目的的。要备好问题，必须有以下三个前提条件：

首先，必须把教材内容钻研透（只有十分熟悉，才可能发现其中值得提的问题），并在此基础上，重点考虑这些问题：这一部分教材的基本内容是什么？重点在什么地方？有没有特别难以理解的地方？怎样提问才能使学生较快地消除疑问、明确重点和掌握基本内容？

其次，必须结合教学大纲和教学参考资料准确地理解和把握这部分教材内容的教学目的、要求和编者的编写意图。在此基础上，考虑提出哪些问题能使学生比较容易地学深、学透这部分内容。

最后，必须正确、全面地了解学生的学习基础和学习兴趣，在此基础上准备的问题当然会更加切合学生的实际和更受学生的欢迎。

很明显，除具备以上三个前提条件外，如果在教学过程中适时地加以提问，那么是可以获得良好的教学效果的。

备课时应根据教学内容提出要求学生思考和回答的问题。考虑问题时要注意这样几点：哪些内容是需要以问题的形式来启发学生思考的？本堂课一共要向学生提几个问题？这些问题中哪几个问题最为重要？为了帮助学生较快地理解，还应辅之以哪些比较容易回答的问题？在提出的这些问题中，哪个问题对学生而言难度最大，必须适当加以提示？

备问题不仅需要准备一些具体的问题，还应当安排好提出这些问题的方式、时机和先后次序。例如，哪个问题提出后需要学生当时就回答？哪个问题提出后要让学生思考几分钟（甚至讨论几分钟）才回答？哪个问题在讲授新内容之前提出？哪个问题在总结时提出？如果这些问题能在备课时就已经精心组织好，那么在课堂教学过程中具体实施时便没有问题或有较少问题了。

备问题时不但要备好所提问题的内容，而且要备好回答问题的途径和方法，即如何一步步地启发学生去接触问题和分析问题进而解决问题。正确的做法是既要给学生适当的提示，又不要提示得过于明显，使学生缺少思索的余地。具体的方法步骤应根据情况而定，问题较简单的应简化步骤；反之则应做适当铺垫，尽可能做到巧"引"善"导"。

备问题还应注意的一点是教师应预先设想在讲课过程中学生可能会提出的问题，并准备做出相应的解答。这种方法叫作"预先设问释疑法"。预先准备好以后，讲课时把教学内容讲完后紧接着便可用"有的同学可能要问……"等语句加以过渡，在学生直接提问前解答，这样既可以消除学生在学习过程中的一些疑问，又可以使整个教学过程颇有条理和比较紧凑。但是，并不是所有问题都适合用此法。一般说来，只有以下三种问题适合运用"预先设问释疑法"：一种是大多数学生所共同具有而且可能很多学生将要提出来（具有普遍性），如果不做必要的解释，不及时加以解决，会影响他们后续学习的问题。另一种是不解决会影响学生理解、把握这部分教学内容的基本意思的问题。还有一种是问题的答案通常不是这部分教学内容的重点，没有必要让学生在这上面花费过多的时间和精力进行思索和讨论，只需教师简明扼要地叙述一遍即可的问题。

例如，在讲授"解直角三角形的应用"时，教师可设计这样几个问题：

①操场上，主席台旁有一根旗杆。有一名同学站在操场上测量旗杆的高度。问：如何测量？

②若旗杆底部周围地面正在施工，同学无法直接量出旗杆底部到测量点之间的水平距离，怎么办？

③若两名同学分别站在旗杆的两侧，使两名同学、旗杆的底部在一直线上，又如何测量？

④若一名同学站在旁边的一幢楼的屋顶上，该如何测量呢？

这样，便把一系列测量建筑物高度的问题串在一起，促使学生积极思维，便于系统掌握知识。待学生稍加思考后，教师使用概括的语言进行解答，不必让学生讨论，这样可以节省时间。

备问题时，还要备些开放性问题、规律性问题或探索性问题，引导学生进行思维拓展。这样的题目能使学生的兴趣得到增强、思维得到拓展。

备课除了要备教材、备学生、备开头和结尾、备问题外，还要特别注意团队合作。在备课活动中，教师可把备课体会告诉同伴，进行讨论、反思，然后修改教案，这样才能真正地提高课堂教学效率和教师的业务水平。

五、备作业

所谓作业，就是指为完成生产、学习等方面的既定任务而进行的活动，如工业性作业、课堂作业等。

一般来说，中学数学作业以教材为中心，以课程标准为参照，由教师按习题的难度，组成一个基础型、巩固型、提高型、探究型的训练链，通过适当重复来加强记忆，巩固课堂教学的知识点。中学数学的作业大多是直接从课本上选择的，而这些书上的习题主要是基础性和巩固性练习。另外，自编的练习也是一种作业，实际上就是要把收集到的一些练习题按照学生实际情况，进行合理、适当的选择，布置给学生。但就目前的情况来看，在部分学校里，学生的作业与片面追求升学率或应试教育相关联，它有许多弊端，如作业形式单一，要求脱离学生实际，重视结果而不重视过程，对作业的评价是被动评价，等等。

（一）备作业中存在的问题

①作业的针对性不强，题目精选程度不够。
②未利用作业的环节进行教学诊断，缺乏实施矫正性练习。
③作业量太大，作业难度偏高，学生难以承受。
④作业批改过于简化，作业评讲重点不突出。

（二）备作业的基本原则

1.基础性和量力性相结合原则

美国心理学家布鲁姆的目标教学理论提出了学科教学的知识学习目标，即相应知识点的学习必须具有一定的目标性。在教学活动中，师生应当明确各个知识点的教学目标，教学应围绕教学目标开展活动，努力达成教学目标。根据这一原理，数学作业同样要体现知识学习的目标，即布置作业要体现课堂教学应达到的教学目标，学生通过练习能进一步巩固知识，使思维能力得到进一步发展。简单而言，就是作业训练什么教师心中要有数。对学习难度较大的内容，教师不能急于在短时间内让全体学生掌握，应合理分解难点，科学安排训练，逐步突破；对于有代表性、典型性、关键性的作业，不要认为学生做过就算过关，必须有目的、有计划地安排一定程度的训练，才能保证学生获得牢固的知识和熟练的技能。目标的确定理应具有基础性和量力性，每次的作业内容常常有若干个知识点，各个知识点在了解、理解、掌握等要求上不尽相同，要根据既定的目标，促进学生顺利完成，这便是作业目标的基础性；另外，由于学生已有的科学文化知识尚不丰富，故布置作业时不能无限地加深和拓宽，一定要适应学生的年龄、生理特征，合理安排数学作业，这便是作业目标的量力性。总而言之，作业的目标性原则，其核心是依据教学目标，正确、合理地布置学生的作业。

要求学生把所有题目逐一完成，从时间上来说不可能，从学生的实际情况来说也无必要。因此，针对课程标准的要求，课堂上的例题教学、分析题目必须有所选择，所选题目应具有典型性。只有高质量、有代表性的题目才能达到事半功倍的效果。所以布置作业前，教师要亲自做一遍题，这样才能熟悉习题的难易程度以及各自的内在联系，便于将习题分类，同时预见作业中学生可能出现的问题。

2.巩固性和层次性相结合原则

考虑到学生的课业负担，作业布置力求少而精。因为学生的学习时间有限，尤其是毕业班，科目多，任务重，时间少。因而，布置课内、外作业首先要考虑学生负担是否合理，负担过重，影响学生的全面发展；负担过轻，则无法发挥学生的潜力。数学作业最容易走入题海误区，有些教师误认为熟能生巧，越多越好。但有的学生做了很多作业，对的却没有几个；或者一部分学生根本完不成，真可谓劳生心，伤师神。所以，要精选那些典型的练习或习题，使学生通过训练，既能巩固所学知识，又能触类旁通，举一反三。

如果要求所有的学生在同样的时间内，运用同样的学习条件，以同样的学习速度掌握同样的学习内容，并要求达到同样的学习水平，就必然会造成有的学生"吃不饱"，有的学生"吃不了"，有的学生甚至是不知所云。因此，教师在设计和布置作业时要有梯度和区分度，要分开层次，不拿同样的作业布置给所有的学生。比如，在设计和布置作业时，可设必做题（基础题）和选做题（提高题），有的学生要全做，有的学生可以只做基础题，少做或不做提高题。这样才能真正体现"因材施教"的原则，才能让不同情况、不同程度的学生都能巩固知识，都感到满意。

3. 有效训练的原则

能力＝知识＋方法＋有效训练。有效的训练对培养学生的能力起着很大作用。主张有效训练，就是要求教师针对能力培养计划，认真研究题目，注意选择那些比较典型的题目，使学生通过训练，逐渐完善思维结构，掌握必要的解题技能。特别地，布置一些"开放式"题目（答案不是唯一的题目），对培养学生的创造性思维具有重要意义。另外，有效训练要注意阶段性，既不能"急于求成"，也要避免"亡羊补牢"，只有循序渐进，由浅入深，才符合学生能力发展的要求。

六、初中数学教学备课的其他要点

（一）备多用寡

备课不能仅仅备上课要讲的内容，而应该根据所授知识，既备知识的由来，又备知识的延伸；既备不同类型的问题，又备同一类问题的不同解法……只有这样，才能在教学中根据学生接受知识的情况，适当调整教学进度、难度，使教学活动顺利进行，提高教学效率。

（二）设计教案，科学合理

设计教案的过程是进行教学艺术创造的过程。数学课的教案设计，既要突出重点，又要深刻系统；既要体现思维，又要注重运算；既要重知识传授，又要重能力培养、方法渗透；既要重教师的"教"，又不忽视学生的"学"；既要考虑利用多媒体优化教学设计，又不忽视传统教学手段。一般说来，教案设计得越细致、越具体、越周到，课堂教学就越主动、越生动、越活泼，教案就越具有艺术性，就越有成效。

（三）终身备课，养成习惯

终身备课是最高层次的备课。今天看到的一个题目，也许就是未来某节课的精彩例子；今天读到的一则故事，也许就是未来某节课巧妙的导言……教师应当及时地记录在相应的备课本里，以应来日之需。不是今天在备明天的课，而是终身在备"明天"的课。

第二节　初中数学课堂讲课艺术

一、初中数学课程的设置艺术

（一）新课引入与课堂小结

1.新课引入的作用和基本要求

"良好的开端是成功的一半。"在课堂教学中，一个好的引入会激发学生的学习兴趣和求知欲望，对收到理想的教学效果有着重要的作用。好的新课引入有以下作用：一上课就迅速吸引学生的注意力，使学生在有趣、有疑、有乐、有情、有劲儿的状态下学习；活跃的课堂气氛使学生的大脑处于兴奋状态，提高了学生接受新知识的速度，使学生对新内容印象深刻，激活思维；创新的教学情境使学生处于动手、动脑、动口状态，思维的敏捷度提高了，再配合精心设计的教学过程，有利于预定教学目标的达成。

新课引入一般应达到以下基本要求：引入应紧扣教学目标，能为课堂教学达到预定目标设置条件；引入应能激发学生的学习兴趣和求知欲望；引入应注意新旧知识的联系。数学学科具有完整的体系，在学习时要注重学科的系统性，利用"引入"的契机，通过复习新课所需要的旧知识，唤起学生的记忆，这对学习新知识是很重要的。同时，新旧知识的迁移、类比，也是学生应该掌握的一种学习方法。引入应切合学生的实际和课程内容。好的引入应符合学生的心理特征和现有的知识水平（符合学生的"最近发展区"），不能太"玄"，也不需要太复杂的形式，应立足于课程内容。一堂好课，需要在某些环节上做一些技术处理，但过于复杂的技术处理或形式反而会淡化课程内容本身，使学生眼花缭乱，不知学习目标是什么，对新知识的接受未见得有益。

2.新课引入的方式

课堂引入没有固定不变的模式，根据学生实际，结合每节课内容的特点，可以在设计上采取不同的方式和策略。这里介绍几种常用的方式。

（1）情境引入法

以实际生活中的场景或问题作为课程的开始。这种引入方法的优势在于，让学生领悟到数学源于生活而又应用于生活，把抽象的数学问题具体化、生活化，有利于学生理解和接受新内容。同时，在学习之前引入实际情境，点明了本课主题，学生对一堂课所要学习的知识点会更明确，在学习过程中会产生"有意注意"，可以提高学习的效率。这种设计，使学生在动手、动脑、动口中学习新课。而多媒体演示更给学生提供了实感与美感，提高了学生学习的效率。

通过实际情境引出数学问题，再通过数学问题的解决"发现"新知识、学习新知识，这样设计可以在课的一开始就吸引全体学生的注意力，引起学习的兴趣。因此，这种引入方式应用较为广泛。

（2）问题引入法

以一个能引发学生兴趣与思考的问题作为一堂课的开始，使学生在问题解决与探究中很快进入新课学习。这个问题应该是开放的，能激发学生的兴趣和疑问，让学生在尝试和探究的过程中引发求知的欲望。这个问题可以是一个实际问题，也可以是一个纯数学问题，但无论如何，这个问题必须是紧扣本课主题的。

（3）温故孕新引入法

有些类型课程的学习需要运用很多相关固有知识或是可以由已学过的知识进行迁移得到，这就需要在学习新知识之前先进行复习，唤起学生对已有知识的记忆。温故的作用在于可以扫清学习过程中的障碍。也有些课程可以通过对已有知识的回顾、反思、运用、迁移、拓展、类比等手段引出新知识，使新概念的形成顺理成章，易于接受、理解。

（4）开门见山引入法。

这是最直接的引入方式，其优势在于直接点明主题。学生在学习的过程中直奔主题，排除其他内容的干扰。此法对一些难度较高或相对独立的内容非常适用。这种引入方式比较适合数学基础较好的学生。

（5）操作探究引入法

这是目前运用比较多的引入方式，就是让学生在动手操作的过程中发现规律，提出猜想，进入新课学习。这种引入方式如果运用得当，可以充分调动学生的主动性。有意义的操作过程，能够让学生的投入程度达到最佳状态。

现在很多的公开课都会设计一个操作性问题作为引入，但有些问题操作的意义并不大，对课堂教学目标的达成并没有起到必需的作用。因此，"是否需要设计一个操作性问题引入教学""怎样设计一个既能达到预定目标，又切合学生实际的、有意义的操作性问题"是备课时应该仔细考虑的。

新课引入的方式很多，针对不同的课型应有不同的选择，就是同样的教学内容采用不同的设计也可能达到同样的目的，但无论采取何种引入方式，提高课堂效率、激发学生的学习兴趣是最根本、最重要的。

3. 课堂小结的作用和基本要求

教师一般都比较注重课堂教学过程和新课引入，却忽视了课堂小结的作用，其实，课堂小结也是课堂教学中的重要环节。

（1）课堂小结的作用

事实上，学生在课堂学习中对所接受的知识和方法的认识是凌乱、不规则的。在小结时，可以通过对课堂学习的回顾、反思、概括、归纳知识点和数学方法，使学生对一节课的内容有一个完整而系统的认识，既有助于加深他们对新学知识的理解和记忆，也有助于他们把新学知识与原有知识进行有机联系，形成有序的知识链、知识网。

小结时，可以弥补在教学过程中的某些失误。在刚开始学习时，往往有学生不知道本节课的学习目标是什么，对学习内容和学习目标的不清楚造成了学习效果不理想。如果在小结时能承上启下，再次明确学习的目的和应该达到的目标，以及本节课知识能解决的问题类型，则可以让学生有更深刻的认识，对一些后知后觉的学生更可以起到让其"茅塞顿开"的作用。

一般本节课的知识点对下一节课的学习影响较大，前后联系密切，在小结中可以通过质疑、反思，激发学生对未来一节课的学习愿望，对后续学习也很有益。因此，课堂小结不是可有可无的，教师应该充分利用下课前几分钟进行小结、归纳，效果比再做一道题好。

在教学过程中不时会生成新的知识，利用课堂小结，师生共同总结各方面的收获，交流学习体会，对学生和教师都是一种提高，是增长知识、获得体验的良好时机。

（2）课堂小结的基本需求

课堂小结中的主要部分是对知识点的小结，其目的是使学生通过课堂教学形成比较系统、完整的知识轮廓，因此，在小结时应注意知识的完整性。

一堂课的学习内容有侧重点，如果平均使用时间和精力，会让学生产生抓不住重点的感觉，影响对重要内容的体验和记忆，因此在小结时应注意"突出重点""强调难点"。

数学问题层出不穷，题目千变万化，因此掌握方法最关键。在授课时应注重传授数学方法、发现数学规律，小结时更应注意对方法、规律的总结，尤其注重对各种方法、规律的作用、适用类型的归纳。

只有学习积极性被调动起来，学习的效果才会更好。因此在小结时，单纯由教师对主要内容加以归纳整理，学生的记忆不会深刻，而放手让学生自主归纳、概括主要内容和数学方法，自主总结一节课的收获与体会，效果会更好，有时甚至会掀起课堂教学的又一个小高潮，引发一次小小的却又激烈的讨论，让教师和学生在"恋恋不舍"中结束课程。这样的小结能让学生回味无穷。

课堂小结要注意前后呼应，对引入时提出的思考问题做出解释，或进行深入发掘。有时教师在授课过程中通过自我反思，有新的见解或发现，在小结时可以提出自己的新观点、新发现，但要注意与本课教学内容或新课引入的联系和呼应。

4. 常用课堂小结的形式

（1）知识归纳式小结

知识归纳式小结是最基本、应用最广泛的小结方式。应该说，所有的课堂小结都包含知识点的归纳。师生一起回顾本节课所学的主要内容，把新学的内容梳理一遍，使学生通过小结，对本课内容有一个整体、系统的认识，以求达到更深层次的理解。

（2）前后呼应式小结

在引入课程时，有时候会以一个思考型问题引发学生的反思、质疑，顺理成章地进入新知识的探究与学习；或者在引入时，师生共同提出一个观点，通过一堂课的活动来验证这些观点等，那么，在课程结束前，应该再回到引入，对问题做出正确而完整的解答，对观点做出合理而肯定的解释。如果引入时提出的问题、观点不了了之，教学会失去效用，有时甚至会造成学生产生错误认识，做出错误判断，影响今后的学习。

（3）交流及反馈式小结

课堂小结如果总是由教师或学生进行知识点的归纳，会让学生觉得疲惫，造成学生注意力分散，不一定能达到预期的效果。所以有些课上，教师可以设计在课堂小结时围绕本节课的主要内容进行小组间的交流讨论，然后全班反馈，这种小结常会使学生再次闪现思维的火花。比如，如果讲授的知识点比较多，可以让学生分组设计一张表来概括知识点，然后全班交流每个组的成果，以加深印象，形成更好的记忆方式；又如，请学生或小组讨论，精心设计一个应用新学的知识、方法的小问题，通过对这个问题的探索、解决，理出一堂课的主线，并在再次运用中强化理解与记忆；还可以通过让学生编题并解答来加深对新学内容的认识和理解，掌握其应用。

（4）自主评价式小结

学生既是学习的主体，也是课堂的主人。课堂教学应该给学生足够的时间和空间去体验、去思考、去感受，同时让学生有机会畅谈他们的体验、感受与收获。学生不仅仅是接受者，他们也应该对课堂教学、对教师、对同学做出评价。在课程结束前的最后 5 分钟，把讲台还给学生，让他们对课程学习提出质疑，表达出他们的疑惑或者收获的欣喜，提出建议和不同见解。在开始阶段，学生往往只会模仿教师进行简单的知识内容的整理，或是泛泛地谈几句：我有收获、教师如何、同学如何等。对此教师不要气馁，在鼓励学生的同时，可以自己先提出一些小问题，请学生思考，或是谈自己对某个教学环节处理的"事后反思"，提出修改意见，也可以谈对某个学生的发言或方法的欣赏……时间久了，学生自然而然会由简单模仿过渡到有自己的观点、方式。在评价中，学生锻炼了表达的能力。"数学表达"是数学中非常重要的能力，数学语言是世界上最精练、优美的语言，是跨越国界的语言，能用数学语言表达，用数学方式思考，用数学方法解决问题，是素质教育的要求，为今后能"说数学""做数学"打下基础。

（二）课堂教学节奏

1.教学节奏在课程实践中的体现

（1）教学内容的展与收

所谓的展与收，是指教学内容的拓展和收拢。展，一般在教学引入之时使用，也就是课堂前 3 ～ 5 分钟；收，一般是在总结课堂知识点时使用，也就是课堂结束前 1 ～ 3 分钟。值得一提的是，展与收是辩证统一的，两者既有区别又有联系，有展必有收，收中又寓展。因此，教师在教学过程中要展、收结合，以提高数学教学质量。

①展：故布疑阵，引人入"学"。

对于数学课堂来说，良好的导入就是成功的一半，成功的课堂导入往往能迅速吸引学生的眼球，激发他们的求知欲。因此，教师要把握整个课堂节奏，就必须从谱写前奏开始，如在情境导入中激发学生的想象力和灵感，在趣味问题导入中吸引学生的注意力。总之，教师要竭尽所能，或巧设情境，或单刀直入，使学生快速置身于数学的"学海"中。

教师可以介绍一下德国著名数学家高斯，并通过讲述高斯速算的故事，一方面，引出"1+2+3+4+…+100=？"的数学问题，另一方面，借此鼓励学生积极主动地开动脑筋，仔细观察。将数学故事引入教学中，不仅能调动学生学习的积极性，还能在故事中引发学生思考，带来意想不到的数学体验和感悟。

②收：利落刹车，快锯断木。

课堂结束前几分钟，学生的知识输入已经达到饱和状态，各个知识点也是杂乱地"分布"在学生的脑中，搅在一块，教师必须适可而止，花上 1 ～ 3 分钟的时间帮助学生概括和总结本节课所学的知识点，进而梳理思路、总结规律，使得知识点条理化、清晰化，避免出现张冠李戴的情况。

如学习"一次函数"时,教师可以采用问答的形式进行知识点总结,就一次函数的概念、图像、性质等基础知识进行设问。学生在齐声回答的过程中,不仅能巩固本节课的知识点,还能建构知识体系,在脑海中形成明朗的知识结构。

③"展"中有"收","收"中寓"展"。

展与收并不是割裂的,相反地,两者相互依存,并在一定条件下能够相互转化。因此,教师要正确处理好"展"与"收"的关系,做到"展"中有"收","收"中寓"展"。一方面,可以在课堂导入的过程中回忆、总结前一节课的相关知识点,为本节课的教学做好铺垫;另一方面,可以在最后的知识总结中埋下伏笔,产生"预知后事如何,请听下回分解"的意犹未尽的效果。

如学习"图形的平移"时,教师可以在情境设置的环节中顺便回顾一下上一节课所学的知识点:线段 $A'B'$ 称为线段 AB 的对应线段,也就是线段 $A'B'$ 与其对应线段 AB 之间的关系。进而引申出本节课的学习内容,即对应点连线间的关系。通过比较来引入知识点,不仅便于学生理解,而且能达到"展"中有"收"的目的,对于提高课堂效率具有重要的作用。课堂结束之前,教师除了总结本节课的知识点以外,还可以重新布下疑阵,如"通过本节课的学习,大家掌握了不少平行线的性质,但在几何图形中仍然具有大家未知的秘密,想知道简简单单的三角形的神奇的魔力吗?那么就让大家把疑惑留到下一节课吧"。

(2)教学语言的起与伏

语言是确保教师教学顺利进行、师生畅通沟通的重要工具,也是调节课堂节奏的关键。教学语言既是教师传道、授业、解惑的重要凭借,也是承载教师情感的载体。所谓教师"讲课"、学生"听课",关键在于"讲"和"听"二字。清晰饱满、字正腔圆的吐字,不仅能给予学生美的听觉享受,还可以提高学生的听课效率。所谓的"起与伏",是指教师在音高上要实现低沉、高昂相结合,在音长上要实现长短相结合,在表述上要实现简明扼要、具体生动、形象鲜明相结合。因此,教师要注意提高自身的语言修养,以声音来吸引学生的注意。

语言作为课堂的一种内在节奏,不同的语调、语速,一方面能反映出教师内在思想情感和心理的变化,能有效地增强语言的感染力,从而有助于形成良好的课堂氛围,如教师明快的语调能够减少学生的压力,使学生轻松、自由、快乐地遨游在数学世界里,而低沉的语调则会抑制学生的积极性,课堂氛围会显得紧张而压抑。另一方面,能传达出教学的其他信息,如教师往往通过重读的方法来突出某一知识点的重要性,或通过慢读来延长学生理解或记忆的时间等。

如学习"二次函数"时,教师可以采用明快的语调导入新课:同学们,我们先来看一段视频。仔细观察,看看你们是否认识视频中的形状。新课导入后,理解二次函数的概念、建立二次函数的模型,并确定自变量的取值范围是本节课的重中之重,教师在讲解关键知识点时,可以刻意地放慢语速、提高音量,在引起学生注意的同时,帮助学生吸收和消化。

(3)课堂氛围的动与静

数学课堂是动与静的合成。动,也就是激发学生的潜能,使他们积极主动地参与到课堂中，如探究活动、小组合作、讨论等；静，是给学生创造相对安静的氛围，给他们独立思考的空间。数学课堂既要有"动如脱兔"的精神，也要有"静若处子"的状态，因此，教师一方面要调动学生的积极性，鼓励学生参与知识的生成过程，在动手操作的过程中亲身体验知识的魅力，在小组合作中感受数学的别样风采，在讨论过程中感受不同思想火花碰撞出的光芒；另一方面，教师要给予学生自主思索、回味和感悟的空间和时间，使学生能够发挥自己的主动性和创造性。只有这样，才能实现数学课堂动静结合、张弛有度。

如学习"认识三角形"时，教师可以让学生利用教具中的塑料棒进行动手操作：现有四根长度分别为 10 cm，12 cm，15 cm，25 cm 的木棒，从中取三根搭三角形，可以搭成几种不同的三角形？学生可以四人一组，根据题意，合作并进行探讨。通过这样探索性的小组合作，能活跃课堂气氛、激活学生的思维，使学生主动地参与到课堂活动中。当然，教师也可以借助数学游戏、数学故事等来活跃课堂氛围。但是数学课堂光有"动"是不行的，离开了安静的思考和品味，数学课堂是乏味的，缺少生命力，因此，教师要适时地让学生安静下来，聚精会神地思考问题，如可以用眼神示意学生安静下来，或暂停讲话，引起学生的注意。

（4）教学速度的快与慢

教学速度的快与慢是课堂教学重点突出、详略得当的重要体现，其一方面抓住了教学重点，对重点知识层层深入、面面展开、重点剖析；另一方面，对易理解或已学过的知识点进行再加工，如概括、总结等，简化教学过程，一笔带过，从而有效地提高课堂效率。所谓快与慢，是指教师讲课要做到有张有弛，在讲解重难点知识时，可以有意识地放慢教学速度，使所有学生都能跟上教师的思维；对于不重要或易于掌握的知识点，教师可以删繁就简，快速地带过。值得一提的是，讲课过快会使学生长时间高度集中注意力，极易产生疲劳；而讲课过慢则会使学生思维滞涩，注意力极其容易被分散。因此，教师要实现"涓涓细流"和"滔滔不绝"两种讲课方式的结合，使学生既能心情愉悦地徜徉在数学的海洋里，又能产生一定的压力，从而提高课堂效率。

要把握好教学速度快与慢的节奏，必须做到以下几点：一是立足于整个教材体系，明确各个知识点的分布，做到了然于心，如知识点重复的，可以进行整合；知识点相联系的，可以调整教学计划，挪到一起来讲，体现知识点的过渡与衔接。二是把握每章每节的重难点，将重难点知识进行剖解、分析，转化成形象生动的案例。三是立足于学生的实际，由于不同的学生，能力水平存在较大的差异，对于他们来说，相同知识点的难易程度也是不同的。因此，教师必须以大多数学生的水平为基准，兼顾各个层次的学生。

2.教学课堂节奏的优化策略

（1）科学设计教学内容，放慢教学节奏

张弛有度，效率为先，要求教师在开展初中数学教学的过程中，应科学合理地设计教学内容，有序放慢教学节奏，保证学生能够稳步学习数学知识，提升数学综合能力。由于课堂教学受到了时间的限制，所以需要教师合理安排教学内容，明确教学思路，保持良好的教学节奏，让学生在这种教学节奏中更加有效地学习数学知识。教师放慢节奏，让学生能够在课堂中进行充分的交流和讨论，利于学生对数学知识的理解和掌握。例如，在学习"图形的变化"的时候，教师应该放慢教学节奏，避免一带而过，应该给学生更多的思考和交流的时间，让学生进行图形变化的演示练习，使学生对图形变化的相关知识有更好的了解。这样既能提高教学效率，同时还能为学生以后对相关知识的学习打下良好的基础，使学生的综合能力得到提升。

（2）开展留白教学，提高课堂节奏的张力

留白，是教育教学中比较常用的一种教学艺术。留白教学，可以给学生更多思考的时间，让学生对于问题有更加深入的认识。同时还可以让学生在交流和讨论中展开想象，激发学生的求知欲望，体现出课堂教学的张力。只有这样，才能够提高课堂教学质量和水平，提高学生的数学综合能力。所以，教师应该针对教学实际情况，有效开展留白教学，让学生的思维得到发展。例如，在学习"轴对称图形"的时候，教师可以开展留白教学，给学生更多的时间和空间进行思考。因为学生以后会学习到中心对称的相关知识，如果学生对于轴对称知识掌握得不够牢固，那么容易导致以后的知识混淆，影响数学知识的应用。开展留白教学，学生可以通过演示，以生活中的轴对称图形为例进行实验，能增强对数学知识的理解，提高学生的数学综合能力。在留白教学模式下，数学教学节奏有序和充满张力，学生熟练掌握知识，学习效率会得到显著提升。

（3）借助多媒体开展教学，扩大教学容量

随着计算机技术的快速发展，多媒体在教育教学中的应用越来越广泛。现代教育技术凭借其生动、直观和形象的特点，受到了广大教师和学生的认可和欢迎。科学合理地应用现代多媒体技术，可以大大提高数学教学效率，节约更多的时间，有效扩充教学容量。同时，可以利用多媒体技术，拓展教学资源，使学生能够掌握更多的数学知识。学生在这种稳定的节奏中开展数学学习，学习效率能得到提高，学习能力会得到提升。例如，在学习"图形的平移"的时候，利用多媒体技术，可以实现图形在多媒体大屏幕上平移，让学生更加直观地看到图形的变化轨迹。教师直接操作计算机，可以节省教学时间，从而能够在课堂教学中讲解更多的内容，扩大教学的容量。同时，教师还可以利用多媒体网络技术，搜索一些相关的教学资源，让学生对相关知识有更好的了解，有效提高教学效率。

（4）合理把握课堂教学的动与静

把握课堂教学的动与静，也是对课堂教学节奏的有效把握。动，主要就是指让学生的潜能得到激发，使学生参与课堂的积极性和主动性得到激发；静，主要就是指让学生能够在相对安静的课堂中进行思考，强化对数学知识的理解。实现动静的有机结合，也就是对教学节奏的有效把握。例如，在学习"认识三角形"的时候，教师可以让学生拿着教具进行三角形组装，大家一起讨论，研究三角形的主要特点。同时，教师要合理把握教学节奏，在适当的时候让学生保持安静，对存在的问题进行思考，加深对于三角形相关知识的理解，实现学生数学综合能力的提升。

（三）启发与引导

启发与引导是指在教学过程中，教师设法调动学生的积极性，依据学习过程的客观规律和学习内容的内在规律性，引导学生积极、自觉、主动地探求知识，掌握知识，培养能力。

在课堂教学中，启发与引导的作用很重要，应用也很广泛。比如，在引入新课时，面对实际生活背景，教师可以启发学生通过观察得到一些数学结论，把生活问题数学化；在学习新知识时，教师可以通过一些学生常见、熟悉、易于理解的例子来说明难以理解的数学概念或抽象的数学逻辑关系；在学生回答问题时，常会有回答不出或回答错误的情况，教师可以采用启发与引导的方式，帮助学生自己发现问题，找到正确的方法；等等。可以说，在课堂教学中，启发与引导无时不用，无处不在。

1. 启发与引导应遵循的原则

（1）掌握最佳时机

启发与引导的最佳时机是学生在学习、思考或解决问题中遇到困难，通过自己独立思考后确实无法进行下去时。因为学生在思考的过程中已经尝试过用各种方法、手段，来了解清楚问题所给的条件和所要达到的目标，只是可能对自己的方法不够自信，或思路有所偏离等。这时，教师给予学生一个小小的提示，学生会马上与自己原有的思路联系在一起，找到自己在思考中存在的问题，从而思路顺畅了。而由于自己有过碰壁，因此对这一知识点的学习会印象深刻，而且在今后的学习中，再遇到同类或相似的问题，会尝试用这一方法去思考。时间长了，随着方法的累积，学生的能力当然会越来越强，达到了学习数学的目的。

时机很重要，如果时机把握得不好，往往达不到所需要、所希望的目标。具体操作时一般要避免两种情况：

①内容较浅、问题难度不大，凭学生现有的知识基础和学习能力完全可以独立解决的，教师应该给他们多一点思考的时间去自己解决。有些教师总担心教学时间不够，不舍得把教学时间拿来让学生充分思考，喜欢包办代替，使学生产生思维惰性。

②内容较深、问题难度过大，教师应当给予适当的引导。教师过于相信学生的能力，一味强调学生独立思考，结果把很多教学时间浪费在学生的苦思冥想之中。学生在思考时，因为缺少正确的引导和方向，只能乱碰瞎撞，甚至失去耐心和信心，导致思维停滞，只等教师讲解。其结果是浪费了宝贵的教学时间，还有可能使学生失去信心和兴趣。因此，对难度较大的问题，应该给学生多一些时间进行认真的思考才会有深刻的理解和记忆。如果在提出问题后马上讲解，可能就失去了问题本身的价值和效用，但这个等待的时间应该比较适中。

总的来说，部分教师对于启发与引导的时机把握不好，在应当给学生更多思考的时候，过早给予引导、提示，使本来可以让学生通过理解和分析提高思维深度、广度的问题失去作用，影响了学生思维的发展；而过度的等待和冥思苦索会挫伤学生的思维积极性，影响教学任务的完成。因此，在课堂教学中，教师要根据学生的反应和教学实际情况恰当把握启发与引导的时机。

（2）启发与引导时要注意层次性

课堂教学中需要学生理解、掌握的内容和思考的问题有五个层次：极难、难、较难、一般和不难。极难内容应该由教师进行详细的分析和讲解；"难""较难""一般"和"不难"四种情况，应该分别选择不同的时机和方式进行适度的启发与引导。

对"难"的内容和问题，教师可以在向学生提出思考要求时，对要进行思考的内容和问题做一个大概的介绍，然后对思路、方法做简要提示，让学生能少走弯路，较快而正确地理解教学内容或解决问题。

对"较难"程度的内容和问题，教师应在提出问题后让学生独立思考，在他们经过积极思考，似乎接近得到结论或解决问题，却又无法真正完成时，教师稍稍地点拨，会使学生豁然开朗，在对教学内容的实质有了透彻理解或真正解决问题的同时，享受到成功的喜悦和思维的乐趣。

对"一般"程度的内容和问题，教师可以放手让学生独立完成，在他们经过独立思考后还有疑惑时，对他们的疑惑进行解答和点拨，这样比教师讲解更有效。

对"不难"程度的内容和问题，教师不必讲解，可以让学生自己去讨论、学习、解决。

当然，在启发时，应考虑到大多数学生的需要，从大多数学生的实际情况出发。

（3）启发与引导应具有发散性

所谓发散性是指课堂教学中教师对学生的启发与引导应能拓宽他们的思路，使他们不仅找到问题的答案，同时，因教师的启发思维变得异常灵敏和活跃，在多方面、多角度的思维训练下，思维得到发展。

发散性的启发与引导应有利于学生的思考，在向学生提供能达到学习目标的思维途径和方法时，不能含糊其词，也不能过于明白无误，使学生不需思考便达到目的。也就是"适度性"，只有适度地启发与引导才会产生有价值的思考。这就要求：启发应该是有的放矢的，针对学生在理解和分析时碰到的疑难点进行启发。应给学生指出一条有启发性的思维途径，而不是指示学生尽快去找到问题的正确答案。可以启发学生运用能有效解决问题的数学方法，让学生在解决问题的同时，掌握各种数学思想和方法，培养终身学习的能力。

2. 启发与引导的方式

（1）点拨提示法

在课堂教学过程中，学生在回答教师的问题或独立思考、解决问题遇到各种各样的疑难点时，教师应给予适当的提示。在开展课堂教学时，因为每个学生的学习基础、理解能力、接受能力、分析能力、智力发展水平等不同，他们在学习和解决问题时的思考方式会有差异，因此在课堂教学中，会有不同的状况出现，这就要求教师在做提示时根据不同的学生对象选择不同的方法。如果用"一刀切"的方法加以提示，效果不会太好。有的学生会感到教师的提示"多此一举"，认为自己的思维状态已经达到这一层次；有的学生会认为教师的提示没有提到点上，对自己的思维活动无实质性帮助。

①面向个别学生提示。当教师在提问某个学生，学生一时不能回答出教师提出的问题或是进行独立思考出现疑难时，教师应有针对性地给予适当的提示和点拨。这种点拨要因人而异，对平时喜欢钻研、常有独立见解但好钻牛角尖儿的学生，可以"点"得浅一些，采取"引而不发""旁敲侧击"等方法，引导他联系已有知识或换一个角度、换一种方法加以思考，激励他说出自己的观点或思路。对平时思维灵活度不高，比较沉闷、胆小的学生，则需要点得明白一些，或干脆明确地告诉他思维的正确路线，并举些类似例子让他加以模仿。

②面向全体学生提示。在课堂教学中，为使学生能比较顺利地沿着正确的思维路线去理解和掌握教学内容，可对全体学生做出有启发性的引导与提示。要使这种提示取得较为理想的效果，应该做到：

一是应根据班内绝大多数学生的基础和学习能力决定是否提示或怎样提示。对于学生经过思考能够自己得出结论的问题，不要做全班提示；而对于多数学生经过认真思考后虽有了解，但理解并不深刻，无法真正理解问题或流畅表达的，应当做适当的提示。

二是要注意把握提示的"度"，这里的度是指提示的明晰度。为了达到让学生在学习过程中通过思考、解决问题培养终身学习的能力和发散性思维的目的，教师在做提示时，不能让学生一听教师的提示便"豁然开朗"，应让学生有思考的余地。

三是提示应具有概括性，不要过于具体。因为概括性较强的提示涵盖面比较宽，能使学生不同程度地从中受益。

（2）举例法

在课堂教学过程中，遇到比较抽象、难以理解的知识点，或是学生在学习和解决问题的过程中遇到困难无法进行下去，又或是教师为了达到让学生深刻理解、记忆的教学目的时，可以采用举例法进行启发和引导，即用具体、形象、生动的实例来启发学生理解抽象、难懂的数学知识，让学生在真正理解的基础上通过实例达到解决问题、深刻记忆的目的。

用举例法对学生进行启发与引导，可使原本从理论到理论的教学内容变得具体、形象，使学生不会因为难以理解、枯燥乏味而失去学习兴趣，使学生在学习的过程中处于轻松的状态，从而提高课堂教学的效率。要真正达到这个目的，对所举的例子应有选择，在选择时应注意以下几点：

①举例要贴切。与教学内容无关的例子，无论它们如何生动、形象，一概不能举。与教学内容虽有关系但联系不太密切的例子也尽可能不举。要举就举与教学内容密切相关的例子。

②举例要适时。用举例来启发与引导学生可以降低思维的难度，把抽象的知识具体、生动化，但并不是所有的学习内容都需要举例。有些学习内容学生理解起来并不困难，就不必再举例了。在举例时，针对中学生的年龄特点和具体教学内容，可以先介绍概念、定理等知识点，再用实例对知识点进行具体的说明，也可以先举例，由实例抽象出数学概念、定理等。

③举例要适当。课堂教学的一个重要目的是传授知识、发展智力、提高学习能力，举例仅是一种对学生进行启发、引导，使学生更快更好地理解和掌握教学内容的手段，因此，一节课不要举太多例子，否则会喧宾夺主，使学生头脑中充满了生动、具体的例子，而对应掌握的教学内容却不能留下深刻印象，反而影响了课堂教学的效果。

举例要适当，具体体现在所举例子应适合学生的年龄特征及已有知识和生活背景。年龄较小的学生，因为其理解能力和已有知识的局限性，有些在成年人看来理所应当的问题、例子，对他们而言就是无法理解和想象的，因此在举例时一定要考虑学生的接受能力和理解水平。

④举例后要加以阐述。用举例来启发学生理解，引导学生进行正确的思考时，应对例子加以说明，并把它与教学内容有机地结合起来。用例子来说明教学内容的同时，把其中的数学原理归纳、总结、概括出来，达到举例子与教学"水乳交融"。如果只举例，教师不去揭示原理与例子之间的必然联系，那么学生对教师举例的用心无法揣测，既起不到启发与引导的作用，也发挥不了好例子的实效，达不到预期的目标。

（3）讨论交流法

课堂教学是由"教"和"学"相互配合、相互影响共同进行的一项活动。教学应确定和尊重学生的主体地位，切实关注学生主体意识的形成和自主、合作学习能力的培养，创造条件和机会让学生主动、能动地学，促进学生学会学习。为此，有些教学内容可以通过讨论交流法对学生进行启发与引导，赋予学生更大的自主权，最大限度地提高学生学习的积极性，让学生在交流、讨论中理解新学内容，同时培养合作、交流的意识，学会学习。

对学生而言，讨论交流法是一种最能激起学习兴趣和旺盛的求知欲望的方法。让学生自己去体验、思考，最能激发他们积极思维。但并不是所有的启发与引导都需要让学生进行讨论，对于教学内容中的一些重点、难点，可以组织学生进行讨论，因为在讨论中，为了证明自己的观点是正确的，学生的思维会比平时更活跃；对通过讨论得到的结论，学生的理解会更深刻。在讨论、交流的过程中，有利于学生掌握数学表达的方法，培养创造能力。

有时，在教学过程中，教师发现当学生对某一知识点的理解有误或有难度时，也有可能学生会提出一些特别的观点，此时，教师可以临时组织学生进行讨论和交流，让学生在相互讨论中辨出真理，去伪存真，解除疑惑，达到对知识的真正理解与接受。效果往往比教师单一地讲授、解释来得好。

讨论交流法是一种很好的启发与引导的教学方式，但它有个致命弱点：容易造成课堂秩序混乱，导致部分学生"浑水摸鱼"，有些小组在讨论时会偏离主题，甚至偏离课堂教学内容，结果浪费了宝贵的教学时间，却没有达到预期的目标。为此，在运用讨论交流法进行启发与引导时应注意几个问题：

①讨论时要围绕主题。课堂讨论不是目的，只是一种有利于学生进行积极思维，以便更好地掌握教学内容的方法和手段，应受到教学目的、要求的制约。所讨论的问题应该紧扣本堂课的教学内容，游离于教学内容之外的问题，即使能引起学生浓厚的兴趣，也是不可取的。因此，讨论的主题和问题是讨论成功的关键。

②讨论时要注重教师的引导作用。与讲授相比，课堂讨论更有利于发挥每个学生学习的主动性和积极性，因为讨论活动是以学生为主体的，参加活动的每个学生都有自由表达自己见解的机会，同时，每个学生又都要认真听取其他同学的发言，以随时得到反馈信息，及时调整自己的观点。但应当认识到，学生进行课堂讨论的时间是很短暂且宝贵的，讨论是带有教学目的和意义的，要使讨论富有成效，教师一定要把好关，发挥好引导作用。可以说，这时候的教师应该是一个导演，只有充分做好各方面的准备工作，同时更好地应变现场的各种状况，应对各种突发问题，才会使讨论真正起到更好地启发、引导学生掌握教学内容的作用。

因此，在讨论中，教师不是无所事事，而应该随时关注现场，深入每个小组中去了解讨论的进展情况，帮助组长解决碰到的疑难问题。尤其是对于年龄小的学生，当有小组出现冷场或离题的局面时，教师应适时引导学生再次讨论教学问题。在巡视中，教师还可以及时发现、调整学生的问题，捕获学生思维的闪光点，了解讨论进展的情况，以确保讨论的紧凑、高效。在深入每个小组中时，教师也可以融入小组进行讨论，而不要只做听众，这样对把每个小组的讨论往正确的方向引导很有帮助。讨论结束时，教师要进行概括性总结。

二、初中数学教学的语言艺术

教学语言，是一种专业语言，是教师在课堂上根据教学目标和内容的要求，针对特定的教学对象，采用一定的方法，在有限的时间内，为实现某一教学目标而使用的语言。

教学的语言艺术是指教师在教学中善于选择和使用富有审美价值的语言，创造出独特的语言表达方式和风格，教书育人，陶冶学生的语言美感的创造性活动。

教师的课堂教学语言，在一定程度上反映着教师的水平和能力，显示着教师的形象，更直接影响到教育、教学的实际效果。良好的教学语言，是教师从事课堂教学的基本要求。掌握教学语言艺术，是教学取得成功的重要条件。

（一）教学语言概述

1.教学语言艺术的功能

（1）教学语言艺术能提高教学质量

教学主要是通过语言的表达交流来实现的，因此，教学语言制约着教学质量的高低。国外学者所罗门和希勒等人的研究表明"学生的知识学习同教师表达的清晰度显著相关"。表达得清晰还是含糊，主要在于语言艺术。教学语言艺术对于提高教学质量的作用主要表现在三个方面：一是艺术的教学语言使学生爱听、乐听，能激发学生的学习兴趣；二是艺术的教学语言使学生听来简洁、通俗、形象、生动，有利于知识的理解和掌握；三是艺术的教学语言准确、传神，能节约教学时间。

（2）教学语言艺术有助于学生思维的发展

教学语言是教师思维的反映。教师语言清晰、简练、精妙、严密、富有艺术魅力，能给学生正面的示范和潜移默化的影响，从而提高学生的思维水平。

学生的思维总是在教师语言的激励下，在一定的逻辑轨道上运行的。或发散，或集中，或层层深入，或形象具体，或抽象概括。随着教学的推进，学生自然而然地将教师的语言内化为自己的认知策略，从而逐步掌握一定的思维方法。

（3）教学语言艺术能提高学生的审美能力和语言表达能力

著名教育家苏霍姆林斯基说过："教师讲的话带有审美色彩，这是一把最精致的钥匙。它不仅开发情绪记忆，而且深入大脑最隐蔽的角落。"教学语言艺术能给学生以美的享受，让学生在不知不觉中受到审美能力的锻炼，进而学会理解什么是美和懂得用审美的眼光去认识周围的事物。

教师的教学语言，对学生能否正确、规范地运用语言，能否具有良好的表达能力有着直接的和深远的影响。

2.教学语言的基本要求

（1）一般教学语言

①规范性。

语言基础的第一要素就是规范化。现代汉语规范化的要求是使用以北京语音为标准音，以北方话为基础方言，以典范的现代白话文著作为语法规范的普通话。教学语言的规范化，首先要求教师使用普通话教学，普通话是教师的职业语言。使用普通话教学是教师的基本职业素养，也是一个合格教师的基本条件。《中华人民共和国义务教育法》规定，学校要推广使用普通话教学。因此，是否使用普通话教学又是教师是否具有法律意识的体现。要使用普通话教学，对于长期生活在方言地区的教师来说，首先必须学好、练好普通话。这可以通过下列四条途径来进行：一是多听广播录音；二是坚持用普通话进行朗读练习；三是多说、多用；四是学习和掌握汉语拼音，养成勤查字典的习惯。

②科学性。

教学语言的科学性是指教学语言要正确反映客观事物及其规律，不允许向学生传递错误的信息。

教学语言的科学性，首先要求教师获得对教学内容的深入了解。因为只有认识正确，才能反映正确；只有认识深刻，才能深入浅出。其次要求教师大力提高语言修养，广泛积累语言素材，认真研究课堂教学用语在不同情境下的语义差异。最后，要求教师在备课时对教学语言进行反复推敲、比较，力求准确，特别是重要概念、方法的表述语，务必准确。

③清晰性。

教学语言的清晰性是指教师的语言清楚、明白，能被学生接受和理解。

教学语言的清晰性，首先要求语音正确，音量适度。语音正确就是要使学生听得懂，这是教学语言的基本要求。音量适度就是讲课的音量大小、音调高低要适中。音量过大，音调过高，学生听起来刺耳；音量过小、音调过低，学生听起来吃力。两者都影响教学信息的准确传递。其次要求语言通晓明白，利于感知。教学语言在用词上不宜选用抽象、晦涩的词语，而应选择具体、形象的词语。在用句上，宜少用长句，多用短句；在语言形式上要体现口语的特点。再次要求语言条理分明、重点突出，先讲什么，后讲什么，再讲什么要有通盘考虑，要符合教学内容的逻辑顺序和学生认识活动的顺序。要抓住要领，分清主次，在知识的关键处、衔接处、疑难处着力。"眉毛胡子一把抓"是难以收到好的教学效果的。最后要求语言简洁，干净利落。简洁就是不说废话，干净利落就是不含语言杂质。用这一标准来衡量，一些教师的教学语言还必须下大力气来改进。

④针对性。

教学语言的针对性是指教师要根据教学对象的特点和教学内容的特点来组织和选择语言。教学语言的针对性，首先要求考虑教学对象的特点。这是教学取得良好效果的关键因素。那么，学生在语言的感知方面有哪些特点呢？语言是思维的物质外壳，是思维的直接现实反映。因此，语言的特点是思维特点的反映。学生思维的特点是从以具体形象思维为主要形式逐步过渡到以抽象逻辑思维为主要形式。要考虑教学对象的特点，还要注意到个别差异性。一般地说，对于基础较差的学生应多用肯定的、鼓励的和引导性的语言，以帮助他们树立学习信心，产生学习兴趣。对于基础较好的学生，则应注意使用指出前进方向，提出严格要求的语言，以有利于他们戒骄戒躁，不断取得进步。其次，要求考虑教学内容的特点。一般地说，数学事实的教学语言多是描述性的，数学概念的教学语言既包含描述式的语言特点，又包含例证式的语言特点，技能的教学语言则多是说明式的，而方法的教学语言则多是综合式的。不同的教学内容应用不同的语调和节奏去表达。

（2）数学课堂教学语言

数学语言是人们用以描述及表达数量关系和空间形式及其相互关系的一种特殊语言。

数学语言包括口头的数学语言和书面的数学语言，而书面的数学语言又分为文字语言、图像语言和符号语言。我们把数学课堂教学中的常用语与数学教学用语叫作"数学课堂教学语言"。数学语言与数学课堂教学语言是有区别的。数学课堂教学语言包括日常用语和数学教学用语。虽然日常用语可以离开数学教学用语而独立运用，但日常用语在数学教学情境中运用，总是与数学教学用语结合在一起，共同表达数学教学活动或过程。数学课堂教学语言作为数学知识的载体，是在生动的教学情境中沟通学科知识与学生认知之间的媒介，它渗透于整个课堂教学的过程。数学课堂教学语言除应满足一般教学语言的要求外，还应遵循下列几点要求。

①准确性。

准确是数学课堂教学语言的核心。教师在给出事实、表达概念、说明技能、解释论证原理时，要恰当地选用每一个字、词、句，使选用的字、词、句能反映事物的本质。数学语言是一种特殊的语言，它有明确的内涵和指向性。如果用词不当，则会"失之毫厘，谬以千里"。例如说"能被1和它本身整除的数叫质数"就错了，其中漏了一个"只"字，意思就大不一样了。又如不能把"非负数"说成"正数"，不能把"除以"和"除"相混淆。如果随意地把"最简分数"解释成"最简单的分数"，把"互质数"说成"互为质数"等，就会使学生形成模糊的概念或给学生错误的信息，从而误导学生。

②逻辑性。

数学是一门逻辑严密的学科。数学学科的教学目的之一就是培养学生的逻辑思维能力。因此，数学课堂教学语言的逻辑性就显得十分重要。数学教师在运用概念、做出判断和进行推理时，都必须严格遵循逻辑思维的基本规律，即同一律、充足理由律、矛盾律和排中律。否则，就会犯逻辑错误。例如，有些教师把"整除"和"除尽"混为一谈，就违背了同一律；讲"圆锥的体积等于圆柱体积的三分之一"时，忽略了"等底等高"这个条件，就违背了充足理由律；说"这两条平行线画得不平行""这个直角不到90°"之类的话，就违背了矛盾律；说"0既不是非负数又不是负数"就违背了排中律。

数学课堂教学语言还要符合知识内容的逻辑顺序。例如，对"比"下定义时，应当说"两个数相除又叫作两个数的比"。如果说成"前项与后项相除又叫作两个数的比"就是逻辑错误。因为先有比然后再有比的前项和后项。

此外，数学课堂教学语言必须循序渐进，前后呼应，符合学生的认识规律，体现出清晰的思路与逻辑体系。

③生动性。

不但要善于说理，而且要富于表情。要以语言的表现力、感染力来吸引学生的注意力，唤起学生的求知欲和学习热情。要善于把抽象的概念具体化，把深奥的道理形象化，把枯燥的事物趣味化，以加深学生对知识的理解和记忆。在教学中，可适当使用故事、比喻、顺口溜、谜语等学生喜闻乐见的形式来表述教学内容，增强教学语言的生动性。

（二）初中数学教学语言的优化策略

1. 注重教学语言的逻辑性

数学知识具有较强的逻辑性，这就需要初中数学教师的教学语言要具有逻辑性，在对数学知识传授时要做到语言的严谨、精练并且具有良好的层次性。数学教学语言的严谨能帮助学生对数学知识进行正确的认知；数学教学语言的精练能有效地加强学生对知识的理解，抓住数学知识中的重点；数学教学语言的层次性能帮助学生构建自身的知识体系，加强相关数学知识之间的联系，从而循序渐进地提高数学能力。

2. 注重教学语言的灵活性

初中数学教师还需要注重教学语言的灵活性，结合教学内容和教学环境，根据学生的需求灵活地运用教学语言，进而使原本抽象难懂的数学知识变得生动化、形象化，激发学生的学习热情。同时，教师在运用教学语言时还需要注意语速和语感，要使学生能清晰地听懂教师的表达，感受到教师情感的转变。同时，教师需要根据学生的实际情况及个体差异运用正确的教学语言，并根据课堂情况及时调整自己的教学语言。比如，在进行初中一年级的教学时，教师可多运用趣味性的教学语言，注重对学生学习兴趣的培养；在进行初中二年级的教学时，教师则需要注意教学语言的精练。

3. 注重教学语言的启发性

初中数学教学的目的是让学生掌握正确的学习方法，自主地对数学知识进行思考和探究，所以，初中数学教师需要在教学语言中注重为学生设疑，引导学生对数学知识进行思考，充分发挥自身引导者的作用，与学生共同学习、共同进步。新课程标准中明确了学生的主体地位，传统教师要求学生死记硬背，直接将答案告诉学生的方式已经不适合学生发展的需求，教师需要注重教学语言的启发性，使学生通过思考和想象更加深入地掌握数学知识，激发学生积极探究的精神，促使学生逻辑思维能力的发展。

4. 注重教学语言的规范简约

数学教学中包含大量的定理、定义，需要教师准确地对学生进行叙述，避免学生产生误解和疑问，对此，教师要注意教学语言的规范化和简约化。

一方面，教师需要对数学概念的含义进行深入、透彻的了解，如"同角"与"同位角"，"切线"与"切线长"，"数位"与"位数"，等等，切忌混为一谈。又如在讲解圆柱体与圆锥体体积之间的关系时，教师不能忽略了"同底等高"的条件。

同时还需要注意语言中不要出现矛盾，如"画直角时要注意90°"等，这些都是教师需要注意的，保证教学语言的规范化。

另一方面，教师需要注意教学语言的学术性，切忌随便使用简练的语言来对概念或性质进行描述，如"最简分数"不能说成"最简单的分数"，虽然只有一字之差，但其意义完全不同。当然，在注意精准性的同时，教师还需要注意教学语言的简约化，要抓住表达的重点，直观、准确地传达给学生，切忌语句冗长，影响学生获取信息的准确性。不少教师在教学时会说大量的"口头禅"和一些无关紧要的话，不仅分散了学生的注意力，加大了学生理解的难度，同时还影响了宝贵的教学时间，影响了教学的连贯性，使学生产生厌倦的心理。对此，教师的教学语言必须做到准确无误，快速地将准确的信息传递给学生，便于学生轻松地接受。

第三节　初中数学课堂组织与调控艺术

教学效果的好坏除了和教师自身素质的高低有关，还和组织课堂教学的艺术形式存在很大的关系。如果课堂教学组织得非常松散，学生无心学习，那么教师的教学效果必然很差；如果课堂教学组织得非常严密，那么就能很好地把学生组织起来，不仅能调动学生学习的积极性，而且能让学生依据教师的教学方式进行学习。所以在初中阶段的数学教学过程中，运用课堂组织与调控艺术，对提升教师教学质量和效率，帮助学生更好地学习初中数学知识具有非常重要的作用。

一、初中数学课堂组织中存在的弊端

（一）胡乱"加负"及"减负"

在初中数学教学的过程中，教师通常采用"加负"或者"减负"的方式，帮助学生提高学习成绩。在传统的初中数学教学的过程中，部分教师为了能够更好地让学生了解和掌握数学知识，过度地让学生进行练习，从而严重增加了学生的作业负担。还有部分数学教师给学生布置的作业过少，导致学生无法进行更好的练习，降低了学生的学习能力。目前，一些教师没有依据学生的实际情况就给学生"加负"或者"减负"，一味地增加或减少学生的作业量，对作业的质量没有足够的重视，从而对学生的学习造成了不良影响。

（二）单一的教学方式，无法营造出良好的课堂教学氛围

想要开展切实有效的初中数学教学活动，教师需要从学生的实际情况出发，结合教学实际，才能保证教学活动的开展效果。但是在现实情况中，一些教师使用的教学策略较为单一，教学手段不够灵活，无法根据学生的实际特点采用合理的教学策略，进而影响到实际教学效果。部分学生的自主学习意识不强，无法长时间地集中注意力，所以他们无法全身心地投入相应的学习环节中。在教学过程中，部分数学教师只是一味地灌输数学知识，让学生被动地接受学习，以至于学生无法充分有效地发挥他们的主体作用，也使教师无法营造出良好的学习氛围。

二、初中数学课堂组织与调控的艺术实践

（一）教学时间分配艺术

一堂课的教学时间是有限的。时间具有不可替代性、不可储存性、不可逆转性，所以"利用时间是一个极其高级的规律"。要想达到教学的优化管理，最根本的就是要节省时间。马克思曾强调指出："无论个人、无论社会其发展需要和社会的全面性……一切节省归根到底都归结为时间的节省。"因此，在课堂教学的时间分配上，必须树立时间的价值原则，加强教学的计划性，必须突出时间的效率原则，注意时间的针对性。

谈到如何利用课堂教学时间，苏联教育家马卡连柯曾说："教育需要的不是很多的时

间，而是如何合理地利用很少的时间。"一堂课的时间结构可按课的进行顺序科学地分配，如下：开讲阶段约 5 分钟；新授阶段约 20 分钟；巩固阶段约 15 分钟。从上课后的第 5 分钟到第 25 分钟是学生注意力高度集中的最佳教学时域，原则上新知识的教学应在这一时域完成。

（二）教学形式选择艺术

教学形式是指教学赖以进行的活动方式和结构。数学课堂教学形式主要有全班教学形式、小组教学形式和个别教学形式。

全班教学形式是教师在同一时间里对年龄和水平大致相同的学生群体进行教学。它是目前数学教学中最常见、最普遍的一种教学形式。其优点是进度统一，便于管理，教师可以给学生讲述、解释，在集体中教书育人，促进学生的身心发展。其缺点是不能适应个性发展，难以照顾到每个学生的不同特点和需要。

小组教学形式是从教学需要出发，把一个班分成几个小组进行教学。一般做法是将座位邻近的 2～4 个学生分成一组。小组教学便于对教学中的重点、难点问题进行讨论和研究，有利于培养学生学习的主动性、积极性和创造性，使每个学生都有发表意见和看法的机会。

个别教学形式是教师针对个别学生的不同情况给予具体指导或辅导的教学。它常用于指导学生看书自学。个别教学，能使每个学生都有机会接受教师的及时指导，也便于教师了解每个学生的学习情况，增进师生之间的相互了解和友谊，卓有成效地进行因材施教。但在实践中，如果教师对某一学生或几个学生过分集中辅导，就会使"大面积"学生的学习辅导落空了。

上述三种教学形式各有优缺点，在教学中必须灵活地加以选用。在选用教学形式时要注意两点：

首先，要使教学形式与教学目标、教学内容和教学对象相适应。任何教学形式都是为一定的教学目标服务的，为达到一定的教学目标而使用和设计。例如全班教学有利于培养学生的集体性和社会性，个别教学有利于因材施教，发展学生的个性。

其次，要使教学形式成为一个开放系统。教学形式的开放性表现在以下两个方面：一是空间位置的开放性，即学生的座次位置和教师的活动范围要经常变换；二是不同的教学形式要相互配合，力求形成最佳组合方式。

由于教学目标、教学内容和教学对象的复杂性，教学形式的组合具有灵活性和多样性，近年来在这方面出现了许多成功的范例。这些成功范例的基本精神或核心思想是：坚持和发扬全班教学的优点，在集体中教学，使学生在竞争与合作中成长，在与他人的交往中实现社会化，同时又弥补、改进班级教学的不足或缺点，尽可能因材施教，以适应学生个性化的需要。

（三）课堂问题处理艺术

课堂问题行为是指那些干扰课堂秩序，给教学带来麻烦的行为，诸如课堂教学纪律混乱等。能否正确处理课堂问题行为，直接影响到教学工作的效率和质量。

首先，对待课堂问题行为的最好办法是防止其发生，而不是消极地等待发生后再去处理。为此，教师应具有良好的注意分配力，讲课时要把全班学生的举止都纳入自己的注意范围，能够全面准确地观察到所有学生的动态，这样就使有小动作或其他纪律问题的学生无可乘之机，从而有效地维持课堂秩序。

其次，教师在课堂教学中要善于安排学生的学习活动，对每个学生提出明确的任务和要求，为学生提供自我表现的机会。在课堂提问、讨论发言、扮演练习中，一定要照顾到不同层次水平的学生。

最后，教师要善于运用语言、声调、表情、动作等手段去巧妙地处理课堂问题行为，尽量不影响课堂教学的正常进行。例如，当学生的注意力不够集中时，教师可加重语气和提高声调，以引起学生的注意。当某些学生有违纪行为时，教师可突然停止讲课或降低讲课声音，给他们以暗示性提醒；也可以流露出不满意和殷切希望其改正的神情，或者通过手势示意其立即停止。

（四）教学反馈与控制艺术

课堂教学是一个系统，它由教师、学生、教材和教学方法这四个要素组成。在这一系统中，教师是施控者，学生是受控者。教师将教学信息传递给学生，学生接收信息后做出反应并将反馈信息传递给教师并对教师的再次信息输出产生影响。课堂教学调控是保证实现教学目的的重要手段。课堂教学的运行系统有应然状态和实然状态。应然状态是理想状态，其基本特征是短时间、大容量、轻负担、低成本、好效果。实然状态是当前状态。课堂教学调控就是要消除应然状态与实然状态的偏差，实现实然状态向应然状态的转变。

1.课堂教学的调控内容

（1）教学量的控制

教学量包括教学内容的质量和数量。如果一堂课的教学密度太大，学生思维高度紧张，容易造成疲劳和消化不良，反而难以完成教学任务。反之，如果学生没有压力，纪律松懈，那么达不到教学质量的要求。因此，教师只有根据教学大纲的要求和学生的知识基础，恰当地确定教学量，才能取得较好的教学效果。

（2）工作程序的控制

解决教学问题，完成教学任务的工作程序一般分为六个阶段：

①教师领会既定任务在全部任务中的地位，收集为使教学任务具体化的信息。

②根据既定任务的特点，把教学目标具体化，使之便于评定。

③掌握在类似条件下解决教学任务的先进经验（包括分析自己过去在解决类似任务时的经验），考虑这些经验的优缺点及在本次教学中实施的可能性。

④尽最大可能为实施计划改善条件，包括制作直观教具，预先使学习困难的学生对学习该问题有所准备，在他们的学习中创设情境等。

⑤在一节课或一系列课的进程中，实施完成该项任务的计划（包括使学生有完成任务的需要感），按照计划选定的工作顺序组织师生活动，并激励学生积极地、独立地完成任务，同时，要随机应变地检查任务的完成情况，并及时做出必要的修正。

⑥分析任务的完成情况，检查是否保证以尽可能大的效果和尽可能高的质量完成了任务。如果任务的某些方面没有达到最优，要分析其可能的原因有哪些。如果任务的完成已经达到预期的效果，那么要分析其是否超过了师生课内、课外活动的时间标准。

（3）教学中"度"的控制

教学中"度"的控制是指教师对教学内容的深度、广度和难度的控制。难度过大，学生食而不化、望而生畏。难度过小，学生食而无味、兴趣索然。因此，控制教学难度是一门艺术。

2. 课堂教学调控的方法

（1）反馈控制

教学过程是一个反馈控制的过程。在教学中，教师把知识传递给学生，学生通过自己的感受器由传入神经通路把信息传入大脑，通过识别、交换、处理和储存，将输入的信息内化为可以输出的信息，再由传出神经通路将信息传递到效应器，引起相应的活动，外化为反馈信息。这种反馈信息一方面可以再反映到学生的大脑，让学生进行自我评价，实现自我调节，以改进学习方法，提高学习质量；另一方面可以传递给教师，使教师得以检查教学效果，发现偏差，并据此调节信息的输出，改进后续教学，提高教学质量。

没有有效的反馈就不能实现有效的控制，没有有效的控制就不能实现教学目标。因此，反馈控制在教学中是十分重要的。

（2）预先控制

预先控制是在活动之前进行的控制。其基本做法如下。一是在活动之前提出具体要求，宣布纪律制度，发出警示信息，以保证活动的顺利进行。如考试前，宣布考试规则和纪律，以防止作弊现象的发生等。二是防御和控制干扰。干扰有外部干扰和内部干扰两种。外部干扰指客观环境对教学的干扰，内部干扰指师生的心理状态对教学的干扰。防止外部干扰的方法是布置优美的学习环境，防止内部干扰的方法是根据学生的认知规律组织教学，注意对教学节奏的调控，做到有张有弛，劳逸结合。

预先控制应建立在对可能发生情况的充分估计的基础上，以避免不良情况的发生。预先控制比事后控制效果好。在教学过程中，要取得预期的良好效果，必须经常进行预先控制。

（3）随机控制

随机控制是指对教学过程中一些偶发事件的控制。对偶发事件处理得当，教育效果就好；处理不当，则会扩大矛盾，甚至走向反面。因此，教育控制者处理偶发事件，必须机智、巧妙，才能对偶发事件实行最佳的控制，以保证教育获得最优的效果。

（五）课堂表扬与批评艺术

1. 表扬

（1）课堂表扬艺术

课堂教学中的表扬只是一种手段，其目的是激发起学生饱满的热情，以便更好地完成教学任务，这是不言而喻的。表扬这种手段运用得好，其积极作用也是显而易见的。然而并不是所有的表扬都能达到预期的效果，这一点也是不能不注意到的。

课堂教学中的表扬要讲究艺术。这里所说的艺术，其含义是独特而富有魅力。表扬"独特而富有魅力"是指富有创造性，富有新鲜感，具有神奇的吸引力。这种吸引力能使学生产生一种无比激动的愉悦感，能使他们的思维保持最佳状态，从而使他们的大脑碰撞出智慧的火花来。在这种状态下，他们会一下子变得聪明起来。正如著名的特级教师王兰说的，"不是聪明的孩子常受表扬，而是表扬会使孩子更聪明"。但是如果表扬不当，不仅不能起到表扬应有的积极作用，甚至会比不表扬还要糟。因此在表扬时要注意表扬的方式。表扬的方式可以是一句鼓励的话，如"你真棒""你真会动脑筋""你说的正是我需要的答案"，也可以是一个特定的手势、一个赞赏的眼神、一个会心的微笑、一个意味深长的轻抚。表扬方式应因人而异。表扬的方式长期重复会失去效用，所以表扬也应注意要有新意。表扬时切忌使学生"飘飘然"，或使他们"懵懵然"，否则其作用与预期的效果相差甚远，会产生消极的影响，影响他们积极性的发挥和课堂教学活动的顺利进行。

（2）课堂表扬的特点

教师课堂教学过程中对学生进行表扬是否讲艺术，效果是大不一样的。要使表扬富有艺术性，以激发起学生学习数学的兴趣和吸引学生对教学内容越发重视，教师必须了解课堂表扬所具有的特点，并根据这些特点对学生在学习活动中值得肯定、赞许的言行进行表扬。

在课堂教学活动的进行过程中，教师的课堂表扬有着与课外书面表扬不同的特点：

①即时性。课堂表扬不是在备课时就已事先设想好并在教学活动进行到一定阶段时必然实施的，而是随着教学活动的展开，出现了某些值得肯定和赞扬的现象（包括学生的言行、神色等）时教师才运用的一种教学手段，课堂表扬具有"突发"的性质。因此，在整个课堂教学活动进行过程中，教师应当十分留心，当值得表扬的"苗子"一出现，就应不失时机地抓住它，及时地进行表扬。例如，有的学生性格比较内向，上课很少举手发言，当发现他有回答问题的神情时，教师应及时请他回答，先表扬他的回答再鼓励他积极举手发言。

②精练性。课堂表扬不是目的，而是一种激励学生用更大的学习热情积极参与教学活动的手段。表扬不应占据过多的教学时间，以致影响教学任务的完成和教学计划的实施。表扬要透过表面现象，把实质性的东西揭示出来，并且语言表达要简洁，"点"到为止，不要啰唆不停。

③情感性。教师在课堂上表扬学生，以"利"和"理"为基础，对学生的某种言行、神色加以表扬时，必须有利于本堂课教学目的的实现和教学任务的完成，有利于激发学生学习数学的兴趣和积极性，但仅考虑"利"和"理"还是不够的，同时还应当渗透浓郁的情感因素。表扬应当是充满激情的，通过表扬使教师与学生的情感得到交流，以形成一种有利于收到最佳教学效果的氛围。带有浓郁情感色彩的课堂表扬，其艺术感染力会远远超出一般的纯理论性表扬，这是毋庸置疑的。例如，有位学生平时对数学不感兴趣，上课注意力不够集中，一次在上几何课时他特别专注地看着黑板，听着教师的讲解，而且在做练习时图画得很好。教师对他的这一举动及时进行表扬，并请他当小老师帮助其他同学学会画图的方法。他感到教师并没有嫌弃他，对他很信任，因而学好数学的信心大大增强了。

（3）课堂表扬的注意事项

课堂表扬是实现教学目的和完成教学任务不可缺少的一种手段，但要达到预期的目的和收到最佳的效果，教师实施时必须十分讲究艺术性。这里所说的"艺术性"，除了具有"独特而富有魅力"这一含义外，还有"表扬要适时和适宜"的意思。"表扬要适时"中的"适时"当然有"及时"之意，但又不是简单地等同于"及时"。"要适时"要求教师了解课堂教学活动进行到哪个阶段和在哪些场合最适合使用表扬这种教学手段，要善于抓住最佳时机进行表扬。这里指的最佳场合、最佳时机包含两层意思：一是在其他阶段和其他场合表扬不如此时、此场合效果好；二是使用任何其他教学手段均比不上表扬来得恰当。表扬还要适宜，就是要符合客观实际情况，只要表扬能促使学生改过自新，不断进步，就是可取的和成功的。

在课堂教学活动中，应该进行表扬的几种情况是：

①学生能正确地理解教学内容，正确地理解教师的教学意图。此时表扬能培养学生的思维习惯，既能使学生的正确思维（包括思维内容和思维方法）因得到教师的肯定起到激励和强化作用，又能使学生在以后的学习活动中更好地思考。如有的学生能规范地书写解题过程，教师就要及时表扬，并予以展示，使之起到示范的作用。

②学生能很快地理解教材上有一定难度的教学内容或教师提出的颇有深度的思考题。此时表扬能锻炼学生思维的敏捷性。学生反应的灵敏度虽说跟先天遗传有关，但主要还是通过后天的实践（其中最容易见效的是良好的教育）得到提高的，教师适时的表扬能加快提高的速度。如有的学生能用多种方法解答练习时，教师就应该对其表扬。

③学生能深刻理解并发表自己的独到见解（只要有一定的深度，有一定的独创性，哪怕这种见解表达得还不够周密，甚至有偏差之处）。此时表扬尤为必要，能培养他们思维的独创性。学生的独到见解受到教师的好评，学生独立思维的行为受到教师的称赞，久而久之，学生会从教师的好评和称赞中得到鼓励和启迪，会逐渐养成时时处处独立思维的良好习惯。如证明三角形是不是直角三角形，一般学生用勾股定理的逆定理加以证明，而有一位学生却用代数计算的方法加以证明，虽然证明过程比较烦琐，但他有独到的思维方式，应加以肯定和表扬。

课堂表扬这种教学手段运用得恰当，对提高课堂教学质量具有十分积极的作用。如果运用不当，非但不能起到任何作用，而且会带来十分消极的影响。这里要注意一个"度"。表扬要适度，不可滥用，这是课堂表扬必须遵循的一条重要原则。

2. 批评

（1）课堂批评的作用

在课堂教学活动进行过程中，教师为了使学生的精力集中在教学内容上，根据不同的具体情况、不同的方式进行调节，其中最常见的是正面调节（表扬）和反面调节（批评）两种。应当指出的是，总体上应该以表扬为主（因为几乎所有的人都具有一种希望别人肯定和称赞自己言行的心理），但在某些特定的条件下，仅凭表扬解决不了问题。因此，批评也是不可缺少的。

毫无疑问，批评也与表扬一样不是目的，而仅仅是一种教学手段。不同的是表扬用在学生出现良好的言行时，通过正面激励使这些言行得以强化；而批评则用在学生出现不良的言行时，通过反面刺激使学生较快地认识其错误并迅速加以改正，分工各有不同。在课堂教学中，批评有表扬所不能替代的作用，主要有以下两点：一是对于课堂教学进程中出现的偏离教学目的（如讨论时有学生对持不同观点者进行人身攻击）和妨碍教学秩序的现象和行为（如教室里学生都很专注地做练习，有两个学生由低声交谈发展到大声争吵），如果不及时阻止和提出适当的批评，那么必将影响教学活动的顺利进行，这是显而易见的；二是批评具有表扬所无法替代的强大的威慑力量，因为通常教师在进行批评时面部表情是严肃的，语言是干脆的（有时甚至是严厉的），这样的"架势"会使有过错的学生在心理上受到极大的震动，使其较为迅速地对自己错误的言行进行反思，并及时地加以改正，这同样是显而易见的。

（2）课堂批评的特点

在教学活动过程中，教师对于课堂上出现的偏离教学目的和妨碍教学秩序的现象和行为进行适当的批评，引导全班学生把注意力集中在教学内容上，这是控制课堂教学秩序必须采取的教学手段之一。要使课堂批评收到立竿见影的效果，教师一定要了解课堂批评不同于其他批评的特点，并采取适合这些特点的方式进行。

一般说来，课堂批评有以下一些特点：

①即时性。这一特点与课堂表扬的特点相同（但必要性远甚于表扬）。教学活动是一个动态过程，当需要批评的现象和行为一旦发生时，教师就应当及时加以指出。否则，这些消极的现象和行为会分散其他学生听课的注意力，当时不采取果断措施而任其蔓延以后再想批评就晚了。例如，有的学生上课总喜欢窃窃私语，如果教师不及时阻止并提出批评，那么这堂课将不能在一个安静的环境中进行，以后再纠正必将费很大的功夫。

②典型性。课堂上出现的被批评的现象和行为具有较强的典型性，即对其他学生而言具有普遍意义（也就是说"非批评不可的"），必须及时批评以便使其他类似的行为被扼杀于"萌芽"状态。例如，有极个别学生上数学课看小说，教师应先及时用一个眼神或手势提醒他，不改则没收他的小说使他把注意力集中到听课上，同时对其他学生也起到警示作用。

③分析性。教师进行批评时应对被批评的现象和行为给予恰当的分析（有的甚至还要先表扬后批评，如学生自由发言但见解正确时），这里要注意两点：一是不要不讲道理一味硬压，使被批评的学生产生对立情绪；二是不要以偏概全，因控制不住自己的情绪而迁怒于其他学生，说些对全体学生丧失信心的话，以免引发其他学生的不满情绪。

（3）课堂批评的方式

课堂批评应针对不同学生的不同特点，恰当地运用。只有这样，才能使批评真正在课堂教学中发挥重要作用；否则，滥用和乱用批评，势必事与愿违，达不到预定的目的。教师只有恰当地运用各种方式的课堂批评，才能使课堂批评收到良好的效果。课堂批评的方式大致有以下八种：

①心平气和式。这种批评是指教师和颜悦色、平心静气地指出违纪学生的错误之处，并据此予以恰如其分的批评。该方式适合于有一定自尊心、但自控力较差的非故意过失者。

②毫不留情式。对于那些缺乏起码的自尊心与廉耻感的胆大妄为者和屡教不改者，教师就不应一味地迁就，或者一味地采取心平气和的批评方式，而应毫不留情地对违纪者的错误予以严肃、严厉和尖锐的批评。教师可使用铿锵的语气和高昂的语调等有声语言，还应辅之以严肃的面部表情和严厉的眼神等体态语，以使违纪学生的内心深处受到极大的震撼。

③表扬式。教师用表扬大多数学生的优点，来反衬少数学生学习中的缺点和不足，营造一种积极进取的气氛，促使少数学生转入"正轨"，赶超先进。例如，教师发现几位学生在上课时昏昏欲睡，或听课走神，本应批评，但教师并非这样做，而是这样讲道："今天，一、二、三组的同学听课注意力非常集中，四、五组的大部分同学听课也比较认真，这很

好。虽然是下午第二节课，但同学们能精神振奋，认真学习，值得表扬。"教师的话，犹如兴奋剂，使大多数学生受到了鼓舞，那几位睡意朦胧的学生听后也为之一振，打起精神来。

④希望式。即批评者将批评对象的不足之处用希望的形式陈述出来，以传达批评者含蓄的批评。例如，某学生偶尔有作业漏做的现象，教师发现后，没有严加训斥，只是语重心长地对他说："希望你每天能保质保量地完成家庭作业。"这样，既批评了他的作业漏做的行为，又维护了他的自尊心。

⑤了解式。即批评者以询问的方式了解批评对象的违纪原因，在关切中流露出对违纪者的批评。例如，某同学上课时思想开小差，教师发现后，不是"大动干戈"，而是轻声地向其询问情由："你今天好像有点心神不定，是身体不舒服还是遇到了什么麻烦？"这位同学马上明白过来，开始认真地听课了。

⑥商讨式。当学生出现不良表现时，教师不应单纯居高临下地高声训斥，而应以平等的姿态，心平气和地与之商讨，这比以势压人更能被学生接受。例如，有位数学教师在讲解习题时，有两位学生在窃窃私语，违反了课堂纪律，影响了其他同学。这时，教师并未高声训斥、严厉批评，而是走近其身旁，轻声问道："你们在谈论什么呀？我的讲解有什么差错吗？"这两位学生听后为自己没能认真听讲而深感羞愧，低下了头。

⑦幽默诙谐式。批评者借助幽默诙谐的方式，巧妙地传达出自己对违纪者的批评。例如，在一次数学课上，有个学生竟得意地哼起小调来，面对这种情况，教师不但没有使这位同学难堪，反而豁达地付之一笑，诙谐地说："咦，是哪家的收音机啊？"教师的调侃使这位同学体会到了教师蕴含于诙谐之中的善意的批评。

⑧沉默式。面对学生的不良表现，教师沉默不语且静静地注视着学生，就会给学生造成一种心理压力，使其领会到教师内心的不满和责备。这种批评可以收到"此时无声胜有声"的效果。例如，在一个问题讨论刚结束时，学生还会意犹未尽，教室内不能平静，此时教师什么也不说，静静地望着学生，学生感到奇怪，注意力马上集中到教师脸上，课堂静了下来，教师便抓住时机，导入新课。

第四节　初中数学课堂交流艺术

一、初中数学课堂交流的意义

（一）有效活跃数学课堂气氛

在多数数学教师的固有思维中，数学课堂气氛主要以"死气沉沉""教师唱独角戏""教师巡视、学生演算"等为主，这也导致初中数学课堂给多数师生留下了"沉闷"的印象。但是"办法总比困难多"，只要数学教师愿意尝试突破，愿意改变自己的教学理念，愿意走下讲台、深入学生之中去，愿意与各个层次的学生进行互动与交流，就一定能够有效改变数学课堂的"沉闷"现状，让数学课堂教学气氛、学习气氛、合作气氛等都变得活跃起来，慢慢地，数学教师的讲课风格、学习方法、思维方式等，都会或多或少地影响到自己班的学生，进而影响到数学课堂的学习气氛。

（二）逐步增强学生数学学习的积极性与主动性

任何一门科目的学习，都离不开教师的有效指导和精准点拨，但更为重要的还是学生的学习积极性与主动性。"内因决定外因"，所有的外部因素都只能产生一定的影响，却并不能起决定性的作用。对于初中数学的学习，学生自己想不想学好，学生自己是否积极主动，这是十分关键的。从这方面来看，数学教师对学生进行学习积极性与主动性的培养，比讲解例题、引导思路还要重要。初中数学课堂上的师生互动与交流、学生之间或小组之间的互动交流等，都能够激发学生的学习积极性，让他们主动思考、主动合作、主动探究、主动学习。数学教师需要做的就是，减少讲解时间，留更多的时间和机会让学生针对某个问题进行探讨，或者提出疑难、共同交流解决，让学生互动、交流、讨论，能够最大限度地发挥学生的主观能动性和学习自觉性，也为学生的思考、探究与合作留下更大的空间，这不仅有利于促进学生数学思维的发展，更能增强他们的学习主动性。

（三）不断优化数学教师的教学手段

不同的数学教师，所采取的教学手段是截然不同的。虽然说"教无定法"，但"贵在得法"。掌握良好的教学方法和手段，能够避免走弯路，能够提高教学效率，教学效果自然也会大为不同。在初中数学课堂上，数学教师若能想办法激发学生互动交流的欲望，让学生在数学听讲与学习过程中不断地交流合作、互动探究，那么其教学手段也会在无形中发生变化。之前在数学课堂上的讲解式、例题复习式、学生自主学习式、强化训练式等教学方式，都会逐步向小组合作探究式、互动交流学习式转变，看似小小的转变，却能够极大地改善初中数学的教学效果，优化教师的教学手段，甚至是促使教师转变教学理念。数学教师转变教学理念之后，又会促使其教学方式的改变，在这种良性循环之中，教师的教学手段逐步优化，学生的学习方式也会逐步优化。初中数学教学将不再死板教条，学生学习数学的兴趣也大大增强了。

二、初中数学课堂交流实践

（一）教师向学生学习

《学记》云："学然后知不足，教然后知困。知不足，然后能自反也；知困，然后能自强也。故曰：教学相长也。"此言极是。教师一经教人，便会感到困难，便要自强不息、加强钻研、不敢懈怠，这是说教的过程中教师必须不断学习，以消除困惑，从而更好地把知识传授给学生。"教"与"学"两者之间彼此发生作用，不光是学生能从教师这里学得知识，而且教师也能从学生身上学到不少东西，结果双方在教学过程中相互获益，这正是"教学相长"这个成语最恰当的解释。如果"教"离开了"学"，不"学"而"教"，那么"教"便会陷入十分窘困的境地。

一般地说，现在的学生具有强烈的好奇心和求知欲。上自宇宙太空，下至海洋生物，从远古到未来，从宏观到微观，他们什么都想知道，并认为"教师什么都知道"。与学生相比较，教师当然要知道得多一些，对问题理解得深一些，各种方法也掌握得好一些，但这只是就一定范围和一定程度而言，若超出某一范围，脱离某一程度，就不见得都是如此。不管如何见多识广，如何知识渊博，没有一个教师是全知全能的。要使自己较好地适应教学工作，满足学生旺盛的求知欲，顺利地完成教学任务，教师必须在教的同时不断地学。学的途径很多，如读书看报，定期参加市、区的进修活动，参加学校的校本培训，参加备课组讨论，互相听课评课等，但由于教学工作的特殊性（教学活动有两个主体：教师是"教"的主体，学生是"学"的主体），最能见效的首推"教"的主体向"学"的主体——自己的教学对象学生学习。现代社会高度发达的信息网络，大大开阔了学生的视野，使教师"知识传授者"的传统权威受到了空前的挑战，教师再也不能长期将自己置身于施教者这个固定位置，也不能把学生只看成被动的受教育者，而是要把他们当成有时可以让教师学习的对象，这就要求教师具有向学生学习的心理品质，这也是现代教师应具备的非常重要的观念。这种观念对于培养学生独立健全的人格，培养学生敢想敢说敢干的开拓创新精神，不断扩大教师自身的知识面，都具有十分重要的意义。

教师应与时俱进，教学相长，不断更新知识，提高教学与教育科研能力，善于从学生中汲取"营养"。提高教师教学水平的"营养源"很多，毋庸置疑，由于教学活动由教师和学生共同完成，"教"与"学"双方形影不离，因此学生群体是教师不断充实自己、提高自己教学素质的最实用、最丰富的"营养源"。这里的关键在于教师是否从心里觉得自己"缺乏营养"，自己应该充分利用这一得天独厚的"营养源"，并且时时处处主动地去开发这一"源头"。如果答案都是肯定的话，那么只要从每个学生身上得到一点启发，"收益"便相当可观。

不定期地开学生座谈会，听取学生对教学工作的意见，也是教师向学生学习的一种行之有效的方法。开座谈会的目的要十分明确，就是专门听取学生对教师工作的看法和意见，其他的一概不涉及（千万不要在这种类型的座谈会上就学生学习中存在的问题提出批评）。教师的态度要虚心、诚恳（当学生有顾虑时还应耐心启发），要鼓励学生毫无顾忌地说出自己的想法和见解，即使言辞激烈尖锐，说得不太正确甚至说错了，教师仍应抱着"有则改之，无则加勉"的态度洗耳恭听，而不要做任何解释，更不能加以"反驳"。例如，在一次学生座谈会上，学习困难的学生提出"老师上课语速较快，自己由于基础不好一时转不过弯"，这就提醒了教师在上课时要照顾这类学生，改变自己说话的速度，遇到重点和难点的地方多强调几遍。又如，有的学生在座谈会上提出概念性的知识太抽象不容易理解，这就要求教师在讲解时多举一些实例，帮助学生从形象思维到抽象思维的转变。例如，在教学平面直角坐标系时，教师可以提问学生："我们去电影院看电影时电影票上告诉我们哪些信息我们才能找到自己的座位？"学生自然想到是几排几座。教师还可以提问学生："假设我们班级转来新同学，老师给他安排座位时要怎样告诉他？"学生自然说出第几小组第几个座位。从生活实际出发引入平面直角坐标系，这样学生就不会觉得这个知识的出现很唐突和产生为什么要学习这个知识的疑问了。

向学生学习还要因人而异和因情而异。学生的学习基础和水平是各不相同的，学生的智力发展状况是参差不齐的，学生的个性等心理品质是各具特色的，而教师如果持相同的态度，"以不变应万变"，那么肯定不能收到预期的效果。比如，在要求学生指出教师教学工作中的不足之处时，对性格外向型和成绩较好的学生，可采用开座谈会的形式让他们畅所欲言；而对性格内向型和成绩差的学生则应采用个别交谈（有的可采取书信或问卷调查形式）等方式加以引导和启发，以使他们消除不必要的顾虑，把自己的真实想法表达出来。

教师向学生学习，不仅应向那些品学兼优的好学生学习，而且应向那些所谓的"学困生"学习。有的教师对向"学困生"学习，往往信心不足，认为他们不给自己制造麻烦已经不错了，他们身上又有什么东西值得学习呢？其实，这种心情是可以理解的，但是这种想法是失之偏颇的。"学困生"并非一切方面都差，他们身上都有自己的"闪光点"，这些"闪光点"会对教师有所启迪，对教学工作有较大的益处，教师应当加以留心，加以发现，加以学习。教师应当充分重视"学困生"对自己的教学工作提出的看法和意见，了解他们的学习心理，这对于根据他们的特点有的放矢地实施教学、改进工作、顺利地完成教学任务是颇有好处的。比如，一位教师所任教的初三毕业班中有位数学成绩自预备年级以来从未及格过的学生。刚接班时这位教师翻看了他的学籍卡，发现他的地理成绩特别好，在年级中是数一数二的。于是在教涉及用比例尺计算地图的缩放问题、解直角三角形的应用时，这位教师鼓励他说："听说你的地理成绩是很好的，今天我们学习的内容与地理相关，老师相信你肯定比别的同学学得好，你看同学们听到老师刚才说的话都感到很惊讶，今天你就表现一下，再给他们一个惊喜。"他听后感到有些得意，因为还没有一位数学教师发现他的学习中还有优秀的一面，于是他充满信心地投入学习，发挥自己在地理知识方面的特长，果然这部分内容掌握得相当不错。又如，有的学校让学生坚持每天记数学日记，日记里可以写任何与数学教学、学习有关的内容。一天的学习生活很繁忙，学生每天放学后利用做作业前的一段时间，静心沉思，回顾一天所学的内容，摸索知识之间的一些规律和联系，想一想自己在这些知识上还有什么发现，解题上有没有其他方法，有什么没有弄清楚的地方等，然后把它们都记下来。教师一天在学校上课、批作业、备课、开会等也很繁忙，少有机会坐下来与学生谈心，采用这种交流方式可以每天与学生联系，了解学生对自己的疑惑或需要帮助的地方，然后在第二天的课堂上加以回答。教师如果及时把对学生上课或写作业的看法通过交流反馈给学生，多数学生会更愿意配合教师认真上课，这就创造了一个有利的大环境。不论是正面的还是负面的感受，只要是中肯的，通过师生交流都会更好地服务于课堂教学。教师也可以让"学困生"准备一本纠错本，专门收集平时作业、测验中做错的题目并进行订正，这样教师就能了解学生在每个知识点上发生错误的原因，在复习课上可以重点讲评和指出，以提醒学生注意。学生在教师批改作业后，仔细分析自己的原因，写下成功之处或不足之处，还可以写下自己的新思路和创新方法。另外教师也可为今后的教学积累经验，防患于未然。

（二）数学课堂上师生交流的性质

课堂教学中教师与学生之间的信息通道虽说是无形的，肉眼不能看得见，然而它是实实在在地存在着的，双方都能用心灵感受得到。如若畅通，双方都能产生愉悦的情感，信息交流的效率会大大提高，理解起来会比较准确和容易；反之，则双方情绪不佳，信息交流的效率会大大降低，理解起来也就容易产生误差和比较困难。许多先进教师的经验证明：教师向学生提问，虽然他对问题的难度是否适当自己也没有把握，但提问后只要细心体察，便可从与学生眼神的交流中找到答案——如果大多数学生的目光是疑惑不解的，那么肯定是超越了他们的理解水平，问题提得过难了；而如果大多数学生神色轻松甚至能不假思索地将答案脱口而出，那么肯定是低估了学生的理解水平，问题提得过易了。教师还应趁热打铁地提问学生，针对不同程度的学生，提出不同层次的问题，让学生回答。根据学生的回答情况，教师可以判断他们对所学知识的掌握程度，了解他们的反应速度，调节教学进度。必要时，教师要采取一定的措施，对个别学生的疑难进行个别辅导；对多数学生的共同难题，采取集体辅导；对教学难点、重点迂回深入、循序渐进地重讲。例如，在讲解形如 $x^2+（p+q）x+pq$ 的多项式因式分解时，学生很快就掌握了这种分解方法并显得不耐烦了，于是教师可让学生观察这种式子的结构特点，然后自己编一道符合要求的二次三项式，再找其他同学来回答并判断回答的正误。于是学生会津津有味地进行编写，为了不出洋相，无论是编题的学生还是回答的学生都积极思考，亲自体验小老师的滋味，在编、评的过程中体验成功的喜悦，真正实现师生交流、生生交流。

课堂教学活动中师生之间的信息交流是以教学内容和当堂课的教学目的为基础并受其制约的。教师向学生传授的教学信息，必须紧紧围绕教学内容和教学目的，与之联系不太紧密的信息应尽量少传播；与之无关的，则坚决不传播。学生在接受教师发出的教学信息的过程中及时地向教师反馈信息（指听教师讲解后的反应，或露出表示理解的神情——点头称"是"，或露出表示不甚理解的神态——满脸困惑），也是紧紧围绕教学内容和教学目的的；与之无关的，也坚决不反馈（如需拓宽知识面，对某些问题进行探讨，也应放到课后进行）。显然，师生之间这样进行信息交流，对于提升课堂教学效果是十分有利的。

课堂教学中师生之间信息交流的实质是建立一个相互依赖、相互影响的"教学场"。此场如电场、磁场一样，能使师生双方相互之间产生一种无法摆脱对方的吸引力，但这种"场"具有的吸引力要比电场、磁场强得多。"人场"的力量是无比巨大的，是其他种种"场"无法比拟的，特别是像师生之间相互依赖、相互信任的"场"，更是如此。在这种"场景"中，即使教师传授的知识较为复杂和深奥，学生接受起来也会觉得十分容易和愉快。达到这种程度，教师肯定是一个以情感人，以理服人，平等待人的好教师。

（三）初中数学课堂师生交流的策略

1.凸显主体，让学生"动"起来

凸显主体，也就是在初中数学教学中，凸显出初中学生的学习主体地位，让他们真正地成为学习主角，成为学习的主人翁。这个过程看起来只有简单的几句话，但真正要做到师生地位与角色的互换，绝非易事。部分初中数学教师不愿意去改变自己固有的教学观念，更不愿意在教学中转变教师的角色。在数学课上，数学教师不能像传统讲课一样，只是不停地去讲解，而是应该把课堂时间留更多一些给学生，让学生自己先学，让学生自己先试着做一做，教师再去找机会、挤时间、点拨、引导一番。整个数学课堂教学过程，其实是以"学生"学习为主导，以学生学会、学懂为目标，让学习主体——学生真正地动起来，而不是数学教师整节数学课上讲解。"观念决定方向"，初中的数学教师，要从改变自己的教学观念开始，着手让自己的数学课变得灵动起来，变成互动交流的灵动课堂。这需要一段时间的努力与适应，更需要数学教师有敢于改变的魄力与勇于创新的勇气。在数学课上，让学生"学"起来、"动"起来，凸显学生的学习主体地位，教师甘愿去充当数学课堂的引导者、释疑者、引路人。

例如，在进行"全等三角形"的教学时，数学教师为了凸显学生的主体地位，不要过多地讲解"全等三角形"的概念、性质等，而应让学生"动"起来，让学生自觉、主动地

学习。等到学生自己理解了全等形、全等三角形的定义，以及对应顶点、对应边和对应角的含义之后，教师再适当地点拨一下全等三角形的性质等。在学生刚开始理解全等三角形概念的时候，教师最好让学生结合自己平时生活中的一些实际图片或者学生自己动手制作的三角形图片，然后让学生通过对图片的平移、重叠、翻折、旋转等一系列的动态变换，去真实深切地理解。同时，学生动手操作的过程，也培养了学生的动态思维和空间观念，这也为以后的数学图形观察奠定了坚实基础。

2. 强化互动，让学生"答"起来

在学生学习的过程中，强化师生互动环节，让学生在课堂上"答"起来。初中数学课互动环节包括师生互动、生生互动等。师生互动主要以教师提问发起，以学生回答作结。生生互动主要通过数学教师组织的小组合作学习或探究性活动进行。不论是师生互动还是生生互动都是一种相互交流的方式，都是以"师生问答"或"生生问答"为主而开展的教学活动。数学课上，只有学生"答"起来，才会让课堂灵动起来，才会出现积极思考数学问题、积极演算推理的良好局面。在强化互动的环节中，数学教师仍然不需要做过多的例题讲解等，而是以提问或组织学生进行学习为主，学生表现积极了，课堂也就生动了。

3. 鼓励质疑，让学生"问"起来

鼓动学生大胆质疑，这应该是每个初中数学教师都做过的事情，就看教师有没有坚持下去了。教师在课堂上的言行举止都会或多或少地影响到学生，哪怕是一句简单的鼓励或一个肯定的目光，都能让学生备受鼓舞、精神振作。因此，初中数学教师绝不应该放弃任何一次鼓励学生质疑的机会，而是要想尽办法带动学生去质疑、去发问，不懂就问，这是没有错的。数学与其他文科不一样，遇到不懂的问题，想要靠自己的死记硬背或自我思考来解决，成功的概率很小，但只要"问"一下教师或同学，有可能很快就解决问题了，甚至会产生一种茅塞顿开的感觉。初中数学课堂上，数学老师的每一次鼓励，都会让学生向"敢于质疑"迈进；学生敢于去质疑，敢于去提出问题，就能够促使下一步的思考发生，就能够让学生相互之间有合作、有探究、有交流、有合作，学习能力也会相应地提高。

比如，在教授"全等三角形"时，教师可以这样鼓励学生——"同学们，现在已经清楚了什么是全等三角形了。那么，接下来我们还应该搞清楚什么问题？我来看看谁是那个最聪明、想法最科学的人"。教师刚说完，就有同学"问"起来了，"怎样判断两个三角形是全等三角形""能不能找出两个三角形的对应角""能不能指出两个三角形的对应顶点和对应边""对应角和对应边之间有什么关系呢""对应边是不是一样的"……这就是鼓励质疑的结果，这就是学生"问"起来的灵动课堂。这一连串的疑问，也极大地促使学生进行讨论，每个学生都想尽快搞懂这些问题，甚至去帮助其他学生，给他们以最好的讲解。

4. 及时检测，让学生"思"起来

对于初中数学的学习，不能只靠课堂听的那点知识，还要在课后或当节数学课上及时检测、及时训练，进行自我完善与强化提高。这里所说的及时检测，也离不开数学教师的任务布置和检查，离不开教师对检测题型的精心筛选。数学教师要注意选择那些能够激发学生思考的并与当天所学内容相关的题型，让学生既能检测出学习效果，又能在思考中

"思"出学习数学的趣味。初中学生认真思考的样子，正是一节成功的灵动的数学课堂所需要的。在数学课堂上，教师要及时出示相关数学问题，对学生的学习成效进行检测，让学生学会思考、学会合作交流、学会在互动中学习和解决问题。数学课堂需要学生的"思考"，例题突破也需要学生的"思考"，互动交流更需要学生的"思考"。总之，初中数学课上，数学教师一定要把握好教师角色定位，突出学生的学习主体性，给学生创造更多的互动交流的机会，让学生抓住机会大胆地展示自己。只要以学生为学习的中心，强化互动，鼓励质疑，及时检测，一定能够将自己的数学课打造成灵动的课堂，打造成精彩且实用的课堂。

第六章　初中数学课堂的教学设计

本章主要讲述的是初中数学课堂的教学设计，主要从以下两方面进行具体阐述：初中数学教学情境的设计与策略、初中数学单元教学设计与策略。

第一节　初中数学教学情境的设计与策略

一、教学情境设计概述

（一）情境与情境教学

1. 情境

情境与情景同义，《现代汉语词典》解释为具体场合的情形、景象或境地。从中可以看出，无论什么情形、景象或境地，都必须是具体的。

情境心理学认为，情境就是影响个体行为变化、产生行为或改变行为的各种刺激，包括物理和心理所构成的特殊环境。它与意境不同，情境是客观的、具体的自然环境或社会环境，而意境则是主观的精神境界。情境在激发人的某种情感方面有特定作用，例如，在比赛中对方的强弱、观众的反应如何，对运动员的情绪状态有不同的影响，这是由于情境不同。这就是说，所谓情境是指对人引起情感变化的、具体的自然环境或具体的社会环境。情境可以是真实的场景，也可以是真实环境的"虚拟"代用品，或者多媒体网络等，这要视教学的具体情况而定。

2. 情境教学

教学可以理解为教师和学生以课堂为主渠道的交往过程。因此，情境教学就可以看成是教师和学生以情境作为主要交往中介的课堂教学，这种教学是在教学过程中教师有目的地引入或创设与教学内容相适应的场景或氛围，以引起学生积极的态度体验、行为体验，激发学生的情境思维，帮助学生迅速而正确地理解教学内容，从而激发和吸引学生主动理解知识，并对知识进行意义建构。

可见，情境教学是一种与创新教育相适应的教学方法，学生在情境中获得具体的感受，从而激发情感，教师由此引导学生关注教学内容，产生积极的态度，进而刺激学生进行思考，培养其独立探究、解决问题的能力，发展其创新思维。

数学情境：就是从事数学活动的环境，产生数学行为的条件。通过联系、想象和反思，发现数量关系与空间形式的内在联系，进而提出问题、研究问题、解决问题。同时伴随着一种积极的情感体验，其表现为对新知识的渴求、对客观世界的探索欲望、对数学的热爱等。

数学课堂情境：就是呈现给学生刺激性的数学信息，引起学生学习数学的兴趣、启迪思维，激起学生的好奇心、发现欲，产生认知冲突，诱发质疑猜想，唤起强烈的问题意识，从而使其发现和提出数学问题、分析和探索数学问题、运用所学知识解决数学问题。

（二）数学教学情境设计的必要性

1.新课程标准下数学教学观的要求

新课程标准指出，数学教学是数学活动的教学，是师生之间、学生之间交往活动与共同发展的过程。在数学活动过程中，学生与教材及教师产生交互作用，形成了数学知识、技能和能力，发展了情感、态度和思想品质。

2.从学生学习方式方面的认识

现代教育理念认为，有效的数学学习活动不能单纯地依赖模仿与记忆，动手实践、自主探索与合作交流是学习数学的重要方式。为使学生的动手实践、自主探索与合作交流能够顺利开展，作为数学学习组织者、引导者与合作者的教师就应创设学生感兴趣的、与他们数学学习有联系的数学情境。

（三）数学教学情境创设理论基础

1.建构主义理论

建构主义理论最早由瑞典著名心理学家皮亚杰提出，该理论颠覆了对知识学习过程的传统认知，认为学习是学生积极建构知识的过程，是学生基于已有知识经验，借助同化以及顺应完成知识构建的过程。建构主义理论下教师、学生的地位得以厘清：作为知识主动建构者的学生在教学过程中的主体地位是十分明确的；对学生学习进行促进、对学生的探究过程进行有效引导这是教师应肩负的职责。只有教师与学生的行为实现协调统一，凝聚成强大的合力，建构主义才能真正实现。将情境教学应用于初中数学教学的目的就在于将学生的好奇心、求知欲成功激活，让对新知的浓厚兴趣成为刺激他们积极参与的动机。与此同时，教师还必须在借助特定情境引领学生积极探究的同时退居"二线"，对学生的自主合作探究进行有效组织、对学生的探究过程给予恰当引导，让学生在课堂学习中真正处于主体地位，而教师则从旁高效协助、积极促进。在这一教学过程中，学生变之前的被动接受为主动的知识建构，教师依据学情将学生的内在学习热情成功激发出来，使学生在轻松愉悦的氛围中主动学习知识、探究规律，使学生的主体地位成功凸显出来。

要想提升情境教学在初中数学教学中的应用价值，教师需注重情境设计，在结合初中生当前认知特点的基础上设计出高效融合数学教学的具体情境，借助情境这一载体帮助学生积极感知、深入理解、高效记忆、成功运用情境，从而深度把握情境内涵。科学设计的教学情境以其趣味化的知识呈现形式、多向互动的新颖学习形式，让课堂在丰富的学习活动中高效展开，学生的知识感知、理解、应用才能更主动、准确、高效。

2.人本主义理论

以 20 世纪两位杰出的心理学家罗杰斯以及马斯洛为主创建的人文主义理论反对将人的心理进行物化，他们将人作为所有存在的根本价值以及最终依据，他们强调应关心人的心理诉求，尊重人的人格。人本主义理论将学习过程中学生的自我认知以及自我发挥作为中心，旨在借助多种途径将拥有不同个性特征的学生的潜能充分挖掘出来，帮助学生实现身心的和谐发展。人本主义将学生视为学习的主体，强调教师应给予学生充分的尊重，在教学过程中为其搭建起可以充分展示自身个性以及创造性的平台。从本质上而言，学习过程即学生实现自我提升的螺旋式上升过程，学生首先需拥有主动学习的理念，才能取得良好的学习效果。因而教师要在尊重、理解学生的基础上，帮助学生基于自身学情实施自主性的个性化学习，在课程学习中实现教师教学与学生主动思考的高效结合，才能凝聚成有利于学生学习效果改善的强大合力。

因而教师在进行情境设计以及情境教学的过程中应善于将教学过程转变为教师引领之下学生内在领悟、深刻认知数学知识的过程，帮助学生获得对所学知识意义以及功用的深刻认知。与此同时，教师必须联系现实生活精心设计具体情境，这样学生才能对情境产生兴趣，他们参与情境教学的主动性才能提升，他们才能将注意力高度集中到情境认识以及应用之中去，也才能依托情境习得数学知识、深切体会数学的功用，从而改善学习效果。

3.情境认知理论

将个人认知置于更大的情境（包括文化以及物理背景）是情境认知理论的突出特征。情境认知理论认为，认知知识既非相对独立的事件，也并非一组表征或事实与规则的集合，知识学习是一种借助个体与环境之间交互实现的动态建构过程。总而言之，情境认知理论强调学生在情境中的合法边缘性参与以及学生在实践共同体之中的合法地位。情境认知理论启示我们应该提起对学习情境的高度关注。

"合法边缘性参与"强调两点：学生在情境学习中的"合法参与"，学生不能作为某共同体的被动观察者，而应积极参与到共同体的具体工作情境之中去；"边缘性"说明在共同体活动中学生作为新手参与其中，他们在由特定共同体划定的参与领域中的存在方式各不相同，投入或多或少。情境认知理论认为，对有意义的知识进行自我建构是学习的目的，知识是由学生主观构建形成的，而学生的学习活动与环境保持积极互动的关系。教师必须借助创设的积极活动情境将带有刺激性的数学信息提供给共同体——学生，将学生学习数学的兴趣激发出来。

（四）初中数学教学情境的类型

1.数学问题情境

数学问题情境即通过一定的问题引起学生的认知冲突、激发学生的求知欲，使之产生非知不可的要求。于是，在教师的引导下，学生主动地探索知识、解决问题。如在"负数的引入"一节可设计如下情境：某班举行知识竞赛，评分标准是：答对一题得 10 分，答错一题扣 10 分，不回答得 0 分；每个队的基本分都是 0 分。学生急切地想给每个队打分，但是有的队答错的题比答对的题还要多，他们应该得多少分？如何表示？学生陷入了认知冲突中，这时负数的引入水到渠成。

2. 数学故事（或数学历史）情境

在人类发展的历史中，产生了许多值得赞扬的数学故事和数学家轶事。在设计数学教学情境时，可充分挖掘数学史料，利用这些丰富的文化资源创设数学情境，这不仅能激发学生的求知欲望，还能使学生从中学习数学知识、领略数学家的人格魅力、接受思想教育。如在讲"勾股定理"这一节时，教师可以向学生讲这样一则故事：如果宇宙中除了人类还有其他文明，那么人类应如何同其交流？我国著名数学家华罗庚指出，勾股定理最能代表人类的文明。如果宇宙中还有其他文明的话，接收到这个信息，就会向人类发出回应。听了这个故事，同学们肯定会急切地想知道，勾股定理的内容到底是什么，从而为学习新课做铺垫。

3. 实验情境

根据皮亚杰的活动内化原理，低年级学生学习数学的有效途径是使他们动手操作。通过做实验，把抽象的理论具体化、直观化，使学生通过动手、观察、分析等活动，把数学知识内化，从而形成自己的知识结构。

在"圆周角"一节中，可设计实验情境如下，让学生进行以下操作：①做已知圆的任意一个圆周角；②再画出这个圆周角所夹弧对的圆心角；③分别量出圆周角与圆心角的度数，发现了什么？④再任意做一个圆周角，是否还能得出上面的结论？

通过动手实验，学生已能总结出本节课所要学的关于圆周角的结论，即一条弧所夹圆周角是它所夹圆心角的一半，下来的问题就是如何来证明了，课堂引入自然顺畅。

4. 活动情境

活动情境即通过组织学生进行与数学知识有关的活动或游戏，构建数学情境，使学生在活动中提高学习数学的兴趣、掌握数学知识。如在学习完"有理数的运算"一节，如何对学生进行运算能力的训练？如果做大量枯燥的计算题，会让学生感到厌烦，这时可以让学生进行"24 点"的游戏。这样不仅能使学生熟悉有理数的运算，还能开发学生的智力。

（五）初中数学教学情境创设原则

数学教学是通过一个又一个问题展开的，然而在数学教学情境的创设中首先要遵循的就是情境创设的原则，这些原则为数学教学提供了方便，更是融入具体教学的必然选择，有利于创设有效的教学情境，为学生提供良好的学习体验。

1. 科学性原则

数学是一门研究理论概念的学科，这门学科以科学和逻辑为核心，非常具有实践意义。因此想要在数学教学中建立有效的教学情境，首先要考量情境的科学性，是否符合科学的要求。设计的教学情境要跟数学的应用性特点相匹配，教学情境不能假、大、空，要将数学内容和现实生活关联起来，为学生创设动手实践、感悟体验的机会。与此同时在开展教学的过程中，创设教学情境要循序渐进，应遵循从易到难的原则，切不可急于求成，否则会增加学生的压力，降低学生的学习兴趣，最终降低教学质量。

2. 问题严谨原则

曾有教育学家提出，在情境中获取知识更容易增强人的记忆和理解。所以初中数学教师在教学的过程中，不能将数学知识灌输给学生，而要将知识隐藏在情境中，让学生在情境中去挖掘这些数学知识，深入了解知识概念、知识特征、知识应用的表现形式，强化学生对知识的理解和应用。学生在情境中探究数学知识时，要更好地利用旧知识去分析和理解新知识，从而实现知识的同化或者重组，实现新旧知识的融合，进而建构出更完善的知识体系。所以，初中数学教学的关键在于激发学生的求知欲，教师则扮演辅助者、引路人的角色，以认知建构主义为理论基础，帮助学生快速地同化或者重组新旧知识，从而高效完成知识的内化过程。由此可知，数学教学情境创设要具备生活性、实践性和探究性，教师要精心设计情境问题，将情境体验和教材知识有机结合起来，为发展学生的数学思维创造条件，从而提升教学效果。

3. 趣味性、积极性原则

数学情境教学的主要目的之一是调动学生的学习积极性，促使学生融入情境中，因此，初中数学教学中的情境创设需要贯彻积极性原则，带动学生主动参与到学习中去。而兴趣是人们积极从事某件事的最大动力。因此趣味性成了创设初中数学情境的关键所在。对于中学生来讲，教师应激发学生的好奇心及求知欲望，利用学生熟悉的生活情境或奇闻逸事等来创设问题情境，使学生能够将学习看作一个充满乐趣的过程。总之，教师在教学过程中如果无法让学生持续地保有激情，教学成为单向的灌输过程，那么学生在学习的过程中就会出现注意力下降、兴趣降低等问题。

4. 情感性原则

数学教学情境的创设要遵循情感性原则，要达到以情激情的效果。教师在创设教学情境时，要有目的地去选择有助于引发学生情绪体验的问题情境，以增强学生的感性认知能力，促使学生能多角度地思考问题，以达到发散学生的思维、培养学生正确的价值观念的目的。个体的情感认知能力和学生思维的有序性、发散性、迁移性是密切相关的，个体的情感认知能力越强，学生在思考问题时，思路会越清晰，思维也会越具有指向性和针对性，从而快速地找到问题答案，提高解题效率。反而，负面的情绪和消极思维则会影响、阻碍事情的处理效率。

5. 生活化原则

知识是为生活服务的，知识脱离了生活，就失去了存在的意义。数学也是一门生活性很强的学科，我国著名教育家陶行知先生说过："没有生活做中心的教育是死教育。"数学新课标也明确表示：数学教育要立足于生活实际，让学生可以凭借自身的经验去理解抽象的数学概念，建构出数学模型，深入地分析数学知识的特征、应用要点，掌握应用数学知识解决实际问题的能力。这表明，数学和生活是不可分割的。对此，教师要善于从生活中取材，善于找到教材知识和生活内容的关联点，将教学和生活有机整合起来，创造出学生熟悉的生活化教学情境，进而全面地展示数学知识的应用特点、生活特征，促进学生学以致用能力的提升。

二、初中数学教学情境设计方法

（一）利用现实生活问题或趣味性的问题设计情境

古人云："学起于思，思源于疑。"考虑到初中生的年龄特征，他们在课堂上思想集中的时间比较短，所以作为一名数学教师要充分利用情境教学特有的功能，使学生积极主动地思维，使他们在"迷惑""疑问""好奇"的感觉中，在跃跃欲试的心理状态下，进行分析、综合、比较、概括、判断、推理等思维活动。教师可以在教学过程的各个阶段尝试着精心设置一些悬念，以创设"问题情境"。运用这种方法能很好地激发学生在获取知识过程中的好奇心，达到调动学生学习积极性的效果。特别是在课的导入阶段设置悬念，可以激起学生学习新知识的欲望，从而达到吸引学生注意力、激发他们听课热情的目的。

案例："数量的变化"新课引入片段。

师：同学们，大家虽然来自不同的城市，但你们从出生到现在每个人都发生了许多变化，能说说你们都发生了哪些变化吗？

生1：我的身高发生了变化，我长高了。

生2：我的声音发生了变化，我声音变粗了。

生3：我的脸上开始长痘了。

生4：我学的知识越来越多，越来越深。

生5：我的头发最近越来越黄……

师：同学们，在这些变化中，你们认为有哪些是数量的变化呢？

生：身高、知识……

师：这些数量的变化是随着什么而变化的呢？

生：是随着时间的变化而变化的。

教师归纳：事实上，在我们生活的世界中，发生着许多数量变化，这节课就让我们来一起感受数量的变化。

评价与反思：函数的学习一直是令学生望而却步的知识点。本课是新课程改革后新增加的内容，目的在于为下一章的函数学习做好准备，但不是刻意地接近函数，而是让学生从内心深处感受到数量的变化。

这一片段从学生自身发生的变化引入本节课的课题，从学生的最近发展区引入，使学生体会到数学源于生活，使接下来的新知学习源于学生的数学现实，从而产生有效的正迁移。这样的情境有利于激发学生的学习兴趣，有益于调动学生的好奇心和学习的积极性，同时营造一种轻松和谐的课堂氛围，为完成本节课的教学目标做铺垫。

（二）利用数学与生活、生产的联系设计情境

新课程标准提出"重视数学与现实生活的联系，注重实践应用"。也就是说数学教学要重视让学生根据生活经验和已有的知识来学习数学和理解数学，通过感知和操作，获得基本的数学知识和能力。这就要求教师在数学教学中加强与生活实际的联系，把数学知识生活化，把生活经验数学化，让学生在生活中实实在在地体会到数学的存在，培养学生的数学应用意识和应用能力，调动他们主动学习数学、运用数学的兴趣。

例如，一架梯子，靠在墙上，"陡"或"不陡"就是梯子长度和梯子影子这两条"边"的比的大小。伴随着思考和讨论，引入三角形勾股定理的知识。梯子的情境是生活中学生常见的，研究三角形从这里开始肯定比直接从抽象的直角三角形开始要好。它接近于平常生活，所以让学生有熟悉感，没有紧张感，比较感兴趣，易接受，更能使学生形象直观地理解。

在"一次函数的应用"的教学中，可以结合 2010 年青海玉树地震这一牵动全国人民的大事件编题目，如某市"爱心"帐篷集团有甲、乙两个分厂，原来每周生产帐篷共 9000 顶。2010 年 4 月 14 日，由于我国青海玉树发生大地震，震后的灾区急需帐篷 14000 顶。集团决定在一周内赶制出这批帐篷，为此甲、乙两个分厂全体职工加班加点，在一周内赶制的帐篷数量分别达到了原来的 1.6 倍、1.5 倍，恰好按时完成了这项任务。

问题 1：在赶制帐篷的一周内，甲、乙两分厂各生产帐篷多少千顶？

结果：课堂上学生的积极性很高，很快地建立了学习合作小组，运用所学的一次函数的知识解决了这个问题。由于是让学生用学过的知识来解决日常生活中的问题，所以学生的积极性很高，兴趣很高，效果很好，既提高了学生用所学知识解决实际问题的能力，同时还培养了学生的社会责任感。

（三）利用数学合作交流设计情境

在教学中，我们要"紧密联系学生的生活环境，从学生的经验和已有的知识出发，创设有利于学生自主学习、合作交流的情境，使学生通过观察、试验、归纳、猜测、交流、反思，逐步体会数学知识的产生、形成、发展的过程，获得积极的情感体验，感受数学的力量，同时掌握必要的基础知识与技能"。

比如，针对"打折销售"这一实际问题，教师可提前一周布置作业，让学生以小组合作的形式到商场或超市实地调查有关服装、商品的打折销售情况。在课堂教学中，利用学生实地调查的例子，通过师生合作交流，学会用列方程的方法解决实际问题。让学生感受到方程是建立数学模型，从而解决实际问题的一种重要的思想方法，并培养学生的抽象思维能力和分析问题、解决问题的能力。最后以小组合作的形式写调查报告。

在这个课时的教学中，教师可安排 5～6 个学生为一小组，小组中既有学习成绩好、语言表达能力强的，也有基础较差、不善于言谈的，还有成绩中等的。根据小组的具体分工情况来看，基本上是让语言表达能力强的学生去采访、了解情况，让不善言谈的学生记录，组员们一起讨论分析后让成绩中等的学生报告。通过小组成员的分工配合，不仅顺利完成了任务，增强了学生的合作意识，而且使学生在各个方面都能得到不同程度的提高和发展。

在小组合作与交流的学习中，可以设置游戏竞赛，通过数学游戏培养合作与竞争的意识。合作交流是学生学习数学的重要方式。教师应为学生创设探索与交流的空间，让学生在一定的情境中自然形成合作交流的学习氛围，在合作与交流的过程中拓展思路，学习数学。

（四）利用学生认知上的冲突设计情境

人们认识客观事物常不能一次就获得正确认识，在很多情况下要经历错误和失败，并从错误中吸取教训，从失败中找出原因，而后改错为正，获得正确认识。初中生年龄较小，缺少经验，认知能力正在形成中，所以他们在学习过程中，由于多方面的原因，会经常出现错误。教学时教师应透过错误，洞悉成因，及时抓住契机，加以利用，创设认知冲突，使学生产生疑问，构成认知矛盾，从而引发学生积极思维，主动探索新知。

认知冲突即认知过程中的"障碍"或"不协调"因素，它可引起人们解决问题的动机，促使人们去寻找协调的途径。它是学生学习动机的源泉，是学生学习过程的自然展示，也是学生参与学习的根本原因。所以教师应根据教学内容的特点，在教学中不断设置认知冲突，激发学生的参与欲望，主动完成认知结构的构建过程。

（五）利用数学与相关学科的关系设计情境

新课改的课程理念是拓展基础内涵，加强课程整合中强调重视各学习领域的合理配置，加强各学习领域及各科目间的联系，注重科目内学科、活动、专题间的有机联系及模块或主题间的有机联系，促进学生形成合理的认知结构。

1. 与语文学科的联系

在学习对称时，教师可以用唐诗如"乱花渐欲迷人眼，浅草才能没马蹄"或一副对联"生意兴隆通四海，财源茂盛达三江"来引入，让学生通过语文中的对仗来更好地理解数学中对称的含义。

在学习"锐角三角形"中的仰角、俯角时，可用李白的诗《静夜思》中的"举头望明月，低头思故乡"这两句来加以描述，使学生本来觉得难以理解的定义一下子变得趣味横生，为这节课后面的学习奠定良好的基础。

在与学生谈数学的解题意境时，用"蓦然回首，那人却在，灯火阑珊处"描述别有风味。在与学生谈数学的极限意境时，用"孤帆远影碧空尽，唯见长江天际流"描述顿时展现出一幅美妙的画卷，使学生有深刻的理解。用诗词装点数学，在为教学服务的时候，更让学生对诗词有了不一般的理解和认识，增强了学生阅读、理解数学题目的能力。将诗词和数学结合就是文理结合，真是美哉妙哉。

2. 与物理学科的联系

例如，数学中的科学记数法与物理中的密度表示不一样，物理中的 0.9×10^3 千克/立方米，0.9×10^3 就不是数学中的科学记数法。在接触物理中的密度表示之前，他们几乎不会发生这样的错误，而在学完了密度以后经常会出错，总认为 0.9×10^3 就是数学中的科学记数法，所以说"学习的最大障碍是已知的知识，而不是未知的知识"。因此，教师要创设适当的情境让学生在比较中学会学习，学会比较新旧知识的联系和区别，避免知识的"负迁移"。

3. 与英语学科的联系

例如，在学习"探索直线平行的条件"找同位角、内错角、同旁内角时，有些时候图形比较复杂，不太容易找。教师可以建议学生把同位角与英文字母 F 联系，把内错角与英文字母 Z 联系，把同旁内角与英文字母 U 或者 n 联系，所以找这三种角就是找这几个英文字母，既快又准，让学生觉得学习很轻松，做到把这些角找得不重复、不遗漏。

4. 与政治术语的联系

例如，把典型的三个非负数 a^2，$|a|$，$\sqrt{a}\,(a \geq 0)$ 称为非负数的"三个代表"；在解直角三角形时，把"有弦用弦，无弦用切宁乘勿除，取原避中"这样的原则归纳为解直角三角形的"四项基本原则"；在解无理方程时，通过两边同时平方或换元的方法达到无理方程有理化的目的，把无理方程有理化叫作"一个中心"，把两边同时平方或换元叫作"两个基本点"；在总结复习各种方程的解法时，把分式方程整式化、无理方程有理化、高次方程低次化、多元方程（组）一元化归纳为解方程的"四化"；等等。放在一起就是：遵循"三个代表"重要思想，坚持"四项基本原则"，围绕"一个中心，两个基本点"，全心全意为"四化"服务。

学科结合、学科渗透不是简单的加法计算，而是很复杂的乘法运算，甚至是乘方运算。所以学科之间有差异，但没有鸿沟，有些时候是零距离的，要始终注意不同学科的整合，这对教师而言是知识结构的完善，对学生而言则是受益匪浅。学得好的学科会带动学得不理想的学科的发展，要学会举一反三、能触类旁通，真正实现全科发展、全面发展。

（六）利用学生的实践活动设计情境

情境教学既注重"情感"，又提倡"学以致用"，教师要努力使二者有机地统一起来，在特宕的情境中和热烈的情感驱动下进行实际应用。数学教学应以训练学生的能力为手段，让学生投身实践，把现在的学习和未来的应用联系起来，注重学生的应用操作能力的培养。教师要充分利用情境教学特有的功能，拓展数学教学的空间，创设既带有情感色彩，又富有实际价值的操作情境，让学生扮演测量员、统计员进行实地调查、收集数据、制统计图、写调查报告，使学生触发感悟，乐意投入新的学习，培养了学生的思维能力、表达能力、动手能力，提高了他们解决问题、社会交际及应变的能力。

例如，在"等腰三角形的性质"教学中，可设计这样的课堂活动：把学生分成几个小组，每个小组都把自己所带来的硬纸片剪成两个三角形，其中一个是等腰三角形，另一个是非等腰三角形（一般三角形）。各小组完成之后，教师引导学生把两种三角形各自任意两边叠在一起，然后把活动过程中的结果写下来，让各小组派代表进行讲述。通过这一活动，学生很快就发现只有把等腰三角形的两腰叠在一起时，等腰三角形的两个底角才能互相重合，从而得出等腰三角形的性质。这时教师可引导学生把活动中得到的性质加以证明。

教师也可带领学生到校外进行社会调查，从中获取相关资料，进行数学探索。例如，在建立函数概念时，教师可把学生分成几个小组，到就近市场进行鱼类、肉类、青菜类等的市场调查，要求学生做到以下几点：

第一，在调查过程中，各小组应找到各自的调查目标，了解它们的市场单价，并记下至少两笔销售的数量和金额。

第二，在观察销售过程中，单价、数量与金额之间有什么变化规律。

第三，整理材料，以表格形式提交给教师。通过以上活动，学生对自变量、函数的定义有了较为深刻的理解，为进一步学习函数知识打下了良好的基础。应该注意的是，教师创设的活动情境，既要具有可操作性，又要面向全体学生，要给学生充分交流的时间，使学生通过交流，形成新的知识。

教师以学生动手操作、社会调查、游戏、实验等作为教学出发点，让学生在活动中体验到数学在实际生活中的作用，有助于激发学生学习数学的积极性，培养学生的数学应用意识。

三、初中数学教学情境设计策略

（一）管理与组织层面的策略

1. 管理体系优化

现阶段初中数学教学当中情境教学的运行需要以科学合理的管理体系为依托，也就是指教学人员采取更有效的教学策略帮助学生进行学习，并且这样的教学理念应当始终呈现在教学过程中。首先，教学管理制度需要加强，在初中数学教学的课堂上，应用情境教学是一个长期的、持续性的过程，而科学合理的制度保障，能够去组合教学过程中出现的多种因素，从而为在数学教学中开展情境教学提供有效的支持。教学人员也要不断分析情境教学在实施过程当中出现的问题、实施的状况以及实施之后学生的需求，从而建立起与情境教学相对应的备课制度、导学制度以及课后评价制度等。其次，要对数学情境教学不断地进行研究，不断丰富研究成果，以便更好地为初中数学情境教学提供相关的理论支持。同时还应该在教学实践中去持续深化数学情境教学的运用，积累情境教学的教学经验，从而更好地提升数学课堂的教学质量。最后，加大资金支持力度。教学活动的有序展开需要以充足的资金为依托。因此，在初中的财政管理体系中，应当加强对数学教学方法研究项目的资金支持，建立专费专用的资金管理体系。比如对于在情境教学研究中取得一定成果的教学教师，学校给予相应的资金奖励，从而激发教师参与情境教学研究的热情，更好地推进数学课堂的顺利进行。

2. 教师培训加强

初中数学教师有繁重的教学任务，这就导致他们无法参与系统的、长期的培训，所以要提高初中数学教师的教学水平较为合适的方法就是从实践中学习，通过实践与理论的结合来提高教师的业务能力。初中数学教师还应当充分利用课余时间，把握学习机会，最大限度地提升自己的能力，主动学习数学学科最新的理论知识，以及不断地在生活与教学当中更新自身的教育理念，持续完善自己的知识结构，不断扩展自身数学知识的储备量，丰富自己的文化底蕴。初中数学教师还可以建立互帮互助的学习共同体，通过同事、同学科教师之间的沟通与交流，相互取长补短，共同进步。学校应当依据教师个人教学素养的差异，制定出不同等级的教学评价标准。初中数学教师也应依据自身的实际情况制订适合自己的发展计划，按计划不断提高自己的数学教学能力。学校还应当依据自身条件制定提高初中数学教师基础素养的相关制度，构建出评价科学、内容清晰、目标准确的教师培养体系，并把教师的发展情况和其职称评定、优秀评定、转正等方面联系起来，从而激发教师进行教学研究的热忱；建立完备的教师学习档案，帮助其更加准确、清晰地认识自己的教学情况。数学教师还应当与其他教师多进行沟通，尤其是与有着丰富的实践教学经验的老教师进行沟通与交流，不仅有助于提升自身的教学能力，还能促进教师队伍的整体发展。

3. 组织保障强化

学校要将数学教学情境法在实践中的应用重视起来，并且学习其他学校先进的教学经验和完善的教学模式，结合学校自身的特点，在数学教学的内容、方式、教学制度、教学体系上有所创新。在数学教学环境方面适当优化，在数学教学组织工作方面慢慢细化，在数学教学思路方面不断创新，逐渐提高数学教学课堂质量。学校领导还应当重视和支持数学情境教学在实际教学当中的应用，积极参与教学策略的制定。教育主管部门及时对教学方法的深入研究提出建设性的意见，在教学工作的实际展开中做到实时监督，落实管理责任，为情境教学的推进提供制度保障。

（二）教学层面的策略

有效的教学情境能降低学生理解数学知识的难度，促进学生思维的有序发展，促进学生数学核心素养的全面发展。在初中教学实践中，教师要精心挑选和教材知识相关联的生活素材，将其改编或者设计成趣味性强、探究性强、生活性强、体验性强的教学情境，引领学生积极主动地去分析情境问题，促使学生发挥主观能动性。在创设情境问题方面，教师要尽量设计一些开放性的问题，培养学生不唯书、不唯师的态度，培养学生的发散思维，使学生实现个性化发展。笔者查阅了一些涉及数学教学情境创设的相关文献，同时结合自身的经验，认为做到以下几点有助于教师创设出有效的教学情境。

1. 巧设悬念，创设深层问题情境

问题是研究的基础，有问题才能产生疑问，才能产生获取真相的欲望，并且促进学习的进行。没有问题，学生就不会进行进一步分析和思考，导致学习不深入。因此在初中数学教学中，教师要科学地设计问题，确保问题具有趣味性、探究性、生活性和针对性，让学生能在观察问题、分析问题、思考问题、解决问题的过程中实现思维的启发、智慧的生成、知识的应用。问题是学习的关键，教师也应该加大对问题的重视，通过问题激起学生的求知欲望，以达到吸引学生注意力的目的，让其仔细听课并主动思考去解决问题。教师可以根据教材中的情境与问题设置相应的"悬疑点"，激发学生主动去思考、去挖掘真相。

2. 注重互动合作，创设平等交流情境

知识需要传递才会更有力量，一味地苦读学习，就会局限认知，不能全面理解知识，

无法多样化地学习与思考。因此对知识的理解最主要的是能在教学过程中传递知识，如今教学中大力提倡教师与学生、学生与学生之间进行相互交流与合作，探讨更多的解决问题的思路。这有助于学生攻克重难点问题，也能有效培养学生的沟通能力与合作学习能力，为以后在社会中取得更好的发展做铺垫。通过创设相应的教学情境，能将过去静态的知识灌输过程、单向交流过程变成动态的合作学习过程、双向交流过程，让学生在激烈的碰撞中获得更多的灵感和经验，擦出思维的火花，找到问题的答案，享受学习的成就感。这样能进一步培养学生的学习兴趣，进而提高学生的课堂参与感，让学生能全身心地投入学习。

3.通过有关数学的历史故事，创设历史故事情境

数学中的许多理论和结果都是学者通过总结数学史上的经典知识，反复研究推敲得出的，在这个过程中学者经历了无数次的失败与挫折，包含许多名人的经典故事。将这些名人事迹融入初中数学教学，更容易吸引学生，能高效地助力教师进行教学设计，使教师能够依托这些经典的数学发明故事来激发学生的兴趣，活跃课堂氛围，赋予数学课堂更强的人文性。比如，教学几何知识时，教师在导入新课环节可以先讲述一些数学家在几何领域的研究趣事、发明贡献等，号召学生在学习过程中要积极学习这些数学家的奋斗精神和学习态度，向学生介绍趣味的数学知识，让学生对数学这门学科有更系统、更全面的认知，改变学生以往对数学学科缺乏感性、缺乏趣味的偏见。这种故事情境在培养学生学习兴趣方面作用很大，教师应当高度重视。

4.巧用数学思路创设教学情境

在初中数学教学中，教师要注重思想方法的传授，让学生能针对数学问题进行指向性思考，防止学生在数学解题过程中出现盲目无序的情况。学生掌握了数学方法、数学思想、数学建模等知识，就能够实现数学知识和现实问题的关联转化，将数学知识系统地串联起来，从而快速找到解题思路，也能客观、理性、多元地去解析问题。教师要帮助学生掌握数形结合思想、化归思想、一般与特殊关系思想、方程与函数思想等，教师要围绕这些数学思想的教学来创设针对性的教学情境，将学生置于具体的情境中，引导学生去体验这些数学思想的特征、精髓、应用场景等，有针对性地培养学生的数学思维。

5.创新情境教学引导

（1）创设生活情境，确立学生主体地位

加强情境教学过程中的点拨和引导，教师首先应确立学生在课堂上的主体地位。在初中数学教学中情境教学高效实施的关键就是学生在课堂上的主体地位成功凸现出来。为了提升学生应用已储备的数学知识解决现实问题的积极性，教师要善于借助提供给学生的生活情境材料引领学生展开分析，使学生在自主合作探究过程中形成解决现实问题的丰富经验，构建起可用于问题解决的数学模型，形成现实生活是数学不竭的知识源泉的正确意识，增强学习主人翁的自觉性和自豪感。

加强情境教学过程中的点拨和引导，教师要善于授之以渔，传授给学生常见的数学思维方法，帮助学生提升问题解决能力。将情境教学引入数学教学的目的就在于以生活素材

为切入点，引领学生在丰富的感性体验过程中发现、分析、解决问题。教师应在情境教学具体实施阶段通过构建生活情境培养学生的问题意识，引领学生运用教师传授给自己的数形结合等思维方法解决实际问题。以"正方形"概念教学为案例，说明情境教学在生活中的应用。在课堂教学中，教师可以通过展示铜钱、魔方等图形引导学生观察、比较以及思考，然后回答下面的问题："在日常生活中除了菱形与矩形之外，还有哪些四边形，这些四边形都有怎样的特点"，进而通过比较这些四边形的特点引出"正方形"概念教学。通过设置贴近生活的情境，展示丰富多彩的几何图形，由此增加学生的直接经验，启迪学生，并进一步激发学生的学习兴趣。学生会在这些四边形中找到一种四条边相等且四个角都是直角的正方形。

在解决问题的过程中，学生可以积累解决不同类型的现实问题的丰富经验，提升解决问题的水平。教师应意识到培养学生的问题解决能力不是短期行为，在具体实施情境教学的过程中，学生从生活素材中提取信息不准确或选择数学工具不恰当的情况屡见不鲜，教师不应急于求成，而应明确这一曲折的过程就是学生不断深化记忆、不断积累经验、不断摸索规律，并逐步提升学习信心的螺旋式上升过程。教师在课堂上必须在维护好纪律的同时给予学生足够的宽容和强有力的支持，引领学生结合自身出现的错误，经由查阅教材或者合作探究等途径成功解决问题，只有这样学生才能在不断出错、分析错误原因的过程中提升学习能力。

（2）创设问题情境，激发学生求知欲

教师要善于创设成功激发学生求知欲的问题情境。在创设情境时，教师需拥有敏锐的洞察力，从丰富的数学内容中进行甄选，选择出那些可以成功引发学生认知矛盾以及可以反映出数学本质的内容来设置问题情境。教师要善于充分挖掘情境教学作为重难点信息载体的强大工具价值，借助问题情境将学习重难点以及中考常见的考点具体呈现出来，在尝试解决问题的过程中，使学生对自己的基础性数学障碍有充分的认知，使其以更积极的思维投入问题解决当中去，通过对问题的主体性认知以及个性化把握，借助所掌握的数学思维方法尝试解决问题、提升问题解决能力。

（3）创设猜想情境，培养数学探究意识

在数学课堂教学中，教学需要根据教学实际创设猜想情境，引导学生开展感知、想象、归纳以及类比等方面的猜想活动，使得学生对数学问题的条件和结论、解题思路、拓展方向等做出自己的猜想，在经过充分思考与理解的基础上使学生能够打破常规，培养学生开展数学探究的意识。对于日常教学过程中出现的概念的产生、公式的发现、问题的解决途径与方法、规律的探索等问题，通过创设猜想情境，培养学生的猜想能力，进而学会猜想。

在学习"棱锥的体积公式"时，由于棱锥的形状和前面学习的棱柱等相差较大，需要在教学过程中启发学生采用割补的方式探究三棱柱和三棱锥的体积关系，进而推导出三棱锥的体积关系式，由此计算锥体体积。为此，在具体教学时教师可以给学生创设猜想的情境。例如，在处理复杂图形时可以采用割补的方式将这个复杂图形分割成几个规则的或常见的图形，由此分别求解，使复杂图形的体积很好地计算。这一割补法就是常用的处理几何问题的方法，教师可以引导学生采用类比猜想，把这一割补的方法迁移到求解棱锥体积中。如此，学生就不会对三棱柱分割为三棱锥产生突兀感了。反而，学生会去思考体积转化中对问题的解决。显然，创设这一猜想情境，可以提高学生的自主探究能力。学生在经历过这样的类比之后，对于一些知识的学习及其本质会产生更为深刻的认识。

（4）创设动态情境，提高学生感性认识

在日常教学中，教师可以针对不同的数学教学内容，采用图文并茂、声像俱佳的多媒体开展辅助教学，通过创设动态情境，以更好地展示教学内容。在这样动态与和谐的教学环境中，不但可以激发学生学习数学的兴趣，尽最大可能调动学生学习数学的积极性，由此进一步引导探索学习，还能提高学生的感性认识，最终实现课堂教学效果的提升。

教师在教授"三棱锥体积公式"的过程中，可以采用几何画板将其做成一个动画课件，充分利用多媒体直观演示的方式把三棱柱逐步分割成三个三棱锥，在割补中动态而形象地展示三棱锥分解和组合的过程，更好地体现三棱锥和三棱柱的体积关系。通过这种直观的动态演示，能够充分调动学生学习的积极性，还能降低学生理解三棱锥体积的难度。

第二节　初中数学单元教学设计与策略

一、初中数学单元教学设计概述

（一）单元教学设计的内涵

单元教学设计是运用系统的方法，对某个教学单元所涉及的各种课程资源进行有机整合，对教学过程中的各个部分做出整体安排的一种构想，即为达到整个单元教学目标，对教什么、怎样教、达到什么目标等所进行的教学策划。

数学单元教学设计也被称为数学主题教学设计，一般包括模块教学设计、章节教学设计、知识点（如基本概念、基本方法、数学原理、数学核心概念、数学综合能力等）专题设计等。

（二）单元教学设计的依据

1. 基于《义务教育数学课程标准（2011 年版）》内容的整体性

整体是事物的一种真实存在形式。《义务教育数学课程标准（2011 年版）》的内容安排有鲜明的整体性。它统筹考虑了初中三年的课程内容，根据学生发展的生理和心理特征，将课程内容整合为四个领域，即数与代数、图形与几何、统计与概率、综合与实践；课程目标划分为四个方面，即知识技能、数学思考、问题解决、情感态度。课程目标强调"四基"培养与"四能"发展；注重发展学生的十个核心素养，即数感、符号意识、空间观念、几何直观、数据分析观念、运算能力、推理能力、模型思想、应用意识和创新意识。四个领域、四个课程目标、"四基""四能"和十个核心素养，都各自独立成篇，自始至终、一以贯之；又互相渗透、相辅相成，构成了初中数学知识的基本框架，编织出初中数学教材的一个多维体系。

2. 基于数学教育的系统性

华东师范大学张奠宙教授说："教师的任务是把知识的学术形态转化为教育形态。"数学是研究数量关系和空间形式的科学。数学知识、数学方法和数学思想本身都具有高度系统化的特点。

学生对这些知识和方法的掌握，也需要一个统筹兼顾、整体规划的"学习场"，从而决定了数学教育的系统性，而单元教学设计正是体现这种系统性的首要载体。

从教材角度看，数学教学单元是介于学期教学和课时教学之间相对独立的、完整的教学单位，具有相对独立性，同时又具有承上启下的衔接功能。"上"衔整个学期的教学目标，"下"接课时教学任务。所以，单元教学设计是学期教学设计和课时教学设计的联系纽带。

从教师角度看，进行单元教学设计可以使教师胸怀全局，扮演"先行组织者"的角色。教师要弄清单元目标与课时目标之间的层次关系，整体把握学段目标、学期目标的分步落实；有步骤、有计划地调控单元教学进程，明确各课时目标，突出单元教学的重点，分解单元教学的难点，从单元整体上系统落实因材施教、及时反馈。单元教学设计能够突出数学课程的本质，去掉"细枝末叶"，彰显数学核心素养；将整体性与过程性结合在一起，使发现式学习和开放性教学有合理的"度"。教师要统筹兼顾、协调讲授教学与自主学习的关系，引导学生独立思考、主动探索，体现《标准》中要求的教学方式和学法多样化的理念。

从学生角度看，学生要整体厘清本单元教材的内容、地位、目标、学法，明确本章的学习主线，围绕"本单元要学什么内容""为什么要学本单元""怎样才能学好本单元"等问题，有意识地进行"四基"和"四能"的系统训练，培养系统思维，养成全面思考问题的习惯，避免陷入"盲人摸象"的误区。

（三）单元教学设计的原则与注意事项

第一，以单元或章为单位，体现各个知识点之间的逻辑关系。

第二，体现单元学习的完整性。

第三，体现单元学习的层次性。

第四，多种教学形式相结合，教师主导、学生探究相结合。

第五，注重单元内容的综合运用。

第六，提供评价方法及模板。

二、初中数学单元教学设计实践策略

（一）单元教材教法分析

1. 单元教材教法分析的概念与原则

（1）单元教材教法分析概念

单元教材教法分析是从课程理念和目标出发，在完成对一个单元的规划后，以该单元为研究对象，全面理解教材的编写意图、明确教学内容的整体结构、把握核心内容和主要的数学思想方法，并依据学情有针对性地选择教学方法与策略的过程。

单元教材教法分析主要由学情分析、内容解析和教法分析等方面组成。学情分析是指对学生学情的分析和把握，包括学生的认知基础、学习特点等。内容解析是指以教材为主要载体开展对单元教学内容的解读和分析，包括明确核心内容及其在数学课程中的地位和作用、挖掘数学思想方法、揭示教学价值，并结合学情分析的结论相应确定教学重点与难点等。教法分析是指在学情分析和内容解析的基础上，针对单元的核心内容、教学重点与难点等合理选择教学方法与策略。

（2）单元教材教法分析原则

开展单元教材教法分析，应当关注以下原则：

①整体性。

单元教材教法分析需从单元的整体上把握教学内容和教法学法。既要重视对单元知识结构的分析，明确主要内容之间的关联、单元各环节之间的关联和不同课时之间的关联，也要重视对数学思想方法、学科育人价值等的挖掘；既要避免纠缠过于琐碎的细节和多种不同教法的权衡，也要避免因片面强调"整体"而使得教材教法分析过于空泛，影响可操作性。

②发展性。

单元教材教法分析需要为处理教学内容、选择教法学法找到合理依据，更好地推动数学课堂教学的转型发展。在开展以单元教材教法分析为主题的教研活动时，应强化以单元为视角研讨教学设计，克服过去以课时为单位的教学设计留给教师调整方案的空间较小、难于有效平衡各种矛盾等问题，合理吸收在单元教学设计与实施中生成的新想法、新做法，加强实践、不断完善。

2. 单元教材教法分析流程

单元教材教法分析可遵循一定的流程开展，如图6-2-1所示。

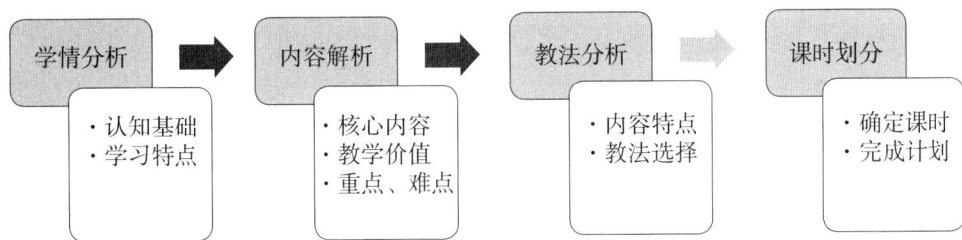

图6-2-1　单元教材教法分析流程图

①学情分析。

学情分析是单元教材教法分析的基本环节，为后续教学提供诊断和调整的依据。开展学情分析，应首先把握一个班级学生的共性特征，例如，已学习过的相关知识技能及掌握程度、学生的总体认知水平和学生在学习过程中可能遇到的共同困难与障碍等。其次，要进一步分析学生的学习态度、学习习惯、学习兴趣等特点，这些学习特点既会在班级中有共性体现，也会因不同学生而表现出较明显的差异。根据需要，分析学情可选用的方法有很多。

一是经验判断法，即教师根据自己的教学经验或者借鉴同行的教学经验对学情进行分析判断；

二是观察法，即教师通过观察学生在学习过程中各种外在的行为表现对学情进行分析判断；

三是资料分析法，即教师通过查阅已有笔记本、作业和试卷等材料，较系统地了解学生的学习现状和变化情况；

四是调查访谈法，即教师通过与学生谈话或让学生做问卷，获得学生学习态度、方法、动机等方面较为详细、深入的信息；

五是测试法，即通过纸笔测试等形式，了解学生对概念的理解程度、运用知识技能解决问题的水平和数学知识应用能力等。

②内容解析。

内容解析是单元教材教法分析的中心环节，主要任务是梳理单元知识结构、明确核心内容并分析其地位和作用，围绕着核心内容挖掘数学思想方法、揭示教学价值，确定单元的教学重点与难点。

一是核心内容。

单元的核心内容主要是指处于单元知识结构的逻辑主线或关键节点上的学习内容、承载重要数学思想方法的内容和对发展学生的数学学习能力有重要作用的内容等。

二是教学价值。

对单元教学价值的分析包括：本单元的核心内容及与之相关的前期知识、后继知识的联系；核心内容在数学课程中的地位和作用；核心内容所承载的数学文化和数学思想方法等。

三是单元的教学重点与难点。

单元教学重点一般是指单元中处于核心地位、体现关键价值的教学内容，也可以指单元重点开展的数学活动。需借助充分的教学时间和有效的教学手段来保障学习和活动。

单元教学难点一般是指学生凭已有认知基础尚不易理解的概念或不易掌握的方法、技能等。教学难点应由学情分析和内容解析相结合来确定。

③教法分析。

单元的教法分析需要在内容解析和学情分析的基础上开展。初中数学教学内容一般呈现为概念学习和技能学习，相应的教学特点也分别呈现为知识建构和问题解决。针对不同的内容特点和学情，需要合理选择教学方法与策略。

④课时划分。

课时划分是指对单元的总课时数进行细分，确定不同课时的教学课题，完成整个单元教学的课时计划。课程标准对各年级的教学总课时数及分配给每个学习主题的课时数都是有规定的，因此单元内容的教学时间也应严格执行课程标准规定的总课时。在划分课时的过程中，应根据单元规划和教材教法分析的结果，将单元教学的课时合理地分配给不同专题的教学。

3. 单元教材教法分析相关建议

（1）关注教材教法分析的要点

开展单元教材分析时，要在整体把握单元结构的基础上，关注基础知识、基本技能、基本数学思想方法和基本活动经验的落脚点。

开展单元学情分析时，不仅要分析学生的总体学法特点，还要根据本单元的教学内容分析学生相应的认知基础和学习经验，更要关注不同学生的差异，更好地满足不同学生的学习需要。

开展单元内容解析时，要重视对知识结构的分析，首先明确单元的核心内容。教学重点需根据核心内容的学科本质及其在数学课程中的地位和价值来确定。教学难点需结合核心内容的学习难度和学情分析的结论来确定。

开展单元教法分析时，要以内容解析和学情分析为基础。主要针对核心内容的特点来合理选择、灵活组合教法。

（2）明确单元规划、单元教材教法分析与单元教学目标设计的关系

单元规划、单元教材教法分析和单元教学目标设计是紧密相关的。一般来说，单元教学目标的合理制定既需要以单元规划所确定的学习内容为基础，也需要单元教材教法分析的结果给予保障。单元教材教法分析可以有效串联起单元规划和单元教学目标设计的研究。在设计单元教学的过程中，三者之间不一定要设定严格的先后步骤，在设计的过程中要充分思考三者之间的内在关联。

（二）单元活动设计

1. 单元活动设计概述

（1）单元活动概念

单元活动是单元教学的重要组成部分，它是在确定单元教学目标、流程的基础上，为促进学生对知识的理解与运用以及实践、探究、创新能力的发展，针对具体单元的教学内容而开展的活动。单元活动设计是基于标准，以单元目标为核心，对某一单元核心内容开展的数学活动进行规划设计的过程。通过开展活动，可以加强学生对知识发生发展过程的体验，使学生有机会在一个单元的学习中经历多种学习方式，丰富学习经验；通过开展活动，可以引导教师关注学生的学习过程，加强对学习过程和学习结果等评价的研究和实践，更好地落实数学课程的三维目标。

（2）单元活动设计原则

①主体性。

单元活动设计应在教师的指导下，以学生为主体、以问题为中心开展，重在培养学生提出问题、分析问题和解决问题的能力。应重视通过自主或小组的活动方式，加强学生对活动过程的经历和对解决问题常用的数学思想或方法的体验，并以此为载体，深化活动的意义，体现数学活动中蕴含的育人价值。

②典型性。

单元活动设计需着重将一个单元中能体现核心内容的若干数学活动进行提取、汇编和加工，所确定的单元活动是该单元教学中必须开展的范例，是学生必须经历的过程。在设计单元活动时要突出主题，以问题或任务为驱动，关注学生的学习效果，关注活动对于三维目标达成所起到的关键作用，促进对学生的多元评价。

③实践性。

单元活动设计不仅要设计情境（包括真实情境或数学问题情境），还要设计围绕情境的"问题链"或任务。这些问题或任务应具有可操作性，并能有效地支持学生的学习。学生在各种操作、实验、探究、体验等活动中，参与对知识的生成和发展的"再创造"，主动发现知识、理解知识和应用知识，丰富多样化的学习经历。同时，单元活动设计应能更好地支持"个性化学习"，着力培养学生的创新精神、实践能力、合作意识和批判性思维能力等。

2. 单元活动设计流程

首先要对单元活动设计进行整体规划，确定单元活动的主题，根据单元目标统领下的课时目标，结合教学内容与学生情况，分析单元活动的教学目标和重点与难点，确定本单元中学习活动的主题。然后具体地对每个单元的活动进行设计。一般一个单元中的学习活动有多个，可以是课内活动，也可以是课内外活动相结合。

（1）整体规划

在设计单元活动时，首先要明确整个单元目标，分析单元中的主要知识内容、研究问题的方法以及所涉及的数学思想等；其次要对学生学情进行比较客观的分析，对学生的认知特点和学法特点准确把握，以便有效开展活动设计和活动指导。在完成了分析单元内容和学生学情的基础上，结合单元目标，形成若干单元活动目标，进而根据这些单元活动目标设计若干个相对应的单元活动。通过这些活动的实施，具体落实单元目标。

（2）确定内容

完成了对单元活动的整体规划后，可以进一步根据目标确定本单元的典型活动，随后针对每一个具体的活动进行深入设计。在确定每一个活动的内容时，要关注单元活动目标和本单元的核心内容，关注数学的基本运用及其与现实生活的联系。单元活动的内容具体表现为问题情境或学习任务。我们可以预先明确活动的分类，根据不同的活动类型来加工活动内容。

①确定核心问题。

在活动目标的引领下，我们确定单元活动内容后，需要确定活动的核心问题。确定核心问题最关键的是围绕问题情境设计问题或活动任务。在设计问题或活动任务时建议同时考虑实施策略，在表述问题时首先应体现明确的指向性和活动过程的渐进性，激发学生学习、探索的热情，同时应根据学生的思维水平来调控问题或任务的难易度，进行必要的解释、说明或提示。

②确定活动类型。

根据活动内容所处的单元教学的不同阶段，以及活动实施过程中所体现的典型特征确定活动类型。活动类型可分为新知建构活动、问题探究活动和项目实践活动。

（3）设计方案

①活动情境的设计。

在教学中，生动有趣的活动情境与恰当的活动任务有利于吸引学生的注意力，提高学生的学习兴趣，启发学生的思考。设计时要考虑创设与学习主题相关的、尽可能真实的活动情境。

②活动资源的设计。

由于在开展活动的过程中，教师要向学生提供各种活动资源（包括各种教学媒体与学习资料），以支持学生的学习活动，因此活动资源的设计也是单元活动方案设计的一个重要组成部分，我们将在以后章节再做展开。教师根据活动目标、活动内容以及学生的特点设计活动资源，遵循"实用有效"的原则。

③活动指导策略的设计。

活动指导策略的设计包括活动方式的确定与活动步骤的设计。

为了使单元活动的开展方式有别于单一的解题活动形式，我们所倡导的是包含操作实践、自主探索、分工合作、交流研讨等形式多元的活动方式设计。其中，重点需要明确的是活动方式倾向于以自主学习活动为主还是以合作学习活动为主。自主学习就是"自我导向、自我激励、自我监控"的学习。活动设计从问题的提出、解决到评价都要确保学生个体最大限度地参与和独立完成。合作学习是指学生为了完成共同任务，以小组为单位，明确责任分工的学习形式。同时教师应重点把握三个问题：一是活动内容是否支持合作学习；二是如何有效引导小组分工；三是如何促进小组的交流与合作。

（4）设计评价

单元活动的评价可以关注两个方面：一是要评价学生在学习过程中的表现，包括活动的参与程度，以及学生的思维，即学生思考问题的准确性、灵活性和广泛性等；二是要评价活动效果，即学生是否达成了活动目标，包括任务完成的水平或数学问题解决的水平、学生能力表现的水平等。

（三）单元作业设计

1.单元作业设计的原则

数学单元作业的设计与实施，除了遵循科学性、多样性等基本原则外，还应遵循以下原则：

（1）一致性

单元作业设计，必须先依据单元教学目标确定作业目标，然后根据作业目标确定作业内容，再通过作业的分析、评价和反馈来达成作业目标，体现作业目标、作业内容与作业评价之间的一致性。

（2）系统性

单元中的每一份作业都应关注内容与目标间的匹配性、内容与结构的合理性，结合总体难度、完成时间等指标进行系统设计，并把握好各类作业在题量、难度、完成时间等方面的均衡性。

2.单元作业设计中存在的不足

在传统教学理念的影响下，初中数学教学的效率一直较低。伴随新课改的不断深入，教师逐渐突破传统教学模式、理念，将新的教学思路、教学方式引入课堂，使教学效率得到了有效提升。现阶段，虽然教师借助新的教学模式、方法使初中数学教学取得了一定的效果，但是现阶段初中数学作业设计仍然存在一定的不足。

（1）未结合学生能力

教师在进行作业设计的过程中，未充分考虑学生的个体差异，因此，数学作业具有统一性，一些学生可以完成作业，但另一部分能力不强的学生不能按时完成作业，从而使得这部分学生对数学作业不感兴趣，更不能很好地回顾学习过程，自主学习的能力受到限制。相比于小学生，初中生存在更加明显的分层，因此，班级中不同层次的学生对作业难度的需求是不同的。受作业难度的限制，学生并不能充分发挥自身的潜能，学习较好的学生不能提升自身能力，学习相对不佳的学生也会失去完成作业的兴趣，从而阻碍班级的整体发展。

（2）作业设计内容重复、单一

如果课堂教学无趣、枯燥，学生会缺少听课的兴趣。同样，如果作业设计重复、单一，学生也会缺少兴趣参与其中。教师对数学作业的设计，由于存在重复练习、作业内容单一等情况，使学生没有太大意愿完成作业，自然也不能充分了解相关数学知识，影响作业最终的效果。重复练习，确实有利于增强学生对解题方式的记忆，但大多是机械性记忆，并不能促进学生思维的发展。

（3）缺少对教学的实时指导

初中数学知识的学习难度增加，不同的学生由于个体差异，在学习过程中也会出现偏差，因此，部分学生不能完成教师布置的作业。在初中数学教学过程中，学生在完成数学作业时可能会出现问题，但并未及时反馈给教师，不能得到实时的教学指导，导致作业完成效率低，积累的问题也会逐渐增加，降低了学生的学习兴趣。

3. 单元作业设计流程

（1）确定单元作业目标

在确定数学作业目标的过程中，首先确定单元作业目标，再在单元作业目标的基础上确定课时作业目标和跨课时作业目标。

单元作业目标以单元教学目标为基础，同时应充分关注学情实际和核心能力发展的导向。单元作业目标指导课时作业目标与跨课时作业目标。课时作业目标主要对应课时教学目标中的知识与技能目标，同时兼顾作业的巩固、反馈功能。跨课时作业目标主要关注单元内三维目标之间的关联和系统整合，突出拓展学习、探究活动、归纳整理、实践应用等特点。

（2）确定单元作业内容

根据单元作业目标与课时总数设计该单元的作业内容。单元作业内容的设计通常会经历习题的选编、习题的分析、习题的组织这三个阶段。这里的习题不仅包括一些具体的题目，还包括探究性问题、拓展性问题等。

在习题的选编阶段，应考虑习题与作业目标的对应性，以明确作业设计的意图。对于课时作业，应根据作业目标在相关的题目资源中选择与之相匹配的习题；对于跨课时作业，可根据跨课时作业目标选编或设计相应的作业内容。

在习题的分析阶段，应从以下几个方面进行分析：

①明确题目表述和参考解答的科学性；

②根据对应的作业目标确定题目相应的学习水平；

③根据学情、题目内容和要求预估难度，难度可分为容易、中等、较难三个层次；

④根据作业目标选择恰当的题目类型；

⑤根据题目的难易程度和学生的实际情况，确定作业完成的要求（独立完成或小组合作完成）和预估完成的时间等。

在习题的组织阶段，应根据各类题目分析的结果，有序编排同一课时的作业，组成课时作业题组，如有需要，还需分层组成课时的分层作业题组。对于跨课时作业，可根据问题所涉及的内容和要求合理设定布置作业的时机，与课时作业形成互补。同时，跨课时作业有时与单元活动有着内在的联系，如有些探究性活动是由课内延伸到课外的，像这样的探究性活动也可以作为跨课时作业。

（3）反思改进

在正式形成单元作业之前，要回溯单元作业目标，对各要素进行分析，系统地思考单元作业的整体情况。

①目标对照，主要是对各个单元作业目标和重点与难点的体现情况进行总体回顾。如果发现某个单元作业目标缺少对应的习题，那么要对缺失的题目按照流程进行补充设计。同时，如果单元的核心内容、重点与难点在作业中的比重没有凸显出来，那么要适当调整作业的题目。

②要素分析，主要是对不同课时的题型、题量、难度、完成时长进行总体回顾。如果发现某一课时的作业整体难度太大或完成时间过长，那么要对该课时的部分习题重新选编；如果课时之间的题组有重叠，那么要对部分题目进行删减；如果发现某习题所处的课时不恰当，那么要相应做出调整。

③整体优化，主要是根据整个单元作业中的难度、题型、完成时长的整体情况进行改进和优化。一般来说，这一阶段也可以参考作业的实际使用情况来进行反思。一旦发现题目类型设计比较单一、总体难度较大、作业完成用时过长等情况，则要反思问题主要是由哪些课时的作业或哪些习题造成的。如果能排除教学因素，那么应有针对性地做出调整。

为了从整体上把握单元作业设计的情况，要注重单元作业设计的系统性，一旦某一方面在整体上设计得不合理，则需要马上进行调整。当然，随着信息技术与作业系统的日益整合，开展单元作业设计时，还可以通过更多数据来帮助设计者进一步优化整体作业设计的品质。

（4）作业评价

①预设批阅方式。根据作业目标与具体的作业内容，结合学情预设作业批阅方式。

作业批阅方式有很多种，主要有以教师为主体的批改方式和以学生为主体的批改方式。以教师为主体的批改方式有全部批改、部分面批、分层面批等，以学生为主体的批改方式有自己批改、同伴互批等。教师可以自行设计一个作业批改的统计表，用于统计每个题目的错误率，或记录不同的解法。为了清晰地了解每个学生的作业情况，教师还可以设计单个学生的跟踪式评价表，以便对其进行档案式的评价。

②确定反馈方式。根据作业实际完成的情况确定反馈方式，可以面向全班一起反馈，也可以分批或个别反馈。无论确定哪种反馈方式，都要让每个学生清晰地知道哪些内容已掌握，哪些内容还存在问题有待解决。

完成以上流程，最终形成一套单元作业。一般来说，一套单元作业包含以下三大部分：单元作业目标（包括课时作业目标与跨课时作业目标）、单元作业内容（包括课时作业内容与跨课时作业内容）、单元作业评价（包括课时作业评价与跨课时作业评价）。

4.单元作业设计优化策略

学生借助作业能够对课堂教授的知识进行相应的理解、消化，从而优化教学效果。在开展数学教学的过程中，教师要加强对作业设计的重视，引导学生主动完成作业，引导学生深刻理解相关的数学知识，增强学生的学习乐趣，促进学生核心素养的发展。

（1）单元整合式的单元作业设计

在初中数学教学过程中，单元性的教学手段能够化难为易，让学生分单元进行数学学习，还能将上百种解题方式区分开对学生进行讲解。在这样的教学过程中，学生会形成一种思维定式，能够吸收所学内容的百分之九十，但是在考试的时候会导致学生无从下手，考不出高分。很多学生的瞬间记忆很好，但是由于没有定期巩固和加强导致其对所学知识有一定的遗漏，所以，教师在设计作业的时候一定要有单元整合的过程。

（2）避免题海战术

虽然题海战术在一定程度上是提高学生数学成绩最有效并且最直接的方法，但是站在学生的角度看题海战术会产生不利影响，无尽的题目占据了学生课后的时间，在一定程度上打击了学生对数学学习的积极性，同时影响了学生对其他科目的学习。长期的题海战术会扼杀学生数学学习的热情和主观思维，将一套生硬的解题思维强加到学生的思维之中。所以，教师在初中数学教学工作中要遵循新课改的要求，尽量使数学作业做到少而精，培养学生的数学思维。

（3）促进分层作业设计

从教育学角度看，因为受到不同因素的影响，学生的身心发展存在差异。为了保证不同层次的学生都能获得成功的体验，教师在进行作业设计时，可以采用分层作业设计的方式，引导不同层次的学生选择适合自己的作业。在实际教学过程中，教师要注意应用充分的理论指导分层作业设计，明确不同层次学生的最近发展区，并结合学生的兴趣特点，增强学生完成作业的主动性，帮助学生巩固自身所学内容，从而强化学生对知识的理解，推动学生综合素质的发展。同时，在进行初中数学作业设计的过程中，教师要注意引导学生对作业数量、内容进行自主选择，结合学生自身的兴趣及能力，有效地体现作业的弹性化、层次性，有效地提升学生的能力。

（4）优化完善评价作业系统

一般情况下，教师评价作业的主要形式是给学生的作业打分，教师在判断学生作业对错后，再将作业返还给学生。部分学生缺少自觉性，会等待教师对作业讲解完后再改正。虽然该形式有一定的效果，但由于形式的单一性，不能有效调动学生学习数学的积极性。因此，教师要注意丰富作业的评价方式，如引导学生参与作业评价，增加学生互评作业，从而引导学生明确自身的学习情况。借助作业互评，学生之间能够加强交流，同时能够有效培养学生之间的感情，促进学生综合能力的提升。

总而言之，在初中数学的教学过程中，教师一定要加强自己的专业素养，站在学生的角度，将简单的知识进行复杂的题目设计，将复杂的知识进行简单的题目设计，从而使学生有效巩固所学数学知识。同时，教师要注意定期进行单元总结，使得学生对零散的数学知识有一个系统性的认识，这样才能使学生在数学的学习过程中轻松得高分。在新课改的前提下，数学作业的设计既要保障学生学习数学的积极性，又要发展学生的数学思维。

（四）单元评价设计

1. 单元评价设计概述

（1）单元评价概念

评价是一个系统收集证据并对事物做出价值判断的过程。单元评价是指以课程标准为依据，以学业评价标准为准则，以学科内容为载体，运用质性和量化的方法，测评学生在一个单元内的知识与技能，过程与方法，情感、态度、价值观的发展水平，并对学生的数学学习效果进行价值判断的过程。单元评价设计是在单元规划的前提下，针对单元目标而构建的评价体系。

单元评价指向学生的数学学习，主要依据是预设的单元教学目标。单元评价的设计主要从评价的内容、方式、工具、标准等方面入手，设计时应关注各种评价方式的协调与互补。

（2）单元评价设计原则

①准确。

要对学生的真实学习状况做出科学、准确的评价。评价关注的不仅是学生学习的结果，也应更全面地关注学习过程。单元评价设计应以单元目标为起点，贯穿在整个单元学习的过程中。评价目标要与单元目标相匹配，评价工具要科学设计，评价过程中所收集的信息要真实客观。

②多样。

要从多个方面、采用多种方法评价学生的学习状况。数学学习评价，不仅仅局限于纸笔测试形式及其测试结果，也可以综合课堂表现、项目实践活动等开展多维度评价。同时，也要发挥学校、教师、家长和学生在评价中的不同作用，评价主体要多样，特别要重视学生的自我评价和相互评价。从单元评价的角度可以更多地考虑评价体系的多样性，并进行合理的规划，以达到评价的增值作用。

③发展。

评价的主要目的是促进学生的数学学习，激励学生在原有基础上进一步努力，取得更大的学习成就，获得最大的发展。这就需要改变过于强调评价的甄别功能的惯性意识，在整体目标的引领下进行单元评价设计、边评价、边反馈、边改进。有利于凸显评价的激励与发展性。同时，评价不仅要关注学生的数学学习水平，还要关注他们在数学活动中所表现出来的思维品质、价值观念和情感表现。

（3）单元评价设计类型

对于评价进行分类的方法非常多。结合数学学科的特点，我们主要选用以下两种单元评价的分类方法：一是以方法为依据，可分为定性评价和定量评价；二是以功能为依据，分为诊断性评价、形成性评价和总结性评价。

一般来说，定量评价在数学学习评价中较为常见，然而在对学生日常学习方面进行评价时，定性评价也是较为适宜的评价方法，如对日常表现、作业表现等的评价就比较多地采用定性评价。在设计单元评价时，可以从功能角度来选择评价类型。其中，诊断性评价是对评价对象的学习基础和学习准备程度做出鉴定而开展的评价；形成性评价是在单元教学过程中，为调节学习进度、完善教学活动、检测教学目标能否得以实现而开展的评价；总结性评价则是以预先设定的单元教学目标为基准，在完成一个单元的学习任务后，对教学效果和目标的达成情况开展的评价。

2. 单元评价设计流程

数学单元教学设计是一个不断改进的动态过程，单元评价也应贯穿在单元教学的各个环节。在单元教学过程中，对学生的学习过程与成效进行及时的检测，有利于后续教学设计的调整与完善；在完成单元教学之后，也要对学生的学习成果进行评价，以检测单元的教学效果。为此，开展单元评价设计，需要对单元教学设计具有整体的认识。

（1）确定评价目标

单元评价的目标是建立在单元教学目标基础上的，一般是对单元核心内容相关的、体现单元教学重点与难点的目标开展评价，可以从单元的知识与技能，过程与方法，情感、态度、价值观三个维度中遴选。对应具体的评价项目和内容，针对学习结果及学习的过程，评价目标可以进一步细化。

（2）分析评价要素

设计单元评价需要分析的要素主要有：

①实施评价的主体，可以是教师也可以是学生，适当的时候也可以有家长参与；

②单元评价的类型，可以根据评价的不同功能，采用诊断性评价、形成性评价或总结性评价；

③单元评价的项目，既可以是单元测验、课堂检测、学生的学习汇报等正式的评价项目，也可以是学生课堂表现、作业表现或其他有关数学学习活动的表现；

④实施评价的时间，可以根据不同的评价目标和项目来确定。有些评价项目可以安排在单元或课时教学实施前，如诊断性评价；有些评价项目可以安排在单元或课时教学实施中，如课堂检测等形成性评价；有些评价项目则安排在单元教学尾声阶段，如单元测评等总结性评价。

（3）设计评价工具

评价工具是比较专业的术语，一般来说，在教学中使用的测试卷、各种针对学生学习情况设计的评价表等都属于评价工具。评价工具的设计与选择和评价要素之间有很大的相关性，与单元内容也密不可分。评价有不同的实际情况，如单元诊断性评价与单元的学习内容和学生的学习情况相关；单元形成性评价通常可与单元活动、单元作业的实施相结合；单元总结性评价与单元的实际实施情况相关。根据不同的需要，我们可以在相应的目标指引下开展评价工具的设计。

（4）生成评价结果

单元评价结果有量化与质性两种形式。量化评价的特点是数据化，一般通过测验、考试等方法获取信息开展评价。量化评价结果的特点是客观，有利于甄别和鉴定，但缺少对学习过程的分析，而且受评价工具信度和效度的影响较大。质性评价主要采用观察、访谈和反思等方法，强调学生的主体参与，有利于师生之间的交互。质性评价的结果一般采用文字形式，能更好地描述学生的学习情况，可以成为量化评价结果必要的补充。

3. 单元评价设计的开展建议

开展单元评价并不是使用单一工具、单一方法就能解决的，需要采用多元的评价方法，多维度综合性地开展单元评价。针对不同的内容和目标，单元评价包括参与数学活动的兴趣、数学学习的自信心、独立思考的习惯、合作学习的意识、交流表达的能力等很多方面。很多评价工具也适用于不同的单元，灵活地开发与选用评价工具，能极大提高单元评价设计的质量。

有效的评价需建立在科学、规范、合理的工具开发工作基础上。在单元评价设计过程中，力求每一个评价项目的设计都能遵循规范的流程和规格并附一份属性表，汇总这些属性表并加以分析，才能呈现出单元评价的总体情况。这需要设计者具有较高的评价意识和较强的评价能力，这只有通过不断学习、实践与反思来提高。

此外，在设计和实施评价的过程中，还应注意评价的导向和激励作用，合理、适切地运用测量结果开展评价，促进单元教学质量的提升。

第七章　初中数学课堂的教学问题与策略

本章主要讲述的是初中数学课堂的教学问题与策略，主要从以下两方面进行具体论述：初中数学教学存在的问题和初中数学教学的策略选择。

第一节　初中数学教学存在的问题

一、初中数学教师存在的问题

（一）数学课堂教学效率意识欠缺

数学教师的教学观有了一定程度的改变，但缺乏效率意识：有些数学教师不去思考怎么样通过改进课堂教学设计或者是指导学生的学习方法等途径去提高课堂教学效率和质量，而是强调增加学生的数学学习时间和做大量的数学习题来增强数学教学的有效性，结果使学生长期处于投入大、负担重的境地，其实这样做也不是没有效果，可是，为什么能在课堂上解决的问题要留在课堂之下呢？学习是初中生的主要任务，但不是全部，除了学习以外，他们还有其他的交友、娱乐等活动，我们不能把初中生的时间和精力都花费在学习上。还有些教师在课堂上不能充分利用教学时间，结果只能占用学生课前和课后大量的时间进行数学学习。

（二）数学课堂教学目标的制定应试导向过强

在制定数学课堂教学目标时，要特别注重三维目标的四个方面，要以学生的全面发展为目标，不能只为了应付目前的中考，不能只为眼前利益而损害学生长远利益的发展。一部分初中数学教师认为只要学生达到会运用知识与技能解决问题，就意味着学生获得了发展，其他的不考虑。虽然这不能代表全部的数学教师的做法，但是也的确存在这样的数学教师，他们太过注重课堂教学目标的考试导向。

（三）数学课堂教学反馈不及时

数学教师的课堂教学反馈，对学生来说起到完善知识结构的作用，能帮助学生巩固和加深对知识的理解，这对提高课堂教学的有效性有重要的意义。但是部分数学教师好像没有意识到课堂教学反馈对学生的促进作用。在辅导班的教学实践过程中经常遇到这样的问题，虽然数学教师在课堂上讲过某些题了，但学生有时仍然不知道自己哪里出了问题。这些事情从另一个侧面反映了一个事实：数学教师在课堂上的反馈不及时和不明确，会影响学生的课堂学习效果。

二、初中生存在的问题

（一）初中生智力因素方面存在的问题

1. 数学观察力较差

发现问题比解决问题更重要，那么发现的关键是观察，不会观察，就不会发现问题，更谈不上解决问题。初中生数学观察力主要表现在：学习数学概念时能够抓住本质特征；学习数学定理时，能从数学事实或现象中掌握数学方法或规律；解决数学问题时，能够从已知条件中发现隐含的条件，正确选择解题方法；等等。

2. 数学思维力局限

通过观察和检查学生的作业，发现初中生的思维存在如下问题：一方面是部分初中生数学思维无序化，逻辑混乱，具体表现在几何证明题目中，如无理论依据的推理、因为关系和所以关系错位等。另一方面是部分初中生追求单一和表面化，认为自己只要把某道题做出来了而且答案正确，就觉得任务完成了，不想再思考和听取其他同学的做题方法。还有这样一部分学生，当他们普遍听不懂时，迫不及待地等着教师说结论，仅仅满足于对公式、定理的套用。这种状况既增加了学生的记忆负担，还制约了学生知识的迁移能力的发展。

3. 数学想象力贫乏

初中生数学想象力贫乏主要表现在：对于那些用概括化的数学语言或文字表述的数学定义、定理或命题，学生想象不出数学对象的空间形状或位置关系。比如，八年级下册"多边形镶嵌"这一节，当教师问道："剪掉四边形的一个角，它会成为几边形？"有一部分学生回答是五边形，还有一部分学生回答是四边形，他们想象不出来如何把一个四边形变成一个三角形。

（二）初中生非智力因素方面存在的问题

1. 数学学习动机不明确

部分初中生满足于现在的状况，对数学学习动机不明确。对于为什么要学习数学，学生回答不上来，回答最多的一句话是：考个好大学。数学学习动机不明确具体表现在：在数学学习过程中，部分学生在数学课堂上不主动回答数学问题，等着数学教师叫；不主动学习数学知识，只做数学教师布置的数学作业，不布置的就不做，甚至有的学生对数学教师布置的作业也不认真完成或不完成。

2. 数学学习兴趣低

对初中生的社会调查数据显示，有超过半数的学生感觉到对学习数学没兴趣，只有将近 1/5 的学生表示喜欢学习数学，有少部分学生不讨厌数学也不是太喜欢数学。这些学生中既有重点学校的学生，也有普通学校的学生；既有数学学习好的学生，也有数学成绩不好的学生。

数学家华罗庚说过，不怕困难、刻苦学习是学好数学的重要途径。通过对学生进行观察发现，初中生的意志品质差表现在：解数学题时，当遇到点小问题时，他们不是去认真地分析和思索，探求解决的方法，而是借口这个题难、不会做轻易地放弃这些习题；一部分学生不去独立完成数学作业或数学练习题，而是照抄别的同学的答案；还有部分学生在遇到几次数学考试成绩不理想时，自以为自己再怎么努力也根本学不好数学，于是失去对学好数学的信心。这些都是初中生对待数学学习困难的错误态度，影响数学课堂教学的有效性。

三、初中数学课堂存在的问题

（一）教学方式呆板

初中数学教学在课堂教学中更多的是采用灌输式、填鸭式的教学。对于初中阶段来说，其中所涉及的数学知识点并不多，但是教师为了保证教学时长，在课堂教学中严重压缩与学生的互动时间，导致在课堂当中更多的是向学生灌输教学内容。在完成了课堂教学之后，部分教师会给学生布置大量的课后练习和作业，以巩固已学知识点，这种教学方式相对而言较为呆板，无法有效地培养学生对数学的热爱和兴趣，更别说提高教学质量了。

（二）教学内容固化

初中数学课堂教学主要是基于课程教学大纲展开的，但是这在一定程度山不利于激发学生的数学兴趣。作为教师，应该利用各种趣味数学知识和拓展知识，使学生从其他层面加强对数学的了解。但是在实际的课堂教学中，部分教师的教学内容往往已经固定化了，这不仅不利于提升教学质量，对于学生思维能力的培养也十分不利。

（三）课堂缺乏互动

在课堂教学过程中缺乏互动教学，部分教师往往是完成了相关知识的讲授之后，给学生布置一些习题帮助学生巩固，再隔了一段时间之后则是通过考试的方式考查学生的掌握情况。这种教学方式以教师为主，忽视了与学生之间的互动，这对于解决学生的疑问、深化学生对数学知识的理解十分不利。

（四）数学课堂上讲授的内容预设太多，生成太少

课程标准中把数学教案称作教学过程的预设，实施数学教学方案就是把这种"预设"转化为实践的教学活动，那么在这个过程中，师生双方的互动往往会"生成"一些没有预

设到的课堂教学资源，这些没有预设到的课堂教学资源被称为"生成性资源"。现在有些学校在实行一种计划，就是把初中三年要学习的内容在两年内讲完，即三年的数学知识要在初一、初二全部学完。面对这样的情形，数学教师肯定要加大每节课教授的知识内容量，而且还要按照自己预设的步骤来上课，只有这样才能赶完数学进度，完成任务，这样数学教师讲授新课占用的时间会多于处理生成性资源的时间，不利于提高教学质量。

（五）教学内容与学生实际联系不紧密

部分学生认为学习数学就是为了中考能考个好的成绩，将来上个理想的高中，考个理想的大学。他们认为数学与自己的生活不大相关，现在的生活中根本用不到这么"深奥"的初中数学知识。这从侧面反映了我们的数学教师在课堂上不太重视数学教学内容与学生的实际生活相联系。

四、初中数学课堂教学心理环境方面存在的问题

人本主义理论认为每个学生都有安全感的需要，只有具有安全、愉悦的心理体验，才能激发学生继续学习的愿望。在良好的数学课堂教学环境中，学生会产生更多的愉悦的情绪，情绪的投入可以引发注意和学习的动机，增强学生学习数学的兴趣和自信心，进而提高学生学习数学的有效性。

（一）师生关系不和谐

调查显示，数学教师的无意造成了师生之间的敌对、厌恶等消极的情感体验，有少部分学生会认为自己与数学教师的关系不和谐，在课堂上产生一种消极对抗的情绪，不愿意接受数学教师传输的数学信息，更不愿与数学教师进行课堂交流，久而久之，降低了数学学习的兴趣，不愿主动参与课堂交流，从而影响了学生课堂学习的效果。

（二）课堂气氛紧张

调查结果表明，有超过半数的学生都会认为数学课堂是紧张、焦虑的气氛，整个数学课堂上都提心吊胆，期盼下课铃响。人本主义理论认为，只有当学生心情放松有安全感时，才会把注意力更多地投向学习。因此，部分初中生在数学课堂上情绪紧张、焦虑，肯定会影响到初中生在数学课堂上的学习，也不利于数学教师传授数学信息，进而影响数学课堂教学的有效性。

第二节 初中数学教学的策略选择

九年义务教育阶段的数学教学以育人为根本目的。育人目标的实现需要借助每天每节数学课的教学过程，需要在这个过程中以广布的、渗透的方式来体现数学教学独特的教育价值。我们不但要有变革的价值和目标追求，还要有整体性和系统性的教学实践行为，即与变革价值和目标追求相应的变革策略和原则。所谓教学策略，就是为达到一定的教学目标而采取的相对系统的行为，而且还具有对教学目标的清晰意识和努力意向，具有对有效

作用于教学实践的一般方法的设想，在目标实现的过程中对具体的教学方法进行灵活选择和创造。概括起来说，教学策略不同于具体的原则和方法，其立意的高远之处在于：一是要树立教学的整体思想，把各种要素组织成为一个融会贯通的整体；二是要从整体上分析知识之间的内在结构关系；三是根据知识结构关系对教学行为进行整体策划；四是估计教学中可能出现的偶然事件，具有处理偶然事件的能力和策略。所以，教师具有了教学策略的意识，就有可能从教材内容的整体出发，由原来的点状教学转化为结构的教学。

一、数学教材知识的结构加工策略

"新基础教育"十分关注人的认知结构与书本的知识结构之间的关系，强调根据人的知识理解和储存结构的特点来思考数学知识学习的结构安排，为促进学生形成合理的认知结构、提高教学的有效性提供了可能。从开发教材知识关系形态中的育人资源的路径出发形成的教材结构加工策略，就是从学生"认知"这个维度对教材内容进行结构化重组，充分挖掘数学教学内容所蕴含的结构群对于培养健康发展的人的价值。

（一）知识结构多层次理解

对知识结构内涵的不同理解，会对教学处理产生不同的影响。在学校教学实践中，不同的教师往往表现出对知识结构内涵理解的不同层次。第一层次属表面的理解，第二层次进入意义的理解。

1. 知识结构的表面理解

在学校教学实践中，一些教师关于知识结构的理解尚停留在比较表面和简单的认识层面上，缺乏对知识结构内涵的深层次的认识。通过解读教师的教学实践和倾听教师的演说（主要表现在说课中），可以发现教师关于知识结构的理解主要有以下几种。

把结构仅仅理解为教科书编排体系中知识学习的前后顺序。如学生先学习等腰三角形的性质定理，然后学习圆和平行四边形（包括长方形、正方形、菱形和等腰梯形）的性质定理，再学习直角三角形的性质定理，等等，由这些知识点构成平面图形性质研究的知识整体。

把结构理解为知识学习、掌握与运用之间的联系。如在学生学习了直角三角形的性质定理以后，教师会安排一系列的练习使学生牢固掌握这些性质定理，然后让学生运用这些性质定理解决一些实际问题。

把结构理解为一个个知识点的由易到难、由简单到复杂的循序渐进式的均匀分布，在教学中往往顾及了一个个知识点的重点和难点的突破，忽视了知识之间的内在联系，导致学生的学习仅仅是对一个个知识点的散点式的记忆和把握。

以上种种理解，都尚未摆脱教科书知识点编排的束缚。尽管教科书知识点的编排方式确实可以显示出教学渐进的结构性，然而，这种渐进关系体现的只是知识之间联系的外在表现。如果脱离了知识之间的内在联系，不考虑学生的实际状态而人为地设置梯度，单纯地追求教学形式上的渐进，由此而形成的教学行为也大多是分离的、割裂的，学生也就很难形成结构化的认知和思维方式。进一步分析上述关于知识结构的理解方式可以发现：第一，对教材书本知识的解读缺乏整体结构的意识，尚未透过表面的现象去寻找和发现它们之间共同存在的本质联系。这将导致教学很难利用知识之间内在的结构关联来提供学生主动学习的方法支撑。第二，教师对课堂教学的实践缺乏相对系统的教学行为。虽然教师关注了一节节课重点和难点的突破，但是由于其孤立的、就事论事的教学行为，常常使学生对这些知识的理解表现出一种僵化和无意义的状态，更不用说以知识学习为载体形成学生相关的能力了。同时，教师对教学的策划也容易停留和局限在方法层面上，难以上升到策略层面进行思考和研究。

2. 知识结构的意义理解

关于知识结构的学习，布鲁纳认为："掌握事物的结构，就是允许许多别的东西与它有意义地联系起来的方式去理解它。简单地说，学习结构就是学习事物是怎样相互关联的。"例如，在教学"数的概念"时，数量3可以表示3只羊、3个苹果、3个杯子等，数字3反映的是不同的物质实体之间共同的本质属性，体现的是一种抽象的过程和思想，在抽象的意义上，数与具体的物质实体无关，这是数学形成思想史的重要进步。其实，我们每个人在学习的过程中，都经历了这样一个将数与具体的物质实体相分离的智力过程。因此，在教学"数的概念"的过程中，教师需要在抽象的数与具体的物质实体之间建立两方面有意义的联系：既要帮助学生认识数是反映不同的物质实体的共同属性，又要帮助学生经历将数与具体的物质实体相分离的抽象过程。这种完整的有意义联系的反映，是我们所强调的结构关系。

然而，这还是从学习有意义的层面来理解知识之间的结构关系。从关注知识之间联系的外在表现，到关注知识之间联系的意义关联，尽管认识已经前进了一大步，但它们都还未突破在知识"点"里进行知识之间联系的思考和认识。

（二）知识结构多维加工策略

为了体现知识整体的、内在本质的结构关联，在数学知识结构多维关系认识的基础上，我们对现有教材文本的育人资源进行整体开发和结构加工。对教材知识进行结构加工，是指教师要树立整体结构的意识，把学科书本知识按其内在的逻辑组成由简单到复杂的结构链，以结构为大单元重组教学内容，以结构的逐步复杂化作为贯穿教学的认知主线，开发学科书本知识内在结构所蕴含的促进学生主动发展的丰富资源。不同学科有不同的结构群，不同学科结构群的学习、内化，有助于学生头脑中形成诸多有差异又能相通的结构群和结构思维的方法。

知识结构具有较知识点更强的迁移力。要让学生掌握学习的主动权，最有效率的是掌握和运用知识结构。心理学研究认为迁移有两种方式：一种是训练的特殊迁移（习惯或联想的延伸），即通过它对某些工作（这些工作同原先做的工作十分相似）的特定适应性，将掌握的某些技能迁移到社会或工作中去。另一种是非特殊迁移（原理和态度的迁移），即一开始不是学习一种技能，而是学习一般观念，然后将其用作认识后继问题的基础。"这种类型的迁移应该是教育过程的核心——用基本的和一般的观念来不断扩大和加深知识。"原理的迁移有赖于是否掌握了结构，学生学习的观念越是基本，那么这些观念应用的范围就越广。如果学生把握了知识之间内在的结构关系，就有可能借助结构的支撑，能够在超越原来学习情境的思维中灵活运用所获得的知识，解决许许多多看来似乎生疏，但与实际密切关联的问题。这就有利于激发学生进一步学习的主动性，提升学生发现结构、灵活运用结构和结构化思维的能力。一般说来，我们可以从以下三个方面对教材文本进行结构加工。

1. 以"条状重组"的方式对教材进行结构加工

"条状重组"教材的结构加工是指把教科书中以纵向的"点"为单位的符号系统按其内在的逻辑组成由简单到复杂的结构链。这种结构加工比较强调知识结构间的纵向关联性。根据知识结构间的内在关联性，可在单元内对教材文本进行"条状重组"，亦可跨单元对教材文本进行"条状重组"，还可跨学年段对教材文本进行"条状重组"。

例如，在数运算规律的教学中，教材只是选择了加法交换律、结合律，乘法交换律、结合律以及乘法分配律和商不变性质。这样的内容选择，一方面是基于学生容易理解记忆和掌握运用这些知识的思考；另一方面则是基于学生要学习高一级知识所必须具备的基础性知识的思考。无论前者还是后者，教材进行内容选择的知识传递立场昭然若揭。如果按照教材内容选择与编排方式进行教学，就使原本结构性很强的数学知识结构链发生了断裂，学生需要从一种运算的加法运算规律学习跳跃到一种运算的乘法运算规律学习，再跳跃到两种运算组合的乘法分配律，最后再跳回到一种运算的商不变性质的学习。这样点状的教学方式，一方面增加了学生跳跃的难度和记忆的负担，另一方面学生在跳来跳去的同时学到的恐怕仅仅是符号的知识结论而已。因此，我们在分析数运算规律知识结构的基础上，对教材中数运算规律进行"条状重组"，按数运算规律内在的逻辑关系组成进行补充和重新组织，将人为破坏了的数运算规律的知识结构链重新修复完整。

2. 以"块状重组"的方式对教材进行结构加工

"块状重组"教材的结构加工是把教科书中以横向的"点"为单位的符号系统按其内在的类特征组成一个整体，使学生先整体感悟再局部地把握知识。这种结构加工比较强调类知识结构间的横向关联性，因为某一类事物在被认识的过程中蕴含相同的思维方式，教学就可以打破"只见树木不见森林"的"点"状模式，把具有类特征的内容整合到一个单元，凸显点状知识背后共通的思维方式。通过对具有类特征内容的"块状重组"式的结构加工，可以丰富学生对具有类结构特征知识的整体认识，提升学生的分类、比较、概括、抽象的能力。如小学数学教材中，图形周长计算、物体表面积和体积计算以及复合应用题等教学内容都可以运用"块状重组"结构加工原则进行结构重组。

以"三棱柱与四棱柱的表面积计算"教学为例。如果教师仅仅按照教材的编排来进行教学，至多是引导学生发现长方体表面积的简便计算方法而已，容易导致教师为教而教、学生围绕公式机械操练的结果。如果把具有共通思维方式的三棱柱或四棱柱等直柱体整合在一起，引导学生思考这些物体的表面积计算问题，就可以让学生体会到：尽管三棱柱与四棱柱的表面看似不同，也有各自特殊的表面积计算公式，但它们又具有一般共通的特征，即它们都是直柱体，它们的侧面积计算都可以概括为"底面周长 × 高"。这样的教学就可能让学生整体感知和体会到蕴含在数学知识背后的数学思想和解决问题的思维策略，并且在把握一般的思维策略的基础上，灵活地判断与选择解决特殊情境问题的具体方法。

3. 以"条块融通"的方式对教材进行结构加工

以"条块融通"的方式对教材进行结构加工，就是打破条状知识与块状知识之间的界限，进一步拓展我们对于知识整体的教学视野。"条状重组"和"块状重组"分别是根据知识结构间的"纵"向或"横"向关联性，把一个个知识"点"串成结构链或组成结构块。但是，我们还要看到，如果把这些结构链或结构块放到整个年级乃至整个学段的教学中，它也不过是一个局部的知识链或知识块，只不过这个知识链或知识块相对以往的知识点来说要多许多。因此，我们还需要把视野从单元整体结构拓展到整个年级乃至整个学段的教学之中，在整个教学中审视、策划和体现结构链与结构块之间的关联性。这样就有可能打破传统的单一、割裂的教学格局，形成有主有从、有机渗透的教学新局面。

知识结构加工策略的运用，对于教师的专业发展同样具有重要意义。尤其在当今教材内容发生变化的背景下，教师只有对学科知识的内在基本结构关系有了深度把握以后，才能"以不变应万变"，即以深一层次的结构之"不变"应对知识内容层次的"万变"；才能成为在教学中具有自主、创造能力的专业人员，而不是被教材、教学内容牵着鼻子走的人。

二、数学教学环节优化加工策略

初中阶段是打好数学基础的关键时期，为了培养初中生深度学习的能力，初中教师需要对教学环节进行优化，帮助学生完成知识体系的构建和思维模式的构建。深度学习理论需要从备课阶段、课堂导入、新知应用、知识迁移与内化、课后反思五个阶段优化初中数学教学环节。

（一）优化教师备课

高质量的备课是引导学生实现深度学习的前提，因此数学教师需要注重备课质量，高效备课。首先，教师要明确课堂教学目标。结合课程大纲培养要求和授课班级学生的学习状态两个因素制定详细的教学目标。其次，教师要优化教学方式。不同的知识点需要不同的教学方式，要想达到学生深度学习的目标，教师就要根据所授知识的特点、学生的学情，匹配恰当的教学方式。最后，教师要指导学生的学习方式。在以往的教学中，教师欠缺对学生学习方式的引导，这不利于学生进行深度学习。教师在备课时，需要分析当前学生的学习方式，并根据学生的特点，在课堂中巧妙穿插，引导学生正确学习，增加小组合作学习和自主探究模式。

（二）多方式实现课堂导入

课堂导入环节是教师激发学生课堂兴趣，带领学生走进新知识的重要环节，教师采取多样化的课堂导入方式，可以极大地激发学生探究数学知识本质的兴趣，有助于学生的深度学习。教师可以设置问题情境，通过向学生提出问题的方式刺激学生进行思考；教师可以通过回忆旧知识的方式，搭建起旧知与新知之间的联系，帮助学生建立起知识之间的关联；教师可以通过设置生活化情境的方式，激发学生对新知探索的欲望；教师可以通过设计数学实验的方式，激发学生的好奇心与求知欲；教师可以通过讲述数学故事的方式，让学生感受到数学的无穷魅力。教师在激发学生对新知的求知欲之后，就需要采取自主探究或小组讨论等方式，给学生提供打开脑洞、发散思维的机会。

（三）巧妙应用新知

数学属于一门应用型学科，更看重学生是否能够用学到的数学知识解决实际问题，因此教师在课堂中也应该重点培养学生灵活应用数学知识的能力。教师可以借助习题训练、题型变换和一题多解的形式来实现。在编排习题时，教师要遵循由易到难、由简单到复杂的原则，让学生从简单的题入手，建立起自信心，熟练掌握知识点，再增加习题难度，锻炼学生的发散思维和自主探究能力。针对每一道习题，教师还应该进行延伸训练，可以采取变换题型的方式，帮助学生透彻地理解知识，建立起知识之间的内在联系，锻炼学生举一反三的能力。教师还可以多多引入一题多解的题型，让学生意识到一个问题可以从多个角度去考虑，帮助学生形成全面思考和多角度思考问题的思维方式。在应用知识时，教师需要时刻向学生灌输数学思想，培养学生的数学思维。

（四）实现知识迁移与内化

数学是一门非常注重整体性的学科，各个知识点之间是有内在联系的，同时，不同知识点之间具有递进关系。教师在完成新知传授与应用之后，还需要帮助学生厘清新旧知识之间的联系，帮助学生搭建起知识框架与体系，培养学生知识迁移的能力，让学生具备解决综合数学问题的能力。

（五）课后反思助力双向成长

在每节课结束之后，不论是教师还是学生都需要及时复盘、反思，发现自身存在的不足并及时改正。对于学生来说，他们应该及时思考课堂中遇到的问题，反思自己解决问题的方式，通过与同学、教师的沟通发现自身的缺点，实现自己的成长。对于教师来说，他们应该及时复盘课程，发现课程的不足之处，及时寻找解决方案，避免将问题代入下节课。在课程结尾，教师需要给学生提供课堂反馈的机会。对于学生反映的问题，教师需要提出针对性、可操作性的建议，帮助学生答疑解惑；对于反馈的课堂授课等问题，教师则需要去思考改进措施，与其他教师共同讨论，提高课堂授课效果，让学生得到满意的答复。

三、数学教学过程的组织策略

在对数学知识结构内在关系形态和过程形态形成清晰认识的基础上，我们形成了开发教材文本育人资源的结构加工和生命激活策略，增强了数学教材文本内容的结构性。在这些努力的基础上，我们以宽阔的视野对教学内容组织进行整体的策划，通过相对系统的教学行为来促进学生的成长发展，进而提升学生发现结构、灵活运用结构和结构化思维的能力。

（一）"长程两段"的教学策略

利用数学知识的内在结构促进学生主动学习的第一个策略是"长程两段"教学策略。

一般来说，在对教材知识以"条状重组"方式进行结构加工的基础上，我们可以选择"长程两段"的教学策略。

1. "长程两段"教学策略的结构

以整体结构的意识在对教材知识进行"条状重组"的结构加工基础上，我们还要采取相对系统的教学行为。"长程两段"的教学策略，就是在开发整个单元的知识结构、特有的育人价值的基础上，将每一结构单元的教学过程分为教学"结构"和运用"结构"两大阶段。在教学"结构"阶段，主要采用发现的方式，让学生从现实的问题出发，在问题解决的过程中发现和建构知识，充分感悟和体验知识之间内在关联的结构存在，逐渐形成学习的方法结构。为了让学生充分把握学习的方法结构，这一阶段的教学速度可以适度放慢，教学进展的快慢以学生确实形成对结构的理解为准。在运用"结构"阶段，主要让学生运用学习的方法与步骤，主动学习和掌握与结构类似的相关知识。由于学生已经能够灵活运用结构进行主动学习，因此这一阶段的教学可以加速进行。我们把这种体现知识的框架性结构、学习的方法性结构和教学的过程性结构的整合称为"长程两段"的结构教学。

以中学数学平面图形性质教学为例，我们可以把对等腰三角形性质的研究的教学作为教学"结构"阶段，把对其他图形性质的研究的教学作为运用"结构"阶段。在教学等腰三角形的性质时，要注意指导学生从边的数量关系、角的数量关系、特殊线段的数量关系和位置关系以及对称性等方面展开研究。学生一旦掌握了性质研究的方法结构，就可以在研究其他图形的性质时，运用这一结构主动地研究其他图形的性质。因此，对知识结构之间的内在关联进行整体的开发和系统的利用，可以为学生提供主动学习的方法支撑。这是从学习的方法结构的层面体现知识之间的结构关系。从这个意义上说，"长程两段"是一个教学策略。

2. "长程两段"教学策略的类型

为了更好地使用"长程两段"的教学策略，结合教师的教学过程和学生在学习过程中把握结构的思考，提炼出"长程两段"教学策略使用的不同结构类型，即知识整体的框架性结构、知识形成的过程性结构、学生学习的方法性结构。教师可灵活地选择、运用这一教学策略。

第一种类型，体现知识框架性结构的教学。从数学知识本身的整体框架的角度看，不同的教学单元或教学长段之间存在框架性的类同关系，我们称为知识整体的框架性结构。例如，在整数的教学长段内，教学内容主要包括整数的意义、加减乘除运算以及四种运算的内部规律；在小数的教学长段内，同样需要从小数的意义、加减乘除运算以及四种运算的内部规律展开教学；分数教学长段的内容也依然如此。因此，整数、小数和分数知识之间有着共同的框架性结构，学生如果从整数阶段学习起就能建立起这个知识学习的大框架，那么就有可能通过小数、分数与整数之间进行类同关系的比较，寻找它们之间的区别和联系，不断地把小数知识和分数知识纳入整数的认知结构之中，这就是一个体现数学认知结构化的教学过程。

第二种类型，体现知识形成过程性结构的教学。从数学知识教学过程展开的角度看，某一类数学知识具有共同的形成过程结构，我们称为知识形成的过程性结构。例如，小学数学中的各种规律探索以及中学数学中的规律探索和图形研究等，这些内容的教学过程性结构是：发现和猜想—验证和去伪—归纳和概括—反思和拓展。认识到这种过程性结构的存在，我们就可以从最初的内容起，努力引导学生了解和把握这一过程性结构。这样，学生在以后的规律探索过程中，就可以主动地按照这个探索过程性结构开展研究活动。

第三种类型，体现学习方法性结构的教学。从学生对数学知识认识过程的角度看，有些数学知识虽然表面不同，但是在认识这些数学知识的过程中体现出共同的学习方法过程，我们称为学生学习的方法性结构。学生利用这类方法性结构，就可以主动地参与到其他类同知识的学习过程之中。例如，中学数学教学中等腰三角形的性质，平行四边形（包括长方形、正方形、菱形和等腰梯形）的性质，直角三角形的性质，等等，这些图形的性质虽然各自不同，而且都很独特，但是透过这些表面的不同，可以发现几乎所有的图形性质都是源于图形边的数量关系和位置关系、角的数量关系、特殊线段（角平分线、中线、高、对角线）的数量关系和位置关系以及图形的对称性等方面的研究。学生利用这类方法性结构，就可以主动地参与到其他类同知识的学习过程之中。这些共有的本质联系的存在，为我们从整体上利用知识结构的内在关系作为学科教学的育人资源提供了可能。

（二）"整体感悟"的教学策略

利用数学知识的内在结构促进学生主动学习的第二个策略是"整体感悟"的教学策略。在对教材知识以"块状重组"方式进行结构加工的基础上，我们可以选择"整体感悟"的教学策略。

1. "整体感悟"教学策略的结构

认知心理学家奥苏贝尔从儿童习得知识的角度，提出了两个处理教材的原则：一是设计先行组织者，二是逐渐分化的原则。所谓先行组织者，是指一些与教学内容相关的、包摄性较广的、比较清晰和稳定的引导性材料，它为学生提供了帮助理解和记忆新知识的脚手架。所谓逐渐分化的原则，是指学生首先应学习最一般的、包摄性最广的观念，然后根据具体细节对它们逐渐加以分化。或者说，教学中应先学习上位概念，然后在上位概念的同化之中学习下位概念。

先行组织者的设计有两种方式，一种是说明性组织者，它的作用是为学生提供新知识学习的上位概念或知识大框架，使学生在说明性组织者的引导下形成对新知识本质属性的总体印象。例如，在整数的教学长段内，整数的意义、加减乘除运算以及四种运算的内部规律等内容构成了知识学习的框架性结构，它不仅为学生系统学习整数知识、形成整数知识的总体印象提供了可能，而且也为学生利用这个知识大框架主动地学习小数和分数提供了可能。又如，在"行程问题中的速度"概念教学中，先引导学生学习"速度"的上位概念，即"单位时间内做事多少件""每分钟打字多少个""每天看书多少页""每星期卖出衣服多少件"等。在学习上位概念的基础上，再引导学生学习下位概念，即"行程问题中的速度"。

另一种是比较性组织者，它的作用是为学生学习新知识提供类比或分辨的参照，使学生在比较性参照体系的引导下形成对新知识内在特征的清晰认识。例如，在学习比的基本性质时，提供给学生的比较性参照体系是除法中的商不变性质和分数的基本性质，通过对三者之间的区别与联系的比较，帮助学生对三者之间的本质特征形成清晰的认识。

奥苏贝尔认为学生从已知的包摄性较广的整体性知识中掌握分化的部分，要比从已知的分化部分掌握整体性知识的难度要低。因为学生了解了知识的整体框架或上位概念的语义时，知识的总框架或上位概念就能够为学生的后续学习提供指导，为学生的主动思维提供框架的支撑，而且，从整体到局部，或者说从上位到下位的学习过程，是与人类习得知识内容的自然顺序和个体对知识的组织、储存方式相吻合的。因此，这样的学习不仅有利于学生的整体性理解，而且还可以减轻学生的记忆负担，更可以帮助学生形成良好的认知结构。

在上述认识的基础上，"整体感悟"教学策略进一步要求教师按照"整体—部分—整体"的过程展开逻辑来进行教学。在这里，第一个"整体"是指"整体感悟"，即学生通过学习能够从整体上对学习内容有初步的感悟和体验，它为学生发现问题、研究问题和形成新知识提供了脚手架式的结构支撑。教师要根据教学内容的不同特点，努力引导学生在以下几个方面形成整体的感悟和认识：一是整体感悟知识学习的背景框架；二是整体感悟问题解决的数学思想方法和思维策略与路径；三是整体感悟概念背后的丰富内涵。第二个"整体"是指"整体占有"，即学生通过学习在对所学知识进行内化的基础上，以个性化和创生性的方式，从整体上占有这些知识。自然，第二个"整体占有"需要通过学生对教学单元或长段的系统复习和整理之后才能实现。因此，"整体—部分—整体"一般是指整个教学单元或长段的教学策略，而整个教学单元或长段的第一课时一般则要用"整体感悟"的教学策略。

2. "整体感悟"教学策略的类型

对于数学知识逻辑体系比较严密的教学内容可采用"整体感悟"的教学策略。具体地说，就是先引导学生整体感悟数学知识的背景框架，或问题解决的思维策略，或上位概念的丰富内涵；然后在整体感悟的基础上，学习背景框架中的局部知识，或思维策略指导下的具体方法，或下位概念的具体表达。也就是说，"整体感悟"的教学策略有三种类型：第一种类型是从整体背景到局部知识的结构教学，第二种类型是从思维策略到具体方法的结构教学，第三种类型是从上位概念到下位概念的结构教学。这里以"全等三角形"的概念教学为例对第三种类型的"整体感悟"教学策略做说明。"全等三角形"的教学，首先要引导学生经历上位概念的学习——整体感悟"两个三角形的各种关系"，然后在整体认知各种关系的基础上，经历下位概念的学习——建立全等三角形概念。

这种从上位概念到下位概念的学习方式，学生因丰富的背景材料做支撑而理解了上位概念的语义，而上位概念的建立又为学生后续的下位概念的学习提供了指导，进而使学生认识和理解了概念的内涵。

3. "整体感悟"教学策略的意义

如果说"长程两段"教学策略的使用，强调的是使学生形成主动类比发现结构、形成结构并加以拓展的学习能力，那么"整体感悟"的教学策略，强调的则是从整体背景到局部知识，从思维策略到具体方法，从上位概念到下位概念的认识过程，这个过程不仅遵循了人认识事物的规律，而且还体现了人处理事物过程中的整体决定局部、思想支配行动、上位影响下位的思维方式。总之，"整体感悟"教学重在"整体"地了解和"感悟"渗透其中的思维方式。"整体感悟"教学策略的使用，可以摆脱只有知识点而没有整体的"只见树木不见森林"的状态，摆脱大量的机械操练的练习方式，使遮蔽在知识背后的数学方法和思想以及思维方式得以呈现出来。

"整体感悟"的教学策略的使用，对于学生来说其价值在于，使学生在整体认识的基础上进行有意义的练习；形成判断选择和灵活运用的自觉意识；形成对数学整体把握的意识与能力；在了解和把握事物一般方法的基础上，形成分类比较、概括抽象的意识与能力。更重要的是，还可以帮助学生感受并建立渗透在其中的数学思想方法和思维策略，帮助学生形成从整体到局部、从策略到方法、从上位到下位的思维习惯和方式。这种思维方式的形成，对于学生来说不仅十分重要而且将受用终身。

第八章　初中数学思维培养

数学思维教学，是数学教师在数学教学活动过程中，引导学生根据数学素材进行具体化的数学构思，进行数学运算，形成数学感知，也就是我们常说的"数感"，是一种动态的数学学习活动。本章主要讲述的是初中数学思维培养，主要从以下两方面来进行展开论述：数学思维及其品质特征和数学思维训练途径。

第一节　数学思维及其品质特征

一、数学教学与学生思维的提出

（一）教学与思维

人的各种实践活动，都离不开思维的运动，教与学是人的特殊实践活动，其思维活动显得更为重要。教与学的关系自古就存在，思维在教与学中的作用历来就受到重视。《论语》中提到的"不愤不启，不悱不发"，就是说想弄明白又不能时进行启发，想说清楚又不能时进行开导。这是我国最早的思维启发教学。还提到"博学而笃志，切问而近思"，即广泛学习，志向坚定，切实思考现实问题。这些表明，学习与思考是不能分离的。

在教学中注意发展学生的思维，这是普遍认同的观点。在思维创造性研究方面，我国著名的科学家钱学森认为，抽象思维和形象思维都是科学研究和人们日常交往不可缺少的思维手段，并提出形象思维应作为思维科学的突破口。如何通过教育，完善人的思维品质，发展人的思维能力，已成为当今国内外教育研究的热门课题。在美国，越来越多的大学设立专门课程，讲授思维技巧，并且规定入学新生必须选修此课一年，许多中学甚至小学，也开始把思维技巧列入教学计划。有些学校开设了数学方法、数学技巧以及以数学教育为基础的"创造发明"等课程，力求把传统教育中注重结果的倾向转变为注重过程。

在思维与学习的关系上，当代美国著名教育家葛来塞认为思维活动与原有知识结构两者之间是相互作用、相互影响的。人在学习某种知识的同时也学习了思维，在学习思维的同时也学会了某种具体的知识。在数学教学过程中，强化数学知识的思维性，对提高学生学习数学的能力有极其重要的作用。皮亚杰认为，儿童学习的过程，就是从一种思维结构过渡到另一种思维结构的过程。数学知识是训练思维并促使这种思维结构过渡的材料。数学使人整体地、有条理地、符合逻辑地、系统地发现和思考问题，完善人的思维品质，增强人的思维意识和意志，从而发展人的思维。著名数学教育家波利亚指出：数学教学的目标，"首先和主要的是必须教会年轻人去思考""教会思考意味着数学教师不仅应该传授知识，而且还应当去发展学生运用所传授知识的能力，应当强调由实践而得来的能力、有益的思考方式及应用的思考习惯"。

数学教学促进学生思维的发展，就是在教师的作用下，帮助学生建构科学的思维形式，特别是准确使用数学符号的思维形式。因为数学能借助符号把思维运算表现出来。正如德国思想家歌德指出的："精密科学用了数学符号，它们有一个特点，它们显示了结构，数学是去发掘和考察隐藏在数学符号里的思维结构。"

数学学习行为是受思维控制的，思维是对前人知识的同化并用于实践的过程。数学思维应有它本身的价值，思维教学也应有它所具备的形式。

数学思维是人脑和数学对象交互作用并按照一般的思维规律认识数学本质和掌握数学原理的理性活动，学生学习数学、解决数学问题需要懂得以数和形及其结构关系，运用好数学语言和符号。

数学思维的问题性与数学知识的问题性是相连的，是普遍存在的。这正如美国数学家哈尔莫斯指出的"问题是数学的心脏"。大数学家希尔伯特也指出："某类问题对于一般数学进展的深远意义以及它们在研究者个人的工作中所起的重要作用是不可否认的，只要一门科学分支能提出大量的问题，它就充满生命力，而问题缺乏则预示着独立发展的衰亡或终止。"数学科学的起源与发展都是由问题引起的。由于数学思维是解决数学问题的心智活动，它总是指向问题的变换，表现为不断地提出问题、分析问题和解决问题，使数学思维的结果形成问题的系统和定理的序列，达到掌握问题对象的数学特征和关系结构的目的。

（二）基本数学思维

1.数学模型方法

所谓数学模型，就是针对或参照某种事物系统的特征或数量关系，采用形式化的数学语言，概括地或近似地表达出的一种数学结构。这种数学结构应该是借助数学概念和符号刻画出来的某种系统的纯关系结构，可以是函数、方程、不等式等。

数学模型可做广义理解和狭义理解。按照广义理解，凡一切数学概念、数学公式、数学理论体系、方程式和算法系统都可以叫作数学模型，也就是说专指用数学符号语言或图像语言深刻表达的某种实际问题的数学结构。通俗地说就是实际问题的数学化。利用数学模型解决问题的一般数学方法就是数学模型方法。用数学模型方法解决实际问题的基本步骤是：

①从实际问题中概括出数学模型（方程、函数关系等）；

②在数学模型上进行逻辑推理、论证或演算，求得数学问题的解；

③将研究数学模型所得的结论返回到实际问题中去，求得实际问题的解答。

（1）数学模型的构建步骤

数学模型的构建，是指对现实世界中的原型进行具体的数学建构的过程。作为解决实践问题的数学模型，它要求灵活地、综合地运用所学的数学知识来处理解决一些现实生活中的问题。数学模型的构建过程是数学的应用过程，是一个有时需要多次、艰苦的努力才能完成的过程，当然它也是一个创造性的过程。

作为数学的学习过程或数学的应用过程，数学模型的构建可以使学生扩大知识面，加深对数学知识的理解，培养学生的观察能力，同时也会使学生学会解决问题的具体方法。

在构建数学模型时，大体分为四个步骤。

第一，掌握和分析客观原型的各种关系、数量形式。数学模型是从现实原型中抽象出来的，如果我们不能准确全面地掌握客观原型的数量关系、内部变化规律等，就无法构建出正确的数学模型。因此我们要求作为构建数学模型的第一步，要尽量地分析和掌握原型的各种数据和各种关系。

第二，确定所研究原型的本质属性，从而抓住问题的实质。从构建数学模型的意义上来分析，要清楚准备建立的数学模型的类型，只有这样才能为构建数学模型做好准备工作。其中最重要的是认清变量关系以及事物诸元素之间的关系。

第三，建立数学模型。这一阶段要求建立在数学概念、语言表述、符号等基础上的数学模型。此时，客观原型已经被数学的抽象形式明确地表现出来，数学模型的确定性、随机性、模糊性已经十分清楚，进而运用的数学工具及计算用的表示式都应当清楚。有时由于客观原型的要求，在建立数学模型时还要考虑提出新的数学概念、符号以及方法。数学上的一些成果也正是在数学模型的建立过程中创造出来的。

第四，对数学模型进行预演和检验。这一阶段要求把对数学模型进行逻辑推理、理论计算的结果返回到实践中去检验，如果其结果不符合客观实践就要被修正，甚至重新构建数学模型。

（2）初中常见的数学模型

①经济生产类方面的数学模型。

在人类的生产生活中，有许多实际问题可以用初等数学来解决，对这些具体问题的处理就形成了许多有关这些方面的数学模型。这些问题主要表现在工程进度、人口增长、收入变化、国民总收入变化等方面。这些问题运用的数学工具大多是代数方程、指数函数以及其他相关的函数概念。

在现代经济生活中，工资、奖金、利率、税率、汇率等方面的计算也成为初等数学中比较常见的数学模型。另外，市场经济分析、商品供求关系、价格变化规律等也成为初等数学中常见的数学模型。这一类的数学模型在现实生活中随处可见，初中的数学教学应以此为例深入浅出地讲解、构建及运用这些模型。

②运动事物的数学模型。

一些事物在运动中表现出速度、加速度、时间、距离之间的关系，这类问题构成了带有运动特征的数学模型。这些问题一般可以用代数方程、二次函数等方面的数学方法给予解决。在中小学数学中，一些追及问题、行程问题都是这方面的典型代表。

值得指出的是，运动类数学问题一直是数学在历史上不断发展进步的动力之一。另外，从数学教育及数学学习的意义上看，运动事物的数学描述、运动问题的数学模型在高等数学教育中一直占有很大的比重，应当说尽早有意识地进行有关运动模型的教育是对学习数学有很大益处的。

③概率、统计类的数学模型。

现代科学的发展表明了这样一个问题，即具有明确变化规律的事物是比较少的，而带有随机性、带有统计性特征的事物是比较普遍的。从这种情况看，概率、统计类数学模型的学习和研究就具有普遍意义了。

概率、统计类的实际问题来源相当广泛，试验的结果、气候的变化、疾病的传播、民意的测验、商品的抽样、股票的走势变化等都是这些数学问题的实际背景。因此，能够正确运用这一问题所形成的数学模型在初等数学教学中是十分重要的。

2. 逐次渐进法

人们解决具体问题时，有时需要采取逐次渐进的方式。在科学领域中这是一种普遍的思想方法。在数学的发展中，许多数学问题并不都是具有现存的解决方式的，并不能用简单的原理、公式来解决，而是需要用逼近、验证、淘汰和选择的求解方法来逐次渐进地解决问题。

（1）逐次渐进法的分类

数学中逐次渐进法基本上可以分为两类：一类是对数学问题解法的逐次渐进法；另一类则是对数学问题本身的逐次渐进法。

所谓数学问题解法的逐次渐进法，是指对数学问题先给出一个可行的或近似的初始解，然后以这个初始解为基础，按一定的程序给出一个解的序列，这个解的序列的极限就是该问题的最后解。这种逐次渐进的方法，要求所获得的解的序列是收敛的，并且收敛到问题所要求的确定解。

所谓数学问题本身的逐次渐进法，是指我们在研究数学问题时，从较大的范围开始逐步缩小问题的范围，通过对这些缩小范围的数学问题的解决，并且通过对解决问题方法的分析、综合等获得对原来问题予以解决的一种方法。

（2）逐次渐进法的应用

①逐次试验、选择的方法。

逐次试验、选择的方法，是指在解具体数学问题时，采用分步骤、试验和选择的方法来逐渐获得正确的答案。在做一些选择判断性习题时应当学会试验和淘汰的判断方式，以便最快地获得正确答案；在做几何证明或几何作图的数学习题时，应当选择好解题的阶段和步骤，从而逐次渐进地解决问题。

②递推法。

递推法是指在解数学问题时，先尝试找到解题方法的某种规律和法则，然后利用这种规律和法则逐渐推导下去，直到得到正确的答案。这种逐次渐进的方法，主要是找到与解题相关的规律和法则，然后利用获得的规律和法则逐次渐进地推导下去。这种解题方法在初等数学的解题过程中有着广泛的应用。

③递归法。

递归法是在解数学问题时，把未知对象排成一个序列，并先求得第一个未知对象的结果，然后利用已经获得的第一个未知对象的结果，求得第二个未知对象。由此继续下去，每一个未知对象都可以利用前面所有未知对象的结果来求得，直到求得全部未知量获得问题的解答。

实际上在我们小学的数学学习中，就已经接触了递归法。例如，多位数除法、开平方等，就是先求得商或平方根的最高位数，然后利用前面数位的数字来求得后一位的数字，直至最终求得全部数位的数字。

3.类比法

所谓类比法，是指由一类事物所具有的某种属性，可以推测与其类似的事物也应具有这种属性的一种推理方法，也被称为类比推理。类比法是一种从特殊到特殊的推理方法，其结论具有或然性，是否正确需要经过严格的证明或者实践检验。德国数学家开普勒说："我珍视类比胜过任何别的东西，它是我最可信赖的老师，它能揭示自然界的秘密。"在数学中，由整数的因数分解发现整式的因式分解，由分数的基本性质发现分式的基本性质。整数与整式、分数与分式之间存在许多类似的性质与定理。在几何中三角形的全等与相似存在许多类似的定理；平面几何中的三角形的正弦定理和余弦定理，用类似的方法导出立体几何中三面角的正弦定理和余弦定理；等等。类比法比比皆是。至于数学中的思维方法，通过类比，迁移到其他问题，甚至可以从一个学科迁移到另一个学科。

4.归纳猜想法

归纳法是通过对一些个别的特殊的情况加以观察、分析，从而导出一个一般性结论的方法，是一种从特殊到一般的推理方法。

人们以某些已知的事实和一定的经验为依据，对数学问题做出推测性的判断，即构成命题，这样得到的命题需进一步证明其真假。这种尚未判明真假的命题我们称为猜想。

猜想既不同于已被实践和理论证明了的科学结论，也不同于毫无根据的胡猜乱想。猜想具有两个显著的特点：

①具有一定的科学性；

②具有一定的推测性，即结论可能正确，也可能错误。

人们运用归纳法，得出对一类现象的某种一般性认识的一种推测性的判断，即猜想，这种思想方法被称为归纳猜想法。

（三）教学与思维研究的价值

教学认识论强调，任何教学认识活动都是指在教师的指导下学生个体的认识，教学就是促进学生认识的发展。数学教学是发展学生数学思维能力、提高其数学学习能力、强化其数学认识的活动。教学与思维研究的价值主要体现在两个方面。

1.学术价值

人们学得的数学知识是以思想形态存在于头脑中的，而数学思想是以"思想胚胎——想法"方式产生的。著名教育家波利亚指出："一般来说，一个要求可能产生问题也可能不产生问题，如果这个要求使我们立即毫无困难地想起某一种满足要求的明确行动，那就不产生问题；可是如果我们想不出这样的行动，那就有问题了，思维就是在可能产生问题的情况下形成的。"数学教学过程既要注重学生知识的积累，又要注重问题产生背后的思维——学习某一数学知识时，为什么这样想，怎样想，有什么领悟或见解。

人的思维是创建全部人类文化的内在核心过程，而数学文化是人类文化的主要组成部分。作为研究思维的学科所获得的逻辑形式、规律和方法是普遍有效的，具体到数学教材，其内容基本上是按数学内容逻辑演绎的体系和知识点的积累编排的。把它作为"事实性知识"的载体，运用科学逻辑思维来分析教材的内容，能为优化数学教学而选择教学方案提供依据，能把数学教学变成活生生的思维教学活动。

2. 应用价值

苏联数学教育家斯托利亚尔指出："数学教学的任务是形成和发展那些具有数学思维特点的智力结构，并且促进数学中的发现。"学生需要有用的、真正的数学，需要培养独立、灵活地思考数学问题的能力。学习本身是一种认识过程，在这个过程中，个体的学习总是要通过已知的内部认知结构对"从外到内"的输入信息进行整理加工，这样，新旧知识在学生的头脑中发生积极的相互作用和联系，导致原有的知识结构不断分化和重组，使学生获得新知识。因此，数学教学要充分揭示数学思维的过程，要重视数学思维活动中的认识发生阶段，要在教学过程中协调好数学家的思维活动、数学教师的思维活动和学生的思维活动；引导学生敢于和善于发现问题或提出问题，支持和鼓励学生中一切含有创造因素的思想和活动。

现代教育观点认为，数学教育主要是数学思维的教育，数学教学的过程是思维活动的过程。在课堂教学中，教师不仅要进行数学知识的传授，更重要的是利用数学知识这个载体发展学生的思维能力，让学生掌握科学的思维方法，把思维能力的培养贯穿于教学的全过程，所以数学教学与学生的思维活动有着密切的关系。培养学生的思维能力，应把思维品质作为突破口。而数学思维品质具有后天性，是在主体思维发展的进程中逐步形成和稳定的，因而在形成和发展时期具有可培养性和可变性。为此，教师在数学教学中要重视对学生良好的思维品质的培养。

那么，究竟什么是数学思维品质呢？我们说学生思维的发生与发展，既有普遍的规律，又有个性差异。这种个性差异体现在个体思维活动中的智力特征方面就是思维品质，它是评价和衡量学生数学思维优劣，判断学生数学能力高低的主要指标，是数学思维结构的重要部分。数学思维品质包括思维的广阔性、灵活性、敏捷性、深刻性、批判性和创造性等，它们反映了思维的不同方面的特征。

一、数学思维的品质特征

（一）数学思维的广阔性

思维的广阔性，又被称为思维的发散性。就是善于全面地看问题，不仅善于抓住某个问题最一般的基本框架，而且不会遗漏有关的重要细节和主要因素。

在数学教学过程中，数学思维的广阔性表现为在研究数学问题时，视野宽广、思路开阔，能从多方面、多角度去思考问题，善于对数学问题的特征、差异和隐含关系等进行具体分析，做出广泛的联想，能用各种不同的方法去处理和解决问题，并将它推广应用于解决类似的问题。

教师在教学中要充分发掘一些数学问题的内在因素，引导学生从不同角度去思考和选择与之相应的知识，采用多种方法或途径去解决问题或寻求某类问题解决的规律，开拓解题思路，培养学生思维的广阔性。例如，求一次函数 $y=-2x+1$ 与 $y=3x-4$ 图像的交点的坐标，既可以利用图像法解，也可以通过解二元一次方程组 $\begin{cases} y=-2x+1 \\ y=3x-4 \end{cases}$ 求得。这样学生不仅加深了对基础知识的理解，弄清了知识乃至数形之间的联系，并且能把所学知识形成网络，同时对启迪思维、开发智力大有益处。我们通常所说的一题多解，对培养学生思维的广阔性有非常重要的作用。开放型问题的引入，也可以引导学生从不同角度来思考，对培养学生思维的广阔性也很有益处。

例如，有一棵高大的水杉树，要测出它的高度，既不能爬到树尖上去，也不能将树砍倒，请说出几种解决这个问题的方法。

本题是一道实际应用性问题，既可以利用解直角三角形的方法去求解，也可以利用相似三角形的方法解决。若采用解直角三角形的方法，学生通过一次测量，就可计算出树的高度；当树周围有障碍物时，可进行两次测量（分同侧测量、异侧测量两种），通过计算求出树的高度等；若采用相似三角形的方法，可借助木棒、人的身高、镜子等多种工具，计算出树的高度。

学生通过个人研究、合作学习等形式，不断探索解答本题的捷径，寻找出许多解答本题的方案，不断发展思维。这样既增长了知识，又培养了思维品质。所以，在教学中教师要有意识地引导学生一题多解，让学生用不同的思路、方法或途径去解决问题，培养学生思维的广阔性。

（二）数学思维的灵活性

思维的灵活性是数学思维的重要品质，是指思维活动的灵活程度，能够根据客观条件的变化及时地改变和调整固有的思维形式，摆脱思维定式的影响，并提出符合实际的解决问题的新设想、新方案和新方法。

在数学教学中，思维的灵活性主要表现在善于运用辩证思维对具体问题做具体分析，善于根据情况的变化迅速确定解决问题的方向，从已知的条件结构和数学关系中找出新的数学关系，在隐蔽的形式中把握问题的实质，尤其是当思维受阻时，能从已知的条件与数学关系的特征中，通过类比、联想等方法寻找到解决问题的新方向与新方法。学生在学习的过程中，不拘泥于书本所学和教师所教，遇到具体问题时能灵活多变，活学活用。概括地讲就是：思维起点的灵活，能从不同角度、不同层次、不同方面根据新的条件迅速确定思考问题的方向；思维过程的灵活，能灵活运用各种法则、公理、定理、规律、公式等，从一种解题途径转向另一种解决途径；思维迁移的灵活，能举一反三，触类旁通，乃至融会贯通。

为了培养学生的思维灵活性，应当增强数学教学的变化性，教师的教法常常影响到学生的学法。灵活多变的教学方法对学生思维灵活性的培养起着潜移默化的作用。例如，在概念的教学中，使学生用等值语言叙述概念，克服思维定式，注重多角度思维，培养学生思维的灵活性。在数学公式的教学中，要求学生掌握公式的各种变形，要让学生明白除了会直接运用公式计算外，还要会逆用公式，如积的平方公式等，要经常逆用公式进行简便运算。这些都有利于培养思维的灵活性。教学实践表明，变式教学对于培养学生思维的灵活性有很大作用，教师不妨平时设计一些变式题目，让学生从一题多变中深入思考，抓住问题的本质，掌握问题的发展规律，同时使学生的数学思维得到训练和发展，形成一种高层次的思维方法。可以通过研究一些典型或有特色的问题，不循常规，另辟蹊径，提倡新意，培养学生思维的灵活性。

（三）数学思维的敏捷性

思维的敏捷性是指思维过程的简缩性和快速性，是指在思维的过程中，能够比较迅速地看出问题的本质，抓住问题的关键，从而比较迅速地做出正确的判断和决定。

在数学活动中，思维的敏捷性的主要表现是能缩短运算环节和推理过程，直接得出结论，走非常规之路。运算环节或推理过程的缩短，表面上看来好像没有经过完整的推理，而采取了跳跃式，其实它还是一个完整的过程，是思维过程的高度简化，是长期积累产生的一种升华，同时它还清晰地触及事物的本质。

所以在教学中，教师一方面要尽量使学生掌握数学概念、原理的本质，提高所掌握的数学知识的抽象程度，这样检索的速度也就越快；另一方面要结合教学内容教给学生熟记一些常用的数字和公式，如20以内自然数的平方数、特殊角的三角函数值、常用的数学公式等。学生在学习中普遍感觉证明题比较困难，常因不知如何添辅助线而无从下手。添辅助线的方法千变万化，但总有规律可循，目的是构造出可以应用有关定理的基本图形。教师在平时的教学中可以渗透常见的添辅助线的方法，如图中有角平分线，常向两边作垂线，有时也可用翻折；遇到中线加倍延长；假如图形条件较分散，常运用图形的运动，把分散的条件集中，便于解题；等等。另外教师可以指导学生熟练地运用数形结合法、待定系数法等重要的方法去解决问题。

教师在教学中要注重学生数学思维敏捷性的培养，要训练学生解决问题当机立断、急中生智的能力，使学生善于舍弃多余的思维过程，使思维简约化或有适当的跳跃。

（四）数学思维的深刻性

所谓思维的深刻性，是指在分析问题与解决问题时，能透过研究对象的表面现象洞察到问题的实质，能从所研究的材料中发现被掩盖着的条件和关系，能够准确把握住数学对象之间的本质联系。

在教学中思维的深刻性主要体现在对问题善于抽象概括，处理数学问题时，能够从复杂的现象中把握事物的本质及规律，抓住问题间的联系与差异，而不被一些表面现象所迷惑；解题以后能够总结规律和方法；善于将已有结论变更推广为更深刻的结果，把获得的知识和方法迁移应用于解决其他问题。善于运用集中思维和分析思想是思维深刻性的主要特征。

在教学过程中，教师应当引导学生自觉地思考事物的本质，注意从事物之间的联系中理解事物的本质，挖掘隐含条件，诱导学生的思维由表象向纵深发展。如在概念的教学中，教师可以让学生了解概念的形成，充分认识概念的内涵和外延，掌握概念的内涵及使用的条件和范围。对于那些容易混淆的概念，如距离和截距、三角形的"四心"等，教师可以引导学生通过辨别对比，认清概念之间的联系与区别，从而深刻理解数学概念。在讲完有关概念的例题后，教师可对题目进行"改装"，让学生分清一些容易混淆的概念，让学生找出问题本质，然后进行规律总结，使问题得到推广，这一做法对培养学生的思维深刻性有重要作用。教师平时可设计一些带有迷惑性、干扰性因素的习题，教会学生弃干扰，抓本质。

无论在传授知识的过程中，还是在教学解题思路时，只要有意识、有计划地加以训练，那么在培养学生的思维能力和思维深刻性方面一定能收到显著的效果。

（五）数学思维的批判性

思维的批判性是指在思维活动中独立思考，善于严格地估计思维材料和精细地检查思维过程，有根据地做出肯定结论或否定结论的品质。

在数学教学中，思维的批判性表现在有主见地评价事物，善于发现问题，提出疑问；喜欢独立思考，不迷信书本和教师，敢于发表不同的见解或观点，即不人云亦云。可以说，判断一个数学结论的对与错、数学解题方法的优与劣和解题思路的合理与不合理，这都要体现出思维的批判性。

思维的批判性是在思维深刻性的基础上发展起来的一种思维品质。教师在教学过程中，可以恰当地利用一些反例，适时地给出一些错例解答，运用正误辨析方式，设置合理的"陷阱"，使学生发现错误，产生疑问，在纠正错误的过程中透过表面现象抓住问题本质，从而激发学生的学习兴趣，培养学生思维的批判性。

另外，在数学学习活动中，教师要经常提醒学生：在研究、解答数学问题的过程中，凡事都要经过自己的大脑去思考，然后再做出判断，同时不断总结经验教训，进行回顾和反思，自我评价解题思路和方法。反思在教学与学习中处于非常重要的地位，有助于培养学生思维的批判性。值得注意的是，教师在强调数学思维的批判性时，应判断数学问题是否具有科学性。

（六）数学思维的创造性

数学思维的创造性，是指思维的结果相对于已有的认识成果来说，具有独特性和新颖性。这是思维活动中最宝贵的品质。它的特点是主体对知识经验和思维材料进行新颖的组合分析和抽象概括以至达到人类思维的高级形态；它的结果，不论是概念、理论、假设、方案或是结论，都包含着新的因素，它是一种探新的思维活动。

直觉对培养学生的创造性思维有着极其重要的意义。任何创造过程，都要经历由直觉思维得出猜想的过程，在这个思维过程中会想是至关重要的。爱因斯坦说："想象力比知识更重要，因为知识是有限的，想象力概括着世界上的一切。"许多科学发现，都是由科学家一时的直觉得出猜想，然后再得以证明的。所以，教师在传授知识的过程中，要创设一定的思维情境，诱发学生的创造欲，鼓励学生大胆说出由直觉得出的结论，鼓励学生"标新立异""别出心裁""妙思巧解"。教师要培养学生从数学的角度发现问题，提出问题，并加以探索、研究和解决问题。学生提出自己的观点、想法，对一些问题提出科学的怀疑，对已知定理或公式的重新发现或独立证明提出有一定价值的新见解等，均可视为学生的创造性思维成果，应加以鼓励和赞扬。新的课程标准和教材为我们培养学生的创造性思维开辟了广阔的空间，教师要充分利用教材中的探究课、研究性习题。此外，平时让学生结合实际问题自编题目，也有助于创造性思维的培养。

"不变中有变，变中有不变"，形成一种更高层次的思维方法，利用命题变换教学，对培养学生思维的深刻性和创造性具有极为重要的作用。

第二节 数学思维训练途径

一、数学理性思维的培养

数学理性思维能力是利用概念、命题来实现对数学内在关系控制的逻辑能力。其表现形式是用原有知识发展新知识，用原有命题演绎新命题，用知识的内在价值结合思维的功能创造新的数学关系，用原有的知识经验和方法发现问题、提出问题和解决问题。数学理性思维的表现是，先用原有的知识关系"主动"与数学问题相联系，然后将数学问题的宏观信息"主动"与数学相关的模式进行对接。前者是概括的认识，后者是保证目的性的实现。只有原有经验对问题有了正确的认识，才有可能丰富认识经验，从而对数学问题提出解决的办法，并注意对解决问题的过程进行控制。学生的理性思维能力需要在教师的指导下通过适当的训练来培养，具体可以从以下两面做。

（一）经验性思维

数学学习的过程与事物发展的过程一样，都是相对变化的统一。学生学习数学的内部矛盾是学生原有认知水平与新的需要之间的矛盾，这里的原有认知水平就是已形成的学习数学的经验，这个经验既含有对具体知识的掌握，又包括感悟具体知识体现方法的认识。经验性思维是指掌握了必备的数学基础，基本懂得数学学习方法，且具有必备的解决数学问题的基础所形成的、随时可以取用的思维模式。这种思维模式是特定的、符合个体特色的、具有个体学习意义的模式，这种模式对掌握数学内部各种关系，进行判断、推理、综合、概括起着奠基作用。因此，经验性思维对于激发数学学习兴趣，增强数学学习信念，提高数学学习效果发挥着积极作用。

经验性思维是建立在对已掌握知识和方法的基础之上的，同样遵循着知识和方法建构的逻辑性，符合数学发现的一般规则，也符合个体自身的认识规律。系统化的知识和数学理论凝聚着人类认识活动所特有的思维经验，任何有意义的认识都是按照一定的记忆规则加以系统化的，体现着思维逻辑的一般规则。掌握它们，就意味着获得了一定水平的经验性思维。原有经验的获得过程，是指知识掌握的认识规律和思维方法形成的认识体验。这种获得过程所形成的经验概括远比知识和方法本身实用得多，对个体对新的需要学习的知识的获得过程有较深刻的指导作用。

数学知识经验系统是经验性思维的具体表现，这个经验系统是学生头脑中已有的数学知识、经验及其组织，包括数学基础知识和数学基本技能。数学基础知识是学生头脑中已有的数学事实、结论性知识及其组织特征，它是学生经过数学学习后形成的经验系统，包括数学概念、数学语言、数学公式与符号、数学命题和数学方法以及它们的组织网络。数学基本技能是在数学基础知识发生、发展和应用过程中产生的，是完成数学活动任务的复杂的动作系统。如果学生的数学知识经验越丰富、知识组织越合理，就越容易内化外界输入的信息，并把它吸收为自己知识体系的一部分。

1. 充分揭示知识内在的思维因素，暴露知识形成的思维环境

数学基本概念是数学的核心实体，掌握概念就是将概念形成的原因、背景以及思维的价值弄明白，把由概念演绎的数学方法纳入自己的经验体系，构建属于自己的知识系统。揭示概念的思维价值比明确概念形成的原因、背景更为重要，因为学生掌握了某个概念，但不一定掌握了它与相关概念的关系；即使懂得了概念之间的内在关系，但也不一定明确概念的智力价值。揭示数学知识的内在思维因素，需要经历感知概念、思读概念、比较概念、内化概念和应用概念五个基本过程。

感知概念就是指有意识的知觉概念，这一过程主要通过视觉完成，触觉和听觉辅助发挥作用。观察是知觉的重要形式，通过观察激发思维对观察的对象进行识别、鉴定和比较、概括，形成对事物本质的认识。数学概念尽管是直观的产物，但它是抽象了的直观，只有通过思维才能获得观念的认识，有时还要借助动作来帮助观察，验证观察所发现的结果。进行概念学习要观察和了解概念的特点和结构，以便于把握概念的本质。在实际的教学活动中，这一过程尽管被关注但有时也会被忽略。

思读概念就是抓住关键的词、句用"心"去认识它，挖掘它的背景因素和意义，并且需要一组动作来协助掌握。这一过程在数学教学中有所注意但不细致。例如，教材用黑体字来设计问题思考、教师常用对概念表述的字、词进行分析指导等，都是这一过程的直观表现。但教学是对教材及其输出信息的补充和强化，因此教师指导学生进行思读能更快地让学生明白概念。强化概念的读或默读既是提高效果的手段，也是使学生掌握概念学习方法的重要过程。

比较概念是指比较旧概念与新学习的概念，寻找它们之间的依存关系或差异性，有利于对概念实质的把握。比较学习是一种极好的学习方法，大多数数学知识在特定的环境中具有外延的相似性，直接通过比较才能真正区分它们的本质，才能在概念应用方面不至于发生混淆或"误用"。比较学习方法在数学学习和教学中尤为重要。通常情况下，教师比较重视这一过程，而且还通过操作来澄清概念的差异，让学生在活动中体会或认识相关概念；但学生往往对教师的训练不以为然，只是在作业练习上有所体现。

内化概念对掌握知识有极大意义，对于学生而言，内化知识的过程是既要掌握新概念的符号体系，又要掌握这些符号所表达的实际内容，这也叫作有意义学习。在一个数学知识体系中，各知识点、块之间有着确定的、内在的实质性关联，这些特点决定了数学学习应当且必须注重知识内在关联的系统化的学习，这恰好是有意义学习所必需的外部条件。教学上，教师非常重视这一过程，如用是非判断来填补思维上的空白和澄清不正确的认识等。

应用概念是加强学生对新知识理解的最后一个保障环节。教师通过范例把概念应用的思想教给学生，让学生形成能够在适当的背景中准确取用知识的经验。在这一过程中，教师角色的部分转变能使学生的学习过程变得充实有效，学生则能不断转化和修正教师所提供的信息，以一种具有个人特点的、有意义的方式来构建新知识，形成具有鲜明个性特点的经验思维。

2. 充分揭示数学关系的内在思维因素，呈现抽象知识的特殊表现活动

数学命题、原理尽管各自独立，生成的环境也有所区别，但它们所表现的思维活动是相似的。数学思维的相似性是思维相似律在数学思维活动中的反映。数学思维的相似性在思维活动中发挥着重要作用。数学思维中到处渗透着异中求同、同中辨异的比较和分析过程。数学中的相似问题如几何相似、关系相似、结构相似、静态相似与动态相似等为思维的相似性创造了机会。数学思维中的联想、类比、归纳和猜想等都是运用相似性探求数学规律、发现数学结论的主导方法。对相似因素和相似关系的认识，能加深理解数学对象的内部联系和规律性，增强思维的深刻性，发展思维的创造性。

数学思维的相似性是对问题相似性的一种认识的反映。例如，解析几何的创立，把数和形的内在规律揭示了出来，给思维的相似分析提供了更大的空间。代数学以及分析学借助几何术语运用几何类比而获得新的生命力。又如，通过思维的空间模拟，把一个个函数看成一个个"点"，而把某类函数的全体看作一个"空间"、把函数间的相异程度看作"点"之间的"距离"，由此得到了各种无穷维的函数空间。一个微分积分方程组的求解，往往归结为相应函数空间中一个几何变换的不动点问题，这样不仅分析的问题具有几何"直观"的意义，而且给抽象代数以有力的方法。

数学教学中要特别注意用知识的特殊表现活动来揭示各种关系的性质特征，让学生学得明白、用得放心，这是毋庸置疑的道理。因为数学知识是在生产实际中不断积累形成的，这个积累反映了人类思维创造性的本质。数学在发展中将一个个知识发现和创造出来，使知识之间具有明确的关系。数学创造的本质是在已知的数学事实可能造成的新组合之中做出正确的选择。从已有概念、图像、变换、结构等出发可以构造出不计其数的新组合，尽管大多数都可能是无用的，但只要组合成功就会导致新的发现。即使是新的发现在已知世界中找不到原型，在数学世界里也可以通过思维找到所谓的"理想的元素"。这是建立在已有抽象数学概念之上的再次抽象的结果，被看作"思维的创造物和想象物"。

对于具有抽象关系和数学问题的教学，要把有目的的学习活动作为教学过程的主导活动。对于教师而言，教学必须强调使学生掌握一定的活动技能。如果在教学过程中，教师不顾学生的实际或掩饰了学生思维的困难之处，而是按自己的思路或逻辑进行灌输式教学，那么轮到学生自己解决问题时往往是无所适从的；相反，如果教师注重学生的实际，敢于适时地暴露学生思维的缺陷，从而准确了解错误之因，及时纠正学生理解上的偏颇，弥补认识上的不足，扫除思维障碍，则有利于完善学生的思维结构和培养学生的思维能力。对于学生而言，要有责任使自己的知识和技能不断地发生改变，并通过自我完善的学习方式来记忆和使用信息。

充分揭示数学关系的内在思维因素，呈现抽象知识的特殊表现活动，包括设计情境、置换转移、寻求办法、表述解答四个基本过程。

设计情境是将确定的数学关系置于一个相应的背景中，作为学生思考的对象。这个对象就是提出问题，问题的条件是显性的，但问题背后的思维是隐性的，问题情境起思维定向作用，保证思维具有稳定、一致的方向。

置换转移是思维活动阶段，也是明确隐含关系、问题解决的核心环节。从学生方面讲，它又分为四个阶段，即弄清问题、拟定计划、实现计划、回顾检验。求解一个问题的关键是构想一个解题计划的思路，这个思路可能是逐渐形成的，或者是在明显失败的尝试和一度犹豫不决之后突然闪出的好念头。解题过程就是运用探索法诱发好念头的过程。从思维的作用这一角度对解题过程中的思维活动进行分析，指出解题过程中需要有对问题解决的要求和愿望，需要有对问题的猜测和预见；需要动员和组织各种各样的因素，分离和组合它们，辨认和回忆它们，并重新对该问题进行构思，以演化出更有希望的前景。

寻求办法是在上一个程序完成后所做的心理上的选择。心理上的选择就是思维活动的结果，即认识活动对信息加工的处理是将自己过去已经掌握的事实应用于新的情境，通过新旧信息的选择和不断组合寻找解决问题的办法。同时，活动主体所关心的不仅仅是信息的利用，还要建立一种用于辨认经过内外环境过滤的新信息的线索和辨认从记忆中检索出来的与问题要求相吻合的旧信息的线索的模型。通过探究模型，得到可能的解决方法。问题解决中的创造性，表现在主体能从记忆的部分线索中有选择地检索出旧信息以及根据新的情况改变对这个信息的利用，灵活地对记忆中组织好的知识重新解释和建构。

表述解答就是应用思维的语言整理思维的结果，其中体现了学生将经验思维应用于新情境转化的能力。

3. 充分揭示数学应用的思维价值，呈现真实的描画模拟活动

数学是为实践服务的学科，数学应用客观反映了数学描述实践活动的功能。为培养学生的数学应用意识，巩固学生掌握数学的理性成果，提高学生分析问题、解决问题的能力，那么数学教学重视数学应用的实践是必需的。把原本从生产实践中获得的数学关系重新回归到具体实践活动中去，用实际的问题对数学关系或模型进行包装，组织这种问题的教学就是数学应用教学。在数学应用教学中，组织的实际问题尽管多样、对现实的描述各不相同，但分析的思维程序是相近的，这就是数学问题的相似性。由于数学思维是解决数学问题的心智活动，它总是指向问题的变换，表现为不断地提出问题、分析问题和解决问题，使数学思维的结果形成问题的系统和定理的序列，达到掌握问题对象的数学特征和关系结构的目的。数学问题的相似性为思维的有序活动提供了方向和动力。因此，问题性是数学思维目的性的体现，解决问题的活动是数学思维活动的中心。这一特点有利于数学应用问题的教学，也有利于学生建构真实的经验性思维。

充分揭示数学应用的思维价值，其教学策略包括审题、建模、求解、检验四个基本环节。审题就是客观分析问题的性质，组织原有的思维经验，对有价值的信息进行重组和编码，形成较科学的判断。在这个过程中，由于数学应用的广泛性及实际问题非数学情境的多样性，往往需要在陌生的情境中去理解、分析问题的性质，舍弃与问题非本质的、无关的因素，形成对数学本质问题的认识，并理顺数量关系。教学的重点是引导学生冷静、缜密地阅读题目，明确实际问题中所含的量及相关量的数学关系；必要时对学生生疏的情境、名词、概念做必要的解释和提示，以帮助学生将实际问题数学化。建模是掌握数学应用的关键突破口，在明白题意后，准确揭示实际问题所包含的量的关系并转化为数学问题。这一过程，在教学中是难点，也是重点。教师必须引导学生分析题目中各量的特点，寻求已知与未知的关系，将文字语言转化为数学语言或图形语言，找到与此相联系的数学知识，建成数学模型。求解是对揭示出来的数学关系进行合情的解答，并得出数学结论。这一过程体现了数学语言的内化功能，教学的着眼点是帮助学生澄清逻辑形式，纠正不规

范行为。检验是将得到的结论，根据实际意义适当增删，还原为实际问题。检验包含着两个程序：一是检验数学关系的运算、推理是否合理；二是检验得到的结论是否符合实际问题的要求。

数学应用教学要重视数学知识应用于解决实际问题的功能，强调实际问题的数学化特征，突出实际问题的思维性；教给学生解答应用题的基本方法、步骤、建模过程和建模思想，从而有效地建构经验性思维。

（二）语言能力

1.初中数学课程中提升数学语言能力的要求

（1）准确细致

数学学科的知识内容具有较强的抽象性，在解释概念性的定义时要准确细致。例如，针对平面数学的几何问题，判断是否为平行四边形，其数学语言表达上就必须阐明四边形应当满足对边互相平行的条件，才可被称为平行四边形。

（2）条厘清晰

结合初中数学学科来看，课程中涉及的数学语言具有较高的表达要求，且具备较强的逻辑性，要求语言内容条厘清晰，使学生在学习的过程中要根据具体的数学语言内容并明确学习目的，促使学习和思考活动更具科学性和规划性。学生在接受教师的引导下真正了解题目的具体意图，并有针对性地根据问题展开深入思考，从而开展更具全面性的学习活动。

2.初中数学语言的主要类型及特点

（1）文字语言

文字语言即以书面的文字表达形式所展现的定义、定理、公理及问题内容和解答过程等，因此在文字表达上具备较高的精确性和较强的实用性，且陈述简洁。这类语言对学生来说相对容易，但要做到精准记忆、熟练掌握和恰当应用相对较难。数学教师在开展教学活动时需要围绕教材内容，引导学生阅读并理解其中的概念性知识，并结合相关的问题训练让学生更好地理解和感悟数学语言，提高理解能力的同时，增强学生自身的数学解题能力。

（2）符号语言

符号语言是指以抽象的数字、符号等方式呈现数学学习内容时所使用的语言，如各类等式、公式、方程式等。符号语言一般和文字、图形语言共同出现，尤其是针对文字语言表达时，亦可围绕文字语言做抽象性表达，具备较强的简洁性。学生在书写解题思路时可有效应用符号语言，如"$y=2x+1$""$AB \perp CD$"等。学生在接触这类语言时，在前期的学习过程中可能存在一定难度，这时需要教师发掘相关的教学技巧，提高学生的理解能力，进而更好地理解各类数学语言的表达内容，使学生能够应用简约的符号熟练表达等量关系、逻辑关系、条件关系等，以促进问题的转化和处理。

（3）图形语言

图形语言以形状、表格、图像等具有绘图性质的形式表达数学知识，具体包括数学教材中涉及的各种几何图形、示意图、数学表格、坐标系、模型图、实物图像等。在数学教材中图形语言与文字语言共同出现，为学生呈现更直观的数学概念知识。初中数学教材中的直角三角形、平行线、圆、平面直角坐标系、四边形等具备空间特点，学生可以通过观察图表并运用空间思维展开思考，这类语言对学生来说比较有趣，只要具备一定的空间能力，认真观察图表，并结合文字说明、图注等，就能短时间学会并掌握。

3.学生数学语言表达能力的培养策略

（1）加强数学语言表达的严谨性和规范性

在初中数学课堂中，教师作为引导者，在课堂上的表现对学生具有潜移默化的影响。数学教师在课前做教案设计时，需要根据初中阶段的数学教材做深入了解，并结合学生的学习特点及数学知识的具体掌握和应用情况，对学生在日常学习过程中体现的认知规律做深入分析及总结，并正确理解数学语言，准确地使用数学语言。教师在课堂教学过程中若发现学生存在数学语言不规范表达的现象，要及时予以纠正和正确指导，使学生规范表达数学语言。当发现学生用数学语言进行表达有困难时，教师要加强与学生的沟通交流，及时倾听并了解学生的学习需求，发现学生在应用和理解数学语言时存在的问题，并给予专业的指导。教师在提问的时候需要具有一定的目的性，在课堂教学过程中要给予学生充足的自我思考和探究空间，带领学生就教材内容及相应的数学语言知识做积极拓展，深入探索新的数学知识。

（2）从"说、画、写"三方面培养数学语言表达能力

从"说"的角度培养学生的数学语言表达能力。教师在教学过程中要始终遵循新形势下以学生为主体的教学理念，为学生营造良好的教学和学习氛围，摒弃灌输式教学，确保课堂氛围更加轻松活跃，进而让学生以积极的心态来开展学习活动；同时，在教学过程中带领学生针对各种数学语言知识及问题进行思考，鼓励学生积极回答问题并表达出自己的疑惑。教师可以围绕具体的教材并结合教学内容开展情境教学，通过抛出问题鼓励学习积极思考并作答，教师可以更好地了解到学生对数学语言的掌握情况，针对学生的回答给予表扬和鼓励。

从"画"的角度培养学生的数学语言表达能力。数学教材中包含大量的图形、符号等知识，这些知识的表达形式比较抽象，教师可以将抽象的数学知识转化为图形符号知识，进而让学生掌握抽象的数学知识，提高学生的理解能力。例如，针对几何知识模块中的全等三角形进行讲解时，单纯依靠文字语言表达难以让学生理解透彻，数学教师可以带领学生在辅助运用图形和符号工具进行深入理解的同时，引导学生自己动手操作，进一步直观地了解其特点与含义，从而可以更好地理解数学知识。

在"写"方面培养学生的数学语言表达能力，需要教师重视学生的数学语言的书面表达情况，针对学生表达错误或不清晰之处，教师应当及时为学生展示正确的表达形式，最终引导学生形成良好的表达习惯。教师在教学的过程中，也可以以板书的形式规范数学表达，最终提高学生的综合语言表达能力。

（3）创造良好的语言实践情境

学生是否能够准确地掌握数学概念、公理、性质，是否拥有比较强的逻辑思维能力等都决定了学生是否可以灵活地运用数学语言，所以数学教师一定要让学生牢牢记住并掌握相关的数学概念及其定理等，同时，教师也可以引导学生对数学图形和数学语言进行互

译，通过开展这种训练，充分激发学生对于数学语言学习的兴趣，营造良好的实践环境，使得学生在进行互译的过程中逐渐体会到对立统一这一思想的重要性，最终帮助学生在问题解答的过程中，形成不同的思路。

二、数学操作思维的培养

操作是对客观事物或具体对象根据一定的要求表现的某种行为的反应。操作有两种形式：一个是动作操作，指肢体做出的动作，对于形式而言，就是动手、动口和动眼；另一个是心理操作，不仅是学生，任何人都存在着心理操作，思考、默练、默记等都是心理操作。学生在学习时，这两种操作是同时进行的。大量实践证明，在学习数学时，由于数学是抽象的产物，必须借助一定的工具才能获得心理操作，否则心理操作就会立即中断。原因很简单，因为心理操作不能有太大的跳跃性，心理操作的每一步既是清晰的又是瞬时联结的，当心理操作没有了清晰的印记时动作就很难维持了。为了保持心理操作的连续性，一定要借助工具。所以，数学学习必须加强内外动作的匹配和协调，这为数学操作活动奠定了理论基础。

（一）比较

比较存在于一切事物当中。比较是人类思维活动的鼻祖，也是人类意识能动性的基础，它的产生基于事物的相关性与差异性。比较的状态就是一种思维形态，人们在比较中认识事物的不同点与相同点的方法就是比较思维方法。比较思维方法存在于一切思维活动中。所谓"比较"，在《现代汉语词典》中解释为"就两种或两种以上同类的事物辨别异同或高下，或用来比较性状和程度的差别，或表示具有一定程度"；哲学上可解释为通过联系与发展的思维视角，对事物的属性、特征、运动规律等进行分析和总结，最后得出结论的思维方法。从这个解释中可以知道，比较的作用视角为联系与发展，作用途径为分析与总结。

比较思维是根据一定的需要和一定的规则把彼此有一定联系的人物、事物、事实或事理加以对照，通过把它们的活动规律与人的思维经验联系起来加以分析和归纳，找出其相似性、不同点，并由此判断和厘定人物、事物、事实或事理的思维方法。所以比较有明显的特点。

其一，比较具有可选择性，主要体现在可比较的内容上。比较时，人可以根据自己的需要，自主地、有针对性地选择比较的内容，选择好了内容后才能进行分析与总结。由于比较具有可选择性，使客观世界变得鲜活起来，从而促进了人的思维的发展，增强了人认识客观事物的效果。

其二，比较具有广泛性。由于事物的广博性与思维的多方向、多领域性，增加了人们对各种事物认识的难度，而比较是思维活动的添加剂，能帮助人们确定思维方向。比较无处不在，只要是思维能够涉及的领域，比较就会随之而行。这说明比较又具有多样性，即比较种类的多样性、比较视角的多样性和比较内容的多样性。这样人们可以根据作用、目的的不同，从不同层面、不同方向做出比较，从而提高分析水平。但比较思维不是固定不变的，它会随着认识的强化发生变化，它是一种发展的思维。

其三，比较具有兼容性。比较能吸收其他的认识方法。例如，分析和综合在经验性思维水平上的统一就表现在比较中，特殊化与一般化、归纳与演绎等都可以运用到比较中。比较也是所有抽象和概括的必要条件。可见，比较具有兼容性。

比较是一种智力动作，通过比较从物体和现象中分析特征，找到它们共同的或不同的特征。即根据事物的共同性与差异性对其进行分类，将具有相同属性的事物归入同一类，将具有不同属性的事物归入不同的类。由此可见，比较是从对比或对照物体和现象开始的，也就是从综合开始的。通过这种综合性动作，对被比较的客体进行分析，划分它们的异同并进行分类。分类是比较的后继过程。通过分类将共同的对象统一起来，也就是将客体又综合起来，这样就产生了概括。分类要选择好标准，选择得好还可能会发现重要的规律。

比较有两种形式，即类比和对比。类比是将一系列事物对象中具有共同特征的对象分出来，这是肯定抽象的智力动作；对比是在一系列事物对象中进行特征对照，将相对立的特征揭示出来，这是否定抽象的智力动作。

1. 概念——性质类比型

概念——性质类比型，即数学概念的相似得出与概念相关联的性质的相似。如果概念相似程度大，则与此相联系的性质相似程度也大。在推导性质的教学中，"分式的基本性质：分式的分子与分母同乘（或除以）一个不等于 0 的整式，分式的值不变"就是由"分数的基本性质：一个分数的分子、分母同乘（或除以）一个不为 0 的数，分数的值不变"类比得来的；"梯形的中位线性质定理"就是由"三角形中位线性质定理"类比得来的。在教学时，教师可引导学生类比三角形中位线的性质定理得出，再通过试验验证，最后师生共同证明。

例如，"三角形相似的判定"与"三角形全等的判定"，它们在横向上具有类比关系。前者是学生不易理解的新知识，但学生熟悉"三角形全等的判定"。教师可让学生结合已有的知识经验，让学生自己去思考、探索和归纳，充分运用已有的知识进行学习，运用类比的方法，学会在原有的知识基础上学习和建构新的知识，同时，也能在一定程度上培养学生的数学思维能力与数学概括能力。在教学时，教师要对两者之间的异同进行深入的比较，从定义到性质，再到判定都进行比较，通过对比，使学生理解新知识"三角形相似的判定"。

2. 要素、结构——功能类比型

根据系统论的知识可知，要素和结构决定系统的功能。要素、结构的相似可推出功能结论的相似。另外数学同构理论告诉我们，两个数学系统如果是同构的，其性质、功能都有很大的相似性。在讲"分式的加减乘除运算"时，可由"分数的加减乘除运算"类比得出运算法则；在讲"一元一次不等式的解法"时，可通过"一元一次方程的解法"得出其解法步骤。

实物归类能够使学生体会到日常生活中的分类现象，使其在自主分类的过程中掌握一定的分类标准与方法。在数学教学中，教师可借助多项式让学生完成分类。在此情形下，学生会将多项式与实物分类展开比较，得出不同的分类方法与结果，教师便可因势利导，引出"合并同类项"的概念及方法。

3.要素、结构——方法类比型

由类比问题与目标问题构成的要素、结构相同，得出具有相同或相似的解决方法。对解题而言，它是一种寻求解题思路、猜测问题答案或结论的发现方法。许多数学题的解题思路的产生都是一个类比推理的过程，其表现为善于根据问题的特征（结构、属性等），联想某一熟悉的问题，依据它们在某些方面的相似或相同之处，去推断解题方法或思路。

转化类比就是将原命题类比到比原命题简单的问题，以便提供解决思路和方法，最终获得原命题的解决方案。比如可先将多元问题类比为少元问题，将高次问题类比为低次问题，将普遍问题类比为特殊问题，将未知问题转化到已知问题等。

数学教学中加强比较思维的培养对于提高学生的数学学习能力有重要作用，有利于将零乱的知识系统化。知识零乱、不规则是影响学生学习的直接因素。知识为什么零乱，究其原因一般有三种情况：①对知识缺乏用联系的观点学习，多次学习的知识没有坚持温习，日积月累，知识就成了一堆散沙；②学而不思、不用，尽管需要时想得起来，但就是找不着；③大脑里装了不少知识，大部分可能还记得住，但在运用时总是出错，老是改不了。如何把知识理顺呢？这是一个很复杂的过程，需要坚持运用比较法。

比较是数学思维的一种形态，比较可以将诸多数学概念或知识的共同本质划分出来，再借助知识的外延分析它们的联系，最后在应用中明确各自的功能，从而掌握这类知识的体系。从理论上讲，世界上的事物都是互相联系的，知识零乱只是因为它们之间在形式上没有共同性、类似性、对称性和规则性。另外，所谓零乱，也只是针对全体对象而言的，其中某些局部往往还是有规则的，在这种情况下，先抓住各部分的规则总是好的。为了便于记忆，可以在比较中对零乱的知识制造一些人为的外在联系，并对知识做反复的探究和深入的理解。在教学中，教师要注意让学生牢固地掌握知识，并用这些知识去分析、探讨相似内容的知识，从而提高知识的迁移能力。由此，加强各知识间的比较、掌握知识的迁移途径显得极为重要。

综上所述，比较是任何注意和思维的基础，是思维过程产生的基本条件。比较思维的运行方式带有跳跃性，在比较中常通过联想产生认识上质的飞跃，所以比较也是健全认知系统、思维系统的基础。俄国教育家乌申斯基说过："比较是一切理解和思维的基础，我们正是通过比较来了解世界上的一切。"比较思维可以把具有同一属性、相近属性或相关属性、相反属性的对象进行对照，找出它们之间存在的差异及其原因，并从这些原因的对比中归纳出具有实质性的或对主体有意义的结论。所以，对比较思维过程的熟悉和了解，能够培养学生科学地联系、注意、鉴别、判断事理的能力，进而通过推理认识主客观世界，顺利有效地开展创造性思维。

（二）归纳推理

1.初中数学中归纳推理概述

（1）归纳推理的概念

所谓归纳推理，就是从个别性知识推出一般性结论的推理。归纳推理法分为完全归纳法和不完全归纳法。完全归纳法是指考察了条件中的每项因素得出的共性结论，结论是正确的。不完全归纳法是指由一类事物中的部分对象具有的特征，推理出这一类事物的特征，结论的范围超出了前提的范围，结论未必正确。

在中学教材中，对于乘法的运算律这一部分，学生通过观察、猜想、得出结论，并将结论推广就使用了不完全归纳法。不完全归纳法的过程虽然合理，但学生不容易掌握，不能主动归纳推理。现行教材中也有诸多"找规律"类型的题目，其中有着明显的不足，即过于简单，学生体会不到严谨的数学逻辑。应当培养学生发现问题的能力，教会学生论证，培养学生的思维能力。

（2）核心素养下的归纳推理

核心素养是根据学生身心发展的规律和社会发展对人才提出的要求，把对学生全面发展的有关内容具体化，解决"培养什么人，怎样培养人"的问题。

数学学科的六大核心素养中的逻辑推理是一种理性思维，指对事物进行分析观察、归纳总结，由已知推导未知，用过去的成果解决新问题，是数学活动所必需的各种能力的综合，是数学能力的核心。

逻辑推理分为演绎推理、归纳推理、类比推理三类。

①演绎推理，是从一般到特殊的推理。例如，哺乳动物都有脊椎，狗是哺乳动物，所以得出狗有脊椎的结论。

②归纳推理，是从特殊到一般的推理。例如，马和骡子是长寿的动物，马和骡子都是无胆动物，所以得出无胆动物长寿的结论。

③类比推理，是从特殊到特殊的推理。例如，地球有水、空气等适合生物生存的条件，如果有一个星球有水、空气等条件，那么这个星球适合生物生存。

演绎推理属于必然推理，前提正确，推理形式正确，结论必然正确。归纳推理和类比推理属于或然推理，前提正确，推理形式正确，结论未必正确。

在数学课堂中，不但要培养学生做题的能力，还要培养学生的归纳推理能力，使学生不断在学习数学的过程中构建数学思想，学会提问题并且分析解决问题。

（3）数学思想中的归纳推理

数学思想是人对现实世界中的空间形式、数量形式经过思维产生的结果，数学也是对数学理论、数学公式经过概括的本质认识。

数学思想包括函数方程思想、数形结合思想、分类讨论思想、方程思想、整体思想、化归思想、隐含条件思想、类比思想、建模思想、归纳推理思想和极限思想。

素质教育下，教育的作用是培养人才，数学思想是帮助学生走出校园也能应用所学实现人生价值的工具。数学思想中的归纳推理思想不仅是对事物的分析总结，也具有启发思想、培养创新能力的作用。

2.初中数学中归纳推理思维的培养策略

（1）创新教育教学模式

素质教育以学生为主体，让学生做学习的主人。教学不单是教师传授，学生学习，还需要学生主动参与到课堂。通过创新教育教学模式，在教学过程中注重引导学生思考问题。由学生自主发现问题，经过小组探讨，交流经验，总结归纳问题的答案。

创新教育教学模式虽以学生为主体，但教师在这个过程中也具有重要的作用。教师需设计严谨的课程内容，保证教学过程的逻辑，学生可以通过教师的问题找到解题思路。在这个过程中，教师充当着引路人的作用。

（2）合理设计归纳推理教学思路

合理设计归纳推理教学思路，可以系统高效地培养学生的归纳推理能力。中学教材的编写虽涉及归纳推理思想，但当今研究并没有可参考的归纳推理教学思路。教学思路是教学的根本，是提高教学质量的关键，合理设计归纳推理教学思路尤为重要。

（3）设定归纳推理的目标

首先，归纳推理的逻辑方式只适合一部分题目，并不是适合所有的知识点。因此，教师要根据课程内容的实际情况明确归纳推理的目标。其次，学生对归纳推理的基本思想没有真正理解时，在用数学归纳法解决问题时经常出错。在使用归纳推理时，教师需要根据教材内容的特点以及学生的思维水平，为学生设定归纳推理的具体目标，帮助学生明确思考的方向，这样才能有效地培养学生归纳推理的能力。

（4）任务驱动，帮助学生自主归纳推理

除了课堂的学习，课下的巩固练习同样重要。如果学生只参与思考过程，而不动手实践应用，那么知识将永远是书本上的文字符号，而发挥不了应用价值。为帮助学生自主归纳推理，教师需要布置任务促进学生学习。在布置归纳推理类型的作业时，驱动学生思考题目的做法，带着疑问解决问题，从而达到掌握归纳推理思想的目的。

三、数学形象思维的培养

形象是指人脑对事物的印象。数学形象是指数学中的各种图示以物化的形式反映在人脑中的印象。因此，数学形象思维就是对数学形象的认识，并对其进行加工形成新的形象的方法。形象思维主要是用直观形象和表象解决问题的思维，其特点是具有形象性、完整性和跳跃性。形象思维过程是用表象来进行分析、综合、抽象、概括的过程。当人利用自己已有的表象解决问题或借助表象进行联想、想象、抽象、概括构成新形象时，就形成了形象思维。形象思维往往对问题的答案能做出合理的猜测、设想或顿悟，因此形象思维也是一种跃进性思维。数学形象思维不仅以具体的知识形象为材料，而且也离不开鲜明生动的数学语言的参与。数学形象思维主要凭借数学对象的具体形象或表象的联想和借助鲜明生动的数学语言表征，以形成具体的形象或表象来解决数学问题，其主要心理成分是联想、直觉、想象和模拟。符号言语的思维是典型的数学形象思维，它是在大量符号表象的基础上，通过分析、综合、抽象、概括形成新形象的创造。

现代脑科学研究证明，形象思维是由大脑右半球控制的。一般来说，人脑左半球主要具有抽象思维的功能，右半球主要具有形象思维的功能。由此认为，左半球是抽象思维中枢，右半球是形象思维中枢。左脑具有分析、运算等信息处理功能，是收敛性的思考方式；右脑则具有平面、空间的信息处理功能，是发散性的思考方式。在数学知识中，概念概括要舍弃非本质的特征，而形象概括则常包含着丰富的细节，所以形象思维比之抽象思维更关注整体性，而且内容更加具体、更加丰富。

（一）形象思维形式

形象是直观的一种知觉，产生形象的感觉是观察。由事物形象的特征、形状，让大脑产生对形象的认识，形成形象的思维状态。这种状态包括联想、想象、模拟等。

1. 联想思维方法

联想是在直觉的启示下，由一事物想到其他事物，由眼前的事物回忆起有关事物的思维方法。联想的基本特点是，通过观察事物的原型达到对事物的认识。

联想方法有两种基本形式。一是观察中的联想。观察是思维的起点。它的本质是一种心理过程，是人用各种感官有目的、有组织地获得外界信息的一种知觉活动。通过观察，为丰富的联想提供足够的原始材料，保证联想的方向性和广阔性，并把观察所获得的信息的表象进行加工组合，形成新的形象。所以，观察中的联想一般是对所观察事物对象的某些属性进行归纳并上升到一般规律，进而走进"猜测"的境地。数学家波利亚指出："观察可能导致发现，观察将揭示某种规则、模式或定律。"二是类比中的联想。类比是指以同类事物或相近性质为基础而进行比较推理，通过类比为联想提供时空背景。类比中的联想一般是在两类事物的可比性基础上，通过对原有形象的勾连，从事物的联系中把握事物。在数学学习中，联想思维的基础是原有认知结构，由于数学知识都是已被加工了的抽象知识，通过观察知识的形态，未必能激发联想。因此，只有具备一定的知识基础和掌握一定的数学方法才能产生联想，进而解决问题。

联想是人类认识自然的本能，因为客观事物都处在不断地运动变化之中，此事彼物之间存在着必然的联系。这些联系反映在人的思维中就形成了主观形态上的事物联系，它使人能够进行对事物由思维表象向思维理性的迁移，这是联想的客观基础。但联想方法毕竟不是逻辑方法，它对客观事物关系的反映必然带有主观色彩，具有猜测性或者或然性。克服联想的这种天生不足或模糊不定除了要具备丰富的知识经验之外，还需要配以其他的科学方法对联想的结果进行补充和修正，特别要注意加强逻辑方法在联想中的主导地位，这样才能提高联想结果的可靠性。

2. 想象思维方法

想象是以现实形象为基础并对其进行加工改造后在主观上聚集某种新形象的思维方法，在客观事实面前表现为某种顿悟。它的思维方式不是对直接信息进行反映，而是把直接信息作为过渡的天桥去寻求在直接信息所能达到的结果之外的图景。因此，它的基本特征是新颖性和创造性。想象是在头脑中对已有表象进行加工、改造，重新组合形成新形象的心理过程。想象不是凭空产生的，它以实践经验和知识为基础，是在社会实践活动中产生和发展的。

想象在认识活动、学习过程和社会实践中有重要的作用。想象力是智力活动的翅膀。想象力是智力活动赋予创造性的重要条件。教师对学生的培养目标、学生对未来的理想等都离不开想象的心理过程，想象力也激励着他们获得成功。所以，想象是学生学好数学的重要心理因素。

想象是认识事物的内隐力量，一旦花蕾绽放就会产生巨大的效果。正如雨果所说："想象就是深度。没有一种精神机能比想象更能自我深化。"数学中的想象表现为再创性想象和开创性想象。再创性想象是以数学的基本知识和原理为依据，以原有认知结构为基础，对思维对象做必要的改造或翻译形成新形象的方法。开创性想象是主体有目的、有组织地在已知数学事实中，对记忆的形象材料进行加工而创造性地发现新形象的方法。开创性想象是数学发现的基本途径之一。

想象在客观上来自一种高度的直觉和顿悟，虽然具有一定的理性基础，但它缺乏逻辑的依据。因此，想象的结果必须通过逻辑的方法做出科学的检验。尽管如此，想象仍不失为形象思维的基本方法，一切有价值的想象或发现都是受非逻辑的支配的。

3. 模拟思维方法

模拟思维方法是根据对象客体的本质和特性建立或选择一种与对象客体相似的模型，通过研究模型达到对对象客体认识的方法。模拟的基本特征体现为：它不是直接研究对象本身，而是研究它的模型，在模型中获得有关原型的信息。

模拟是事物形象的反映，当主体获得原型的某种形象后，就会引起记忆中的某些形象材料，因而就会产生一种直觉悟性，将原型形象外推到某一模型形象之中，这一过程就是模拟过程。数学模拟是对模型与原型之间在数学形式相似的基础上进行的一种模拟方法，它根据数学形式的同一性来导出相似标准，而不是根据共同的物理规律。

数学中的模拟方法主要有经验模拟和暗箱模拟。经验模拟是主体通过对直接的数学形象材料进行分析加工而获得新形象的方法。由于客观事物大多是不可能直接研究的，不少未知现象远离了主体的经验，要想弄清楚它，仅凭经验模拟是不够的，需要凭借实验模拟逐步进行探索和认识，这就是暗箱模拟方法。例如，在中学数学应用的探究性学习中，常常采用暗箱（函数）模拟方法。应当指出，模拟方法是相似理论指导下的运用，在建立模型时必须论证模型与原型的相似性以及将模型导出的结果外推到原型之中的合理性。然而，模拟方法也是一种形象认识方法，运用模拟方法得出来的结果同样具有不可靠性，所以必须进行逻辑修正补充。

数学中形象思维方法的主要特征是形象性和跳跃性。形象性表现的思维内容（思维对象、记忆的材料）是数学形象化材料，思维过程则是对这些形象化材料的利用或处理，并形成更高级的形象，思维结果是通过感知形象刺激主体行为的结果。形象思维方法的跳跃性表现在利用已有形象上升到高级形象时不仅没有严格的规则和充分的理由，而且不受形式逻辑规律的控制和约束，具有自发性或跳跃性。

应该指出，数学中的逻辑思维方法和形象思维方法尽管在思维方法上有所不同，但它们在思维过程中和思维结果上是相互联系、相互补充的。一方面，逻辑思维方法具有理性的抽象性和推演性，但并非没有形象的支配，抽象是对感知形象材料的加工和概括；另一方面，形象思维方法具有预示性或猜测性，需要逻辑思维方法加以修正和补充。要指出的是，形象思维方法是基础，它对逻辑思维方法的运用具有预示和启示功能。逻辑思维方法是主导，它对形象思维方法具有指导和修正的功能，为形象思维方法提供真实材料。在数学思维方法中，运用形象思维方法引入思维材料，提供思维方向，形成主体认识的雏形；运用逻辑思维方法整理思维材料，修正思维关系，加深主体认识，获得思维结果。所以，二者在数学运用中是紧密结合、相互补充的。例如，中学数学中的"数形结合法"是最典型的逻辑思维方法与形象思维方法相结合的运用。

在数学的学习和应用中，常常提到数学直觉思维和数学直观思维，它们都属于形象思维范畴，但也有自己的特点。直觉思维是由形象刺激知觉产生的一种思维形态，由观察形成的印记带有判断的成分，直觉尽管"突如其来"，但并不是神秘莫测的东西。直观思维是人脑对客观事物及其关系的一种直接的识别或猜想的思维形式，既有深刻的形象思维特点，又有强烈的抽象思维特点。直觉思维与直观思维都是常规的数学思维形式，具有发现的功能。

（二）数学形象思维培养策略

1. 从主观上培养学生数学形象思维的教学对策

（1）丰富学生的数学经验

数学经验是学生个人经验的一部分，是学生学习数学、提高数学基本素质的重要基础之一。与系统的数学知识相比，学生的数学知识经验和数学活动经验包含了主观的学习情感和个体需要等复杂的情境性因素。要发展学生的数学思维，就要尊重他们已有的数学经验，从已有的数学经验中去找寻促进思维发展的起点，显现数学课堂教学的价值。笔者将从以下几点谈谈在实际教学中的做法。

①以原有知识经验为基础，加强对经验的巩固。

学生已有的数学经验是影响数学学习活动的重要因素。学生头脑中对数学概念、定理、公式等知识的理解直接影响当前或者后期对数学知识结构的梳理、认识和掌握程度，在教学中利用现有的数学经验唤醒学生对知识的记忆，结合现行的数学内容加强对经验的巩固，才能引发学生主动对学习进行思考，让数学学习成为自我学习的一部分。如"公因数"教学的引入，教材选编分别用边长为 6 厘米和 4 厘米的正方形砖块，去铺满长为 18 厘米、宽为 12 厘米的长方形地面。学生自己尝试发现 6 厘米规格的正方形砖块可以铺满，但是 4 厘米规格的却不行，教学活动中引发学生从"铺满"到"整除"的数学思考，完成"因数"概念的教学引入，激发学生对原有知识的认识，在经验和知识的连接中促进学生的数学思维的发展，使学生感受"铺满与公因数"的联系，建构起对"因数与公因数"的长效知识链接。

②加强动手操作实践能力，推动经验再生。

教育家杜威认为："一盎司经验胜过一吨理论。"数学活动经验的积累实则是动态的教学观，数学应该是一种充满情感、富有思考的体验和探索活动。如在教学分数的基本性质时，教材以折纸的方式让学生自己验证 $\frac{1}{2}$、$\frac{2}{4}$、$\frac{4}{8}$ 是否相等，在实践、猜想、验证的一系列数学活动中，由学生自己探索分数的基本性质，分析分子和分母的变化，从而感受其中的规律。在教学活动中，给予学生足够的时间动手操作、观察体悟数学规律和学习内容的特点，在活动中加强他们的感性认识，再从感性经验中体会抽象知识的表达意义，这样的课堂教学更有效地推动了数学经验的再生。

③把生活经验转化为数学经验。

学生在日常生活中已经积累了一些关于数学的原始的、初步的经验，在理解数学知识的过程中，如果教师加入熟悉的生活情境，让学生产生亲近感，就能把生活经验和数学经验有效地对接起来，将日常生活"数学化"，更易被学生接受。因此，教师要善于捕捉生活中的数学内容，将教材中的数学知识搬到生活中去讲授，如银行存取、利率、利息问题，可以通过现实生活中的银行收支明细让学生进行观察和计算，相较于课本上死板的文字理解，更能吸引学生的注意力。

（2）注重培养学生积极的数学情感

现代教学论认为，教师不仅要向学生传递知识，发展能力，还要培养学生的数学情感，使得学生的素质得到全面提高。数学作为基础教育的基础学科，从其学科的特点和学生学习心理变化的特征来看，教师应在课堂上身体力行，挖掘隐蔽的数学知识体系中的情感因素，使学生形成实事求是的学习态度，发展审美能力，变苦学为乐学，促进数学思维能力的发展。

①数学史与教学内容有机结合。

数学教育应从数学史中汲取养料，来丰富数学的教与学。数学家庞加莱说过："若想预见数学的将来，正确的方法是研究它的历史和现状。"教学是需要情境的，相同的数学内容可以以不同的问题情境引入，建构主义学习论强调创设的情境要尽量真实，而数学史无疑是不二选择。如在学习完解方程后，以我国古代名著《孙子算经》中的"鸡兔同笼"问题"今有雉兔同笼，上有三十五头，下有九十四足，问雉兔各几何"作为习题的形式，引发学生思考分析。在讲解完基础的解方程知识后，以历史名题的形式让学生尝试用所学的知识点来解答，不仅提高了他们对题目的兴趣，而且通过解决问题，让他们感受到最根本的方程思想，调动学生的积极性。

②注重数学美的培养。

数学是理性思维和想象的结合，是研究数量、结构、变化以及空间模型等概念的一门学科，数学源于建筑，正是对美的追求，才产生了数学。古今中外许多著名的数学家都认为数学与美学是密切联系的。古希腊数学家毕达哥拉斯就曾经赞赏过整数的和谐美、圆和球体的对称美。数学评论家普洛克拉斯认为："哪里有数，哪里就有美"。数学美是指数学事物之间存在着的某种和谐关系的形象意识，越懂得欣赏数学美的人，其形象思维也越发活跃。心理学研究表明，当学生处于数学审美的情境中时，容易引发他们积极的数学情感，建构起良好的数学审美心理结构，使得对数学美的直觉感受受到启发，有利于数学学习的再发现和再创造。因此，在数学教学中，教师可以利用实物、数学模型、多媒体等直观性较强的模式，吸引学生投入学习中去，继而让学生主动探究、发现知识的产生，感受数学的内在规律及其内在美。如在初中数学"图形的对称和对称图形"的学习中，通过展示剪纸的翻折、旋转等运动，让学生直观感受学习内容的趣味性。

（3）积累丰富的形象材料

学生头脑中数学形象材料的来源表现在三个方面，即教材中的概念、命题和例题。要求学生养成认真读书的习惯，明确概念的定义方法，掌握命题的推导过程，学习例题的格式要求；坚持练习教材中的习题，巩固最基本的数学能力，掌握数学知识、关系等意义形象，有意识地思考和自定义知识形象，广泛积累表象材料，丰富表象储备。教师要帮助学生记忆数学形象材料。概念产生过程中的直观形象，公式、法则转化为口诀形象，根据动作格式总结的动作模式形象，数学的符号系统、图形语言，等等，都是宝贵的数学形象材料。在教学中，教师要善于进行总结、归纳和概括。

在数学活动中，问题情境的创设可以激发学习动机，但更重要的是激发形象思维。因为问题具有一种存在的形式，它的结构、语言等都会释放出多种信息，其中整体和直观细节的信息会被直观思维捕获，从而打开联想的思路，唤起已储存的经验，提供逻辑思维的推理方向，加快问题的解决。挖掘数学美感，也是展现数学形象材料的方法。数学美主要表现在数学本身的简单性、对称性、相似性与和谐性。美的观点一旦与数学问题的条件和结论的特征结合，思维主体就凭借已有的知识和经验产生审美直觉，从而确定解题总思想和入手方向。

可以说，丰富的表象储存无论对形象思维还是对抽象思维都具有丰富的背景材料，教师应恰当地设置教学情境，促使学生做整体思考。数学形象思维的重要特征之一就是思维形式的整体性。对于面临的问题情境首先从整体上考察其特点，着眼于从整体上揭示事物的本质与内在联系往往可以激发形象思维，从而导致思维的创新。

（4）引导学生寻找和发现事物的内在联系

数学知识是一个具有亲缘关系的系统，要弄清关系系统中数学知识的内在联系，就要明确知识的整体特征和知识的概括性特点。知识是客观存在的，给知识下定义，是在诸多事实的比较中舍去非本质属性而形成的本质认识。数学思维揭示的是数学关系之间内在的形式结构和数量关系，其能够把握一类事物共有的数学属性。数学思维的概括性与数学知识是互为表里、互为因果的。数学思维方法、思维模式的形成是数学思维概括水平的重要表现，数学思维概括水平能够反映数学思维活动的速度、广度、深度、灵活程度以及创造程度。因此，提高主体的数学概括水平是发展数学思维能力的重要标志，也是把握知识间的内在联系、合理形成数学知识结构的重要手段。提高学生的数学思维概括水平，要从具体事例出发，让学生通过对事例的比较、分析，抽象出本质，形成概括意识。在教学活动中，把需要学习的新概念退化到最原始的状态，由学生去概括本质。在数学问题教学中，同样可以将问题的直接信息进行抽象取舍，概括发现与目标最接近的有用信息，并指导学生分析概括的具体方法。

整体性是人类观察客观对象的基本特性，数学学习需要观察力和思维能力。凡所接触的数学事实都是已被加工抽象过的，因此学习时强调全面性和整体性。只有这样，才能从整体中了解细节。整体性数学思维主要表现在它的统一性和对数学对象基本属性的准确把握上。数学内容本身是具有统一性的，人们总是谋求新的概念、理论，把以往看来互不相关的东西统一在同一的理论体系中。数学思维的统一性，是就思维的宏观发展方向而言的，它总是越来越多地抛弃对象的具体属性，用统一的理论概括零散的事实。这样既便于简化研究，又能洞察对象的本质。数学思维中对事物基本属性的把握，本质上源于数学中的公理化方法。这种整体性的思维方式对人们思考问题具有深远的影响。在数学教学中，要重视整体思维的培养，学习新概念与新命题、解决数学问题，重在教会学生整体观察，从整体结构的启发中去认识诸多信息的关系。著名教育家波利亚十分重视并提倡整体思考问题，认为："当你开始考查一个问题时，你还不知道问题的哪些细节是重要的。因此存在着过分强调某个不重要的细节的危险……开始时，要先把问题当作一个不可分割的整体去考查。"整体思考问题可以最大限度地动员原有的数学经验，积攒更多的形象材料，为学习和解决问题提供物质支撑。

2. 从客观上培养学生数学形象思维的教学对策

（1）营造轻松自由的课堂氛围

古人云："亲其师，信其道。"学生是学习的主体，其主观情感受到学习氛围的影响，间接产生积极或消极的数学感受，对于数学的学习有着一定的作用。教师是教学活动的组织者，也是学生的引导者，师生间的互动有利于激发学生学习数学的积极性，教师要营造轻松自由的课堂氛围，给予学生关心和爱护。

①给予学生爱和尊重。

近代教育家夏丏尊说："没有爱就没有教育。"苏联教育家苏霍姆林斯基则把热爱学生看作教师最重要的品德，他说："想成为孩子的真正教育者，就要把自己的心奉献给他们。"教师只有从内心真正做到关爱和尊重学生，他们才能将教师看作自己值得依赖的朋友和知己。尊重学生，旨在尊重学生的人权，不偏爱数学优等生，不歧视数学学困生，在学生犯错的时候，从他们的角度出发审视问题的根本，用一颗理解、宽容的心去坦诚地对待他们，并在学习上从他们的数学实际出发给予相应的指导和帮助。

②鼓励学生大胆猜想，各抒己见。

新课程标准中提倡教师要积极引导学生大胆猜想，以促进学生猜想能力的提高，最终促进学生思维的发展。数学猜想是依据某些数学知识和已知知识，对未知量及其关系所做的推理。数学教学中有很多命题，是可以由学生猜想得出的，如等腰三角形的三线合一等。在数学练习中，也不难看到类似于"猜一猜是什么结论，并加以证明"等开放性问题，其实数学中很多结论、定理等，都是通过"猜想—假设—验证"的探究模式进行证明的。在初中数学教学中，教师不必急于说出问题的结论，给学生一些想象和猜想的空间，使学生在实践和探索中，通过整体观察来发现事物的内在规律，从而引发数学猜想，做出判断。教师要鼓励学生在解决数学问题时大胆地猜想，重在培养学生猜测的勇气。只有学会跨出"猜想"的第一步，才能敢于朝"验证"的方向再迈一步，为之后的形象思维做好铺垫。猜想，是与逻辑思维相辅相成的推理，教师应精心设计教学方案，引导学生开展各类对比、归纳等探究活动，培养学生勤于思考的思维习惯。

（2）创设灵活有效的数学教学模式

在学校教育中，应提倡灵活有效的教学模式，将抽象的问题以生动形象的表象直观体现出来，引发学生的好奇心和积极的情感，促使学生主动地学习，有效地促进学生的数学形象思维发展。

①加强直观演示。

在教学过程中，教师可以适当运用图片、教具、几何画板等教学用具组织教学，把抽象的知识形象化，让学生直观感知所学的材料，以定量的感性材料作用于学生的主观意识，给学生留下最为深刻的印象。如在教学"长方体的认识"时，教师应用几何画板以立体直观的图形展示长方体的顶点、棱长和平面，通过图形的运动，观察各线段之间的关系（平行、垂直或异面），让学生在初学长方体时就将标准的图示展现出来，为后面长方体的绘画打下扎实的基础。在初中的数学几何学习中，唯有将抽象的文字表述以图形运动的形式呈现给学生，才能帮助他们更好地理解题目的意思。通过直观教学由抽象到具体再到抽象，发展学生的形象思维，也简化教学重点和难点的讲解。

②联系实际，丰富课外知识。

任何数学知识都源于生活，服务于生活，我们在教学中应该多从生活中"找"数学素材，让学生到生活中去"找"数学、"想"数学。如果我们能根据知识的特点，联系生活实际，精心设计出趣味横生的问题情境，必然会引起学生的注意，激发学生的兴趣，从而把"教"的主观愿望转化为学生渴望"学"的内在需求。如在教学"圆的面积"时，教师创设问题情境，如"小明用一根 6 米长的绳子把一头牛拴在平坦草地的一根木桩上，谁知道这头牛能够吃到青草的面积有多大"。这样的问题引起学生的兴趣，于是学生就带着为解决这个问题的欲望开始了新知识的探索。

③鼓励学生动手操作，融入发现式教学。

在教学活动中，教师应该激发学生学习的积极性，使学生在具体的操作活动中进行独立思考，在自主探索和合作交流中真正理解和掌握基本的数学知识和技能，获得广泛的数学活动经验。以"抛两枚硬币，求一正一反出现的概率"为例，教师可以根据低年级学生对具体实物的认识程度，让学生以活动为主线来进行教学。教师通过让学生自己动手，发现学生在抛掷过程中相互观察自己和其他同学所得出的结果，在第一次思考后几乎所有的学生得出同一个结论：抛两枚硬币一共会出现三种情况，即两个都是反面、两个都是正面和一正一反。之后教师启发式提问："把两枚硬币看作独立的个体，如果给它们分别命名为 A 和 B，得出的结论还一样吗？"通过再次开展活动，教师发现有学生在硬币上作记号，在多次的实验后，绝大部分学生得出了与之前不一样的结论，即 A 正 B 正、A 正 B 反、A 反 B 正和 A 反 B 反四种结果，由此得出：抛两枚硬币，出现一正一反的概率是 $\dfrac{1}{2}$。在实验操作过程中，教师要给学生充足的时间反复实验并纠正结论，最后再通过思考、讨论和交流做归纳。这样做实则是将课堂还给了学生，让他们充分发挥自己的想象和猜想。

数学形象思维的另一个重要特征是思维方向的综合性。在数学教学中引导学生从复杂的问题中寻找内在的联系，特别是发现隐蔽的联系，从而综合考察各种信息并做出直觉判断，是激发形象思维的重要途径。

发展学生的思维是数学教学的重要目标，发展思维重在培养思维能力。逻辑思维和形象思维是数学思维的两种基本形式。数学教学不仅要传授知识和方法，还要通过传授知识和方法使学生形成数学思维的品质，提高提出问题、分析问题和解决问题的能力。

第九章　初中数学课堂教学的多元化探究实践

本章主要讲述的是初中数学课堂教学的多元化探究实践，主要从以下几方面进行具体阐述：初中数学课堂教学与信息技术的整合、初中数学课堂教学与文化的整合和初中数学课堂教学导入。

第一节　初中数学课堂教学与信息技术的整合

在信息时代，我们离不开计算机，更离不开科学的基础——数学。从计算机和数学家的关系中可以看出计算机和数学的关系，而计算机在数学中的应用更进一步地体现了数学和计算机密不可分的关系。

一、数学与信息技术整合研究概述

（一）计算机

数学可以看作科学的基础，而计算机则可以看作科学进步的代表。那么，计算机与数学的关系就是值得我们去探讨的问题。有人说，数学创造了计算机。从最早期的只有加减法运算的机械式计算机到现代的高速运行的电子计算机，数学家既是其设计者又是其制造者和使用者，对其发展起着关键作用。也有人说，计算机促进了数学的发展。计算机丰富了数学研究的内容，推动了现代数学的发展，是数学技术的基础，更是具体化的数学。

计算机俗称"电脑"，是一种用于高速计算的电子计算机器，可以进行数值计算，也可以进行逻辑计算，还具有存储记忆功能，是能够按照程序运行，自动、高速处理海量数据的现代化智能电子设备。

电子计算机发展历程如下：

第 1 代（1946—1958 年）计算机以电子管作为逻辑部件，称为"电子管时代"。

第 2 代（1959—1964 年）计算机以晶体管作为逻辑部件，称为"晶体管时代"。

第 3 代（1965—1970 年）计算机以集成电路作为逻辑元件，称为"小规模集成电路时代"。

第 4 代（1971——1989 年）计算机开始应用大规模、超大规模集成电路，寄存器多，速度快，称为"大规模及超大规模集成电路时代"。

第 5 代（1990 年至今）为发展中的计算机科学时代，主要是人工智能及多媒体技术的发展。

（二）计算机在数学中的应用

随着计算机技术的发展，计算机在数学中的应用越来越广泛，主要体现在以下几个方面。

1. 计算

计算机的最初研制正是为了满足科学计算的需要。科学计算所解决的大都是一些复杂的数学问题，计算量大且精度要求高，只有运算速度快和存储量大的计算机系统才能完成。

2. 证明

数学中最著名的应用计算机进行证明的例子是四色猜想的计算机证明。1852 年，四色猜想的出现引起了数学界人士的普遍重视及数学爱好者的兴趣。从那以后，不断有人宣布自己证明了四色猜想，但是所有的证明结果都经不起人们的检查、验证，总是存在着一些缺陷。直到 1976 年，美国数学家阿佩尔与哈肯借助计算机完成了证明，经历了 100 多年的四色猜想得以解决。面对四色猜想的计算机证明，有人带着惊喜，有人带着遗憾，也有人带着怀疑，毕竟它不是数学家所希望的那种传统演绎证明定理的方式。

3. 数学实验

我们知道物理、化学等很多学科都需要进行实验，很多知识内容需要多次的实验结果。而很多时候我们认为数学是演绎科学，但是计算机放大了数学的实验性，所以计算机技术也慢慢地改变着数学的研究路径，改变着人们对数学的认识。在传统的数学教学中，我们人为地强化了逻辑的作用，从而削弱甚至抛弃了观察、归纳、直觉对学习数学的作用，以致有不少学生产生了"数学就是逻辑"这样的错误观念。据说阿佩尔曾经批评高斯的书难懂，"像雪地里奔跑的狐狸，用尾巴压去了自己的足迹"。高斯则为自己辩解，"一个成功的建筑师，是不会把脚手架留在已完成的作品上的"。问题是我们是否应该把搭脚手架的本领也教给学生呢？答案当然是肯定的！事实上，当我们看到定理的证明时，我们只看到了故事的一半。而另一半，包括定理是如何提出来的、人们又是如何找到定理的证明方法的等，可能比我们看到的那一半更为重要。数学实验可以比较好地解决传统数学教育中遇到的这些问题。

数学实验是人们运用各种实验工具（实物、学具、模型、信息技术等）并通过动手动脑开展数学活动的过程。一方面数学是欧几里得式的严谨科学，从这个方面看数学像是一门系统的演绎科学；另一方面，创造过程中的数学看起来像一门实验性的归纳科学。过去学生的数学活动只是智力活动，缺少探究发现的数学实验活动。信息技术的出现便于学生有效地开展数学实验活动。学生利用教育软件（这里的教育软件主要指"几何画板"等）开展数学实验，即利用计算机根据或隐或显的参数进行"任意性"实验，吸引学生探索、验证或者修改自己的猜想，并最终解决问题和动态生成自己的理解，这是一种"归纳式"的学习。正如心理学家皮亚杰所指出的，"忽略操作的作用而总是保持在语言水平，特别在数学教育中这是一个严重的错误……操作和数学实验远非阻碍了演绎思想的后期发展，事实上它组成了一个必要的准备"。数学实验活动有利于激发学生潜在的学习能力，利用教育软件开展数学实验活动可以进一步培养学生的动手能力、观察和分析问题的能力，使学生进入主动探索状态，变被动地接受学习为主动的建构过程，同时培养学生的创新精神、意识和能力。信息技术环境下的数学问题解决，正是体现了数学中演绎与归纳的统一、科学与技术的统一。"数学实验"成为信息技术环境下学生进行自主探索、提出猜想、验证猜想进而发现数学模式、建立数学模式和应用数学模式的重要途径。"数学实验"使得"教"数学转变为"学"数学，"学"数学转变为"用"数学，最终把"教"数学、"学"数学和"用"数学统一于"做"数学的过程中，通过问题解决来学习数学，通过问题解决来建构知识，在"做"数学中"学"数学，在数字化环境中"学"数学。问题解决在于"做"，这种"做"是高级规则所涉及的概念、法则的综合应用。用归纳方法和实验手段进行教育和学习的思想方法是：从若干实例出发（包括学生自己设计的例子）—在计算机上做大量的实验—发现其中可能存在的规律—提出猜想—进行证明和论证。"做"数学不是演练课本上的习题，是探索数学现象，是研究、发现、最终理解的过程，也是提出更多问题、给出更多可能性的过程，实验中可以将那些无聊的计算交给计算机而将有趣的分析留给自己。

4. 数学课堂多媒体

计算机多媒体技术改变着我们的生活方式，同时也改变着教学方式。计算机多媒体辅助数学教学可以把很多抽象的问题图文并茂地展现出来；可以模拟一些环境创设情境式教学；可以动态、生动地展示教学内容；可以展示知识内容形象的形成过程；对学生有较强的感染力，能够激发学生的学习兴趣。可以说，计算机多媒体技术正在改变着数学课堂教学的模式。

随着计算机技术的发展、创新，人们对计算机与数学的关系会有不同的认识。但是，有一点不能否认，计算机是从数学开始的，计算机离不开数学，计算机对数学的影响也会越来越大。社会在发展，人类在进步，数学是计算机发展的基础，计算机促进着数学的更新、二者相互促进、共同发展。

二、信息技术与初中数学课堂的整合目标

信息技术与课程整合的一般性目标对初中数学课程教育具有指导意义，可作为确定信息技术与数学学科整合具体目标的基础与出发点。在具体的信息技术与数学学科整合教学实践中必须与义务教育数学的第三学段的教学，即 7～9 年级的数学课程目标相融合。因此信息技术与初中数学课程整合的目标可以分解为如下具体目标。

（一）营造新型的学习环境

整合必须基于信息化学习环境才能实现其目标要求。信息化学习环境不同于传统的学校教育环境，它是由数字化学习环境与数字化学习资源两大部分构成的。这种学习环境具有数学信息显示多媒体化、信息传输网络化、信息处理智能化等特征。与此同时在网络环境中具有各种学习资源，包括与初中数学课程教学有直接或间接关系的多媒体电子教案、读物等。学习资源具有符合中学数学课程教学实际，资源丰富多样，便于操纵处理，可进

行多方面、多层次探讨及可再生等特点。在这种新型的学习环境中，进行着网上讲授、网上演示、网上指导、网上评价、自主学习、相互研讨、虚拟实验等各种教与学的活动。

(二) 变革教学方式

学生学习方式与教师教学方式的整合是信息技术与中学数学课程形式上的简单结合，是一种新型的教学方式。教学方式包括教学内容的呈现方式、教师的教学方式、师生的互动方式。传统的教学内容的呈现方式主要是教师的语言、图像、模型、实物等；教师的教学方式是教师讲学生听；师生的互动方式主要是教师提问，学生回答，或学生提问，教师采取口头、书面形式的解答、指导等。这种传统的教学方式主要是面向课堂上的全体学生，为单向的信息传播；教学信息传播形式较为单一，即使是师生互动也是教师处于主体地位。

信息技术与中学数学课程整合就是要变革教学方式，具体要做到以下几点。

第一，利用现代信息技术，动态地展示数学教学内容，使以往呈现困难的教学内容得以呈现，丰富学生的感性经验。

第二，将数学课程文本教材与多媒体电子教材、数学资料整合成配套数学课程教材，实现数学课程教学内容呈现方式的多样化、配套化。

第三，实现学生学习方式的变革。学生学习方式的变革方向是要从被动的学习转为主动的学习；从单纯的接受学习转为探究式学习；从单纯地注重知识、技能，转向知识、技能、能力、兴趣、协调发展；从个人学习转向个人自主学习与合作交流相结合的学习。

实现学生自主性学习，在信息技术与数学学科整合教学中，在确定学习内容时，既要考虑到班级学生的共同学习内容，又要关注学生的个体差异，符合不同层面学生的学习需要，鼓励学生选择适合自己的学习内容、学习方式与评价方法。要将教师的评价与学生的自我评价等多种形式的评价相结合，引导学生对自己的学习过程及结果给予正确评价，从而调动学生学习的积极性、主动性，使学生学会学习，为其终身学习打下基础。

第四，实现数学教师教学方式的变革。信息技术与数学学科整合的教学实践要求教师从单一的知识传授者这一核心角色，扩展为数学课程教学的设计者、课程教学活动的组织者、学生学习活动的引导者。与此同时教师自身也应是数学学科知识的探索者。在信息技术与数学学科整合的教学实践中，教师的多重角色，要求教师既要具有不同角色的意识，又要掌握不同角色应有的行为活动方式。因此变革数学教师传统的教学方式也就成信息技术与数学学科整合的具体目标之一。

(三) 实现数字化学习

实现数字化学习是信息技术与课程整合的核心目标。数字化学习是指学生在数字化的学习环境中，利用数字化学习资源，以数字化方式进行学习的过程。它包含三个基本要素，即数字化学习环境、数字化学习资源和数字化学习方式。

1. 数字化学习环境

信息技术的核心是计算机、通信以及两者结合的产物——网络。这三者是一切信息技术系统结构的基础。信息技术教学应用环境的基础是多媒体计算机和网络化环境，其最基础的是数字化的信息处理。因此，所谓信息化学习环境，也就是数字化的学习环境。这种学习环境，经过数字化信息处理具有信息显示多媒体化、信息与网络化、信息处理智能化和教学环境虚拟化的特征。

2. 数字化学习资源

数字化学习资源是指经过数字化处理，可以在多媒体计算机上或网络上运行的多媒体材料。它能够激发学生通过自主、合作、创造的方式来寻找和处理信息，从而使数字化学习成为可能。数字化学习资源包括数字视频、数字音频、多媒体软件、网站、电子邮件、在线学习管理系统、计算机模拟、在线讨论、数据文件、数据库等。数字化学习资源是数字化学习的关键，它可以通过教师开发、学生创作、市场购买、网络下载等方式获取。数字化学习资源具有切合实际、即时可信、可用于多层次探究、可操纵处理、富有创造性等特点。数字化学习不仅仅局限于教科书的学习，它还可以通过各种形式的多媒体电子读物、各种类型的网上资源、网上教程进行学习。与使用传统的教科书学习相比，数字化学习资源具有多媒体、超文本、友好交互、虚拟仿真、远程共享特性。

3. 数字化学习方式

在数字化学习环境中，人们的学习方式发生重要的变化。数字化学习与传统的学习方式不同，学生的学习不是依赖于教师的讲授与课本，而是利用数字化平台和数字化资源，教师、学生之间开展协商讨论、合作学习，并通过对资源的利用、探究知识、发现知识、创造知识、展示知识的方式进行学习，因此，数字化学习方式具有多种途径。

①资源利用的学习，即利用数字化资源进行情境探究学习。

②自主发现的学习，借助资源进行自主发现、探索性的学习。

③协商合作的学习，利用网络通信，形成网上社群，进行合作式、讨论式的学习。

④实践创造的学习，使用信息工具，进行创新性、实践性的问题解决学习。

三、信息技术对数学教学的价值

计算机在教育领域的应用，产生了新的教育技术，带来了教育思想、教学方法乃至教育体制的深刻变革。在教育现代化的进程中，作为基础教育的重要学科，初中数学面临着如何更新教育思想和教学方法的问题，特别是在基础教育课程改革的今天，更加强调对学生创造性思维和应用能力的培养，对数学教学方法的改革也提出了更高的要求。把计算机应用于数学教学已成为共识。现在各种初中数学的多媒体教学课件很多，但要结合自己的教学实际找到最适合提高教学质量的途径，这需要每位教师结合自己的教学思想、教学手段，以及学生特点等多方面因素综合考虑，才能取得最佳效果。

（一）信息技术成为数学教学的重要工具

1. 激发学生的兴趣

信息技术的应用，改变了传统的教学方法和组织形式，使得以传授为主的传统教学发展为班级教学、小组讨论、个别指导和网络并举的教学。传统教学往往使学生感触不深，易产生疲劳感甚至厌烦情绪，突出重点、突破难点的有效方法就是变革教学手段。而运用信息技术可以实现教学的形象具体、动静结合、声色兼备，因此，恰当地加以运用可以变抽象为具体，调动学生的各种感官，解决教师难以讲清、学生难以听懂的问题，从而有效地实现精讲，突出重点，突破难点，取得传统教学无法比拟的教学效果。在教学中，借助信息技术可激发学生的求知欲，使学生带着高涨的、激动的情绪进行学习和思考，使教学成为充满活力和激情的活动。

现代教育学的实践证明：若学生在获取知识时仅依靠听觉，则 3 小时后信息量能保持 70%，3 天后仅能保持 10%；若仅依靠视觉，则 3 小时后信息量能保持 72%，3 天后可保持 20%；若综合依靠视觉和听觉，则 3 小时后信息量可保持 85%，3 天后可保持 65%。运用信息技术，可以使学生以交互方式进行学习，通过视、听、触、动等方式将全部知觉调动起来；使人机互动，形成教学双向互动，互促互补。通过大小互补、动静互补调动学生的感知能力，使学生更好地发挥创造性思维，有效地调节、选取、组织、传递、反馈各种信息。由于运用信息技术辅助教学能够实现视听结合、手眼并用，且模拟、反馈、个别指导和游戏的内在感染力较强，因此对学生有极大的吸引力，有利于学生参与，激发学生的兴趣，帮助学生建立新旧知识之间的联系，调动学生的学习主动性和积极性，使学生自觉地学习。

2.把抽象的东西转化为直观

初中数学中有许多较为抽象的概念，如图形的平移、旋转等，学生理解起来往往是较为困难的。教师在教学的过程中，可以用 flash 动画的形式将图形平移、旋转的过程展现出来，以便让学生直观理解图形平移、旋转的性质及概念。又如，学生学习立体图形的三视图时，教师可以利用计算机展现一个转动的立体图形，使每一面的颜色都各不相同，这样就可以消除学生把画在黑板上的立体图形误以为是平面图形的困扰，而且可以使学生更直观地学会观察一个立体图形的三视图。

"数"和"形"是数学中最基本的两大概念，也是整个数学发展进程中的两块基石，在一定条件下"数"和"形"是可以相互转化的。对于一个难以证明的几何问题，如果它的题设和结论都容易用代数式来表示，那么我们就可以把几何图形中的各元素和图形的几何性质表示为相应的数量关系，将论证几何问题的过程转化为代数式的演算或方程的求解，借"数"解"形"；根据问题的需要，常把数量关系的问题转化为图形的性质来讨论，即把"数"与"形"联系起来化抽象为直观，通过对图形的研究常能发现问题的隐含条件、诱发解题线索，以"形"助"数"。但受传统教学思想、教学模式和教学手段等影响，我们常常把"形"与"数"生硬地套在一起，没有有效地结合，更无法借助它来培养学生的创新精神和实践能力。而信息技术环境下基于问题解决的数学学习作为一种基本的学习方式，它有助于学生切实地运用"数形结合"思想去独立思考、自主探究、合作交流、分析和解决问题，并在体验的过程中培养创新意识和实践能力。在数学课程中，许多知识、图形本身就隐含着某种关系、几何意义和运动变化的因素。传统教学工具在技术上无法创设一种"形"的支持，难以直观地帮助学生把知识、图形本身代表的一类事物表达清楚，这是阻碍运用"数形结合"思想进行自主探究的原因之一。信息技术借助其独特的技术优势弥补了这种缺陷。例如，利用信息技术可以变"静态"为"动态"，即动态地呈现图形的产生与变化过程；变"无形"为"有形"，即把数学知识隐含的某种无形的关系和几何意义转译成有形的图形；变"特定"为"随机"，即让特定的函数图像随其参数的变化而进行随机变化，以展示这类函数的图像及其数学内涵等。以计算机为核心的信息技术的介入不仅带来了数学教学观念的变革，也创新了"数形"呈现的方式，为更有效地运用"数形结合"思想提供了技术支撑，同时能够满足学生不同的学习需要，适应不同的认知风格，促进学生个性的发展。

3. 帮助学生更好地掌握基础知识和基本技能

初中数学的基础知识和基本技能在学生学习数学的过程中占有十分重要的地位。在传统的数学教学过程中，教师为了教给学生一个完整的解答过程要花几分钟的时间进行板书，而借助信息技术就可以用幻灯片直接展示出来。这样，就可以空出些时间让学生多做练习，熟能生巧，从而掌握基础知识和基本技能。

4. 使数学应用于实际

初中数学有许多能应用于实际的内容。在以往的教学过程中，由于受到表现形式的限制，没有时间和条件把应用场合的全部细节很好地表现出来，这在学生将实际问题转化为数学问题的过程中形成了一定的障碍。把信息技术应用于数学教学后，教师可以在很短的时间内，将预先选择好的应用场景用图片或动画的形式详尽地展现在学生面前并加以引导，帮助学生抓住问题的本质。同时，教师还可以通过计算机网络获取大量的初中数学应用实例，开阔学生的视野，使学生从中体会到数学在实际应用中的重要性。

5. 体现数学逻辑的严密性

数学推理的逻辑严密性可以通过信息技术很好地体现。通过教师与计算机的互动，一步一步地将推理过程在幻灯片中演示出来。这不仅能很好地体现推理的全过程，而且给教师对每一步推理过程的讲解留出了时间和空间，对培养学生严密的逻辑思维有着十分重要的意义。这与传统的用粉笔和黑板进行数学逻辑推理的教学相比是一个质的飞跃。

6. 有利于发展学生的思维能力和空间观念

由于信息技术具有极其丰富的表现形式，正确地应用信息技术进行数学教学，可以更有效地提高学生的思维能力和培养学生的空间观念。我们可以把数学思维的过程用信息技术的各种形式（如图片、动画、声音、表格等）表现出来，使学生以这些形式为媒介，去体会、理解和掌握数学的思维方法，发展思维能力。在几何体的教学过程中，通过图片或动画将几何体表现出来，有利于学生形象、直观地认识几何体的实质，形成正确的空间观念。

7. 更好地促进学生的全面发展

素质教育要求学生全面发展。数学和其他学科有着十分紧密的联系，将信息技术应用于数学教学过程中，学生可以自然地将信息技术课的知识和技能应用于数学学习中。通过课件的画面、声音，学生还可以受到美术、音乐方面的熏陶，因此，以信息技术为媒介可以很好地建立数学与其他学科的联系。

（二）信息技术的发展促进教师以先进的教育理论为指导研究教学

现代教师要改变一本教案、一支粉笔、一块黑板、一张嘴就能完成教学任务的观念，但也不是只靠敲击键盘、点击鼠标进行教学。在信息爆炸的今天，教师要树立终身学习的观念。采用信息技术辅助教学，从表面上看，教师的讲课时间少了，而实际上对教师提出了更高的要求。教师应由单纯的知识传授者转变为学生"信息内化"过程的指导者和促进者。教育部 2000 年颁发的《中小学信息技术课程指导纲要（试行）》指出，通过信息技术培训既要使中小学教师建立科学的、基于信息技术的现代教育思想和观念，还要逐步提高教师的信息素养和应用信息的能力。信息技术辅助教学能给数学课堂带来生机和活力，但计算机不是决定性因素，起决定作用的依然是教师。

现代化教学提倡信息技术辅助教学，但并不排斥传统教学手段，而是将二者有机结合，优势互补，获得最大的教学效果。并不是所有的教学内容都适合采用信息技术辅助教学，有时通过教师的语言、手势及通过观察学生的表情等手段，反而会获得更好的效果。任何一种现代化的教学手段，只是教师开展数学活动的工具，它必须依靠教师科学地设计、精心地组织，才能发挥它的效能。计算机所具有的强大的计算和信息处理功能、直观动态的演示效果，是传统手段无法匹敌的，所以二者优势互补。在信息技术高速发展的今天，我们要使学生成为有信息素养的人，因此应提倡信息技术辅助教学，用它来解决传统教学手段所不能解决或难以解决的问题。

（三）信息技术辅助初中数学教学不仅是艺术，更是科学

信息技术作为一种教学工具是"中性"的，可以用它来培养能力、提高素质，也可以用它搞"题海""满堂灌"，增加学生的负担。部分数学教师整堂课没写一个字，全部由电脑和幻灯片展示。练习时，学生错了，电脑发出一种怪声音；对了，声音悦耳。教师原本的讲解变成电脑的播放，课堂上似乎也挺热闹。这种过度使用计算机多媒体的做法是不可取的。计算机辅助教学，"辅助"的地位不能变。无论电脑有多么强的交互性，"人机对话"绝不能代替"人际对话"。教学过程是十分复杂的过程，忽视教师与学生之间的情感交流在教学中所起的作用必将把"电脑辅助教学"引向反面。例如，在"一次函数的图像与性质"一课的教学中，课件是当堂制作的，软件制作的过程也是学生进行概念构建的过程，教师始终注意与学生间的情感交流，如教师的精心设问、师生间的对话、学生间的议论、教师的板书、解题的演算过程等。教学中始终坚持学生是学习的主体，但又不忽视教师的主导作用。

计算机教学对教师的要求更高了，它不仅要求教师能熟练地进行操作，寻求大量的网上资料和资源提供给学生，而且需要更高的数学专业修养和知识水平。教师既是指导者，又是学习者、研究者；不但要懂得教法及教育心理学理论，更需要不断学习新知识、新问题。教师的责任是教会学生学习，培养学生的学习能力和创造能力。应用多媒体要求教师不仅授之以"鱼"，更重要的是授之以"渔"。多媒体只是一个中介，切不可喧宾夺主，以电脑为中心组织教学，它只是辅助教学的工具。多媒体引入课堂后，能取代教师的部分功能，但取代不了教师的地位。教学中，不要热衷于搞"多媒体"的花架子；否则，将违背课堂教学规律，忽视学生的反应和认知规律，形成"学生瞪着眼睛看、教师围着电脑转"

的现象，多媒体辅助教学也就无法发挥应有的作用。

计算机尽管是当今高科技产品，但它毕竟是机器不是人，不能代替人类进行所有工作，如不能代替人类对话、思维。多媒体数学教学不能代替教师所有的数学教学，只有将其与传统的数学教学相结合，才能充分发挥数学教学的优势，真正提高数学教学质量。目前，多媒体只是教学的工具，还不是学生学习的武器，使计算机成为学生手中的利器，成为学生自主学习和解决问题的工具，才是教学的目的。在数学教学中，若学生被动学习，那么多媒体是毫无意义的。所以，教师只有体现学生的主体性，让学生作为学习的主体，主动参与，积极探索，充分运用多媒体作为数学的辅助工具，才能真正改善我们的课堂教学，提高效率。

学生的有意注意持续时间短，学习时间一长，就容易感到疲倦，记忆力分散，导致学习效率下降。这时，应适当运用多媒体来刺激学生，吸引学生，创设新的兴奋点，以使学生保持最佳学习状态。事实上，虽然计算机已经走入了中学数学课堂，但并没有与数学教学有机结合，计算机辅助数学教学的优势并没有充分发挥出来。无论是教师，还是学生，信息素养都有待进一步提高，教师课件制作的水平也有待提高，以"教"为主的教学设计较多，而以"学"为主的教学设计较少。计算机辅助数学教学，应增强启发性、交互性、针对性以及反馈的多样性。

总之，运用信息技术，可以让数学走进生活，发展学生的能力，做到数学知识生活化、生活知识数学化。适当运用多媒体，可起到"动一子而全盘皆活"的作用，有效地培养更多的创造性人才。

四、信息技术与初中数学课程整合中存在的问题

（一）信息技术与初中数学课程整合的教学认识方面

1. 传统观念的制约

多年以来，"以教师为中心，以课堂为中心，以教材为中心"的教学观念已经形成，"传递—接受"教学模式已经根深蒂固，集体教学的教学组织形式也已经为大家所公认，无论是教师还是学生都已经适应了传统课堂下粉笔加黑板的讲授方式。

而信息技术与初中数学课程整合是以建构主义为主要学习理论基础的，强调利用信息技术创建理想的学习环境、全新的学习方式，强调"以学生为中心"，强调信息技术作为促进学生自主学习的认知工具和情感激励工具，充分调动学生的主动性和积极性，使学生的创新思维与实践能力在整合过程中得到有效的发展。用传统的教学模式和教学思想来看待和实施信息技术与课程整合，如同"穿新鞋走老路"，很难发挥其真正的价值。

2. 整合内涵认识不足

首先，对信息技术与初中数学课程整合的主体认识错位。信息技术与课程整合的主体是课程而非信息技术。但实际中有的教师一谈到信息技术与课程整合，就认为是在网络教室中采用信息技术实施学科教学的全部内容，而对是否有真正的学科教学需要考虑不足。网络教室仅仅是作为服务于学科教学的技术手段而存在的，而网络教学也并不适合所有的

课程，不适合所有的教学内容。这种为了使用而使用技术，把学科教学部分学科和内容盲目地搬到网络教室来实施的做法，只能称为"信息技术应用课"。

其次，把信息技术与课程简单相加。在初中数学课程整合中，教学过程还是和传统的课堂没有区别，只是课堂换成了多媒体网络教室，课本变成了课件，书本上的文字和图片变成了网页，而缺乏对信息技术环境下教学内容、教学过程、教学资源、评价、教与学的方式等相关因素变革的思索，这种整合只是流于形式的一种做法，没有看到信息技术不仅仅是一种有效的教学方式和手段，更是作为资源、环境、内容等融入了教学之中。这种把整合等同于技术与课程的简单相加的观点把信息技术限定在工具应用层面，没有理解整合是信息技术与学科融合的内涵。

（二）信息技术与初中数学课程整合的教学实践方面

广大初中数学教师都在积极进行信息技术与数学课程整合实践研究，但相当一部分研究，仍然没有脱离计算机辅助教学的范畴，只是把信息技术作为辅助教或辅助学的工具，没有进行教学内容与教学结构的改革。信息技术与数学学科课程整合不能只停留在形式与方法上，教学内容与教学结构的改革是核心。

在信息技术与初中数学课程整合的教学模式中，许多研究者和实践者还是习惯于将已有的课堂教学实践作为一个理所当然的研究领域，进行实践的目的还在于利用信息技术来提高课堂教学的效率，摆脱不了传统课堂教学的教学实践情境，在这种情境下，信息技术被当作教与学的辅助工具，仅仅是在"人灌"的基础上加入了"电灌"，不能从根本上改变教师教的方式和学生学的方式，从而使信息技术与学科教学整合的实践模式比较单一。信息技术与数学学科课程整合的，目标是多样的，因而模式也是多样的。

信息技术与初中数学课程整合的实践研究仍然停留在一般的整合框架中，在突出数学学科的特点方面不足。虽然信息技术与数学学科课程整合要遵循整合的一般教学模式，但在整个的学科体系中数学学科的内容体系是有其特殊性的。因而数学教育也有其特殊性。理念是理性化的一些观念，具有稳定性、长效性、持续性、指导性。形成正确的数学课程理念是更好从事数学教育的逻辑起点，因为理念在数学教育活动过程中具有指导作用。在中学数学课程标准的框架设想中要高度重视信息技术对数学课程的影响，不仅重视利用信息技术来呈现课程内容，还应重视信息技术与课程内容的有机整合。

（三）教师信息技术水平方面

1.技术应用方面

在课件制作方面，一些教师要借助信息技术才能完成课件设计，致使课件使用不理想，操作不熟练，影响教学顺利进行；有的教师在自己制作课件的过程中缺乏对认知规律的考虑，课件可识别性差，主体内容不突出，干扰因素多等。这些都会对教学效果造成负面影响。在技术使用方面，一些教师对硬件设备和操作平台的使用不熟练。比如，不知道用电子举手来监控学生完成任务的情况；教师机、学生机切换不及时，使学生感到无所适从。此外，教学过程中出现的关于技术方面的突发事件，如死机、网页无法打开等现象，也常常导致教学无法顺利进行。

2. 实施教学能力方面

信息技术环境下，教学过程中的要素、教学评价、教与学的方式都与传统的课堂教学有很大的区别，有的教师虽然在教学设计的时候考虑到了这些变革因素，但是在实际实施的过程之中还存在着以下不理想的地方。

（1）重活动形式轻活动结果

课堂中的教学活动要和本节课的教学目标密切相关，在设计活动时要准确地体现教学重点和活动效果。有些教师为了活动而设计活动，虽然学生在参与活动的过程中利用了信息技术，也完成了一定的任务，但是由于缺乏教师足够的调控，活动本身偏离了教学目标，没有考虑到学生的信息技术水平，没有组织好应有的资源，而导致活动看似生动，却没有达到应有的效果。

（2）重探究结果轻探究过程

信息技术与初中数学课程整合同时涉及课程文本与师生共同探求知识的过程，信息技术不仅要被整合到学习内容中，也要被整合到学生获得经验和应用知识的过程中。有的教师在上课时，刻意地引导学生遵照自己的思维方式去思考问题，急于让学生得出正确答案，而无法体现信息技术作为学生的认知工具、研发工具的作用，缺乏学生在教师的引导下，利用教师提供的丰富的学习资源和信息技术手段自主建构知识的过程。这样的探究只是一个形式而已，学生还是处于教师的控制之下，抹杀了学生利用信息技术的探究热情，束缚了学生的个性化发展。

（3）缺乏对评价的思考

对教学进行评价的目的是全面了解学生的学习状况，也是教师反思和改进教学的有力手段。信息技术环境下，教学评价的方式和内容都发生了改变，不能套用以前的评价标准来评价现在的整合课。然而，在课堂教学中我们很难看到有效评价的身影，具体表现为重教师评价，轻学生自评、学生间的互评；重形成性评价，轻过程性评价；评价的方式单一，缺乏及时、有效的反馈。

信息技术与初中数学课程整合已开展多年，但在广大中小学教师中仍存在种种片面甚至是错误的认识。目前信息技术与课程整合主要有两种错误倾向：第一，信息技术与课程整合概念的扩大化。其认为信息技术与课程整合就是要把信息技术课程与其他学科课程融合在一起，即要实现两门课程之间的融合。第二，将信息技术与课程整合等同于计算机辅助教学。信息技术与课程整合是包含计算机辅助教学的。信息技术与课程整合强调的是整合和融入，是基于全局观和系统观的，强调的是采取信息化教学设计的方法来进行课程与教学设计。

（四）信息技术与初中数学课堂整合的教育环境

1. 基础设施建设不足

从基础设施建设来看，有的学校还不具备整合的基本条件。信息技术与课程整合的基础性因素就是信息基础设施。没有丰富有效的信息基础设施的支持，就不可能有信息技术与整合的实施。但是一些学校的硬件设备不尽人意，表现为信息基础设施的不完备和不健全。虽然目前已经加大了信息基础设施建设的力度，但是教师仍感到信息设施使用不便。没有硬件的整合如同"纸上谈兵"，不会发挥其应有的作用。

2.教育信息资源不完善

从学科资源来看，一些学校缺乏丰富的高质量的课程资源。资源的重要性已经得到很多教师的认同。教师只有在拥有足够资源的基础上才能对资源进行组织、加工，使之成为教和学有力的支撑；学生只有占有大量的资源才有可能对学习内容有比较全面的了解，进而开展更加富有成效的学习。由于缺乏足够的学习资源，学生课上的引导探究、课下的自主学习就无从谈起；由于缺乏足够的教学资源，很多多媒体素材或课件都是由教师自己去开发，不但耗时而且耗费精力，在一定程度上挫伤了教师的积极性。

五、信息技术与初中数学课堂教学的整合策略

（一）几何画板辅助教学

几何画板软件是由美国 Key Curriculum Press 公司制作并发行的优秀教育软件。它能动态地展现几何对象的位置关系、运行变化规律，是学习数学和物理的好帮手。

几何画板是美国"直观几何计划"的一部分。1988 年，尼古拉·杰克拉斯开始了几何画板的程序设计。在开发程序的过程中，许多专家、教师纷纷提出意见和建议，并提供各种数据，许多学校对画板软件表现出空前的兴趣和热情。

1989 年，美国基本课程出版社推出了米歇尔·塞拉研发的"发现几何"教学软件，这进一步推动了数学课程的改革。该软件主张学生创造自己的几何作图方法，并用公式将其表现出来，以描述他们所发现的图形之间的关系。根据其要求，学生分组合作进行研究，尝试用尺规作图来发现几何的性质，并用归纳法合理地做出猜想。

1991 年，几何画板第一个正式版本（1.0 版）由基本课程出版社发行。为让学校更有效地使用几何画板，基本课程出版社继续研究，并于 1992 年春季发行了 2.0 版。

1993 年 3 月，几何画板发行了 3.0 版。该版本更趋于完善，增加了度量、变换、记录脚本、做轨迹、分析，以及画函数图像等多种功能。在不断地测试和改进中，几何画板成了更实用、更受欢迎的教学软件。作为当时新一代的教学软件，几何画板引发了一场数学教学的革命。它除了具有几何探索和发现几何的优点，还能让学生动态地探索图形内在的联系，在操作过程中了解几何图形的变化。不仅如此，学生利用几何画板还能分析自己测量的数据，并与同学进行交流和研讨。几何画板把运用几何软件处理问题的范围扩展到前所未有的广度，把探索几何的规律和奥秘变成一种艺术的享受。

1995 年，Key Curriculum Press 公司授权人民教育出版社在中国发行该软件的中文版（3.0 版），自此，几何画板在中国开始普及并不断发展，越来越多的中小学数学教师在数学教学中开始接触并使用几何画板。

2012 年 9 月，国家提出教育信息化发展的核心理念为"信息技术与教学深度融合"，开启"几何画板＋电子白板"的数学课堂学习模式。2013 年几何画板 5.06 整合了 3D 几何画板的自定义工具，这解决了几何画板遇到立体几何就无能为力的问题。同时，几何画板 5.06 还整合了最新几何画板控件，能够更加方便地在 Office 办公文档和网页里嵌入几何画

板文件。最新几何画板控件还可将几何画板文档方便地嵌入"WPS 文字"和"WPS 演示"中，这不仅是几何画板功能的延伸，同时也是对国产办公软件的肯定与支持。

近几年，随着对教育不断加大投入，许多地方开始了电子白板与软件技术相结合的交互学习方式，这使得几何画板的普及与使用更加有效。

1. 几何画板的功能

几何画板被誉为"21 世纪的动态几何"，它主要有以下功能。

①几何画板是一个适用于数学、物理教学的，使用户可以随心所欲地编写自己需要的教学课件。软件有多种功能来帮助用户实现其教学思想。用户只需要熟悉软件的使用技巧即可自行设计和编写应用范例。范例所体现的并不是编者应用计算机软件技术的水平，而是教学思想和教学水平。

②几何画板所做出的图形是动态的，而且可以在图形变动时保持设定的几何关系不变。例如，设定某线段的中点后，当该线段的长短、斜率变化时，虽然该点的位置在变，但它依然是该线段的中点；设定为平行的直线在动态中永远保持平行；等等。由于能"在运动中保持给定的几何关系"，因此可以运用几何画板在"变化的图形中，发现恒定不变的几何规律"，这给我们开展数学实验、进行探索式学习提供了很好的工具。

③几何画板具有平移、旋转、缩放、反射等图形变换功能，可以按指定的值或动态的值对图形进行这些变换，也可以使用由用户定义的向量、距离、角度、比值来控制这些变换。几何画板还能对动态的对象进行"追踪"，并能显示该对象的"踪迹"，如点的踪迹、线的踪迹、形成的曲线等。利用这一功能，可以使学生预先猜测轨迹的形状，还可以看到轨迹形成的过程以及轨迹形成的原因，为观察现象、发现结论、探讨问题创设较好的情境。几何画板还具有度量和计算功能，能够对所做出的对象进行度量，如度量线段的长度、度量弧长等；还能够对度量出的值进行计算，包括四则运算、函数运算，并把结果动态显示在屏幕上。当被测量对象变动时，显示它们大小的量也随之改变，可以动态地观察它们的变化或者关系。这样一来，像研究多边形的内角和之类的问题就非常容易了。许多定量研究也可以借助几何画板来进行。

④几何画板还提供自定义工具。自定义工具就是把绘图过程自动记录下来，形成一个工具，并随文件保存下来，以后可以使用这个工具进行绘图。比如，课前把画正方体的过程记录下来，制作成一个名为"画正方体"的工具，用这个工具在课堂上再画一个正方体只要几秒钟。我们可以把画椭圆、画双曲线、画抛物线或者一些常用图形的制作过程分别记录下来，建立自己的工具库，这可以大大增强几何画板的功能。用这一功能还可以演示他人用几何画板制作课件的过程，向他人学习制作经验，提高制作水平，以及进行课件制作方法的交流。

⑤几何画板支持直角坐标系和极坐标系，支持由 $y = f(x)$，$x = f(y)$，$r = f(\theta)$，$\theta = f(r)$ 确定的图像或曲线。只要给出函数的表达式，用几何画板就能画出任何一个初等函数的图像，还可以给定自变量的范围。如果需要进行动态控制，可以画出含若干个参数的函数图像。用几何画板可以画分段函数的图像，而且可以画出分任意段的分段函数的图像。

2. 几何画板在初中数学教学中的应用优势

（1）结合几何画板的特点，分析教材，改进教法

数学是集严密性、逻辑性、精确性、创造性和想象力于一身的学科。传统的数学教学的基本要求是使学生掌握基础知识和基本技能。整个教学过程是培养学生思维的过程，是熟练掌握基本技能的过程，是开发学生的空间想象能力的过程，这些都是数学教育的基本要求。

计算机是信息处理的有效工具，但在数学课堂教学上其优势不像其他学科那样明显。传统的计算机辅助教学软件中虽然增加了一些动画，但这类软件的作用与课本和习题集没有什么根本的区别。找出一条使计算机技术能促进学生思考的道路，看来并不是一件简单的事。

不同的教学阶段有着不同的切入点。要利用学校有利的条件指导学生使用软件，让学生自己动手画几何图形及函数图像等。这一过程一改以往所有计算机辅助教学的"课件"由教师、专业人员制作的现状，充分发挥学生的想象力。全体学生参与制作，极大地调动了学生的积极性。

（2）利用几何画板辅助教师讲授基础知识，帮助学生理解基本概念

数学概念源于实际，是对现实世界中事物的数量关系和物质形态在本质上的抽象和概括。在教学中讲授或学习概念常常需要借助实物形式或物质形态进行直观性表述。几何中的概念，如"中点"，如果离开了具体的实物形式即图形，那么其本质含义就无法揭示和表现出来，因而图形成为说明概念的"形态式"语言。平面几何教学难，主要原因在于其抽象性。学生由于对概念的"形态式"语言的表示出现问题，故而导致对概念的理解产生错误。学生不能把概念转换为图形语言，不能从图形中理解抽象的概念，对学习也就望而却步了。为此，在几何教学中，正确地教会学生识别几何图形和作图，成为突破几何教学难的切口。在入门教学中，教师要注重抓好几何图形的识图教学和作图教学，注重识图、解意能力的培养，并长期贯穿于几何教学活动中，以使学生深化和理解基本概念，认识和掌握基本知识。传统教学模式下，教师要利用三角板、直尺等教学工具，用粉笔在黑板上做出很多有关教学内容的具有代表性的图形，并结合学生生活的具体实际，借助日常生活中学生熟知的经验知识，对典型图形进行分析、描述，在此基础上引导学生认真观察、辨认，启发学生比较、联想。这样的教学无疑对学生认识图形、理解概念、奠定学习几何的"形态式"语言基础、建立起图形与概念之间的本质联系、深化对概念的认识有着重要的作用。但"在数字化时代，在数学教育这个对时代科学非常敏感的领域，若不应用现代化的教育手段，该是一件可悲的事情"。利用计算机的工具型应用软件几何画板来辅助教学，可以带来"出示图形更灵活，展现的图形更丰富，而且规范、直观"等诸多好处。

（3）利用几何画板把抽象的数学教学变得形象、直观

动态展示教学内容或数学问题，能够化抽象为具体，化具体为形象，因而使教学更加直观、生动，有利于激发学生的学习兴趣，增强教学的趣味性。例如，在点的轨迹教学中教师可以利用几何画板制作点的轨迹形成过程的演示动画。在实际教学中，双击动画，可将点的轨迹的形成过程形象地展现出来，这不仅创设了情境、渲染了氛围、激发起兴趣，还能更好地吸引学生的注意力。

（二）微课教学

1. 微课的概念和组成

（1）什么是微课

微课，是基于学科知识点而构建、生成的新型网络课程资源。微课以"微视频"为核心，包含与教学相配套的"微教案""微联系""微课件""微反思""微点评"等支持性和扩展性资源，从而形成一个半结构化、网页化、开放性、情境化的资源动态生成与交互教学应用环境。但是，国内外的专家、教师对微课的认识也不尽相同，出现了各种版本的定义，以下是几种比较典型的微课的定义。

（2）与微课有关的概念

微视频泛指很短的视频短片，短则30秒，长则不超过20分钟，内容广泛，涵盖小电影、纪录短片、视频剪辑等，可通过手机、摄像头等多种视频终端摄录或播放。

微学习基于新的媒介生态环境应运而生，适应了学生呼唤更丰富的非正式学习体验的需求。

微课程一般是一系列半独立性的专题或单元，持续时间比较短，一般只有1～2个学时，教学的组织规模也比较小。微课程主要由数字化学习资源包和教学活动构成，而数字化学习资源包中既含有系列专题微课，又包含了辅助性教学资源。

虽然这些定义表述不一，但是核心内容是一致的，也就是为使学生自主学习获得最佳效果而精心设计信息化教学，以流媒体形式围绕某个知识点或教学环节开展的简短、完整的教学活动。

（3）微课的组成

微课的组成内容是课堂教学视频（课例片段），同时还包含与该教学主题相关的教学设计、素材课件、教学反思、练习测试及学生反馈、教师点评等辅助性教学资源，它们以一定的组织关系和呈现方式共同营造了一个半结构化、主题式的资源单元的应用小环境。因此，微课既有别于传统单一资源类型的教学资源，又是在其基础上继承和发展起来的种新型教学资源。

2. 微课的设计制作流程

选择主题—确定知识点—编写微教案、设计训练题、制作微课件—教学实施、拍摄微视频—后期制作—教学反思。

（1）微课的选题

微课的选题是微课制作关键的一环，良好的选题，可以激发学生的学习兴趣，调动学生的学习积极性。如何进行微课的选题呢？

首先，选题要"细"，在10分钟内要讲解透彻，原则上一节微课，一般讲授一个知识点。对于这个知识点的选择，关乎知识结构的设计，因此，要强调知识性、重要性、实用性，并按照深入浅出的顺序来组织知识点，要抓住重点、难点、疑点以及热点等核心要点来制作微课。

其次，选题要"准"。一是要做到知识点准确无误，文字、语言、图片无知识错误或误导性描述；二是要做到媒体选择恰当，微课作为一种媒体，内容的设计要符合多媒体特性，不是所有的内容都适合做视频，因为有的内容也许使用黑板教学或开展活动实践效果更佳。因而，微课选题要适合使用多媒体表达，适合加入丰富的图形、动画、音频和视频。

最后，选题要把握六不选：不是重点的内容不选；大家都会的内容不选；无法确定的问题不选；通过教材，一读即懂的内容不选；借助粉笔和黑板，即讲即会的不选；需要学生亲身体验的不选。也就是说，微课选题要选易考点、易错点，要选适合做视频的重要知识点。

（2）微课的内容设计

微课以技术为载体，以内容为核心，以精心的设计为重。良好的微课设计应该是循序渐进的，要依据课程标准，从教学目标制定、教学内容分析、学习需求分析、媒体选择等方面进行，这样才能产生符合"让教师在较短的时间内，运用最恰当的教学方法和策略，讲清讲透一个知识点；让学生在最短的时间内，按自己的学习需求，完全掌握和理解一个有价值的知识点"的微课设计、制作理念，确保微课能够满足学生的实用、易用和想用的直接需求。

①教学内容的选择。设计微课，教学内容的选择是第一步，也是关键的一步。教学内容应该尽量选取那些学生通过自学理解不了的、有教育教学价值且相对简短又完整的知识内容。必要时教师可对教学内容进行适当的加工、修改和重组，使其教学内容精简又完整、教学目标聚集又单一、教学形式多元、表现方式多样化，使其更适合微课的方式来表达。

②教学内容的处理。在设计每一节微课时，为保障内容精练、科学、严谨，要慎重选择知识点，并对相关知识点进行科学分析和处理，即把知识点按照一定逻辑分割成多个小知识点，使它们更符合教学的认知规律，学习起来能达到事半功倍的效果。

③教学内容的呈现。微课"微"而过程完整，导入（切入课题）、讲授、小结是必不可少的教学环节。

一是导入环节。导入课题的方法、途径要力求新颖、迅速，而且要与题目紧密关联，常见的导入方法有问题导入、设置题目导入、设置悬念导入、开门见山导入等。

二是讲授环节。在微课设计中，要尽可能通过一条线索突出重点内容。在讲授过程中，如果需要罗列论据，可以分几部分进行，但必须做到精而简，力求论据充分、准确，不会引发新的疑问。启发式引导法在微课内容设计中较为常用，利于在有限时间内较好完成规定的教学任务。

三是小结环节。在微课设计中，小结是内容要点的归纳，起到画龙点睛的作用。因为在讲授中已经对重点内容进行了详细的阐述或演示，所以，微课小结不在于长，而在于精，要做到科学、快捷。

（3）微课的录制形式设计

媒体设计决定微课最终的表现形式，其优劣性直接决定了微课的质量。目前，微课视频的媒体呈现形式多样，分别有摄制型微课、录屏型微课、软件合成式微课以及混合式微课。

①摄制型微课。摄制型微课包含卡片拍摄式、实物拍摄式、实地拍摄式、课堂实拍式

和手机＋白纸拍摄式，其共同特点为借助外部拍摄设备录制教学过程。

②录屏型微课。运用录屏软件直接录制微课。

③软件合成式课微。目前，大家广泛应用的是"屏幕录制软件（超级录屏 8.0）+PPT"的制作组合，用屏幕录制软件可以完整地录制 PPT 课件的内容及教师的同步讲解、操作过程和教学活动所需要的影音等。

④混合式微课。综合运用多种方式，编辑、制作微课教学视频。

第二节　初中数学课堂教学与文化的整合

一、数学文化内涵

什么是数学文化，迄今为止还没有统一的定义，一方面是由于文化具有复杂的内涵，另一方面是对数学的本质迄今也没有统一的看法。为了搞清什么是数学，我们先来看几个经典的观点。

①中国古代认为数学是术，是用来解决生产与生活问题的计算方法。

②古希腊伟大的哲学家柏拉图认为数学是理念，是关于世界本质的学问，数学对象是一种不依赖于人类思维的客观存在。

③德国哲学家恩格斯将数学定义为关于现实世界的空间形式和数量关系的科学。

④英国数学家罗素认为数学是逻辑。德国数学家希尔伯特认为数学本身是一堆形式系统，各自建立自己的逻辑。荷兰数学家布劳威尔认为数学是通过三个步骤按固定构造方式加以确定的。这三种对数学的解释分别对应着数学基础的三大学派——逻辑派、形式公理派和直觉派。

⑥我国数学家齐民友曾将数学发展用"竹子哲学"来比喻，数学像竹子一样产生于实践大地，然后一节一节地独立生长，到一定时候，会爆出新笋，产生新分支，等到老了，它会开花结子，种子重回大地，发展为全新的数学。

⑦美国数学家斯蒂恩将数学比喻为"热带雨林"，它由外部力量滋养并形成，同时又将不断丰富而更新的动植物奉献给人类文明。

显然，关于数学本质的概括有着明显的时代特征，应当以数学发展的历史观来分析、思考。只有从数学发展的眼光看才能从新的高度和视角对其有一个本质的理解，否则不可能真正去解决这一数学哲学要解决的首要问题。黄光荣在《对数学本质的哲学探讨》中总结了历史上著名的数学家对数学本质的描述，提出数学本质的说法主要有经验倾向性、形式倾向性等，认为对数学本质的认识随历史的发展而发展变化，同时还认为对数学的观察角度不同，对数学的认识也不同。

我们认为上述对数学本质的阐述，概括起来大致可分为两种：一种是从静态的角度阐述了数学的研究对象，另一种是从动态的角度用隐喻的方式阐述了数学不断被创造发展的特点。对数学本质的不同认识反映了数学观由静态的、片面的数学观向动态的、辩证的数学观的转变。数学是一个整体，而不是分散、孤立的各个分支；数学是广泛应用的数学，而不仅仅是象牙塔里的严密体系；数学是与计算技术及其他科学密切相关的学科，不是抽象理论。因而数学通过模式的构建与现实世界密切联系，但又借助抽象的方法，强调思维形式的探讨，尽管现代技术渗透于数学之中，成为数学的实质性内涵，但抽象的数学思维仍然是一种创造性的活动。数学还是一种特殊的语言，由此形成的思维方式，不仅决定了人类对物质世界的认识方式，还对人类理性精神的发展具有重要的影响。

可见人们对数学的认识越来越全面，不仅注重数学自身具有的构造性，而且关注数学对文化和社会的作用，以至于得出了数学是一种文化的观点。

1981 年，美国数学家怀尔德从数学人类学的角度列举了影响数学发展的 11 种力量以及数学发展的 23 条规律，提出了"数学——一种文化体系"的数学哲学观，认为数学文化是由数学传统和数学本身组成的。这一观点被认为是第一个成熟的数学哲学观。有的数学家通过对数学和文化关系的探查认为：环境和社会因素刺激了数学概念的产生和发展，同时数学也体现了文化的价值观（事实上，整个人类文化催生了数学思想），即数学是一个文化产物。

随着数学文化观的确立，数学文化的研究逐渐成为一个热点，对数学文化内涵的界定主要基于文化的定义，由于文化内涵的范围和侧重点不同，使得数学文化定义的范围和侧重点也各有不同。

二、关于数学文化的国内外研究现状

（一）数学文化在国外的研究现状

从 20 世纪中期开始，在数学与人类文化之间建立联系逐渐被西方教育工作者提出，继而在希尔伯特、罗素等学者的影响下，国外开始从文化的视角出发，站在文化的高度去研究数学问题，与之相辅的是在大学内开设数学史、数学教育相关课程专门来研究所倡导的数学文化。美国数学家怀特站在文化的角度理解数学，为数学增添了浓厚的人文色彩。

20 世纪 60 年代，怀尔德在《作为文化体系的数学》一书中提出："数学应当被界定为一种文化，我们所从事的数学教育，应当是关于数学文化的教育。"2000 年，美国在颁布的《学校数学原则和标准》中提出要以"认识数学价值和学会数学沟通"为数学教学中的教育目标，两者都属于数学文化范围内的要求，表明课程标准引导教师主动关注学生的文化素养和现实生活中的实操能力。日本提出的指导要领中指出："数学不仅仅是学习基础知识，掌握数学运算等基本的技能，更关键的是要善于运用数学眼光去思考、去观察，用数学理性思维去分析、去生活，最终使学生在面对问题时能够轻松自然地应用数学方面的知识去解决问题，并且能够灵活应用数学史、数学典故等素材与其他领域文化相交融。"近几年美国、德国、日本、英国颁布的课程标准中都提到了促进学生文化发展的教育目标。

由此可见，数学文化教育的理念早在国外课程改革中就得以体现，并且在实际的教学中越来越关注学生，在学习相关知识之外，培养学生运用所学知识解决实际问题的能力。

（二）数学文化在国内的研究现状

21 世纪以来，随着我国新课改对于"数学是一种文化"的提出，数学文化在国内的研究得到越来越高的重视，我国教育也提倡教师在授课时增加相应的历史文化，在编写教材时会把相应的数学文化作为拓展知识的素材。顾沛教授早前给学生讲授数学文化的课程时就尝试让学生在学习数学文化的基础上认识数学思想，不仅能激发学生对数学的好奇心，还能培养学生从数学角度感悟世界的能力。

在《数学文化的一些新视角》一文中，张奠宙教授提到"数学文化下的数学问题，应当作学习素材渗透进课堂，教师在日常教学、课外教育中能够让学生快乐地感受文化熏陶，品味数学中彰显的文化味"因此想要真正培养学生的数学文化素养，需要研究如何把数学文化渗透进日常教学。

数学文化的研究大致分为三个阶段。第一阶段是寻求理论依据，孙小礼教授在他的书籍中论证了数学文化潜在的广泛应用性，并阐述了数学在现实世界的作用及其与其他文化的相互交融。齐友民在《数学与文化》一书中以历史观阐述数学的文化价值。此外，王宪昌在《数学文化在数学教育中的地位》一书中强调了数学文化对于国内数学教育产生的重大意义，以及数学文化的兴起和从古至今的发展。从收集的信息来分析，这些研究著作集中讨论了数学文化的教学观和教学作用，对于具体的教学案例和教学策略研究甚少。第二阶段是探索实施途径，对数学文化理论方面的研究重在对渗透的途径展开探讨。顾沛教授对数学文化课程进行了探索，并带领团队开发了国家公开课"数学文化"的精品课堂。汪晓勤教授对数学文化史进行了深度的挖掘，他主张采用HPM视角将数学发展历史融入数学教学中，体现数学文化的价值与多元性。学者张顺燕探究的是数学文化与哲学、美学，他在《数学的美与理》一书中详尽介绍古今中外数学史。黄翔教授曾提出数学教育，不仅要展示内容来提高其数学能力，还要注重与数学有关的思想精神的培养，多途径渗透数学文化教育，从而全方面、多角度地去认识数学。黄翔教授把数学课程分为"数学知识点""数学建模""探究性课题""数学文化"四个版块，从哲学的高度审视数学文化，而不仅仅局限于数学史。第三阶段是实践，有学者提出学生学习数学文化有关键期。教师要合理引导，可以借助数学文化故事创设情境，穿插案例进行教学，不能厚此薄彼，要处理好文化与教学目标间的关系，培养学生应用数学知识解决实际问题的能力。

国内对数学文化在教学中的研究得到越来越高的重视，但是在实践环节还需继续开拓，逐步推动文化对数学教育的发展。

三、数学文化的外延

由于数学文化是一个复杂的、开放的、动态的系统，因而它的外延内容非常丰富，且彼此交叉，相互蕴含。基于本研究的需要，我们认为作为课程形态的数学文化的外延应包括以下几个方面。

（一）数学史

在数学史中，数学文化主要表现为：自然和人类生活中所蕴含的数学知识和原理、数学在人类生活中的应用；数学与其他学科蕴含的数学知识和原理及在其他学科的应用；数学本身的特征，包括美妙的形、有趣的数、精致的数学概念、数学公式、定理、精巧的数学问题、神奇的数学规律、深邃的数学哲理、玄魅的悖论、趣味益智的数学游戏；数学家的创造活动，包括数学家的名言故事、思维技巧、思想方法、学习态度、个性品质、人文精神；数学发展史，包括数学的过去、现在和将来，数学的哲学基础，历次数学危机，数学发展的社会背景，数学与民族文化传统；等等。

（二）数学的应用

数学作为工具，其知识、方法、技术、理论等用来解决日常生活、艺术、哲学、教育、思维科学、社会学、文化学、物理学、生物学等方面的问题，其应用形式主要表现为数学知识的直接运用和模式的构建，其中模式的构建借助抽象的方法，强调思维形式的探讨，由此形成的思维方式，不仅决定了人类对物质世界的认识方式，还对人类理性精神的发展具有重要的影响。

（三）数学的思想方法

张奠宙教授指出，对于同一个数学成果，当用它去解决问题时，就被称为方法；当评价它在数学体系中的价值和意义时，就被称为思想，因而数学思想和数学方法往往统称为"数学思想方法"。曹才翰教授认为数学思想方法可分为："解题术"，即与某些特殊问题联系在一起的方法："解题通法"，即解决某一类问题时可以采用的共同方法；数学思想，即对数学的概念、命题、法则、原理以及数学方法的本质性认识；数学观念，即认识客观世界的哲学思想，这是数学思想方法的最高境界。

（四）数学精神

数学精神主要表现为一种理性精神，是人们在依靠思维能力对感性材料进行一系列的抽象和概括、分析和综合，以形成概念、判断或推理的认识过程中所反映出的，重视理性认识活动，以寻找事物本质、规律及内部联系的精神。数学精神是典型的具有求实、客观、理性、批判、创新等特征的科学精神，它在数学学习和研究中可表现为求真意识、审美意识、抽象意识、反思意识等几种形式。

（五）数学美

数学美不像自然美、艺术美那么直观具体，它的美表现为一种抽象、严谨、含蓄的理性美，存在于数学的语言、体系、结构、模式、思维、方法、理论、创新等各个方面，其表现形式具有简洁性、和谐性和奇异性。其中简洁性可体现为符号美、抽象美、统一美，和谐性体现为对称美、统一美、协调美，奇异性表现为有限美、神秘美、常数美。另外，数学的美感产生于人的抽象思维，即数学美愉悦的是以抽象思维为核心的数学思维，即人利用数学概念、法则、公式、符号等工具进行思维活动，在这一过程中得到满足和愉悦。

（六）数学语言

"数学是研究量的科学"决定了数学语言是"表达数量关系、空间形式的性质和相互关系的符号体系"，使得数学语言成为一种由数学符号、数学术语和经过改造的自然语言组成的科学语言。由于数学研究的量具有层次性、抽象性、确定性、可算性、关联性、可符号化和结构性等特征，从而使得数学语言也具有上述特征。

四、数学文化的教育价值及其地位

对数学文化价值的阐述，学者一般从对数学文化内涵的认识出发，认为数学文化的价值体现在数学本身的发展、其他科学的发展及人的精神意识的塑造等方面。例如，学者傅赢芳和张维忠在对数学文化系统的开放性、多元性和动态性分析后，认为数学的文化价值分为数学的自身价值、科学价值、社会价值与精神价值，其中每一种价值都体现了数学三个层次的应用，即数学知识、理论的应用，数学方法、技术的应用，数学思想、精神的应用。

对数学文化教育价值的研究大多以数学文化价值为基础，认为数学文化融入数学教学可将数学教育的科学目的和人文目的的整合。如有学者从学生的影响方面考虑，认为数学文化教育对学生产生了以下影响：一是数学文化教育可以开阔学生的眼界；二是促进学生整体认识结构的形成和发展；三是培养和提升学生的数学科学文化素养。有学者从整个数学教育系统的影响方面考虑：认为数学文化观有利于教师和学生树立良好的数学观、科学观和世界观；适宜的数学文化观有助于数学课程的恰当定位；数学文化观有助于加深对数学教学活动本质的认识。还有的学者仅从数学文化的精神价值方面考虑其教育价值，如有利于培养创新精神，有利于理性思维的发展，有利于培养数学精神，有利于培养科学的审美观等。又有学者从中西文化差异方面考虑，解释我国学生学习困难的，如"特定文化代表着特定人群的思维与行为方式、态度和价值观。当数学文化中体现的一些观念、意识与我国学生的现实观念、意识之间存在差异时，便会出现文化上的'冲突'。对学生而言，这种冲突是隐形的，然而最终会折射为学生对数学知识的不理解，从而造成数学学习的阻碍，要想避免或弱化这种由文化上的'冲突'而引发的学习阻碍，需要展现数学文化的'源文化'，以增加学生对这种'源文化'的感受力"。

五、初中数学课堂融入数学文化的现状和意义

（一）初中数学课堂融入数学文化的现状

1. 没有正确的数学文化教育理念

初中生面临着中考的压力，部分初中数学教师为了快速提高学生的数学成绩，会把主要的精力放到基础知识教学和试题训练上，对于数学文化的渗透则并不重视，使数学文化处于一种可有可无的尴尬境地。如果课堂时间充足，数学教师会简单地讲几句数学文化；如果课堂时间不足，数学教师干脆就不引入数学文化。部分初中数学教师缺少正确的数学文化教育理念，总是认为学生学习成绩好了，自然而然就会懂得数学文化，因此在教学中渗透较少，忽视了学生的学习感受，不利于学生的长远发展。

2. 学生未做好接纳数学文化的准备

在实际教学中，学生沉溺于题海战术中，在大量的习题中摸爬滚打，希望能够提高数学成绩，但是这样的训练使学生身心疲惫，他们的思维受到限制，只会按部就班地解题，缺乏创新意识和探究精神。学生对于数学文化不重视，认为数学文化的学习无足轻重，对于数学成绩没有影响。他们看到的只是学习数学的浅层含义，却并不知道数学文化是学习数学更深层次的意义。还有一些学生认为数学文化就是数学家的事迹，只要在课后看一看就行了，在课堂上不需要学习，所以数学文化的作用发挥不出来，数学课堂教学效率较低。

3. 缺乏对数学文化的评价

一直以来，"哪个班的学生分数高，哪个教师就教得好"，这是大众普遍的想法。在这样的导向下，数学文化的作用就会显得非常微弱，部分教师经常将数学文化知识放到次要位置，即使课堂内容与数学文化有紧密的联系，也很少让学生进行深入的探讨。而且数学教师缺乏对数学文化的评价，并没有真正落实素质教育，每次评价的时候都是教师占据着主动权，学生没有参与评价的机会，抑制了学生的数学情感，禁锢了数学思维。部分数学教师没有将数学文化评价加入课堂评价体系中，忽略了对学生数学素养的培养。

（二）初中数学教学中融入数学文化的意义

1. 提升学生法的数学核心素养

社会发展需要的不是单一的知识性人才，而是集专业知识、专业素养为一体的高素质人才。科学文化素养已经成为新时代人才必须具备的核心素养之一，初中数学教师在传授数学知识和技能时，要引导学生关注数学文化，进行数学文化层面的素养教育，使学生可以更好地适应社会的发展。将数学文化有机渗透到初中数学教学中，对学生的人格和素养加以熏陶和塑造，丰富学生的人文精神和人文内涵，使学生在学习过程中更好地感悟和品味数学文化，从而有效提升数学核心素养。

2. 激发学生的数学学习兴趣

数学学习离不开兴趣的支持，没有兴趣将会失去学习的动力。由于初中数学的抽象性和逻辑性增强，学生感觉数学难学，特别是在计算推理、逻辑判断、解决应用题等方面存在着困难，导致学生在数学学习中频频受挫，难以体会到数学学习的乐趣。而在初中数学教学中教师有机结合数学史等数学文化方面的内容讲授数学知识，能够丰富课堂教学的内容，让学生可以接触更多的数学思想和方法，拓宽学生的思维。数学教师可以通过带领学生观看数学文化纪录片的方式，让学生对数学史上的趣题或史料进行深入的研究，增强数学学习兴趣，培养学生积极思考、追求真理的科学品质。

六、数学文化与初中数学教学融合的建议

课程标准的要求和教材的具体编排为数学文化进入初中数学课堂教学，进而成为数学课堂教学的常态指明了方向，提供了载体和空间。笔者拟就数学文化融入初中数学课堂教学，并力求成为数学课堂教学的常态，向教师提出以下建议以供参考。

（一）教学内容的选择建议

1. 趣味性和效果的务实性

学习兴趣对人的学习行为具有激活、指向和强化的功能，因而增加学习内容的趣味性，是激发内部动机的有效策略之一。教师应充分利用学生的生活经验，设计生动有趣的数学教学活动，如运用讲故事、做游戏、直观演示、模拟表演等激发学生的学习兴趣，让

学生在生动的情境中理解和体验数学知识。由于教学时间和学生认知水平有限，教师选材时不能一味追求材料的趣味性，还必须预测到材料的教学效果，因而选择的材料尽量与教材内容、学生的已有知识经验、认知能力现状、年龄特征及生活背景密切相关，能够促进学生的数学学习和思考。

例如，在数学史的选材中，由于数学的发展历程与学生学习的过程往往是相似的，因而可以在学生的认知存在困难时介绍相关的数学史材料。这些认知困难在初中主要包括的内容是负数、无理数、用字母表示数、函数、推理与论证等。

数学作为人类文化的子系统，其发展和特点与人类社会的文明息息相关，因而教学过程中还可以比较多元文化下数学发展的不同特点，加深学生对数学的理解和认识。比如，在九年级上册"推理与证明（2）"的教学中，阅读完"勾股定理的证明"材料后，可以让学生联系世界历史，对比历史上以古希腊雅典的"民主"政治为代表的"蓝色海洋文明"与以中国君主专制为代表的"大河文明"的不同之处，类比阅读材料中欧几里得在《几何原本》中的证明方法与刘徽在《九章算术》中的证明方法，分析中西证明方式的不同之处，结合无理数的产生与演绎证明的关系，引导学生思考以推理论证为特征的西方演绎式思维与中国算法式思维的不同，在社会文化的大背景下体会中西不同的思维方式及对数学的态度。通过这一教学使学生能较客观地评价我国古代光辉的数学成就和卓越的算法思想，并了解数学在我国古代作为一种实用的方法和技术，没有成为哲学和学术主流的原因。上述做法通过联系历史学科的内容，还可让学生感受数学与人类文化的关系，体会文化的多元性，开阔学生的视野，从而激发学生对数学的热爱，提高学生对数学的认识。

2. 开放性原则

初中学生具有强烈的求知欲和探索精神，兴趣广泛，思想活跃、敏感，好奇心较强，具有较强的认识世界的心理倾向，但是初中的数学课程内容主要是初等数学尤其是几何，难以反映现实世界的复杂性，因而教学活动应该结合教材内容适当向学生介绍现代数学的有关内容，激发学生的数学学习兴趣，拓宽学生的视野，使学生认识数学与现实世界的联系。苏联数学教育家斯托利亚尔指出："数学科学、科学技术以及教育技术的迅速发展，数学教育现代化，首先是数学的思想接近于现代数学，即把中学数学建立在现代数学的思想基础上，并且使用现代数学的思想和方法。"

（二）教学组织过程中的建议

1. 教学过程中注重凸显数学的本质性

对于教材中的有些内容，编者提供了丰富的背景材料，让教师引导学生在情境中通过探索、合作交流等方式，经历数学知识的形成过程。然而，我们在访谈中发现，"让学生经历数学知识的形成过程"往往被有些教师理解为"展示—系列材料—总结经验—形成结论"的僵化模式，并表示让学生在活动中慢慢探索，经历数学知识的发生发展过程，不见得对知识的掌握与运用有多大的促进作用，反而浪费时间，因而在教学中往往是"走过场"。

表面上看来，在教学中教师很好地体现了课程标准的理念——"在自主探索和合作交流的过程中真正理解和掌握基本的数学知识和技能、数学思想和方法，获得广泛的活动经验"。但是，教师在教学中将数学知识形成的过程理解为一个从经验到结论静态的机械过程，没有看到这是一个动态的发展过程，数学知识的形成不是机械地把活动经验总结为数学概念、法则和定理，从感性经验上升为理性经验，而是一个将感性经验中的"共性"升华的过程，这一共性的本质也就是生成的新知识的本质，因而教师要引导学生反思感性经验的什么共性使得它必须上升为理性经验。

经历过程是必需的，也是必要的，过程不单单是为了积累经验，更是为学生提供思考数学的空间，在这一空间中要让学生通过反思已得经验，将对经验的认识升华为新的数学理论知识，而不是机械地由感性的经验"形式化"为数学理论知识的过程。随着年级的升高，数学知识的难度和抽象度也相应地增大，教材中提供的材料也越来越丰富，教师要充分利用这些材料，在让学生积累经验的同时，引导和组织学生学会反思，探索发现所得经验中的共性，体悟数学知识的本质，使学生的知识和思想得到实质性的升华，真正经历"数学化"的过程。

2. 数学文化的知识性目标与观念性目标整体实现

张乃达先生指出，学生的观念和思想层面的东西总在影响着其学习活动，同时这些东西又在具体的知识和技能的过程中被建构着，这说明数学文化的知识性系统和观念性系统辩证统一于数学学习活动中，使学生的学习过程表现为一个相互联系、动态发展的系统。因而教师的教学活动不能将数学文化的两个层面割裂，在关注知识、技能和方法习得的同时，还应注重观念、思想、情感、态度对学生的影响。也就是说教学思想方法、数学美、数学精神等观念性知识的教学应当统一于数学知识、技能的教学中，而不是一个孤立的板块或是仅仅作为专题来教学。数学文化融入课堂教学是指，教师利用数学文化某一方面的材料作为载体，不仅为学生提供思维的对象，以助其形成和掌握知识，还要将载体中蕴含的和思维过程中体现的观念性系统转化为学生的个性。例如在讲解一元二次方程的解法时，其知识性内容包括直接开方法、配方法、公式法和因式分解法。其观念性的知识包括：转化的思想，比如直接开方法用来解形式为 $y=(ax+b)^2$ 的方程，通过开方转化为一元一次方程来解，配方法实质上是将一般形式的一元二次方程转化为 $y=(ax+b)^2$ 的形式；一般化的思想，是将配方法的过程抽象化为统一的公式法；数学美则表现为抽象美和统一美；数学精神则表现为组织化与系统化的精神以及不断追求与探索的行为。数学思想方法、数学美、数学精神的教学是建立在一定的数学知识基础上的，抛弃数学知识，只谈数学思想方法、数学美、数学精神的教学显然是无源之水、无本之木。综上，数学文化有机地融入课堂，较好的做法是将一个文化的系统融入课堂，而不是数学的某一个方面作为点缀生硬地呈现给学生。

3. 内容呈现形式的多样性

理性认识源于感性认识，感性材料的丰富性决定着理性认识的发展。同时，认知心理学家认为，要在头脑中形成一定的图式，首先必须学习至少两个例子，在学习例子时，学生要有意识地寻找不同例子之间的相似性，再对相似之处做些编码表征，摒弃不同实例之间存在的一些无关紧要的差异，最终在记忆中形成图示。基于数学知识的抽象性特点，初中生的认知水平较低，尤其是初中低年级的学生处于具体运算阶段向形式运算阶段的过渡时期，其思维图式相应地处于具体思维图式向抽象思维图式的过渡时期，由于后一图示的发展源于在前一图式的发展和分化，因而对于抽象性较高的知识的教学，教师应向学生提供多种多样的材料，丰富其感性经验。

4. 多种学习方式相结合的原则

教材的设置，为学生的合作、探究学习提供了空间，目的是改变过于强调接受学习、死记硬背、机械训练的学习方式，但是这并不意味着完全放弃以听讲、记忆、模仿、练习等为特征的接受学习。接受学习的主要作用在于引导学生在尽可能短的时间内获得尽可能多的知识和技能，但并不必然导致学习过程的枯燥和机械，有些知识运用接受学习的方式学习更为有效。同时，教师也不能片面地追求知识技能目标的达成，而忽视其他的学习方式。结论是重要的，但是结论离不开过程。因而教师要充分利用教材中的各个栏目，将数学实验、调查、游戏等融于学生的学习中，使学生在丰富多彩的活动中，体会数学的思想方法和价值，并从中学会用数学的眼光观察、认识、解释世界。例如，在"可能性"的教学中，教师将学生分为两队做摸球游戏：纸盒内有 10 个球，3 个红球，7 个白球，一方摸到红球为赢，一方摸到白球为赢，让学生通过游戏体会"可能性"的大小。另外教师还可以引导学生思考如何更改游戏才能使游戏公平，通过游戏让学生体会不确定中蕴含着确定，为进一步认识频率以概率为极限的思想奠定基础。再如，在有理数的运算教学中，仅通过习题训练学生的计算能力往往令学生感到枯燥，教师可以通过组织学生玩"算 24 点"的游戏，将枯燥的练习融于生动有趣的游戏中，寓学于乐。

（三）教学评价中的建议

丰富多彩的数学活动进入课堂教学，往往容易转移学生的注意力，教师要发挥评价的功能引导学生以正确的态度对待各种活动，激发学生的学习热情，促进学生的全面发展，因而"对学生数学学习的评价，既要关注学生知识与技能的理解和掌握，更要关注他们情感与态度的形成和发展；既要关注学生数学学习的结果，更要关注他们在学习过程中的变化和发展"。

1. 评价内容的全面性

评价要引导学生在教学中积极参与数学活动，促进学生学会思考，构建数学知识，形成技能，体验数学的美，发展学生的理性精神。评价的内容应当包括学生的学习过程和结果两个方面，尤其是过程方面，其评价内容包括学生在活动中的积极性、参与度、合作能力、数学的交流能力、创新能力、数学的表达能力、探索能力、反思意识等。另外，对基础知识和技能的评价应结合实际背景和解决问题的过程，更多地关注对知识本身意义的理解和在理解基础上的应用。

2. 评价主体和方式的多样化

在评价中应将自我评价、学生互评、教师评价、家长评价和社会有关内容的评价结合起来，形成合力和正确的舆论导向。相应的评价的方式也应该多样化，如采取书面考试、口试、作业分析、课堂观察、课后访谈、建立成长记录袋、分析小论文和活动报告等方式，以引导学生的数学学习。另外，除了对学生的学习结果和学习过程的评价外，教师还应当引导学生对所学数学知识的应用价值、在形成和解决问题中所用的数学思想方法、数学家探索数学问题中所体现的精神、数学知识形成和运用中蕴含的美等提出评价，谈自己的体会，从而真正学会数学，从数学的角度，用数学的思维方式学习和看待问题。

第三节　初中数学课堂教学导入

导入是教学活动的开端，是教学环节中很关键的一个步骤，与教学活动的质量有着直接的关系。教师在数学教学活动中如何实施导入，对学生数学学习兴趣的激发，对学生解决问题思维的启发，对学生自主探索新知识欲望的唤醒，对学生参与课堂教学活动积极性的提高有着重要的影响和作用。

美国著名教育家杜威说过："教师的首要任务在于唤起学生理智的兴趣，激发对探究的热情。"教学中，教师首先要激发出学生对学习的兴趣。学生有了学习兴趣，教师就把学生领进了学习的大门，因为"兴趣是最好的老师"。在课堂教学活动中，导入是第一环节，这一环节的主要目标就是激发学生的学习兴趣和探究的热情。然而"万事开头难"，教师要做到这一点并不是一件很容易的事情，教学活动刚刚开始的时候，学生的注意力还没有从课堂外转移到课堂中来，这个时候学生对学习的心理准备还不充分，如果马上就进行数学知识的教学会让学生兴味索然，长此以往会让学生对数学学习产生厌烦情绪。所以，教师在这个时候应该采取有吸引力的方式，通过导入这个环节把学生拉回课堂，战术性地对学生进行激励、唤醒、鼓舞，使学生调整学习的情绪，让学生快速进入教学活动的预定轨道。

《论语》里面有"知之者不如好之者，好之者不如乐之者"的观点，让学生"乐"知，就是要让学生有浓厚的学习兴趣。数学是一门集数字与图形于一体的学科，具有很强的概括性、抽象性和逻辑性。要让学生"乐"知，并消化、吸收数学教学活动中的数学知识，就需要教师采用新颖的导入，一开始就抓住学生的注意力，带领学生进入轻松的教学氛围中，这样后续的教学活动就能事半功倍。教师应认识到导入的重要性，并采取有效的、策略性的、艺术性的导入方式，引导学生快速、主动参与到课堂教学中来，这样既能提高课堂教学活动的效率，又能优化和改善传统课堂教学模式的结构，也符合新课程标准对现今教学的要求，更能启发学生的创新思维，培养学生解决问题的能力。

近年来，人们对教学导入研究较多，但是总的来说，研究只停留在一些小的细节上，如导入方式、导入存在的问题等单一的方面，且众说纷纭，没有形成一个完整的理论体系。

一、初中数学课堂导入的作用和类型

（一）初中数学课堂导入的作用

1.激发学生学习兴趣，引起学生学习动机

每个人都会对他感兴趣的事物给予优先注意和积极探索，并表现出心驰神往。例如，

对美术感兴趣的人，对各种油画、美展、摄影都会认真观赏，对好的作品进行收藏、模仿；对钱币感兴趣的人，会想尽办法对古今中外的各种钱币进行收集、珍藏、研究。心理学研究表明，兴趣是带有倾向性的心理特征，是认识某种事物或某种活动的心理倾向和动力，它可以使人在认识过程中产生愉快情绪，从而增强认识事物的主动性、积极性。学生对学习这一行为的兴趣，有利于学生自觉、积极地进行思考、探索。例如，一个人对跳舞感兴趣，他就会主动、积极地寻找机会去参加跳舞活动，而且在跳舞时感到愉悦、放松，表现出积极而自觉自愿。而兴趣是在需要的基础上发展起来的。皮亚杰指出，兴趣实际上就是需要的延伸，它表现出对象与需要之间的关系，因为我们之所以对于一个对象产生兴趣，是因为它能满足我们的需要。

在讲课时，如果教师针对学生的年龄特点、心理特征以及实际知识水平，精心设计好导入的方法，使学生产生急迫解决当前问题的情绪，激发学生对新知识的渴望，便能激发学生浓厚的学习兴趣，使他们愉快而主动地进行学习，并产生坚韧的毅力，表现出高昂的探索精神，收到事半功倍的效果。所以，"善导"的教师，在教学之始，总是千方百计地诱发学生的求知欲，引起学生的学习兴趣，使学生产生一种力求认识世界、渴望获得知识、不断追求真理的冲动。

学习动机是直接推动学生学习的内在动力，是激发学生进行学习活动、维持已引起的学习活动，并使学习行为朝向一定目标的一种内在过程或内部心理状态。当学生获得学习动机后，就会积极做好准备，集中精力在学习上。只有使学生清晰地意识到所学知识的意义和作用，才能使他们产生学习的自觉性，迸发出极大的学习热情。所以，"善导"的教师，在教学之始，很重视阐明将要学习的知识在工农业生产、国防、科学研究和生活中的重要意义。

认知冲突是由人的已有知识和经验与所面临的情景之间的差异所导致的冲突。认知冲突会引起学生产生新奇和惊讶，从而引起学生的兴趣，激发学习动机。制造认知冲突还可以帮助学生明确学习任务，确定学习方向，凝聚思维焦点。所以，"善导"的教师，善于设计各种"认知冲突"，充分利用学生的好奇、好问、好动等心理特征，制造认识冲突，创设悬念，使学生产生期盼、渴知、欲答不能、欲罢不忍的心理状态，由此激发学生的求知欲，引发学生的积极思维。

2. 引起学生对所学课题的关注，传达教学的意图

注意是信息加工的心理机制之一，它是心理活动对一定对象的选择性和指向性。在课堂上，学生的注意力有利于对知识的感知，从而更容易地理解、掌握知识。有研究表明，注意力水平高的学生往往学业成绩也高，而注意力集中时间短，则是学生上课分心的主要原因。良好的课堂导入，能在上课之始，形成良好的课堂学习气氛，唤起学生的注意，使他们迅速地进入学习情境，产生学习的意向，利于教师传达教学意图。因此，在教学之始，要给学生较强烈的、新颖的刺激，帮助学生收敛课前的各种其他思维活动，将学生的注意力迅速地指向课题，为完成新的学习任务做好准备。教师以通俗易懂的语言传达教学意图，这种教学意图包括建立学习目标、指出方向（将以什么方式进行学习）、勾画教学内容的轮廓。

3.铺设知识桥梁，温习旧知建构新知

著名的美国教育心理学家奥苏贝尔指出，"影响学习的唯一最重要的因素，就是学习者已经知道了什么，要探明这一点，并据此进行教学"。数学学科的知识逻辑性很强，新知识都是以旧知识为基础发展而来的。教师在讲授新知识之前，如果先组织学生复习已有的知识和经验，或者在和学生一起运用已有的知识对各种数、形、式进行观察的过程中形成"问题情境"，出现新的需求与原有认知水平的"冲突"，然后再来学习新知识、新技能，就易于调动学生心理中的积极因素，使学生迅速进入学习状态。通过实例、实验的观察导入，可为思维（分析、综合、抽象、概括等）加工做铺垫。

4.创设情境，培养学生探究事物的习惯

好的新课引入，常由教师精心设计，为学习新知识、新概念、新原理和新技能做引子和铺垫。教师可提供隐藏规律性的材料，让学生通过对实例的观察，经过分析、综合、抽象和概括等思维加工，利用已有的经验和知识去探索或构想新概念，或寻求新定理、新公式、新方法、新思路。这样的过程进行多次，日积月累，学生就会养成钻研问题、探究事物的良好习惯。

（二）初中数学课堂导入的类型

课堂导入的方法和形式是多种多样的。用什么样的导入方式，要依据教学的任务和内容、学生的年龄特征和心理特征，灵活地加以运用。绝不能采用某种固定的模式，也不能机械照搬套用。不同的学科、不同的教材、不同的学生要采用不同的导入方法。初中数学课堂常用的导入类型有如下几种。

1.直接导入

直接导入，是教师向学生直接阐明学习目的和要求、主要教学内容及教学程序等的导入方法。教师简练、明快的讲述或设问，是直接导入成功的关键。直接导入的方法简单、用时少、开门见山、和盘托出，能使学生对所学知识一目了然。但是，这种方法比较单调、缺乏激情，因而不易激发学生学习数学的兴趣。在低年级教学中应尽量少用或有控制地使用直接导入。

2.经验导入

经验导入，是教师从学生已有的生活经验和现实素材出发，通过生动的讲解、谈话或提问，引起学生回忆而自然地导入新课的方法。应用经验导入，需要教师了解学生的学习、生活情况。教师可组织、引导学生观察大自然，深入工厂、街道、农村了解社会，以丰富学生的学习、生活经验，为学习提供必要的感性材料。

3.旧知识导入

旧知识导入，是一种根据已知探索未知的导入方法。科学知识是系统连贯的，新知识是在一定的旧知识的基础上发展而来的，接受新知识需要学生具备一定的知识基础，如果

学生对已学过的知识忘记了，或模糊不清，接受新知识就会发生困难。旧知识导入主要是利用了新、旧知识之间的逻辑关系，即旧知识是新知识的基础，新知识是旧知识的发展与延伸，从而找出新、旧知识之间的联结点，由旧知识的复习迁移到新知识的学习，从而导入新课。孔子说："温故而知新，可以为师矣。"我们通常所说的复习导入、练习导入、类比旧知识导入等均可归入旧知识导入，这种导入也是最常用的新课导入方法。这种导入方法使学生感到新知识并不陌生，便于将新知识纳入原有的认知结构中，从而降低学习新知识的难度，易于引导学生参与学习。

简言之，旧知识导入，就是从回顾旧知识、做练习、做类比等复习旧知识的教学活动开始，为新知识提供支撑点来导入新课的方法。

使用旧知识导入，教师一定要摸清学生原有的认知水平，要精选导入的内容，使之过渡自然。

4. 直观导入

直观导入是指教师利用实物、教具（挂图、模型、图表、投影片、幻灯片、电影、录像等），引起学生的兴趣，引导学生进行观察、分析，再从观察中提出问题，创设研究问题的情境的导入方法。这种导入方法建立在直观的基础上，引导学生通过各种感官直接或间接地感知具体事物的形象，使学生获得鲜明的表象，进而提出新问题，从解决问题入手，自然地过渡到新课的学习；同时又有利于学生由形象思维过渡到抽象思维，为学生抽象思维的形成奠定感性的认知基础。

数学教学的直观手段分为感官直观与思维直观两个层次，这是由数学的特点和数学的认知特点所决定的。从数学教材的内容所呈现的逻辑结构来看，较高级的抽象层次是建立在较低级的抽象层次基础上的；从认知的角度讲，也要先从对客观事物的直接认识出发，形成对教材内容逻辑结构的把握。

（1）感官直观层次的直观手段

①实物直观。

实物直观是指在教师的指导下，让中学生直接接触大自然，获得对大自然的直接感知，从中抽象出所需学习的数学概念，形成鲜明的表象。实物直观有利于学生牢固地掌握特定的基本概念或基本方法，形成学习后续知识的牢固基础。

另外，在教师的指导下，中学生利用所学的理论解决实际问题，从而巩固所学知识，更深刻地掌握所学知识。从这种意义上讲，它也应该被视为实物直观手段。实物直观具有鲜明性、生动性和真实性，有利于学生确切地理解教材、掌握教材，有利于提高学生的学习兴趣和积极性，能激发学生的求知欲，使学生更快地掌握知识，也不易忘记。实物直观的缺点是事物的本质特征难以凸显、内部不易细察。

②模型直观。

在数学课程中，由于理论的理想性，直接观察现实世界的现象有时显得不够，不足以抽象出相应的概念和关系，因而就产生了模型这种直观教具。模型直观也叫教具直观，是直观教学的类型之一，是指为学生感知实际事物的模拟性形象提供感性材料的直观方式，如观看图片、图表、模型、幻灯片、录像、电影等。模型直观可以摆脱实物的局限性，根据教学目的对实物进行模拟，可以变静为动或变动为静，把快变慢或把慢变快，也可以变死为活、变远为近，从而把难以呈现的对象在学生面前呈现出来。模型直观还可以使抽象难懂的东西变成具体的、易认识的东西。利用模型直观，既可以使学生通过模拟大自然的状态的方法间接地认识大自然，又有利于学生从他们习惯的生活经验和常规思维转向与他们所学习的科学知识相适应的经验和思维，有利于训练学生的思维，使其摆脱偏见和谬误。

（2）思维直观层次的直观手段

①语言直观。

语言直观是实物直观和模型直观的一种辅助形式，一般指在教学中使用形象化的语言描述。数学语言是逻辑性很强的语言，通常根据所使用的主要词汇，将数学语言分为三种：文字语言、符号语言和图像语言。图像语言是数学的直观语言，它不同于实物的直观感知，而是通过抽象思维加工和概括的产物。它形象、直观地表达数学概念、定理和法则，往往使整个思维过程变得易于把握。同时，语言直观可以不受客观条件的限制，即不受时间、地点、设备的限制，但它不如实物直观感知那样鲜明、完整和稳定，它容易中断，甚至不正确。教师在进行直观教学时，要根据教学的目的和要求，从教学内容的实际出发，结合学生身心发展的特点，这样才能有效地提高教学质量。

②模式直观。

与借助视觉感官的模型直观不同，模式直观借助抽象思维的层次而展开。大自然具有秩序，人的思维过程则具有层次性，从比较具体的思维逐步过渡到更加抽象的思维。于是，在较高层次的思维过程中，我们可以将较低层次的直观形象作为背景，构建推理模式。一般来说，所谓模式直观，是指以相对具体的、先前已经熟悉的、具有普遍协调感的、容易接近的模式作为背景，帮助学生进一步把握和理解更加抽象、更为深刻的思维对象。模式直观广泛存在于理性思维的过程中，许多思维策略都源于某种模式直观。

5. 实验导入

实验导入，就是通过教师的实验演示或学生的实验操作来导入新课的方法。学生在学习之始是充满好奇之心的，要求解惑的心情急迫。在学习某些章节的开始，教师可演示具有启发性、趣味性的实验，或让学生自己进行实验操作，使学生在感官上受到刺激，同时提出若干思考问题，巧布疑阵。

6. 设疑导入

所谓设疑导入，就是通过编拟符合学生认知水平、形式多样且富有启发性的问题，引起学生回忆，联想并渗透本课学习目标、研究的主题来导入新课的方法。

"疑"是学生思维的积极表现，又是探索问题的动力。南宋理学家朱熹在《朱子语类》中指出："读书无疑者，须教有疑，有疑者，却要无疑，到这里方是长进。"陆九渊在《陆九渊集》中也说："小疑则小进，大疑则大进。"向学生提出恰当的疑问，往往能刺激学生的好奇心，激发学生的兴趣，调动学生学习的积极性。而且，数学本身就是在提出问题和解决问题的过程中发展的。因而向学生提出问题，让学生产生疑问，是引入新课的一种好方法。

二、初中数学课堂导入的现状及问题

从现状看来，大部分教师虽然意识到了课堂导入的重要性，但是在实际教学中由于种种原因在课堂导入设计和实施方面均遇到了困难。

（一）对课堂导入的理论认识存在差距

部分教师认为课堂导入只存在于课堂开始之时，而忽视了课堂导入在课的中间环节和结尾环节的作用。由于对导入的认识不足，导致教师在实际教学中很难高效实施课堂导入。

（二）教师课堂导入的技能缺乏灵活性

课堂导入是一项教学基本技能，是教师上好一堂课应该掌握的技术能力。部分教师承认课堂导入的重要性，但在实际教学中仍不够看重或者一味地使用一种或两种导入方法，久而久之学生对这样的数学课堂提不起兴趣，很难引起学生的学习热情与主动性。去除一部分对数学课堂非常感兴趣的学生，大部分学生需要教师利用课堂导入环节去引导才能进入学习情境。建构主义学习理论认为，教师应该成为课堂的组织者和促进者，让学生主动地进行知识建构，与已有的认知结构进行"同化"和"顺应"。

（三）对课堂导入的功能认识不足

大部分教师虽然意识到了课堂导入的重要性，但这不能代表对课堂导入的理解和认识完备。部分教师认为课堂导入就是课堂开始时的 1～3 分钟的教学组织活动，就是引导学生从课间懒散的状态进入上课精神集中的状态。实际上，课堂导入环节的功能远不止集中注意力，还需要引起学生的学习兴趣，为新知学习做铺垫。仅仅让学生集中注意力的课堂导入是不够充分的，它只适用于传统的灌输式教育。兴趣是学生最好的老师，在激发学习兴趣的基础上才能引起学生主动思考和探索交流。

（四）教师交流观摩学习机会少

教师队伍的构成非常庞大，有刚入职一两年的年轻教师，也有经验丰富的老教师。现阶段，年轻教师和老教师的课堂导入差异明显，年轻教师更依赖于新媒体技术，而老教师更依赖于教学经验，这是普遍现象，没有绝对的好坏之分。教师间应该更多地互相交流学习，互相学习对方的优点，弥补不足。部分教师把学校的观课、听课活动看成一次展示活动，认为做个听课记录就足够了，后续也不会翻笔记去仔细研究，或者不参加集体评课活动。这是一种经验交流和学习的绝好机会，自己闭门造车不真正参与其他教师的课堂是不妥的。

（五）教师对学生的了解不够深入

教师对于学生各方面的了解不够深入，关注更多的是学生的学习成绩，缺乏对学习状态和态度、学习中存在的困难、学习数学课程的认知等方面的关注和重视。教师应从各方面了解学生，更高效、更科学、更人性化地对待每一位学生，成为他们学习和生活中的传道者、解惑者、引路人和促进者。

（六）导入意识不强，忽视系统导入过程

传统观念下的数学教学由数学教师占据教学课堂中的主导地位，而学生作为教学过程中的主体反而被忽视。这在很大程度上不仅影响了学生的学习兴趣，还会降低课堂的教学质量和学生的学习效率。传统观念下的数学教学通常缺乏课堂导入意识，教师过于注重提高学生的数学成绩从而忽视了知识的整体性。课堂导入作为一个承上启下的教学环节，在教学活动正式开始之前教师可以通过引导学生回顾上节课的学习内容，从而将两节课的教学内容有效过渡，促进学生对于教学内容的接受与理解，有利于学生进入学习状态，从而全身心地投入数学学习中去，最终达成提高教学质量的目标。

（七）导入形式单一，缺乏多元导入模式

在导入意识相对较弱的教学前提下，课堂导入的环节很难受到教师重视。教师习惯于将教学重点放在知识点讲授和重难点强调上，导入环节似乎可有可无，导入模式也是千篇一律、毫无新意。长此以往，学生无法接受生硬且刻板的知识过渡环节，课堂上就无法吸引学生的注意力，不能调动学生的积极性。这就违背了课堂导入"温故知新"的教学目标。初中生正处于活泼、好动的青春期，追求新鲜感是这个年龄阶段的特点，所以教师在教学设计过程中应充分考虑到学生的学习能动性，通过多元化的导入设计达到寓教于乐的教学目的，同时严格把握导入时间。因为课堂导入环节作为课堂初始环节，不可缺少但也不能导入过长，所以教师要精准设计并严格把握教学过程，以便促进学生全面发展。

（八）导入内容随意，偏离课堂教学内容

课堂导入不仅是教学环节上不可或缺的一步，对于学生数学逻辑的培养也具有重大意义。教师有时为了更好地激发学生的学习积极性从而采取一些与教学内容并无关联的导入内容进行教学过渡，这就违背了课堂导入的教学初衷，也不利于导入环节发挥其"承上启下"的作用。课堂教学时长是有限的，所以每一分钟都必须落实到提高教学质量上去，课堂导入的三分钟应引导学生完成由休息状态到学习状态的转化，并通过温习上节课所学内容对所学知识进行巩固，同时为学习新的数学知识打下良好的基础，完成课时之间的有效过渡，从而提高课堂教学质量。

三、初中数学课堂导入的策略研究

（一）在教学方式上的创新

教师在实施导入的时候，不要拘泥于定法、常规，要突破禁锢，结合实际情况，力求创新。有新意的导入设计更能吸引学生的注意力，增加教师自身的魅力和感染力。

1.分析自己，因能施导

教师要对自己熟悉的、不熟悉的导入方式，常用的、不常用的导入方式，擅长的、不擅长的导入方式有一定程度的了解，在设计导入的时候，要根据教学目标设计出有创意的导入内容，在引导思维、实施手段、教学情境等方面多尝试、多发掘、多创新。一个善于

导入的教师在教学中一定不会差到哪里去，何况成功的导入一旦激发起学生学习的兴趣，教师在实施教学目标的时候只要稍加点拨，学生就能一点就透，这样的效果比教师一次又一次的引导深刻得多，理解也要透彻得多。故教师要清楚自己的导课能力，根据自己的能力实施能取得最好效果的导入，即在一定的限制条件下将导入作用最大化。

2. 分析学生，因材施导

教师要对自己学生的情况有相当的了解，因为了解是沟通的基础。首先，教师要了解学生的知识背景，对于学生已经掌握了哪些知识、达到了什么层次要十分清楚，这是教师设计导入的知识起点。如果教师对此不了解，就会在导入的时候把握不准导入内容的难易程度，使导入效果打折扣。其次，教师要对学生的心理状况有一定的了解，在导入过程中，对心理异常的学生加以引导，打开学生的心结，让他们能跟其他学生一样正常投入学习中。最后，教师要对课前学生的情绪有所观察。学生的情绪与学生前一次课的内容有很大关系。举例来说，如果前一节课是体育课，那么学生剧烈的体育活动使得血液循环加快，大脑处于兴奋状态，思维活跃，教师在实施导入的时候，可以适当加大难度；如果前一节课是英语考试试卷的评讲，那么可能由于考试成绩不理想，学生心里很压抑，情绪很低落，这个时候教师在导入中要稍稍降低难度，并通过技巧、手段调节学生的情绪。总的来说，磨刀不误砍柴工，教师在课前对学生的情况有了解，在实施导入的时候就能对症下药，据情施导。

3. 分析教材，因情施导

教材是最基础的教学参考资料，教师要对教材充分研读、整合、使用，对于不同的教材内容要采用不同的导入策略，帮助学生理解数学思想和方法。对于函数、不等式的内容，教师可以采用观察实物、活动实践等导入方式，让学生潜移默化地接受数形结合的数学思想；对于立体图形的内容，多采用观察实物等导入方式，帮助学生建立直观印象，培养学生的空间想象能力；对于平面直角坐标系的内容，多采用温故知新、类比推理等导入方式，帮助学生建立起代数与几何的联系，让学生理解函数与方程的数学思想；对于概率、统计的内容，多采用创设情境等导入方式，让生活问题数学化，让数学问题生活化，帮助学生理解抽象化为具体的数学思想和方法；对于综合实践的内容，多采用类比推理、开门见山等导入方式，扩大学生的知识面，让学生对数学有更深层次的了解。总之，教师要根据学生的不同特点，结合教材的内容来选择最佳的导入方式。

4. 分析环境，因时施导

数学与日常生活是息息相关的，所以教师在设计数学导入的时候，也要考虑教学环境、生活环境等环境元素。学生所处的环境是最容易被关注的，而且学生对环境元素也有自己的认识，把这些元素纳入数学导入，更容易激发学生的兴趣，引起学生的好奇心。对于学生积极关注的时事也是很好的导入素材，这些素材有很好的时效性，不仅能提高学生的兴趣，还能拉近教师与学生之间的距离。但教师也要考虑到多数人的兴趣所在和关注目标所在，针对个别学生的导入内容显然是不可取的。活动实践导入的目的就是通过实践活动让学生动手、动脑积极参与进教学活动中来，常见的有实验导入、游戏导入和活动导入等，让学生带着问题参与活动，然后边参与活动边寻找答案。数学不同于物理、化学等实验学科，但数学并不是完全没有数学实验，只是同物理、化学的实验有所区别罢了。学生通过数学实验活动可以加深对数学知识的理解，从而真正提高数学素养。

（二）情境在导入中的尝试

新课标中强调初中数学的实际教学要从学生的生活背景及已掌握的知识背景出发，使学生能从数学的学习中获得数学体验。面对这个要求，很多数学教师选择了情境教学方法，创设真实的情境，将生活问题与数学问题联系在一起。情境教学方法可以激发学生学习的积极性，使学生乐于学数学。

1.动手操作，创设主动探究的问题情境

传统的数学教学模式往往使学生感到数学学习抽象、枯燥、难理解。"智慧出于手指尖""眼过千遍，不如手过一遍"。我们在教学中也有这样深切的体会，听来的记不住，看到的记不牢，只有动手做了，才能真正内化为自己的知识。操作、实验就是把学生学习的情感与生活经验融为一体，展现知识的无穷魅力。学习任何知识的最佳途径都是自己去发现，自己去亲身体会，因为这种发现理解最深，也最容易掌握其中的规律、性质和联系。所以，在教学中教师要为学生创设动手操作的问题情境，为学生提供必要的思维材料，将静态的知识结论变为动态的探索对象，让学生付出一定的智力代价，全面调动学生的多种感官参与新知识的主动探究，体验学习过程，培养学习兴趣，使学生在"做"中悟"趣"。

2.建立模型，创设主动质疑的学习场景

新旧知识的矛盾、直观表象与客观事实之间的矛盾、生活经验与科学知识之间的矛盾，都可以引起学生学习的兴趣。教师主动建立模型，让学生先处在一种"愤悱状态"，以矛盾深深扣动学生的心弦，引导学生分析、对比、讨论、归纳，不仅能使学生进一步地理解新的知识，而且对学生情感、态度、意志等方面的发展都具有积极的促进作用。

教师可以引导学生通过小组合作，理顺思路，交流难点、疑点，互相启发，尽可能解决发现的问题，同时提出自己的疑问，使学生对所学内容加深理解，增大信息量，拓宽解题思路；小组间学生的轮流发言，给每个学生提供了展示自己的机会，锻炼了学生的口头表达能力，培养了学生的耐心；基础比较弱的学生利用这个时间请求援助，基础较好的学生进行帮扶，把互帮互助落到实处；同学们智慧的碰撞，产生新的火花，将促进问题进一步深化，朝着完成学习目标更进一步。学生明确质疑的方向，有了一定的质疑方法，就具备了一定的质疑能力，但是并不意味着每个问题都能迎刃而解。教师可以针对不同性质、不同单元的学习内容，帮助学生确立不同的质疑方法，注意突出知识结构，做好示范质疑，让学生了解从哪些方面着手质疑和怎么质疑，逐渐养成质疑的习惯和方法，提高学生的质疑水平。

3.设置悬念，激发学生的应用意识

好奇心是人类普遍存在的一种心理现象，在创造性思维中有触发催化的作用，也是发挥想象力的起点。教师针对学生好奇心强的特点，将学生未知的数学规律、法则、关系、

事实等前置应用，创设新奇的悬念，展示数学知识的非凡魅力，有助于激发学生探求知识的热情和应用意识。

总之，在数学教学活动中，成功的导入有利于让学生整节课都处于问题情境之中，从而激发学生学习的内驱力，增强学生的探究意识，使学生进入问题探究者的角色，真正"卷入""以学生发展为中心"的学习活动之中。成功的导入可以使学生体验到真实世界中数学的应用价值，学会发现并分析数学问题，提高与他人合作的能力，并形成批判性思维。

第十章　初中数学课堂的教学评价与反思

本章主要讲述的是初中数学课堂的教学评价与反思，主要从以下几方面展开论述：初中数学课堂教学评价的实施和初中数学课堂教学反思的提出。

第一节　初中数学课堂教学评价的实施

一、初中数学教学评价概述

数学教学评价就是按照数学教学目标，运用科学的评价方法，从数量上测量或从性质上描述，对数学教学的过程、预期效果及其他有关方面（如课程标准、教材）的属性，做出价值上的判断，确认其达到所期望的数学教学目标程度的过程。数学教学评价是一般的教学评价在数学教学领域中的具体运用和发展。一般说来，研究数学教学评价主要从以下两个方面来思考。

（一）初中数学教学评价的对象

从数学教学的角度而言，评价的对象包括两个主体对象——数学教师（如教师整体素质、知识结构和能力水平以及在数学教学中的行为表现等）和学生（如学生个人在数学学习中的情感、态度、价值观、课堂表现及个性品质、数学学习的相关能力、学业成绩等）。此外，通常还涉及两个客体对象——数学条件资源（如数学课程与教材、教学参考书与教学辅导材料、多媒体技术、网络课程与教学课件等）和数学教学环境（如数学课堂氛围、课题学习、图书资料、校园文化、校本课程等）。

（二）初中数学教学评价的标准

评价标准是进行教学评价的衡量尺度，是教学评价得以进行的前提与依据。基础教育发展到今天，呈现出多样化状态，其价值与质量也是多元的。评价客体的多元化最终导致了评价标准的多元化。评价标准既要有以课程目标为参照的统一标准，又要有以学生的纵向发展为参照的个人标准，两者相辅相成，共同对学生的学习状况进行评价，使不同水平的学生都能体验到进步与成功的喜悦。因此，应根据被评价对象的不同以及评价目的的不同，确立评价标准，需要考虑多方面的因素，以体现多元化的价值取向。例如，对于数学达标测验，可允许不同的学生达到不同的标准。能提前达标的学生，教师以此为基础，为他们创造条件，促进学生掌握更多的数学知识、发展学生的能力和特长。不能按时达标的学生，教师帮助他们找到问题的症结，帮助他们改进，实行延迟评价，使他们在接受评价的过程中感受到成功的喜悦。应实施因人而异的多层评价策略。

二、初中数学教学评价的功能与分类

（一）初中数学教学评价的功能

数学教学评价是教学评价的一部分，因而我们将数学教学评价的功能置于教学评价功能之中。

1. 导向功能

数学教学评价的导向功能是指数学教学上的指导作用，体现着评价对象的奋斗方向和理想目标，通过评价目标和指标体系的引导，可以为数学教学发展、学校管理及教学等指明方向，因此教学评价应充分发挥其导向功能。

2. 鉴别功能

数学教学评价的鉴别功能是指依靠大量的教学信息，通过测定、判断评价对象实际达到的水平，能够为确认、筛选和管理服务，常常用来提供教学决策的资料。例如通过入学初或新课前进行的摸底测验，可以鉴定学生的数学实际水平和他们的不同程度，从而为一般化教学与个别指导提供依据。数学教学的鉴别功能，是为了补救与改善，诊断的结论不是评价的归宿，它应该被视为数学教学的过程，是完成后继学习的起点。诊断与治疗应该统一起来，这叫作教学诊治。

3. 激励与改进功能

数学教学评价的激励功能是通过让评价对象认识到自己的成功和存在的不足，发现成功与失败的原因，从而调动学习的积极性、内在需要和动机；评价常能激发评价对象的成就动机，使他们追求好的评价结果，也使评价对象明确学习数学的动机，激发他们强烈的求知欲，主动探索数学新知识的学习方式，获得最佳的学习效果。数学教学评价的改进功能，是依据信息反馈原理，使评价对象及时获得数学教学过程和效益的反馈信息，通过对反馈信息的调节、控制和矫正，从而及时改进和提高教学水平，以实现教学过程的不断优化和完善。

4. 管理功能

数学教学评价的管理功能是指数学教学评价使评价对象顺利完成预定任务、达成预期目的的约束功效和能力。它主要表现在建立起与实施素质教育相适应的评价的管理机制，实行全面管理、全程管理、全员管理，并建立科学的考评制度等。数学教学评价的管理功能显示的效果和力度，一般取决于数学教学评价管理系统是否完善及其教育行政性权威的大小。

（二）初中数学教学评价的分类

1.根据评价目标的不同分类

根据目标的不同，教学评价可分为三种，即绝对评价、相对评价和个体内差异评价。

（1）绝对评价

绝对评价又被称为目标参照评价，这是以预先制定的（评价对象集合以外的）目标为标准，评价每一个对象达到的程度的方法。由于绝对评价的标准独立于被评群体之外，是客观标准，它与被评群体的一般水平无关。例如"国家数学课程标准"是一种客观标准，自学考试、学生毕业考试、各种水平考试、各种"达标"评价、"合格"评价等均属于绝对评价。被评水平的高低，是依事先确定的目标确认的，其评价结果表明了被评水平的高低、达到目标的程度。在绝对评价中，要把每一个评价对象与评价对象以外的客观评价标准做比较，以此做出评价判断。例如，在教学中按照教学大纲和教学要求（评价标准）拟定试题，用评分方法评定学生的成绩就是绝对评价。绝对评价在解释评价结果时对评价分数没有分布形态等等的要求，只分合格、不合格，达标、不达标。绝对评价结果的解释，其方法有多种，比较常用的有正确百分数、合格分数和等级分数等。评价后每个评价对象都能明确自己与评价标准的差距，因而易于发挥评价的激励、导向和改进功能。其缺点是评价标准很难完全客观化，评价结果易受评价者的教育观及其主观经验的影响。

（2）相对评价

相对评价又被称为常模参照评价，是以评价集合内的某一对象为标准（常模），或者以评价集合的平均状况为标准（常模），将每个评价对象与此标准比较，以确定评价对象在这个集合中的相对位置的方法。例如，运用相对评价可以评出某班的优秀生，但甲班的优秀生在乙班未必是优秀生。在教学评价中，由于相对评价不能鉴别数学教学目标是否实现，而只着眼于状态分析和个别差异，不利于对数学教学起到诊断和调节的作用，因而通常把绝对评价和相对评价结合起来运用。例如，在高考中，依据教学大纲和教材编制考题，用评分方法评定学生的成绩，属绝对评价。但在招生时，由于受名额限制，甚至要考虑地区差别，因此录取是通过相对评价来实现的。

对相对评价结果进行解释和应用时应注意：

①相对评价的结果只表明评价对象在其所在群体中的相对位置，而不表明其绝对水平，或者说不表明他达到理想目标的程度。

②由于相对评价的标准是被评群体的一般水平，评价结果是相对的。如果总体水平低，其中的优秀者也未必真好，因此这种方法适合于以区分和选拔为目的的评价，而不适于以改进教学工作为目的的评价。

③在对相对评价分数进行组合时，要注意原始分数的分布形态。只有在原始分数正态分布或接近正态分布的情况下，才可以依据标准分数比较、求和及求百分等级。

由于相对评价只在群体内横向比较谁高谁低，表现出强烈的竞争导向，所以在使用和解释相对评价结果时，要注意防止不科学的竞争手段及由竞争引起的负面效应。

对相对评价结果进行定量解释时，一般将原始分数转换到由相对标准建立起来的量表中。教学评价中常用的转换方法有标准分数和百分等级。

（3）个体内差异评价

把评价对象集合中的各元素进行比较，从而评价各个对象差异的方法，叫作个体内差异评价。它是一种强调个别指导的个性化评价。因此，也叫作自身评价法。个体内差异评价的标准，主要是该个体以往的水平，看其进步与否及其变化的幅度。

由于个体内差异评价仅仅与个体自身比较，因而容易使评价对象只看到自己的成绩，满足于自己的进步，忽视客观标准以及周围的变化、群体的进步。为了克服个体内差异评价仅与个体自身比较带来的不足，人们提出，在解释个体内差异评价结果的时候，不仅要与个体自身比较，还要与客观标准比较、与所在群体的一般水平比较。

个体内差异评价方法主要有两种，即纵向评价和横向评价。

①纵向评价。把某一对象在不同时间的某个侧面的发展变化做出差异比较并得出评价结论的方法叫作纵向评价法。例如，对同一学生的某一学科成绩做出前后比较，可以评价学生学习的进步情况。

②横向评价。把某一对象在同一时间的不同特征或不同侧面进行比较并得出结论的方法叫横向评价法。例如，在同一时间对同一学生在某一学科的不同能力进行比较，对各学科的成绩进行比较，对各部分内容的学习情况进行比较等。通过横向比较可以掌握学生各方面的优劣及发展趋势，便于个体调整、改进。

2. 根据评价主体的不同分类

根据评价主体的不同，可分为自我评价与他人评价。

（1）自我评价

自我评价就是评价者根据一定的标准对自己进行评价。有效的自我评价有助于评价者进行自我认识、自我教育、自我提高，还有助于广大教育工作者提高自我评价的能力。

（2）他人评价

他人评价是评价对象以外的组织或个人，依据评价标准对评价对象进行的评价活动。其中他人评价又可分为"教师评""学生评"和"家长评"。在他人评价的过程中，如果是上级对下级的评价，则评价过程是一个指导与被指导的过程。如果是同行间的评价，其评价过程则是一个相互学习的过程。一般说来，他人评价要比自我评价更为客观、真实，更容易看到成绩与问题的所在，更有益于评价对象总结经验及同行间相互学习，共同提高。

学生的自我评价和学生的相互评价共同构成学生的参与评价。学生的自我评价与相互评价活动能引起学生强烈的兴趣，调动他们的学习积极性，也能促进学生的自我教育。学生自评可以从学习态度、准备资料、发言、动脑、合作等方面去评价；小组互评可以从合作态度、合作精神、对小组的贡献、合作结果等方面去评价；教师评价可以从学习态度和学习习惯、对基础知识的把握、语言和思维等能力、实践能力、与人合作的情况、对问题思考的广度和深度、分析问题的科学性等方面去评价。

3. 根据评价的方法分类

根据评价的方法分类，可分为定量评价和定性评价。

（1）定量评价

定量评价是通过收集和处理数据资料，按照数量分析方法，通过数学计算得出评价结论的方法。如运用教学测量与统计的方法、模糊数学的方法等，对评价对象的特性用数值进行描述和判断。定量评价强调数量计算，以教学测量为基础。它具有客观化、标准化、精确化、量化、简便化等鲜明的特征。它在一定程度上满足了以选拔、甄别为主要目的的教学需求。

（2）定性评价

定性评价是不采用数学的方法，而是根据评价者对评价对象平时的表现，直接对评价对象做出定性结论的价值判断，如评出等级、写出评语等。定性评价是利用专家的知识、经验和判断通过记名表决进行评审和比较的评价方法。定性评价强调观察、分析、归纳与描述。

三、初中数学课堂教学评价理念

评价是依据一定的标准和相应的方式判断对象价值的活动。"标准"是理念，即价值观的集中体现，方式由"标准"的内容决定，关系到执行"标准"的质量。课堂教学评价主要立足于课堂，是以教师的课堂教学行为，以及学生的课堂学习行为为研究对象，依据一定的方法和标准对课堂教学的过程和学生学习的效果做出的客观衡量和价值判断，它对加强教学管理、检测教学质量、总结教学经验起着重要作用。

当前评价的依据主要是新课程理念，教师的教学思想影响着其教学方案的设计与实施，然而教学思想也影响着教学评价并由此指导着课堂教学。所以，我们应该明确新形势下课堂教学评价的指导思想是什么。《义务教育数学课程标准（2011年版）》指出："数学教学是数学活动的教学，是师生之间、学生之间交往互动与共同发展的过程。"将课程标准中所应体现的新的教学理念、新的教学策略转化为教师的教学行为，转化为实际的教学效果，使学生"获得知识，形成技能，发展思维，学会学习，促使学生在教师的指导下生动活泼地、主动地、富有个性地学习"，这是课程标准给我们提出的教学建议。因此，从这个角度看，数学课堂教学最大的特点是以学生的发展为中心，所以数学课堂教学评价的理念应是以学生的"学"评价教师的"教"，评价的目的应是全面了解学生的数学学习历程，激励学生的学习和改进教师的教学，以及有效地促进学生的发展、教师的发展和改进教学实践；既要关注学生学习的结果，也要关注学生学习的过程，更要重视学生在数学活动中所表现出来的情感与态度，帮助学生认识自我、建立信心。

为此，需要在课堂教学的评价中突出以下三方面的评价标准。

第一，面向全体学生。这是提高全民族素质的要求，使未来社会的公民能适应社会发展的需要。为此，一要把握教学目标，正确处理基础和发展的关系，使学生的数学基础能力普遍提高；二要实施因材施教，让每一个学生学习更好地但有区别的数学，使不同学生的各种数学需要得到充分发展；三要保证学生参与学习的时空，使每一个学生都有必需的学习机会和学习时间。

第二，学生全面发展。在数学课堂上，要使学生在知识、能力、情感方面都获得发展。知识——要给每个学生提供基本的数学概念、数学方法和数学思想。能力——要提高学生数学抽象的能力、数学符号变换的能力和数学应用的能力，使学生的数学基础能力得到普遍提高。情感——要让每个学生在自身的情感体验中主动参与学习，增强学生的自信心。

第三，提高自主学习能力和自我发展能力。教育的根本目的就是促使学生的发展。学生的发展在很大程度上取决于主体意识的形成和主体参与能力的培养。为此，一要从学生实际出发，使学生学习数学是一个不断同化新知识、构建新意义的过程；二要让学生自主学习，注重让学生学习自行获取数学知识的方法，使学生主动参与数学实践；三要注重学生的个性发展，培养学生的创造能力。

四、初中数学课堂教学评价内容

在评价数学课堂教学时，应始终贯穿教师教的思想和学生学的活动这两条主线。课堂教学评价涉及多方面的内容，一般包括教学目标、教学内容、教学方法和手段、教学效果等。只有从多方面入手考察，才能对课堂教学做出较为全面的分析和评价。

(一) 评价教学目标

教学目标是统领性的，是教学的出发点和归宿，所以课堂教学评价必须关注教师预定的目标及其完成情况。

1. 目标的制定

教学目标的制定要突出全面、具体、适宜。全面体现在教师应根据数学课程标准确立的由"知识与技能""过程与方法""情感态度与价值观"等三个维度构成的课程目标，理解总目标，把握各阶段的目标；针对教学内容和学生的实际情况，具体制定每节课的教学目标。具体体现在表述应清晰、具体，显性描述知识与技能的教学要求，切实提出主要的过程经历，列出伴随过程而进行的方法掌握、能力培养、数学思想的渗透等方面的要求；在考虑形成数学基本能力的同时，还要发展学生的探究能力、交流沟通能力、应用能力、批判反思能力和创新能力。所提出的教学目标要求，应符合学生的认知发展水平、心理特征和年龄实际，难易适度，体现先进的教学理念，并具有年段、年级、单元教材的针对性、层次性和可操作性等特点。

2. 目标的达成

教学目标的达成要看教学目标是不是明确地体现在每一个教学环节中，教学手段是否紧密地围绕目标，为实现目标服务；要看重点知识、技能、方法是否在课堂上得到巩固和强化，学生对知识的理解与掌握是否达到了目标所提出的要求；等等。

(二) 评价教学内容

教学目标决定着教学内容，教学内容决定着教学方法，三者是相辅相成的。在评价教学内容时要注意以下几点。

第一，教学内容的选择是否得当，它是否与教学目标相一致。

第二，教师教学的知识内容是否正确。

第三，教师不只是关注知识点，而且对学生的情感、态度与价值观，以及能力等诸多方面也予以考虑。

第四，教师是否从学生的知识结构等方面出发对教材内容做了必要的加工，如提出新观点、新主张，重新解读教材，或对教材内容进行二次创作，激发学生的学习兴趣等。

第五，教师是否把传统的教材当作唯一的学习材料，是否充分考虑到学生已有的生活经验，整合学生已有的知识建构和各种能力结构，将学科教学内容引入更广阔的空间。评价时评价者需要理顺教材中的理论，归纳出教材的知识点，并使之系统化、条理化；不仅要自己理解教材中蕴含的思想和理念，更要从课堂中去解读授课者本人对于教材的理解。

第六，教师在一节课中教学内容是否适量。当教学内容过少时，学生处于知识接受的"饥饿"状态，这不仅造成时间浪费和学生的"营养不良"，还会滋长学生的惰性；反之，当教学内容过多时，学生会精力不够、囫囵吞枣，造成"消化不良"，滋生逆反心理。所以，从量的多少可以分析出课堂教学目标是否科学适度、教学目标的总量和教学进度是否合理、教学方法是否适合学生现有程度及接受能力等，进而总体上把握教学内容的适度平衡。

（三）评价教学方法和手段

著名的教育家叶圣陶说："教学有法，教无定法，贵在得法。"所以，教学方法并无好坏之分，关键是看其是否有利于调动学生的积极性、是否有利于发展学生的能力、是否有助于优化教学效果。虽然教法的选择服从于教学的目标，但是不同的教师、不同的教学内容、不同的学生所适用的教学方法是不同的。教师在课堂教学中应根据实际情况，运用多种教学方法。所以，在教学方法的评价上应注意以下几点。

第一，要考虑教师的教学方法组合是否恰当，是否切合教学内容和教学目标。

第二，教师组合教学方法时是否符合下列原则：①以发展学生的智能为出发点；②教学与学法的有机结合；③智力活动与情感活动互相配合；④取长补短，优化组合。

第三，教学方法中是否有学生积极参与的成分，是否注意到了多种不同方法的运用。

第四，教学方法有无独特之处，是否注意到了非智力因素（性格、情感、兴趣等）的培养。教师要根据教材的内容和学生的认知水平，以指导学生掌握知识和学习方法为目的，选择恰当的教学方法和教学手段，调动学生思维的积极性和主动性，激发学生学习的兴趣。

第五，教师是否采用了一些适应新教材特点的课堂教学方法，对于教材的运用是否体现出以启发、说理、讨论、实践为主体的新教法。

新课程标准中对于推理与论证的学习要求：在探索图形性质、与他人合作交流等活动过程中，发展合情推理，进一步学习有条理地思考与表述。

（四）评价教学效果

新的教学理念主要是以学生发展为本，在价值观上一切为了学生，在伦理观上高度尊重学生，在行为观上充分依靠学生，因此课堂教学效果的评价主要是对学生课堂学习过程的评价，显现在课堂教学的主体——学生身上，主要考查学生在课堂上的三种学习状态，即学生的参与状态、学生的交流状态、学生的达成状态。

1.评价学生的参与状态

好的课堂应该有思维的碰撞，有争论，有遇到困难的迷茫，有顿悟后的豁然开朗，等等。这就需要教师努力创设课堂情境，激发学生的学习情趣，使课堂上人人参与、个个活跃，让各层次的学生都能积极地参与到课堂教学的每一个环节中来，并在参与的过程中体验学习的快乐、获得心智的发展。

①看多样性：学生参与教学活动的形式是否多样，如师生谈话、合作交流、动手实践、自主探究等。

②看广泛性：学生是否很投入地参与数学教学的全过程，每一位学生是否都有参与教学活动的机会。

③看深刻性：学生在参与教学活动中是否进行深层次的思考和交流。

2. 评价学生的交流状态

能运用所学的知识发现、提出并解决日常生活中的数学问题，能和同伴解决问题并表达解决问题的过程，是数学课程标准在"解决问题"目标中提出的要求。好的课堂教学，一要看课堂上是否有多边、丰富、多样的信息交流与反馈，即能否构建师生、生生和媒体之间的信息交流的立体结构；二要看课堂上是否有良好、有效的人际交往与合作的氛围，学生是否愿意互相交往，能否与人合作，是否懂得尊重别人、取长补短。

3. 评价学生的达成状态

由于新教材既要求帮助学生掌握知识，又要求促进学生的发展，因此，判断一堂课是否达到预期的教学目标，既要看知识效率——"双基"的达成情况，又要看能力效率——学生素质提升的情况。传统的课堂教学评价往往只看知识目标的达成情况，忽视学生素质提升的情况。有些教师不认同新教材的课堂教学方式，就是还没有从"仅关注知识目标"的思维定式中跳出来。当然，我们也不能走极端，盲目追求所谓的素质提升而忽视知识目标。在课堂评价中对学生学习目标的达成，主要关注以下几个方面。

第一，学生能否切实掌握基本知识和基本技能，能否应用所获知识解决实际问题，并将这些新知识纳入自身原有的知识体系中。

第二，学生是否能独立思考，掌握学法，大胆实践，并能自评、自检和自改。

第三，学生是否多向观察，善于质疑，变式思维，举一反三，灵活实践。

第四，学生能否把经过猜想、探索发现的结论作为新的思维素材，去努力探索，再去进行新的发现。

评价的目的是全面了解学生的数学学习历程，激励学生的学习和改进教师的教学；评价目标多元，方法多样。对数学学习的评价要关注学生学习的结果，更要关注他们的学习过程；要关注学生学习的水平，更要关注他们在数学活动中所表现出来的情感与态度，帮助学生认识自我、建立信心。

五、初中数学课堂教学评价策略

（一）恰当评价学生的知识与技能

基础知识和基本技能是中小学数学学习的重要组成部分，对这部分内容的评价是数学学习评价改革的重要环节。《义务教育教学课程标准（2022年版）》提出："从作业中了解学生基础知识和基本技能掌握情况"。在教学活动中，应按课标标准的要求，恰当准确地评价学生的基础知识和基本技能。

1.把握各学段的基本要求

对基础知识和基本技能评价，首先要把握课标标准的要求。课标标准在各个学段课程内容中，对每一个内容都提出了具体的要求，这些要求都有相应的行为动词进行描述，与知识和技能直接相关的行为动词有"了解""理解""掌握""运用"，课标标准明确规定了这些行为动词的含义。

了解：从具体实例中知道或举例说明对象的有关特征，根据对象的特征，从具体情境中辨认或者举例说明对象。

理解：描述对象的由来、内涵和特征，阐述此对象与相关对象之间的区别和联系。

掌握：多角度理解和表征数学对象的本质，把对象用于新的情境。

运用：基于数学对象和对象之间的关系，选择或创造适当的方法解决问题。例如，第二学段"数的认识"中的内容要求是：

①在具体情境中，认识百万以上的数，了解十进制计数法，会用万、亿为单位表示大数。

②知道 2，3，5 倍数的特征，了解公倍数和最小公倍数；在 1 到 100 的自然数中，能找出 10 以内整数的所有倍数，能找出 10 以内两个自然数的公倍数和最小公倍数。

③了解自然数、整数、奇数、偶数、质数和合数。

④结合具体情境，理解小数和分数的意义，理解百分数的意义；会进行小数、分数和百分数的转化（不包括将循环小数化为分数）。

在这里知道、认识和会、能，分别属于了解、理解、掌握的层次。认识万以上的数属于理解层次，十进制计数法就属于了解层次。同样，自然数、整数、奇数、偶数、质数和合数，属于了解层次；小数和分数的意义，属于理解层次。

2.运用适当的评价方法

运用纸笔测验的方式，评价学生知识与技能的掌握水平，关键在于设计恰当的测验题目。传统的测验往往过多测验学生对知识的记忆，对具体的知识点的掌握情况，忽视对知识的真正理解。对于技能的测验，更多的重视某一个单一技能的熟练程度，忽视在具体情境中技能的选择和运用。

3.关注学生的个别差异

义务教育阶段的学生存在着明显的个体差异，评价时应考虑学生发展的水平和数学学习上的差异，为学生设计不同层次的题目，对不同水平的学生提出有差异的要求，以达到促进学生发展、激发学生学习动机的目的。在保证理解与掌握基本内容的基础上，可以设计分层次的课堂练习题目，引导学生有选择地完成不同层次的问题。

（二）重视数学能力与情感态度的评价

在数学教学过程中，应重视培养学生多方面的能力，注重学生的情感态度的发展，评价中重视对学生能力的评价和情感态度的评价。能力评价和情感态度评价与知识评价不同，更应注重过程性评价，在学生学习和解决问题的过程中了解学生的表现。

1. 数学思考的评价

学会数学思考包括培养学生的数感、符号意识、空间观念等。数学思考能力的提高也体现在学生抽象推理和建模等数学思想的形成和发展过程之中，对学生数学思考的评价，应体现在学习过程和解决问题的过程之中。

如在形成数的概念的过程中，需要学生具有抽象能力，需要建立数感、符号感，对学生数的概念的评价，不只看他们对数的认识、理解的程度和掌握的水平，还应当了解学生数学思维能力的发展。数学技能的评价不只是对技能的熟练程度的评价，还要将数学思考能力融合在一起。下面的题目就体现了在一定的情境中，数学知识技能与数学思考的评价的整合。

数学思考的评价，重在问题情境的设计，在学生解决问题的过程中，对学生进行整体的评价。教师可以设计下面的活动评价学生数学思考和解决问题的能力：

用长为 50 厘米的细绳围成一个边长为整数厘米的长方形，怎样才能使面积达到最大？

在对学生进行评价时，教师可以关注以下几个不同的层次：

第一，学生是否理解题目的意思，能否提出解决问题的策略，如通过画图进行尝试。

第二，学生能否列举若干满足条件的长方形，通过列表等形式，将其进行有序排列。

第三，在观察比较的基础上，学生能否发现长和宽发生变化时，面积的变化规律并猜测问题的结果。

第四，对猜测的结果给予验证。

第五，鼓励学生发现和提出一般性问题，如猜想当长和宽的变化不限于整数厘米时，面积何时最大。

为此，教师可以根据实际情况，设计有层次的问题，评价学生的不同水平，如设计下面的问题：

①找出三个满足条件的长方形，记录长方形的长、宽和面积，并依据长和宽的长短有序地排列出来。

②观察排列的结果，探索长方形的长和宽发生变化时，面积相应的变化规律，猜测当长和宽各为多少厘米时，长方形的面积最大。

③列举满足条件的长和宽的所有可能结果，验证猜测。

④猜想。如果不限制长方形的长和宽为整厘米数，怎样才能使得它的面积最大？

可以预设目标，对于第二学段的学生，能够完成问题①②就达到基本要求，对于能完成问题③④的学生，则给予进一步的肯定。

问题情境的设计，有助于考查学生的思考过程，这样的问题可能标准不唯一，评价时比较灵活，但对于考查学生数学思考的层次性和创造性十分重要。

2. 问题解决的评价

问题解决是数学学习的核心，评价学生问题解决的能力，是数学评价不可缺少的重要内容。问题解决的能力包括发现问题、提出问题、分析问题和解决问题。每一个学习领域都有相应的问题，可以用来评价学生的问题解决的能力，不同的问题功能不同，侧重于问题解决能力评价的问题，更具有情境性和富于思考。

教学过程和练习测验中的题目，一般是指能考查问题解决能力的一两个方面，表现性评价中的基于任务的评价方式，可以较为全面地考查学生的问题解决能力。这种评价方法，更加关注学生的数学发展和数学学习过程中特殊的表现。学生可以在完成一项具体的任务中表现出对数学的兴趣，表现出数学思维能力、创造能力的水平。丰富的评价任务与教学内容有密切联系，一项任务可产生多种结果，可以运用多种方法和策略，提供可选择或开放式的测量方法等。这些任务的运用，不仅使学生学到有关的内容和方法，而且可使教师从多方面了解学生数学学习的表现，包括学生的思维活动，对有关内容的理解和掌握，数学的创造能力，数学学习活动的参与，以及对数学的情感和态度。

3.情感态度的评价

课程标准中中有关情感态度的目标是：

①积极参与数学活动，对数学有好奇心和求知欲；

②在数学学习的过程中体验获得成功的乐趣，锻炼克服困难的意志，建立自信心；

③体会数学的特点，了解数学的价值；

④养成认真勤奋、独立思考、合作交流、反思质疑等数学学习习惯；

⑤形成坚持真理、修正错误、严谨求实的科学态度。

这些目标的评价很难在一般的测验中完成，更多体现在学生学习的过程中，体现了学生在参与学习活动和解决问题过程中的表现，因此情感态度的评价需要在平时的教学中了解，表现为过程性评价。

对于情感态度的评价，目的在于激发学生学习的兴趣。在平时的教学活动中，可以采取即时性评价的方式，在教学过程中给学生鼓励，也可以采取小组互评的方式，在小组合作学习的过程中给学生机会，评价同学的参与状况及学习中的表现。

除此之外，也可以在平时的教学中记录学生学习数学的一些典型的表现，考查和记录学生在不同阶段情感态度的状况和发生的变化。例如可以设计表 10-1-1 的评价表，记录整理和分析学生参与数学活动的情况。每个学期至少记录一次，教师可以根据实际需要自行设计或调整评价的具体内容。

表 10-1-1　数学活动情况评价表

评价内容	主要表现
积极参与学习活动	
对数学有兴趣	
有学好数学的信心	
克服困难，独立思考	
能与他人合作	
善于表达与交流	

（三）评价标准的精确与模糊

一般认为，数学有三个显著特点，即抽象性、逻辑严密性、应用广泛性。数学的这三个特点是互相联系、互相影响、密不可分的。认识数学的以上特点，并注意在中学数学教学中正确把握好数学的这些特点，具有重要意义。初中阶段，学生对数学的理解还处在不断完善的过程之中，对有些概念的理解还不可能达到精确的地步（如函数概念），这就决定了中学数学课程的学习评价标准的确定要处理好精确与模糊的关系，且对于精确与模糊的要求更高、更细致。

精确指极准确，非常正确。而模糊则与精确相反，指含糊、不分明和不清楚，侧重表达对象的不确定性，留给人们可供领悟、体会、选择的弹性空间。两个极端矛盾的要求同时存在于一个科学的学习评价标准体系中，很多教师表示很难理解，更难把握和操作。其利用哲学观点解释，非常清楚：第一，"精确"和"模糊"作为学习评价标准中的一对矛盾，它的存在是客观的，教师不能主观随意地无视或者忽略本来就存在着的矛盾，必须尊重并如实地理解和体现这一点。随意抹杀评价标准精确与模糊的要求，其实就是违背了学习评价标准的科学性。第二，"精确"与"模糊"这对矛盾不仅相互联系、相互依存，统一于学习评价标准中，而且相互渗透、相互贯通，在一定条件下甚至相互转化，所以要求教师准确把握、科学操作，合理运用评价标准的精确与模糊，为实现"促进学生数学能力发展"这一根本目的而服务。数学课程学习评价标准有精确与模糊的要求，原因有很多。

1. 评价标准的差异性决定了精确和模糊

从学习评价标准的多元化角度来看，数学课程已知的学习评价标准有很多，其中有些标准要求精确，有些则相对模糊。例如，"定量评价标准"具有简明、精确、客观等特点，能减少主观性，操作起来简单方便。当老师要求"写出平行的识别方法（至少3个）"时，标准就很精确——写出至少3个识别方法，学生符合这个标准就对了。而与之相反的是"定性评价标准"，它的优点是适用范围较广，能够对学生的发展过程进行全面、真实的评价，操作比较复杂，主观性强，这就要求评价标准弹性较大，相对模糊。

再如，教师要求"在实际生活中，谈谈你能使用哪些方法判断两条直线互相平行"。显然，评价标准只要学生围绕合理和可操作两方面进行说明，联系自己的实际情况，条厘清楚，方法可行即可。每个学生给出的具体细节都可能是有区别的，这就决定了评价标准只能是相对模糊的。

此外，"绝对评价标准"主要是一种水平测试中使用的具体标准，优点在于能判断被评价者是否达到了规定的要求，但作为客观标准，制定时要达到绝对的客观、公正、合理和有效，所以必须精确。"相对评价标准"能表明被评价者在某一团体中的相对位置，但它无法绝对地评估学生的水平，更无法精确地反映学生发展的真实水平，相对比较模糊。可见，精确与模糊是由评价标准自身的特点决定的，也是无法避免的客观存在。

2. 学科目标的层次性决定了精确和模糊

从学习评价标准的科学性角度来看，评价标准主要源于课程标准中的学科学习目标。

那么，具体学科目标的层次化，就决定了评价标准的精确和模糊的要求：一般来说，考查的重点是记忆、理解、简单应用等低层次的目标，标准可以精确些，采用的答案可以标准化，这种评价标准具有经济、实用、高效等优点；而综合运用、分析实践等较高层次的目标，评价标准则要相对模糊，否则不利于学生创新精神和实践能力的形成，更不能真实地反映学生的发展水平及潜在能力，容易给学生的全面发展带来障碍，使学生的发展出现片面化，也给学生带来很大的心理压力。

3. 学生发展的个性化决定了精确和模糊

从学生发展的个性化角度来看，要求合理控制学习标准的精确和模糊。一方面，精确的学习评价标准有助于学生正确客观地了解自己的学习现状和问题所在，有利于学生严格要求自己，实现持续发展。培养学生科学严谨的态度时，标准就来不得一点模糊，如"普查"和"抽样调查"、"方差"和"极差"等概念必须让学生精确把握，不容混淆。另一方面，当教师心中的标准越精确，学生回答的范围可能就越来越小，容易忽视学生的独特体验和不同见解。这样学生容易越学越死板，根本谈不上个性的张扬、创造性的发挥和成功的体验。所以，教师要根据学生发展的个性化需要，适当把握甚至合理转化评价标准的精确和模糊。

如果说教育是在塑造生命和培育生命，是在唤醒和点燃生命，那么科学的学习评价标准就是唤醒和点燃生命的火种。以"促进一切学生的发展"为指导思想的课程改革，同样要求学习评价标准的制定要为了一切学生的发展，该精确时则精确，该模糊时则模糊，给所有学生领悟、发展的弹性空间。只有正确处理好精确和模糊的关系，学习评价标准才是真正科学可行的。

需要强调的是，学习评价标准中要求的科学的模糊不是指毫无原则、是非不分，而是指给学生的多元思维和发展留有余地。科学的模糊必然是和精确紧密联系、相辅相成、对立又统一于一个评价标准体系中的，绝不是孤立存在的。

新课程改革以来，许多学校尝试用一种新的评价标准，即分层评价标准来评价学生的学习。这种标准相比于过去的评价标准，是精确和模糊相辅相成的科学结合。分层评价标准因人而异、因材施评，目的是使每个学生都能通过"自我对比法"发现自己的长处和不足，从而制定切实可行的改进措施。从整体上说，分层评价标准为学生提供了宽松的成长环境，因而更有利于促进学生的身心健康发展。

分层评价的基础是"层"的划分。要对学生进行分层，就必须对学生有充分的了解，这是分层的前提。教师必须根据学生现有的发展水平和发展可能，以及学生的认知、能力、情感、态度等元素，在教学中将学生分为相对稳定的若干层次或类型，即 A，B，C三个层次。学习成绩好、兴趣浓、主动、接受能力快的学生属于 A 层次；学习中等、情绪不够稳定或能力一般，但学习勤奋的学生属于 B 层次；学习成绩落后、困难大、消极厌学或顽皮不学的学生属于 C 层次。当然，教师必须定期根据学生的发展变化适当进行调整。

根据学生的实际发展水平进行相对分层后，接下来就是根据分层目标制定层级评价标准，这意味着不同层级的目标和标准是相对精确的。在制定层级评价标准时，要从两个维度设计：领域维度和层次维度。领域维度根据课程培养目标的要求涉及认知、技能、情感与态度领域；层次维度包括学生目前已达到的独立水平、教学水平和学生的潜在水平，最终促进学生不断趋向自己的最佳发展区，将潜在水平转化为独立水平。其具体关系如下表10-1-2所示。

表 10-1-2　根据分层目标制定层级评价标准

领域维度 / 层次维度	认知领域	技能领域	情感态度与价值观
A	独立水平目标（领会、运用）	独立水平目标	A 层标准
A	教学水平目标（分析）	教学水平目标	A 层标准
A	潜在水平目标（综合）	潜在水平目标（运用）	A 层标准
B	独立水平目标	独立水平目标	B 层标准
B	教学水平目标（知识）	教学水平目标（分析）	B 层标准
B	潜在水平目标（运用）	潜在水平目标（综合）	B 层标准
C	独立水平目标	独立水平目标	C 层标准
C	教学水平目标（知识）	教学水平目标	C 层标准
C	潜在水平目标（领会）	潜在水平目标	C 层标准

层级标准的制定不是随意的，必须遵循一定的原则：

①整体性原则，即应根据学生不同的层次而有所区别，但是从涵盖的内容来说并不意味着在哪个层次具有片面性或偏差。尤其是C层次的学生，并不能因为他们目前发展还不够好就降低要求，相反在整体发展的原则上，还要适当倾斜。例如，适当多提问、经常鼓励、评价重肯定等。

②发展性原则，指不是对某个层级的学生重视或歧视，更不是对某个层级的学生要求降低，而是促进每个学生在原有的基础上得到提高。例如：对于C层次的同学，教师的评价标准可以适当模糊，多鼓励和认可；对于A层次的同学，教师的评价标准相对要精益求精，鼓励他们创新，引导他们从不同角度思考问题，促进他们超越自我。

③灵活性原则，即在对所有学生提出统一精确要求的基础上，还要侧重各层次学生的不同特点，做到灵活地模糊对待。以完成作业为例，A层次的同学可以要求当堂完成，B层次的同学可以要求当天完成，C层次的同学可以适当宽松些，允许第二天上交。

（四）注重过程性评价

1.过程性评价的功能和目的

课程评价标准对学生学习过程的评价十分重视，在实施建议的评价建议中，专门设立一个条目，强调注重学生学习过程的评价，评价的目的是要全面了解学生数学学习的过程和结果，激励学生学习和改进教师教学。

对于学生来说，评价要促进学生的学习和发展，主要发挥反馈作用、促进反思，实现自我管理和激励的功能。对学生的学习过程进行持续全面的评价，评价的内容要使学生了解哪些知识、哪些技能、哪些能力是重要的。向学生反馈信息，可以使之了解自己现阶段的学习情况，促使学生反思自己的学习方式。比如哪一部分知识还应该努力学习，深入思考自己的学习方式是否需要改进等。系统地对学习过程进行评价，将影响学生日常生活和学习的各个方面，促使学生自我调节。例如激励学生有意识地强化自身的优势，有意识地纠正学习中的错误，帮助学生明确学习目标，承担学习责任，更自觉地学习，学会学习的自我管理。

对教师来说，评价是进行教学决策的重要参考，它帮助教师充分了解学生，提高教学的有效性，改进教学方式。教学评估要尽可能加强教师和学生、学生和学生、家长和学生、教师和家长的沟通与交流，这些评估信息，将为教师进行恰当的教学决策提供帮助。通过日常的过程性评价，将有助于教师了解学生以及整个班级在学习方面的状况、变化，了解学生是否掌握了核心知识，学习中存在什么问题，有助于教师不断调整自己的教学方向，改进自己的教学，正确合理地决策。

2. 过程性评价要关注不同内容学习过程的评价

对于过程性评价的实施，课程标准中强调：学生在数学学习过程中，知识技能、数学思考、问题解决和情感态度等方面的表现不是孤立的，这些方面的发展，综合体现在数学学习过程之中，在评价学生的每一个方面的表现的同时，要注重对学生学习过程的整体评价，分析学生在不同阶段的表现特征和发展变化。评价时应采取不同的方式记录，分析学生在以下方面的表现，如是否主动参与学习活动，是否能提出问题和分析解决问题，是否能独立思考问题，是否能与他人合作交流，等等。要使学生尝试从不同角度思考问题，有条理地表述自己的思考过程，倾听和理解别人的思路，反思自己的思考过程。

（1）关注学生日常学习全过程，注重对学生学习方式的评价

通过评价完成一个从学会数学从结果上看，到会学数学从过程上看的过程，学生日常学习的各个环节（包括课堂学习、做作业、复习、改错等环节）；评价的内容不一样，发挥的功能也不一样，整个评价体系相互作用，构成一个有机的整体。

课堂是学生学习的主要阵地，对课堂学习的观察和评价是很重要的，它可以帮助教师了解学生课堂学习的情况，包括学习态度、知识能力、思维水平等。教师通过指导学生的学习方式，观察学生的学习过程，可以了解学生的学习方式。通过引导使学生采用更有效的学习方式，更努力地学习，培养良好的数学学习习惯，帮助学生学会学习。通过提问的方式或者课堂练习的方式来评价学生的课堂学习，提高学生数学语言的表达能力，根据学生回答问题的情况分析学生的思维过程和方式，提升学生对知识、思想的领悟能力，帮助他们进步。

作业是学生学习数学一个重要的环节，学生通过作业可以完成一些课堂上没有完成的学习任务，比如对新知识的进一步认识与对知识的拓展等。课后作业是教师了解学生日常学习的重要途径，教师将借此了解学生对新知识的掌握情况，以及能否进行恰当的书面表达、日常学习态度如何等。这些有助于教师更有针对性地进行教学的设计和实施。复习是一个总结归纳提升的过程，会复习是一种重要的学习能力。通过对这个环节的学习评价，能够了解学生是否擅长思考，是否会对学习的内容进行反思。在复习中，改错也是学生学

习的一个重要环节，通过对错误的反思促进学生对学习中产生的问题进行思考，从错误中进行学习。

在整个学习过程中，教师要注意对学生的其他学习方式进行指导和评价，使学生在日常学习中养成良好的学习习惯和恰当的学习方式。

（2）关注问题意识的培养，逼学生迈出创新的步子

善于发现和提出问题，是学生自主学习和主动探索的开始，也是探求新知识的动力。实践证明在质疑状态下的学生，求知欲和好奇心最强，他们会主动积极地参与到学习中去，学习兴趣越高效率越高。提出问题是解决问题的开始，很多时候，学生都能对问题提出自己的不同见解。孔子说过："不愤不启，不悱不发。"只有学生求知欲强的时候思维才会积极，思维积极学习才会事半功倍。但是，在这方面部分教师做得不够，包办得多了些，留给学生的空间小了些。

课程标准中指出，要培养学生发现问题、提出问题、分析问题、解决问题的能力。培养学生的问题意识和创新意识，不是一朝一夕可以完成的事情，要在学习过程中指导学生学会提问，通过评价增强学生的问题意识。例如，激励学生与众不同，帮助学生跳出书本，思考数学的价值等。

（3）关注学生的情感、态度、价值观

学生在学习中体现出来的情感、态度、价值观，可以反映学生学习的内驱力，通过评价，使学生形成良好的情感、态度、价值观。

①多角度、多指标地评价，提高学生学习的自信心。不同的学生在知觉和思维方面是有差异的，能力结构也是不同的，比如有的人是急中生智的，有的人是慢工出细活的，只强调一种内容和形式的评价方式，不能反映学生在实际学习中的真实情况，也会使很多学生失去展示才能的机会。评价指标要全面细致，为不同能力水平的学生分别提供展示才能的机会。比如，不要光表扬做得快、分数高的学生，还要表扬想得巧的、作业写得清楚的、图画得好的、用计算机最好的、会做模型的、提问题最多的、提问题最深刻的、最会阅读数学书的、知晓背景知识的、能建立不同内容联系的学生。

②鼓励学生进行合作学习，以培养学生的组织能力和合作意识。同学之间的相互交流，不仅可以使学生有更多的机会对自己的想法进行表达和反省，取长补短，提高学生的社交能力，而且也可以使学生学会如何去倾听别人的意见，恰当做出评价，发现别人的优点，改善人际关系，形成良好的学习品质和团队意识。

③关注学生学习过程中表现的科学态度。比如教师可以评价学生改错的态度，刚开始可以让学生按要求改错，慢慢地要求学生自觉改错，进而评价改错的态度是否认真，以及改错是否有效。另外，引导学生在使用别人已有的成果时，要加以说明，引导学生学会评价别人的成果，引导学生学会与他人分享成果等，这些都有助于学生形成良好的科学态度。

（4）关注学生学习数学的能力和素养的形成

学生有没有会学数学的能力和素养，直接影响学生学习数学的成效。在义务教育阶段，我们可以从以下方面来评价学生学习数学的水平。

①能从各种具体的数学事实中抽象出数学概念、结果、方法、思想。此外，对抽象的数学概念、结果、方法、思想能给出具体、简洁、生动的实例，包括生活中的或数学

中的，还能总结出知识的内在联系、脉络结构，形成整体理解，同时能理解哪些地方是关键。

②有条理地表述问题，凡事要有凭有据，养成讲道理的习惯，逐步学会数学推理，形式不是主要的，重要的是讲道理。

③讨论问题时，能主动自然地运用数学的三种语言（数学的符号语言、图形语言、自然语言）针对不同的问题选择适合的语言描述问题。

3.过程性评价的实施建议

在中小学数学教学的实践中，我们应该设计一套评价体系，将评价贯穿于教与学的整个过程，可以是教师评价学生，也可以是学生之间互评，还可以是学生自我评价，力图使评价对学生产生良好的情感价值导向，彰显个性，以激励学生进一步的学习。实践证明，在人性化的评价体系下，学生能更加轻松地进行学习。教师是评价改革的创新者、实践者和参与者，同时教师也是被评价者，被事实评价、被学生评价；学生同样既是评价者，又是被评价者，要特别发挥学生在评价中的作用。

在设计评价内容时，不仅要关注结果，还要关注过程，关注学生的差异，关注学生个性的彰显，关注学生在学习完任务前后发生的变化。可以从以下三个角度入手，进行评价。

①学生提出问题是否有新意，操作求解是否有创意，合作学习是否有效率，结果呈现是否有特色，反思拓展是否有眼光，自我感受是否有收获，数学素养是否有提高。

②评价形式可以是持续、动态、经常、非正式的即时评价，如及时的口头表扬或批评，现场的作业展示，对学生回答问题的反馈，学生之间的鼓掌支持，学生在集体面前的展示，等等。评价一定要及时，以鼓励的方式帮助学生认识自己学习中的成绩或问题，把它变成进步的动力。这种评价是教师日常工作的一部分，教师也要有意识地反思评价的效果，多交流、多总结，从而更有效地应用即时评价的手段。

③还可以按预设方案做存档评价，如考试成绩、完成作业的记录、学生完成的解题报告、章节小结和相应的评语、学科教师做的学科评语等。这类评价客观正式，相对比较稳定，对学生的影响也会比较大，因此要认真细致，并把评价的标准事先告诉学生，以便帮助学生明确努力的方向。同时要辅以现代技术手段，对过程性的评价加以积累，并进行分析反馈，提高评价的科学性和可操作性，发挥评价对教师和学生双方的价值和作用。

（五）评价标准注重多元化

1.数学教学评价存在的形式问题

（1）简单粗放，抹杀多元发展

有些教师忽略学生客观存在的个性差异、忽视数学学习的客观规律，运用简单粗放的标准对学生进行学习评价。传统的评价标准整齐划一，用一把尺子量人，在评价面前"人人平等"。事实上，这种貌似平等的评价却隐藏着极大的不平等。有些教师将学生通过成绩划分为三六九等，还美其名曰"分层次教学"，殊不知，促进学生全面发展应该是建立在个性化基础上的发展，是个性化的全面发展。教师应该帮助学生认识到不同的发展需求，并通过教学引导学生的发展。

事实也告诉我们：学生除了提高成绩以外，还有更广阔的舞台和更多元的发展。教师要彻底改变只用一把尺子衡量学生的做法，对不同的学生用不同的标准去评价，要善于发现学生的优点和长处，充分挖掘学生的潜能，要为每个学生创造展示自我、发展及完善自我的机会，使所有学生都能获得不同方面、不同程度的发展，而不是简单地评价，粗暴地放弃。

（2）形式主义，缺乏常态落实

科学的数学学习评价标准有没有？有！随着新课程改革的深入，以促进学生发展为目的的评价观念也进入了人们的视野，"拯救学生"的呼声，声声入耳；建立新评价机制和教育模式的积极探索，此起彼伏。但是，我们依然发现：科学的数学课程学习评价标准在专家的嘴里有，在教师的行动中似有似无；在书本的理论中有，在数学教学的实践中似有似无；在公开课的课堂上有，在日常的教育教学中似有似无。

在一节数学公开课上，每一个教师在评价时都贴着"科学的标签"——"你真棒！回答得真好！""你真聪明，太好了！"然而，这一切遇到一组组单调、冷漠的数字时，科学的数学课程学习评价标准就成了游离于教学过程外的"摆设品"，"爱心""耐心""科学评价标准"都成了"奢侈品"。教学与评价"两张皮"的现象，使数学课程学习评价标准成为一种形式主义，缺乏常态的落实，以至于一些教师、家长和学生自身依然只关心考试分数，忽视了全面培养和多元发展。

当科学标准代替主观臆断，当多元评价代替简单粗暴，当常态落实代替形式主义，数学学习评价的主要目的也就达成了。

著名教育评价专家斯塔佛尔姆强调"评价不在于证明，而在于改进"。教师应为学生铺就绿色评价通道，让评价走进学生的心灵，使学生享受数学学习的快乐，使其在数学学习中获得可持续发展。数学学习评价的目的，是要让学生了解自己已经获得了什么，离目标还有多远。数学学习评价在整个教学过程中具有导向、调控、激励、诊断等功能。因此，我们应当从多样化的角度来审视评价的价值和做法。

教学的关注点要转向学生的学习过程，教师应随时观察、了解学生在课堂上的学习行为表现以及课外练习的状况，及时记录下来，一段时间后整理、分析和评价对日常数学学习行为的观察，主要包括数学知识与技能、数学思维与方法、学习的参与状态、学习的交往状态、数学学习的情感状态和数学学习的达成状态等。日常的课堂和课外练习是帮助学生巩固数学"双基"、形成能力必不可少的手段。无论是课堂观察还是作业观察，每隔一段时间就应针对学习内容、学习方法、学习习惯、合作交流、情感态度等方面进行评价。教师应通过对学生的数学学习行为和效果的价值肯定，促进学生相互学习，引导学生在科学正确的轨道上学习。

2. 数学教学评价的多元化

我们教学的目的是使生活服务于生活，是为了让学生有情趣地生活，有爱心地生活，负责任地生活。我们不光要他们理解知识，明白知识的实际意义，更要他们利用知识去改造自己的生活，去开创自己的美好新生活。

数学活动中有一个活动叫"数学冒险"，是一个要求学生能够自己决定要解决的数学问题，设计并论述解决策略，最终真正理解问题中的数学概念或思想的活动项目。

案例：

在教"测量"时，教师问学生：怎样测量学校综合楼的高度？需不需要工具？

学生1：走到楼顶，用皮尺直接测量。（此法有一定的危险。）

学生2：在楼前插一根竹竿，同一时刻测出楼与竹竿的影长，用楼影与楼高之比等于竹影与竹长之比算出楼的高度。

学生3：用可拍照的手机或照相机将综合楼完整地拍下，量出照片中楼底部的宽与楼高，再量出楼的实际宽度，得到比例尺，求出楼的高度。

一个简单的"数学冒险"，让每个学生积极探索问题，同时对自己的想法进行反思，并能用数学的语言加以说明，不仅活跃了学生的思维，而且优化了学生的数学认知结构。学生只有亲身经历或体验学习过程，其聪明才智才能得以充分发挥。

《墨辩》将知识分为"闻知""说知""亲知"三种。解释为："闻知"是别人传授的；"说知"是自己推想出来的；"亲知"是自己体验出来的。数学活动告诉我们与其一味地让学生"闻知"，还不如让学生"说知"和"亲知"。评价多元，就是将课堂还给学生，让学生去挖掘，去开拓，去汲取……而教师只是在旁仔细倾听。只有善于倾听的教师，才能给学生足够的表达时间，从而培养学生善问、善思的好习惯；只有善于倾听的教师，才能从学生的谬误中挖掘新观点，从学生荒诞的想法中发现其中包含的合理成分，从而使学生成为一个个性张扬的人；只有善于倾听的教师，才能使学生充满朝气与灵气。

数学课程学习评价标准本身就是多元的和复杂的，不可能"放诸四海而皆准"。例如在课程标准的教学建议中，对"调查"有这样的描述："教师可在教学中结合教学内容的需要和学生的实际，为学生提供适当、必要的调查活动的机会，拉近他们与生活的距离，使学生从多角度了解数学本质，由此考查学生综合运用数学知识分析和解决问题的实践能力。"这就要求教师根据具体的活动要求对学生的自主活动设计特定的评价标准。由此可见，无论是制定还是使用科学的数学课程学习评价标准，教师都必须学会对症下药，而不能为了图省事、求方便而张冠李戴、生搬硬套。下面不妨让我们来进行更加细致的剖析。

①数学学习评价应具有多重价值。新课程背景下，数学学习注重发展性评价，进一步拓展了数学学习评价的范围，除了评价智力因素，更加强调评价学生的非智力因素，即对学生的学习情感态度与价值观的评价，从根本上超越了传统数学学习评价对数学知识的过分关注，使评价的目标具有多元维度和取向，充分发挥了评价的诊断、激励和发展性功能。

②数学学习评价应贯穿于数学教育活动的全过程。学生数学知识的积累和数学能力的提高需要一个过程，而数学学习评价也是数学学习的一个过程，因此，评价学生的数学学习要具体到每个学段。比如，按学段评价学生是否积极主动地参与数学学习活动，评价学生是否养成了独立思考的习惯，评价学生数学思考的发展水平等。

③数学学习评价应主体多元、方法多样。教师是学生数学学习的主要评价者，但又不是唯一的评价主体，还应让学生或学习小组展开自评和互评。评价方式可以是课堂观察、课后访谈和作业分析，可以是书面考试和口试，也可以是活动报告和成长记录袋等，这有助于教师从不同角度、不同侧面提供有关学生数学学习情况的有价值的信息，对学生的发展水平做出客观、准确的评价。

④数学学习评价应具有多层面的内容。数学学习评价应围绕知识与技能、过程与方法、情感态度与价值观三个维度展开，构建全方位的评价体系。对知识与技能的评价，更多地关注知识的理解和在理解基础上的应用，同时把延迟评价和二次评价作为评价"双基"的一种方式。对过程与方法的评价，包括提出问题的意识、解决问题的策略和合作交流的程度等。对情感态度与价值观的评价，主要从参与数学学习活动的情况、学习习惯和学习兴趣等非智力因素方面着手。

⑤数学学习评价应注重量化评价与质性评价相结合。要改变将纸笔测验作为唯一或主要评价的手段，结合质性评价，以多种方式呈现评价结果。对于不能量化的部分，应采用描述性评价、课堂激励评价等质性评价方式，评价学生的学习表现、知识掌握情况和能力水平，发挥评价的激励作用。量化和质性评价的结合，就是以动态的评价替代静态的一次性评价，用发展的观点来看待学生的进步。

总之，数学课程提倡采用多元化、过程性的科学学习评价标准，并从课堂延伸到学生学习乃至生活的方方面面。如何科学确定数学课程学习评价的标准，还有待于广大教师在长期的教学中不断实践摸索，坚持常态落实，精心总结归纳。

3. 数学教学评价多元化策略

（1）评价内容的多维度

新课改提出学生学习目标的多元化，教师需要对学生在知识与技能、过程与方法、情感态度与价值观方面的三维目标进行评价。但是在实际教学中，往往仅关注知识与技能，在一定程度上导致数学能力、数学态度等培养目标难以落到实处。

当教育赋予学生应对现实生活中多种挑战的力量时，才可以被称为有质量的。因此，对学生数学学习质量的评价，不能仅仅局限于学生对知识与技能的掌握情况，应该拓展到学生面对实际生活挑战的能力。

（2）评价主体的多元化

课程标准中指出，评价主体的多元化是指教师、家长、同学及学生本人都可以作为评价者，可以综合运用教师评价、学生自我评价、学生互相评价、家长评价等方式，对学生的学习情况和教师的教学情况进行全面的考查。尤其强调，学生自我评价和学生互相评价。每一个学习单元结束时，教师可以根据要求，要求学生自我设计一个学习小结，用合适的形式，如表格、卡片、电子文本等，归纳学到的知识和方法，学习中的收获、遇到的问题等。教师可以通过学习小结，对学生的学习情况进行评价，也可以组织学生将自己的学习小结在班级展示交流，通过这种形式总结自己的进步，反思自己的不足，以及需要改进的地方，吸取他人值得借鉴的经验，条件允许时，可以请家长参与评价。下面重点论述学生自我评价和学生互相评价对学生发展的作用。

现代心理学研究证明，内因性动机的内驱力较大，维持时间也较长。此外，1951年罗杰斯提出自我概念的理论，他认为自我概念对一个人的个性与行为具有重要意义，它使学生表现出不同程度的自信，对自己满怀信心的学生通过迎接挑战而保持自尊，相反，感到无力取胜的学生容易放弃，出现逃避的动机。从这个意义上来说，在学生学习的过程中，通过学生自我评价和学生互相评价，引导他们形成积极的自我概念，这一点有着非常重要的意义。因此，在教学中教师要给学生提供表现自己所知所能的各种机会，通过评价形成学生自我认识和自我教育、自我进步的能力，使评价成为有力手段。此外，同学之间的感受是最直接、最真实的，让学习伙伴一起来互评，有利于准确找出学习中存在的问题，提高学习效率。

学生自我评价与学生互相评价，可以渗透到教学过程的各个环节。比如课堂教学中，教师可以有意识地引导，如：你同意他的观点吗？你怎么看待你刚才的错误？你来当裁判说说他们的做法怎么样？又如在小组共同完成一份调研报告或数学实验报告后，就可以定制一些评价表格，引导学生对合作学习中参与的态度、知识的学习、习得的能力等方面进行自评和互评。再如，在每个单元的学习之后，引导学生用多种方式，如知识树、思维导图、框图等对单元知识的学习方法进行梳理。

由于家长与孩子之间的特殊关系，家长的评价对孩子的作用也不可低估。可以利用评价手册、家校联系卡、课外作业及实践活动，对学生进行评价，以发挥家长在学生成长中的作用。

除了以上的评价主体外，参与评价活动的还可以包括专职的评价机构、教育决策机构、学校管理人员、活动中涉及的其他有关人员等。

教师对学生的评价、学生的自我评价、学生的互相评价、家长及社会的评价等，构成评价主体的多元化。为了很好地发挥评价的作用，教师作为这个多元化评价主体中的核心，发挥着协调作用，教师要协调好学生之间、家长之间的关系，做好综合评价工作，以发挥多元评价的合力作用。

（3）评价方式的多样化

评价最重要的意图不是为了证明，而是为了改进。而改进的前提，是对评价对象进行全面深入、真实的观察，从而通过多渠道、采用多种评价方式来获取评价对象的全面的信息。为此课程标准强调，评价方式多样化，体现了多种评价方法的运用，包括书面测验、口头测验、课堂观察、开放式问题、活动报告、课后访谈、课内作业、成长记录袋等，在条件允许的地方，也可以采用网上交流的方式进行评价。下面就选择几种典型的评价方式进行阐述。

①书面测验。

书面测验是教学中常用的评价方式，在教学中发挥着重要的作用。如通过检查学生的知识水平、学习技能，发现学习困难，进而调整教学目标和教学进度。

②口头测验。

口头测验的形式是一种质性评价方式，通过师生面对面的问答，考查学生对知识的掌握情况以及思考方式和表达能力，口头测验也可以给学生提供展示个人思维过程的机会和自我表现的空间。通过学生对问题的思考、分析、解答、操作，不仅可以考查学生对知识与技能的掌握运用情况，而且可以使教师全面了解学生的思维过程、解决问题的方法、动手操作的能力、表达与交流的能力和个性创造力，为多角度评价学生提供真实有效的素材。

③课堂观察。

由于课堂观察的主观性较强，记录的水平与观察者个人的经验描述能力和理论水平都有很大关系，因此不同观察者对同一学习现象的观察结果，很难达到较高的一致性，观察的效度也难以检验。但它有利于教师获取书面检测中无法获得的东西，如学生独立思考的习惯、合作交流的意识、倾听和表达的能力等。

④成长记录袋。

学生成长记录袋，是另一种典型的质性评价方式，通过系统收集学生日常的学习作品，展示学生在知识能力及情感态度等方面的发展过程、水平和潜力，从成长记录中了解学生的发展变化。使用成长记录袋评价学生的数学学习，教师需要注意有计划地收集反映学生成长的内容，制定比较明晰的可操作的评分标准，以及定期对成长记录袋进行必要的讨论和反思，这样才能最大限度发挥成长记录袋的优势。教师可以以学习的顺序为线索来设计成长记录袋，学生可以提供丰富多彩的作品，如调查报告、手抄报、人口统计图、知识树设计方案、数学小论文等。这些内容，都可以按照学习的顺序放入成长记录袋，记录一个学生的成长轨迹。

学生的数学日记也可以放入成长记录袋。我们关注的是作品里所体现的学生的思维方式、个性特征方面的水平和特点，对作品的具体形式没有特定的要求，数学日记的形式可以是报告，也可以是书信式或提问式、自述式等。

教师也可以设计一些调查和实验任务，要求学生形成活动报告，并把报告放入成长记录袋。比如调查从家到学校的交通状况，给自己设计一个出行方案；或者，为自己的家庭设计营养均衡的食谱，估算一周营养食谱的费用。这样的活动为考查学生推断能力提供了依据，同时完成这些任务还有助于发挥学生的主动性、创造性，从而也为评价学生在这些方面的发展提供了依据。

教师还可以设计动态的成长记录袋（表10-1-3），把评价的焦点放在学生的发展变化方面，衡量学生发展的速度与潜力，从衡量学生进步程度的角度入手，建立评价标准。

表 10-1-3　动态成长记录袋

发展状况	不令人满意的进步	杰出的进步
从开始到最后在问题提出方面的进步		
解决问题策略合理性的增强		
计算错误的减少		
运用图表技能的提高		
同他人交流数学能力的增强		
推理能力的提高		

成长记录袋的设计、使用和实施要人性化，教师可以本着一切为了学生发展的原则，根据学生背景、所学内容以及学校的条件，因地制宜、因时制宜，灵活地创造出形形色色的成长记录袋，在创造的过程中，不仅能够研究出全面客观评价学生的有效途径，同时也能促进教师的专业成长。

需要说明的是，每种评价方式都有各自的优势和不足。例如书面测验，可以客观快速地了解学生知识与技能的掌握情况，而成长记录袋能够让教师获得关于学生发展的轨迹的全面信息。我们应该根据学生的特点、个性差异和学习的内容，灵活地选择评价的方式。

（4）评价结果的反馈形式多样化

评价结果可以反馈给班级整体，也可以反馈给学生个体。

例如，某次考试后，可以通过对全班数学成绩的量化指标的分析，如平均分、方差、及格率、优秀率、各分数段学生人数等，对全班学生在这一阶段的数学学习情况，做出综合性的判断。

如果将评价结果反馈给学生个人，则应采用定量与定性相结合的办法。以定性为主，即对学生数学学习过程中所表现出来的各种现象和因素进行分析和研究。

教师要注意分析全班学生的评价结果随时间的变化，从而了解自己教学的成就和问题，分析、反思教学过程中影响学生能力发展和素质提高的原因，寻求改善教学的对策，同时以适当的方式将学生一些积极的变化及时反馈给学生。

（六）引导学生开展有效的自评、互评活动

1. 理论提要

数学课堂教学要真正体现以学生为主体和以学生发展为本，就必须对传统的课堂教学评价进行改革，体现以学生的"学"来评价教师"教"的"以学论教"的评价思想，强调以学生在课堂教学中呈现的状态为参照来评价课堂教学质量。我们提倡"以学论教"，那么，引导学生开展有效的自评、互评活动也应该以这个为标准，而这主要可以从学生的情绪状态、注意状态、参与状态、交往状态、思维状态、生成状态六个方面进行有效引导与组织，开展活动并予以评价。

（1）情绪状态

评价学生是否具有浓厚的学习兴趣，对学习是否具有好奇心与求知欲，是否能长时间保持兴趣，能否自我调节和控制学习情绪，学习过程是否愉悦。

（2）注意状态

评价学生是否始终关注讨论的主要问题，并能保持较长的注意力；评价学生的目光是否始终追随发言者（教师或学生）的一举一动；评价学生的倾听是否全神贯注；评价学生的回答是否具有针对性。

（3）参与状态

观察学生是否全员参与学习活动，是否积极主动地投入思考并踊跃发言，是否兴致勃勃地参与讨论和发言，是否自觉地进行练习。

（4）交往状态

看整个课堂气氛是否民主、和谐、活跃；学生在学习过程中是否友好分工与合作；是否能虚心听取他人的意见、尊重他人的发言；评价遇到困难时学生能否主动与他人交流、合作，共同解决问题。

（5）思维状态

注意学生是否围绕讨论的问题积极思考、踊跃发言；学生回答问题的语言是否流畅、有条理，是否善于用自己的评论阐述自己观点；学生是否敢于质疑，提出有价值问题；学生的回答或见解是否有自己的思考或创意。

（6）生成状态

关注学生是否掌握了应学的知识，是否全面完成了学习目标；学生的学习能力、实践能力和创新能力是否得到增强，是否有满足、成功和喜悦等积极的心理体验，是否对未来的学习充满了信心。

2. 学生互评实施路径

学生的参与往往来自学生自己的体验和思考，通过其自我发现和自我发展而产生。这是学生积极主动地探究，在学习知识的同时研习学习的策略和方法。学生在一个充满实践、探索的过程中学习数学，可以感受数学的乐趣，增强学好数学的信心，最大限度地调动学习的主观能动性。让学生在独立思考的基础上重新经历发现问题、提出问题、分析问题、解决问题的过程，有助于学生形成良好的数学思维和优良的个性品质。要有效地提高自评互评能力，应兼顾以下这些关键点：

（1）创设思维情境，引发学生思考

思起于疑，故要创设情境，造成悬念，使学生产生强烈的好奇心，激起求知欲望。因此，教师课前要精心设计，创设情境，让学生产生探索兴趣。如在学习"三角形中位线定理"时，一开始，教师可以给学生提出这样一个问题："连接任意四边形的各边中点所得到的四边形是什么图形？"问题提出后，同学们开始画图、观察、测量，很快得出结论：它是一个平行四边形。接着，教师开始启发："把任意四边形的各边中点连接以后就得到一个两组对边分别平行的四边形，那么'中点'与'平行'究竟有什么关系呢？我们今天就来研究一下。"这样就激发了学生的求知欲。

（2）数学教学要使学生学会解决问题

在教学中，教师应该把学生想知道的——怎么想到这样做，为什么这样做，这个重要的思维过程展现给学生。在教学中，教师不但要让学生看到教师对问题的见解，而且要让学生看到教师最初接触到一个问题后是如何绞尽脑汁地分析，中间又经过了哪些主观认识与客观条件的冲突，最后又是如何捕捉到信息，联想到相关定理、公式的。这样做，一方面可以增强学生解决问题的信心；另一方面也给学生思考问题起到了示范作用。学生只有把教师思维的来龙去脉搞清楚了，他才会进一步举一反三。

（3）要给学生创新的机会

语言学家、教育家吕叔湘说"教学、教学，就是'教'学生'学'。"在教学过程中，教师起主导作用，学生是学习的主体。要处理好教和学的关系，决不能以教师的教代替学生的学。在数学教学中，定理的证明、公式的推导以及例题解答等内容，是培养学生创新意识的重要途径，不能采用教师讲、学生听那种老教法，要先给学生适当的时间让他们自己思考、自己解答，然后教师可根据学生的情况，找出学生思考问题的关键进行启发、引导。这样的教法既给了学生展示才能的机会，也使教师的"导"有的放矢，更具针对性。做习题是巩固知识、培养创新意识和实践能力的重要过程。教师最好不要对习题进行提示，要严格要求学生独立完成，鼓励学生创新，待学生完成后，再认真批改、评讲。

（4）加强数学应用教学，提高解决实际问题的能力

中学教学应加强数学应用教学，注意解决学生日常生活中遇到的实际问题，如学习一次方程或二次方程可联系存款利率的问题，学习二次函数可联系投球问题等。这样做，一

方面可以调动学生学习数学、用数学的积极性；另一个方面可以使学生把实际问题抽象成数学问题，从而培养他们的创新意识。培养数学实践能力，仅仅靠课堂教学是远远不够的，还要组织丰富多彩的课外活动，如举办数学讲座、办黑板报和开展数学竞赛活动等。

第二节　初中数学课堂教学反思的提出

一、数学教学反思概述

（一）数学教学反思的内涵

教学反思是反思在数学教学中的应用，所谓教学反思，是指教学主体借助行动研究，不断探索与解决自身和教学目的以及教学工具等方面的问题。要将"学会学习"与"学会教学"结合起来，努力增强教学实践的合理性。其主要特征表现为：

①以教学实践为逻辑起点，并以教学实践为归宿。

②以探究和解决问题为基本点，在教学反思中，反思不是一般的回顾教学情况，而是探究教学过程中不合理的行为和思维方式，并针对问题重新设计教学方案。通过解决问题，进一步提高教学质量。

③教学反思以追求教学实践合理性为动力，作为提高数学教师的科研水平的一种方略。

④以"学会学习"和"学会教学"为目标，要求教师教学生学会学习的同时，自身学会教学（本文主要谈教师），并获得进一步的发展。反思的过程不断循环，教学能力是螺旋上升的过程。

（二）数学教学反思的意义

任何一个教师，不论其教学能力如何，都有必要通过多种途径对自己的教学进行反思。教学反思有着其现实的意义。

①通过教学反思，教师能建立科学的现代的教学理念，并将自己新的理念自觉转化为教学行动。反思的目的在于提升教师自我教学的意识，增强自我指导、自我批评的能力，并能冲破经验的束缚，不断对教学诊断、纠错、创新，能适应当今教育改革的需要，逐步成长。从教师的培养角度看，教学反思不失为一条有效的途径。作为教学变革与创新的手段，能提高课堂教学效果，实现数学教育最优化。

②通过对数学教学反思的研究，解决理论与实践脱节的问题，试图构建理论与实践相结合的桥梁。将反思理论指导实践，融于实践，反过来，通过实践的检验进一步丰富理论。

③提升教师的教学科研意识。良好的教学素质要求教师必须参与教学改革和教学研究，对教学中发生的诸多事件能予以关注，并把它们作为自己的教学研究对象。一个经常地并自觉地对自己的教学进行反思的教师，才有可能发现许多教学中的问题，越是发现问题，就越是有强烈的愿望想去解决这些问题。关注问题并去解决问题的过程，也就是教师树立自己的科研意识，并潜心参与教学研究的过程。

④整体推进教学质量的提高。教学反思不单是指向个人的，它也可以指向团体。说课、听课与评课都是团体教学。在这种团体教学中，每一个参与者都会提供自己独特的教学经验，同时也都会从别人的经验中借鉴到有益的经验。比较多种经验，就可以使每一位教师对自己的教学进行全方位的反思。这样做的结果是，普遍提高了教师的教学水平，从而整体上推进教学质量的提高。如教研组教师对教学实录的评议，气氛热烈，意见中肯，共同提出修正措施。这是教师集体进行反思的结果，从而产生新的教学思想，这不仅对上课教师而且对未上课的教师来讲都是一种提高。

⑤教学反思，不仅要求确立学生的主体性地位，更重要的是发挥教师的主导地位。因此，教学反思要求将发展教师与发展学生相统一。

（三）数学教学反思的特征

不同的研究者对于教学反思特征的研究角度和看法不同，但是他们的观点中还是存在一致的看法的，关于教学反思的特征主要有以下五个方面。

1. 教学反思源于教学实践

教师进行反思的核心是产生教学问题。教学反思如果离开教学实践就成了无本之木、无源之水。教学反思根植于教学实践，脱离教学实践这片土壤谈反思是毫无意义的，甚至是有害的。教学反思的最终目的是要通过慎思来找到修正和改善教学的途径，以便更好地解决教育教学实践中实际存在的问题。教师的反思性分析是在教育实践中发生的反思性思维过程，它是对教学情况的及时洞察、检测、分析和评价，它也是促进教学目标朝着预期方向发展的一种教学实践活动。这种源于实践、用于实践、行于实践的属性，使反思成为一种教学工作的常态化问题，使教学实践更加符合教学和学生发展的基本规律。

2. 教学反思具有批判性

教师的教学反思是通过批判性的自我反思和对教学行为的分析进行的，挑战之处在于教师以在教学实践中形成的信念、假设去审视自己的行为和思想产生的环境，目的是发挥教师的自主性，使教师产生更多的自我意识，使教师进行更理性的自我控制，摆脱外在无形的、有形的束缚，使教师的成长始终保持动态、开放、可持续发展的状态。越是优秀的教师越是可以在细节之处发现问题所在。部分教师总是日复一日、年复一年地重复着同样的工作，不善于发现和质疑教育教学实践中存在的问题。而具有批判性思维能力的教师则可以发现专业实践中的问题，捕捉到微妙的差异。批判性思维不仅仅是一种能力，更是一种以开放的、批判的态度来坦诚地面对自己实践中的问题的态度。批判性思维是发现问题、分析问题和解决问题必不可少的条件。

3. 教学反思具有探究性

反思不是无意识地回顾与总结，而是需要意识的积极参与，需要知识和情感的投入。教学反思不能成为教育故事的堆砌、经验式的表白。最重要的是发现教育故事之间的相互联系，挖掘教育故事背后隐藏的故事，而这需要对故事进行系统的、持续性的探索。这个时候教师需要对教学实践中的问题认真审视，多角度、多方面地探究，不断探索多种问题解决的有效策略，而这不是一朝一夕就能完成的，所以具有明显的探究性。

4. 教学反思是从过去的经验引向未来的行动

教学反思是从经验出发，回归经验，通过分析经验进而发展经验，从经验中不断学习的过程。反思依据的背景环境是教师自己的经验，反思并不是简单地总结教学经验，而是对整个教学过程的持续监控和分析以及解决教学实际问题的活动。可以从过去—未来的时间维度和理论——实践的归属维度进行分析：在时间维度上，教学反思虽然以教学实践为基础，但是最主要的目的是对将来实践行动的改进；在归属维度上，行动是教学反思的指向标，强调在后续教学实践中实现更好的专业评价。

5. 教学反思具有主体性

教师是教学反思的主体。教学反思本质上是教师主动的思维活动过程。教学反思是指教师自觉地将自己本身以及教学实践作为认识的对象进行自我反思。持续的反观自照是一种个人的职业要求和思想需要，是教师对自身教育实践模式和教学情境进行的多方位、多角度和多层次的反思，是教师自我意识和教学能力的体现。只有将教师放在专业发展的中心位置时，当教师意识到发展和提高对于职业生涯的重要之处时，教师才会仔细体察教学实践中的细节与得失，谋求改进和提升的道路，这时候反思才会出现。

（四）数学教学反思的动力

1. 教学反思的内部动力

一个教师是否具有反思意识，是否具备反思能力决定于这个教师自身素养的高低。一个热爱教育事业、热爱学生，师德高尚，讲究奉献精神的教师对自身的要求较高，不会满足于已经取得的成绩，对数学教学精益求精。这样的教师不会因循守旧，他们的敬业精神使他们渴望成功，这种实现自我的需求会成为他们不断进行教学反思的原动力。他们清醒地知道数学教师的素质必须通过不断的学习，在更新发展的过程中得以形成与继续提高。其中很重要的一点就是，数学教师必须通过实践的过程，从经验中不断地学习、不断地积累，才能不断增长知识，才能真正以"科学的态度"对待数学实践，从而成长为自觉的、善于思考的、富于创造性的数学教师。

从一定程度上讲，反思就是"自我揭短"，这对一般人来讲是痛苦的行为。因此，缺乏毅力者即使反思技能再强，反思也难以顺利进行。因此教学反思呼唤那些能够进行批评与自我批评、勇于进取的勇士。

2. 教学反思的外部动力

对于那些缺乏开拓精神，但已形成一些不易改变的经验特征的教师而言，只有依靠外部的压力才能使他们自觉产生反思的动机。应该说经验丰富不是坏事，经验丰富能使教师及时发现问题，冷静处理突发事件，然而经验却使他们束缚住了手脚，他们抱着经验一成不变，那些早已被摒弃的理念与做法仍是他们的主导思想与看家本领并且习以为常。这种教师在教学中会自觉或不自觉地搬用原先成功的经验，但他们忽视了最重要的因素——学生发生了变化。要让这样的教师转型的话，一方面学校领导要积极引导，多提供继续教育的机会；另一方面，适当采取措施，迫使他们接触新的教育教学理论，学习现代教育媒体技术，转变教学观念，并能对自己的教学过程进行深刻反思。对学校而言，如果这样资深的教师能转型的话，那将会大大提高课堂教学效果。对教师自身来讲，如果他们能将外部的压力转化为内在的动力，那么必将促进自身的专业化发展。

3. 教学反思是改革的需要

随着科技、经济的迅猛发展，社会对教师的要求不仅体现在专业知识和能力结构上（能力中应具备的反思能力常被忽视），更主要的要求教师具有开辟、创新精神。而要想开拓创新必须对反思有所体验，养成反思的习惯，形成反思能力。

新课程中新内容的增加，要求教师具有创新精神。新课程增设了"数学建模，探究性问题，数学文化"这三个模块式的内容，这些内容的增设其主要目的是培养学生的数学素质。这些内容要求教师用全新的教学模式来教学，因此，要求教师具有创新精神，要能推崇创新，追求创新和以创新为荣。教师要善于发现问题和提出问题，要善于打破常规，突破传统，具有敏锐的洞察力和丰富的想象力，使思维有超前性和独创性，不反思思维习惯中的不合理行为是不可能具有创新思维的。

新课程的多样性、选择性要求中学数学教师具有良好的综合素质，现代的教学观、人才观。新课程的选择性是在共同基础上设置不同的系列课程，以供学生进行适合自己的选择。整个数学课程体系，包括课程设置、课程目标、课程内容等，都将致力于根据学生的不同兴趣、能力特征以及未来职业需求和发展需要而提供侧重于不同方向的数学学习内容和数学实践活动，这就要求教师反思传统的教学观念以及衡量人才的标准，教师不再是权威，而是平等的参与者，不仅是解惑者，还是问题的诊断者、学习的启发者，要求教师了解学生的个性，指导帮助学生按自己的能力需要选择所需课程。这绝不是一个把抱残守缺者所能胜任的。

终身教育的提出，要求教师具有可持续发展的人格。未来社会的知识结构是信息化板块结构、集约化基础结构、直线化前沿结构，这就要求教师必须不断更新自身的知识，才能适应社会。中学数学教师首先应通过自学，参加继续教育学习或一些培训班学习，提高自身的专业理论水平，其次通过随时随地进行教学反思，收集资料，充实自己的实践知识，并将这种学习反思内化为教师自身的"自觉行为"。

二、初中数学课堂教学反思的影响因素

（一）影响初中数学课堂反思的积极因素

1. 教师因素

1989 年，美国心理学家波斯纳提出了一个教师成长公式：教师成长 = 经验 + 反思。而我国学者林崇德的"优秀教师 = 教育过程 + 反思"公式同样表明了教师的成长过程是教师对自己教育教学行为进行不断反思的经验积累过程。教师在教学过程中起着主导作用，一堂数学课的成功与否很大程度上依赖于教师的教学水平和对课堂的掌控能力。教师通过个

人的人格魅力，在课堂教学的同时，给学生传递积极的能量，给学生以正面向上的教育；学生通过教师的引导，也会对数学学习产生兴趣，产生乐于学习数学的热情和意愿。在新课程背景下，教师的角色产生了巨大的变化：教师是学习的组织者、引导者和合作者，而不再是简单的知识传授者。以课堂反思小结过程为例，数学教师应努力从学生的兴趣和认知特点的角度出发，选择与学生能力相贴近的背景和资源，联系生活而不完全生活化，照顾多数群体而体现数学学习的特点，符合学生的认知。教师在引导学生进行课堂反思小结的过程中，以激发学生的兴趣为第一要点，促使学生评价和反思活动高效进行。另外，在与学生共同进行小结评价时，教师应放下架子，与学生一起进行反思小结，承认自身的不足与失误，分享学生在数学活动中的闪光点与积极的情感体验。因此，数学教师要想提高课堂反思小结的有效性，就必须不断总结，鞭策自己不断用新课程理念武装自己，完善自己、不断提高自身的教学能力和水平。

2. 学生因素

学生学习应当是一个生动活泼、主动的和富有个性的过程。学生是学习活动的主体，是教学过程的能动的参与者，课堂的教学反思过程也应当如此。

从教学实践的结果来看，学生的参与往往来自学生自己的体验和思考，通过其自我发现和自我发展而产生。这是学生积极主动地探究，在学习知识的同时研习学习的策略方法，不断增强自信和能力的过程。学生在一个充满实践、探索的过程中学习数学，可以感受数学的乐趣，增强学好数学的信心，最大限度调动起学习的兴趣和主观能动性。反思小结过程可让学生在独立思考的基础上经历发现问题、提出问题、分析问题、解决问题的过程，有助于学生形成良好的数学思维品质和优良的个性品质。

3. 教学内容

宏观来看，教师在课堂上发出的信息，包括语言、表情、动作都算作教学内容。新课程标准指出："数学教材为学生的数学学习活动提供了学习主题、基本线索和知识结构，是实现数学课程目标、实现数学教学的重要资源。"微观而言，教学内容包含教师所教和学生所学两个方面。需要注意的是，教学内容应符合数学学习的内在规律，同时更应该符合学生自身的认知特点。在进行数学教学设计时，教师需要把握教材的意图，注意达到新课程标准的要求。这样，教师就需要从教学内容的科学性和整体性入手，理解教学内容，对教学内容涉及的知识技能、方法技巧、活动经验等成竹在胸，使教学实施游刃有余。因此，要使数学课堂反思小结有效，教学内容必须有效，教学设计应该和教学内容相配套。于是，教师在进行课堂反思小结时，是否对教学内容的设计用心，是否对教学内容的结构安排得合理恰当，直接决定了课堂反思小结的有效与否。

4. 教学环境

教学环境是指教育者和受教育者对于课堂教学环境需要的条件因素。身处在一个相对较好的环境之中，能使学生体验到学习的快乐和内心的愉悦，有助于学生更好地、更自觉地接受所学知识。相对于教师的有声熏陶，环境的作用也许更加有效，所谓的润物细无声，正说明了教学环境对学生发展起到的潜移默化的作用。相对良好的课堂氛围对于学生求知热情的保持具有极大的作用。很多研究证明，课堂环境对学生学习的效果具有相当大的影响。而在课堂的小结与反思过程中，良好的教学环境更能够激发起学生内心对知识的渴望，能够帮助学生更好地梳理所学知识，得到有用的信息和方法。

综上所述，数学课堂反思的质量取决于多种因素，是其共同作用的结果。教学过程作为一个复杂的工程，质量是决定因素，而师生的凝聚力和向心力是质量的首要保证。一些不可控的外力作用，同时也会影响到课堂反思的走向，诸如突发事件等，但是起决定作用的还是师生双方。教师能够做的也就是将有利于课堂的积极因素汇聚起来，最大效率地为其所用，为教育服务，为学生发展服务。

（二）影响初中数学课堂反思的消极因素

1. 只把课堂反思小结当作不可缺少的一环，鲜有明确的目标意识

显然，对于教师的课堂反思小结，学生还没有做好充分的思想准备，有些学生根本就不知道教师已经在对本堂课进行总结了，有些学生也只是做了笔记，思维方面并没有同时跟上，效果可想而知。对于数学思想方法的学习，教师需要在日常教学中逐渐渗透，让学生自行进行概括小结。这种在教师机械地强压下的反思方式，不仅不能使学生的数学水平得到提高；相反，学生由于生硬地接受而最终对数学课堂产生疏远感，久而久之是不利于学生数学水平的真正提高的。

2. 教师力求面面俱到而忽视重点和难点

有的教师上课时，把握不准一节课的重点和难点，处处都讲得非常详细，唯恐遗漏掉一个知识点。于是，课堂就显得沉闷。逐字逐条地讲解看似注重细节，其实是一种效率低的表现。教师面面俱到，得到的结果往往是课堂不分轻重缓急，也从另外一个侧面剥夺了学生的主动性，影响了课堂正常的反思小结环节的展开，因此，有的教师将课堂小结交给学生，如课堂结束时让学生谈谈本节课的收获。学生众说纷纭，看似收获多多，却经常使课堂小结显得琐碎凌乱，完全不得要领。如在学习"一元二次方程的解法——配方法"时，教师通过小结与反思引导学生概括出配方法解一元二次方程的一般步骤：①化一般式；②化系数为 1；③移项：将常数项移到等号右边；④方程两边同时加一次项系数一半的平方；⑤如果等号右边非负，则进行开方；⑥表示方程的解。这里，虽然教师的引导过程非常到位，学生概括也很全面，但是如果仅仅到此为止，似乎并未抓住本课的重、难点。如果此时，教师继续引导，特别对④和⑤两个步骤进行小结，省略其他步骤，结合之前学习的完全平方公式和平方非负性进行进一步理解，重、难点就立刻突出来了，主次也随之区分开来，效果也就自然实现了。

3. 教学观念落后

考试的分数仍然是现在衡量教学质量的主要依据。即使新课程改革深入持久的今天，这一问题仍然存在。然而，对于一名数学教师，应该有清醒的认识，应当把更多的关注放在学生的成长上。考试成绩固然重要，但学生在数学上取得进步更加让人欣喜。同时还应清醒地看到，随着对考试分数的不断重视，学生学习数学的兴趣和热情却在随之降低，一

些学生正在慢慢失去对数学的那种最原始的喜爱之情。部分数学教师把学生成绩难以提高的原因归结为：缺乏学习动机、缺乏钻研精神、对数学学习产生厌恶情绪等。原因真的是这样吗？学生到底为什么不愿意学习数学呢？数学教学本身是否需要进行手术刀般的改革，或者说是否需要某些改进呢？事实上，如果不改变"唯分数论"，教师不从分数中解放出来，就不会真正解放课堂，教师也不可能正确认识数学教学的意义，学生在数学上想要有发展也只是一句空话。从调查中不难发现，目前依然有一些初中数学教师并不能很好地理解数学新课标的内涵。数学是人类文化的重要组成部分，数学素养是每一位公民需要具备的基本素养。通过系统地学习数学，学生能达到"四基"要求；体会数学知识涵盖生活的方方面面，生活中处处都有数学的影子。这些就是学生需要努力和提高的地方。但是，部分数学教师不能透彻理解新课标的要求，也不能将新课标运用于教学实践之中。从这个意义上来说，教师首先应当考虑到学生的健康成长，在这个基础之上再来谈学生的数学发展、如何培养学生对数学的兴趣等问题，然后才能是采用何种手段提高课堂教学效率的问题，最后才会引出课堂反思小结的环节来。教师如果一味以分数为追求，必然会损伤学生对数学最初的那份喜爱。因此，数学课堂反思更是无从谈起。

4.其他消极因素

其实，其他的消极因素还有很多，课堂上只是问题集中爆发的一个点，这个点也会涉及很多层面，诸如家庭教育方面的影响、学校文化和管理方面的影响、学生自身存在的问题等。针对如此多方面的影响，数学教师能做的就是尽力从自身做起，通过自己的微薄之力，积极投身课堂教学，多尝试进行反思研究和探索，努力提高数学课堂小结反思的有效性。课堂反思是初中数学教学的重要一环。教师是影响教学的最关键的因素之一。教师的教学思想、教学理念以及教学行为对数学课堂小结反思的效果具有十分重要的影响。

三、初中数学教学反思的具体内容

（一）反思备课观

备好课是上好课的必要条件，反思备课又是备好课的前提，因此，要提升课堂教学效果，就必须反思对备课的认识。

教师要上好课，起作用的因素很多，但其中最重要也是最基础的因素是教师备好课，正好比感人的话剧，首先要有感人的剧本。上好课，需要充分备课，教师没有备好课是不应该不负责地走上讲台的，正如严肃而负责的演员不愿接受质量差的剧本去演出一样。但目前有部分教师对备课的重要性认识不足，常常听到一些关于备课的错误言论，有属缺乏教学经验的，有属忘却职业责任的。现摘录如下，以供反思。

【言行一】"教材简单，无啥备头，照书本讲，依书本练就行了。"这种人觉得备一节课花半小时都嫌多。

【反思】教材虽简单，但其内涵、外延极丰富，需要教师帮学生深入挖掘，从而透彻掌握教材。学生从掌握知识到发展智能又是一个飞跃，更需要教师对学生点拨、指引和训练。写教案是完不成这些任务的。

【言行二】"多买几本教案集，备课上课照抄就行了。"这种人备课所花时间不多，有时备课嫌抄麻烦，干脆就拿教案集走上讲台。

【反思】别人的优秀教案是别人实践经验的总结，对于多变的活生生的自己的学生具有借鉴价值，但绝不应代替自己的思考与实践。因为教学有法，教无定法。学生不同，教师不同，教师对教材教法的理解不同，概念怎样阐释，公式怎样分析，习题怎样处理，绝无定法可言，别人再好的方法也无法预料每个教师自身的能力实际和他所面临的学生实际。

具有这些错误思想的教师是不可能成长为反思型教师的。把教学看作工厂里流水线上的一个岗位，机械操作，没有创造热情，就谈不上培养学生的创新精神。因此想培养学生的创新精神，教师首先必须对备课的功能与重要性重新认识，只有思想意识转变了，才能使教学变革成为可能。

（二）反思数学教学设计

教学设计是教师为上课而做的准备工作，它是教师钻研教材，了解学生，积累有关资料，设计教学目标，组织教学内容，选择教学方法、制订教学计划等的过程，是教师不断提高自己素质的有效途径，是教师有效上课的重要前提。教学设计质量的高低直接影响一堂课的教学质量，是上好课的必要条件。教学设计反思不是一般的回顾教学设计情况，而是深究先前的教学设计中存在的问题，对不合理的行为和思维方式进行变革，重新设计教学方案。反思教学设计就是对教学设计的各环节进行再思考。

（三）反思教学目标

教学目标是教学设计中的首要环节，是一节课的纲领，对纲领认识不清或制定错误必定打败仗。笔者通过对备课笔记本的检查发现存在以下问题。

①对教学目标设计思想上不重视，认为可有可无，目标设计流于形式，形同虚设。

②对教学目标这一概念认识不清，将教学目的与教学目标混乱运用，有的甚至以"要点""知识点"代替教学目标。

③课堂教学目标的设计不是指向学生而是指向教师，诸如这样的叙述"培养学生……""教会学生……""使学生掌握……"等，这样的教学目标的制定者仍然是教师当作是教学过程的主宰者，忽视了学生的主体性地位。

④教学目标设计关注的仍然只是认知目标，对"情感目标""能力目标"有所忽视。重视的是知识的灌输、技巧的传递，严重忽视了教材的育人功能。

⑤教学目标的设计含混不清，不具有层次性、全面性、开放性。

【反思一】教学目的与教学目标既有区别又有联系，目的不同于目标。只有在对目的进行具体细化后，目的才会变成目标。教学目标是预期的，是在具体情境下学生行为变化的结果，是用"学生学会了什么"的说法来表示的，而"目的"一词的含义往往与教育者的主观愿望等同，它是一种应然状态的理想，是一种方向，而且还隐含着可能无法实现的意思，时间跨度也比较长。目的与目标关系是一般与特殊，普遍要求与具体结果，宏观与微观，教师的愿望与学生的行为变化之间的关系。

【反思二】"让学生掌握数学基础知识""培养逻辑思维能力""培养学生解决实际问题的能力""进行思想品德教育"等这些数学教学大纲中规定的教学目的，不能直接作为教学目标，这些要求，在一节课的教学中难以体现、操作实施，只有具体细化以后，才能转化为学生学习预期所能达到的结果，才能作为一节课的教学目标来设计。

【反思三】教学目标是整个教学设计的指南。教学目标应集中在学生能做什么。说明的是教学结果，而不是教学过程。教学目标的指向是学生主体，是预期达到的学习结果和标准，是学生学习之后所发生的变化。"教会学生……""使学生掌握……"，是把教师作为行为主体。因此，这样的表述是不恰当的。正确的表述应是把学生作为主体，教学目标是对学生学习可能发生的行为变化的预设。学生是教学活动中最活跃的因素，是教学活动的主体，在教学过程中师生互相制约，相互促进。教师在教学设计中要摆正教与学的位置，设计时应以学生的"学"为出发点，以学生的活动作为行为主体，进行教学目标设计，只有这样才能使教学目标成为教学实施的指南，才能使目标的实现成为可能。

【反思五】教学设计中教学目标不全面，知识目标和能力目标也较为具体，但情感目标常常被忽视。在进行教学目标设计时，必须对抽象的、模糊的教学目标进行明确化、具体化，否则在教学过程中可能会因不清楚究竟指的是什么而无法实施。

一个不明确、不具体的教学目标是毫无意义的。教学目标的设计应做到既有层次性，又要有全面性与开放性。例如在教学"指数函数的图像和性质"时，教学目标可设计成：①理解并掌握指数函数的图像和性质，会做指数函数的图像并利用性质判断数的大小；②逐步提高观察和归纳分析能力；③了解数形结合的数学思想方法。

教学目标设计是教学设计中一个最基本的要求，是事关一节课整体的重要问题，是教师备课的目的所在。因此教师必须对教学目标设计做深刻的反思，扭转一些错误的想法与做法，才有可能对自己的教学实践进行总结，不断纠错，才会使自己的教学充满活力。

（四）反思对学生初始特征的了解

在教学设计中除了设计教学目标以外，还有一个重要的环节：备学生——对学生初始特征的了解。一个不了解学生或不甚了解学生的教学设计是收效甚微的设计。现实中教师虽然知道备学生的重要性，但却会疏忽对学生的了解，将主要精力放在设计知识目标上。主要表现在：

①忽视对学生现有认知水平与能力的了解，常听到有的教师埋怨学生，"这么简单的题都做不出来""这道题都讲过几遍了还不会做"。

②教师站在讲台上洋洋洒洒，慷慨激昂，学生似沉默的羔羊。

【反思一】教学目标的制定要符合学生的认知程序与认知水平。制定的教学目标过高或过低都不利于学生发展。要让学生跳一跳摘到桃子。"这么简单的题都做不出来""这道题都讲过几遍了还不会做"，碰到这样的情况，教师不应埋怨学生，而要深刻反思出现这样的状况到底是什么原因。是学生不接受这样的讲解方式，还是认识上有差异；是学生不感兴趣，还是教师点拨、引导不到位；是教师期盼过高，还是学生接受新知识需要一个过程……教师在设计教学目标时要全面了解学生的现有认知水平，在学生现有认知水平的基础上，利用多媒体等多种有效手段调动学生的积极性，激发兴趣，让学生在教师的帮助下通过自己的努力向高一级的认知水平发展，让学生体会到成功的喜悦，形成良性发展。教师千万不能埋怨责怪学生，不反思自己，只会适得其反，以致把简单的问题都变成学生的难点。因此教学设计要能激发学生学习数学的热情与兴趣，要教给学生需要的数学。

【反思二】教师必须认识到并承认学生之间的差异，不要用一个标准去衡量评价学生，必须全面了解学生的基础与能力，低起点多层次地设计教学目标，为学生架桥铺路，使不同的学生接受不同层次的数学。

（五）反思组织教学内容

教材上安排的知识层次性、密度、广度并不一定适合自己所教的学生，因此不能直接传授给学生。在进行教学设计时，教师必须根据自己学生的年龄特征、知识结构和认知水平，将课本中呈储存状态的知识信息重新组合，以转换成输出状态的知识信息。

在教学设计中，对教学内容的处理普遍存在以下问题：①缺乏对教材内容的转译，有的照本宣科，抄教科书于黑板，没有深入分析，学生不想听，注意力涣散；②有离开课本另搞一套的，教学效果差；③缺乏整体思索，教学内容孤立、静止、无联系；④缺乏对已学知识的分析、综合、对比、归纳和整体系统化；⑤缺乏对教学内容的教育功能的挖掘和利用。

【反思一】教师具备了所教学科的知识，并不等于掌握了教材，还必须有一个认真阅读、分析和研究教材的过程。

教师只有将教材与自己的知识融为一体，变成自己知识体系中的一个有机组成部分，才能得心应手地转译输出。教师对教材的理解和掌握应达到以下要求：

①掌握教材的结构，教师必须从整体及其相互联系上掌握教材的内容，理解内容之间的内在联系和结构，才能从整体和局部两个方面掌握教材的结构，进而根据学生的实际，为每一课时的教学设计出好的方案，做到重点突出，联系紧密，前后呼应，既不照搬教材，也不背离教材。

②掌握数学学科的基本概念和原理、基本关系、思想和方法。数学的基本概念和原理、基本关系、思想和方法是数学的精髓，具有广泛的适用性，只有掌握得好，才能有利于知识的理解，有利于知识的迁移，有利于智力的发展。思想和方法常凝结在基本概念和原理中，需要教师去探索、去挖掘。也只有反思了具体概念和原理的价值才能相应地做出教学决策。

③合理地组织课内外训练，课本中的练习题和习题是教材内容的组成部分，是教材的继续和延伸。

【反思二】缺乏对教学内容的教育功能的挖掘和利用。如忽视科学思想、科学史、科学家、科学的应用以及科学美的研究和教学，这一方面是迫于片面追求升学率，舍不得花时间进行这方面的教学；另一方面反映了许多教师自身缺乏这方面的知识。其实花些时间进行这方面的教学，是深受学生欢迎的。

（六）反思数学教学过程

根据教学大纲的要求，以及对教学对象的了解进行教学设计，就是实施教学设计的过程——教学过程。文中的教学过程指课堂教学过程。它包括教师、学生和教材三个基本因素。这三个因素的集合和相互作用就构成了教学过程。在教学过程中，各种因素并不孤立存在，而是相互联系、相互制约、相互影响的。反思教学过程就是要深究教学过程中诸因素之间的相互关系、相互作用的过程中存在的问题，并对此提出修正意见，以提高教学质量和保证教学任务的完成。

教学过程中诸因素之间的相互关系有：教师和学生的关系；传授知识与发展智力、能力之间的关系；教师与教材之间的关系；非智力因素与认识和发展之间的关系。

四、初中数学教学反思的优化策略

（一）教学环节上的数学反思策略

1. 激趣导入，促进教学反思

教育教学工作不仅需要学校和教师的努力与付出，还需要学生在学习过程中密切配合，但是现阶段由于数学知识本身所具备的复杂性、烦琐性和逻辑性，很多学生在数学学习过程中逐渐失去了兴趣，并且部分教师在授课过程中只是一味地进行课本知识的讲解，没有注重教学的趣味性，从而导致了整体课堂教学效率的下降。因此，教师要及时对自身的教学方式进行反思，注重教学的趣味性，只有全面激发学生的学习兴趣，才能构建一个更加高效而富有生机和活力的课堂。

例如，在学习"有理数的混合运算"的知识时，在教学过程中发现，学生对教学内容的掌握度相对较低，为了有效激发学生对学习的兴趣和热情，巩固教学，通过反思后教师在教学过程中通过游戏的方式导入课程，全面激发学生对学习的动力和热情。游戏的导入能快速激发学生的学习兴趣，促使学生进入一个崭新的学习平台。教师不能一味地沉迷于理论的讲解，那只会降低学生的学习兴趣，要注重教学的趣味性。

课堂导入环节是课堂教学的基础环节也是首要环节，一直以来也是最容易被教师忽略的环节。课堂导入环节的有效构建会为课堂教学提供情感底色，让学生对于本堂课所需要学习的知识有更强烈的求知欲和了解欲望，当学生的主观能动性得到充分调动后，教师的教学效率和教学质量也会得到相应的提升。但是就现阶段的实践情况来看，教师在课堂导入环节的应用仍旧存在欠缺和不足，教师需要根据以上几点内容对教学导入环节做出相应的优化和改善，通过导入环节为课堂教学营造较好的氛围，为后续教学工作的落实奠定良好的基础。

2. 总结创新，注重教学反思

初中阶段是学生数学学习的重要时期，但是由于长期受到传统教育教学的影响，部分教师仍然难以摒弃原有的教学观念，只是一味地按照课本内容进行讲解，不注重教学的总结与反思，无法发现自身在教学中所遇到的问题，从而形成了恶性循环。因此，在新课程理念的不断更新与完善下，初中数学教师要注重为学生呈现一个全新的课堂，不断加强对自我教学的反思，及时进行教学总结，充分地与新时代的教学方式相互结合，全面促进教学创新。

例如，在学习"有理数的加法和减法"的内容时，教学目标是让学生理解有理数的加法和减法可以互相转化，能把有理数的加法和减法混合运算统一为加法运算，灵活应用运算律进行运算。对刚刚进入初中阶段的学生来说，如果只是按照课本内容进行深入的讲解，发现很多学生对知识的理解和掌握都存在一定的难度，学生在做有理数加减法时难以分清到底什么时候做加法，什么时候做减法。教师要结合学生的年龄特点和教学需求，转变课堂教学观念。因此，在常规教学的基础上可以通过动画的方式，生动形象地教给学生符号化简的方法，即"先定符号，再算绝对值；同号相加，异号相减"。教师还可以通过动画数轴的方式，以动态的方式呈现在学生面前，要始终以教材为主线，引导学生由易到难逐步去理解知识，通过分层训练和分层讲解的方式，使学生逐步掌握解题技巧。如第一步，去括号；第二步，分类，正数在前，负数在后，或相反数相加法、凑整相加法等；第三步，分别做正数和负数的加法；第四步，做减法，即小减大得负，大减小得正。教师要随时观察学生在教学过程中的变化，以表扬为前提，发掘学生的闪光点，使学生树立学习的信心，鼓励学生在课堂上进行提问，锻炼学生的思维，使学生真正敢于开口，积极创新。

在教学过程中教师要始终以学生为核心，以增强学生的理解能力和分析能力为前提，使教学内容逐步简单化，充分运用现代信息技术的优势，提高学生对知识的理解能力和接受能力，促进教学创新，提高课堂教学效率。

3.合作实践，提升教学反思

初中阶段的课程教学工作相对繁重，大部分时间都处于教师讲和学生听的状态，教师与学生之间的合作与交流相对较少，学生的实践操作机会也相对较少，很多学生只是对相关知识点有一定的理解，只是限于纸上谈兵，在实践操作过程中却呈现出手足无措的状态。因此，在初中数学教学过程中，教师要注重反思教学的实践性，多给予学生自主实践的机会，增强学生对知识的掌握，帮助学生真正能运用所学知识解决实际问题。

例如，在学习关于线段的数学内容时，在计算距离的过程中，教师给出学生已知条件，或者是引导学生用尺子在纸上进行测量。此时学生对"垂直线段最短"的理论还未完全理解，也不知道如何确定位置，为了进一步增强学生对知识的掌握，通过反思后，在班级中科学划分学习小组，根据学生的实际情况设计测量活动，引导学生自主去思考和发现问题，在解决问题的过程中提高学生对知识的应用能力。教师可以组织学生每4人为一组，让学生提前准备好测量工具，整个活动小组的学生自主完成，并让他们将整个实践的过程和步骤记录下来。在完成实践活动后，教师还可以组织学生进行实践总结，将自己在实践过程中的方法、过程和收获记录下来，让学生做课堂的"小老师"，将课堂交付给学生，做课堂的主人，讲出自己的观点和看法，促使教学内容更加丰富多彩。合作能增强学生之间的交流和互动，打破传统教学的局限性，使学生能亲身去验证数学知识，教师要不断反思，积极调整教学方式，注重教学过程中的实践性，敢于放手让学生去验证数学知识，形成感受知识，在不断反思中全面构建高效的数学课堂。

教师的反思也要为学生提供思考、交流、探索的学习空间，注重对学生反思能力的培养和数学兴趣的激发，让学生在巩固深化数学认识的学习中，发展数学能力。

（二）教学方式上的数学反思策略

数学教师要提高教学反思能力，需要从多种途径采取多样化的方式进行反思，这样才能真正实现教学反思的目的，从而有效提升教师的专业能力。

1.撰写教学日记进行反思

写教学日记是最方便、最有效的反思途径和方式。通过坚持每天写教学日记，把当天课堂教学中开展的教学活动和学生在学习过程中出现的亮点、有效做法、遇到的问题或困难等内容记录下来，能够方便教师思考，探索有效的改进策略和解决问题的方法。在撰写的教学日记中，教师要突出教学反思问题，逐项列出反思问题清单，这样有利于形成清晰的反思思路。例如，在"二次函数"的教学反思日记中，教师可以列出如下反思问题清单：整体教学效果反思清单：①本次课的成功之处或有效做法是什么；②本次课存在的主要问题是什么；③课堂教学是否达到了预期目的。教学行为反思清单：①教学情境创设或课堂导入是否有效；②教学重点与难点的讲解是否透彻；学生理解和掌握的效果如何；③是否较好地实施了分层教学和分层提问；④是否较好地渗透了数形结合等数学思想。教学日记的撰写需要教师做到坚持不懈，勤于思考和总结，并注重与同伴进行相互交流，坚持下去，才能有效提升教师的教学反思能力。

2. 同伴相互帮助进行反思

开展教学反思活动，既要注重教师个人的反思，又要发挥集体的力量进行反思。通过同伴相互帮助和相互交流进行集体教学反思，有利于教师拓展教学反思的空间，使教学反思更全面、更彻底、更深刻，也有利于学校所有数学教师共同成长与发展。为此，学校数学教研组可利用集体备课时间进行教学反思交流，就教学设计和课堂教学过程中的问题进行集体探讨，这样既能提高集体备课质量，又能取得良好的反思效果。学校应定期或不定期地召开数学教研组集体反思交流会，可以针对某项具体问题进行反思交流，也可进行更广泛内容的反思交流；可以是两人进行反思交流，可以是新老教师结对进行教学反思交流，还可以利用观摩课、示范课、评优课等各种公开课进行现场反思交流。通过教师之间的集体反思和交流研讨，能使教学反思取得良好成效。

3. 通过与名师对比进行反思

教师在进行教学反思时，可通过与名师的教学对比进行反思，查找问题与差距。为此，教师可通过现场聆听名师讲课进行对比反思，也可以通过观看名师讲课的录像资料进行对比反思。通过与名师讲课的对比来总结名师讲课的理念、方法、优点和有效做法，并与自己的讲课进行对比，发现自己的不足之处。通过与名师讲课的对比反思，教师不但能够快速有效地提升教学能力，而且能及时发现自己在教学中的不足之处。在聆听和观看名师讲课之后，教师应总结和提炼名师教学的有效做法与经验，在此基础上与名师进行"同课异构"或"同课同构"，把学到的经验用于自己的教学实践中，从而达到快速提升自身能力和素质的目的。

4. 师生互动交流进行反思

教师开展教学反思活动的最终目的是提高学生的数学学习成绩，因此，在开展教学反思活动时，教师要注重调动学生参与反思的积极性，通过与学生的互动交流，促进教师教学反思能力的提升。首先，教师需要构建平等、民主、和谐的师生关系，使学生愿意主动地与教师进行深入的互动交流，这样能为教学反思奠定良好的基础。其次，教师要从多种途径采用多种方式开展师生互动交流，可以在课堂上就教学中的问题和学生在学习中的问题进行互动交流，也可以征求学生对教师教学的意见或建议，还可以通过作业检查与批改、自习课辅导、课后交流等途径进行互动反思和交流。例如，在与学生的交流中，有的学生说数学课上自己昏昏欲睡、听课没有激情。经过反思后就会发现，大部分的原因是教师的课堂教学语言不够生动形象，课堂教学趣味性不强，通过改进教学语言，增强教学趣味性，学生的学习情况就会大为改观。

5. 通过课题研究进行反思

要提高教师的教学反思能力，应提倡教师积极参与教学课题研究工作，通过开展有针对性的课题研究，能够从更大范围、更深层次、更高标准进行教学反思，这样既能发展教师的教育教学科研能力，又能提升教师的教学反思效果。受省、区、市课题研究数量的限制，不可能所有教师都参与以上课题研究，但每个教师都可以参与校级或校本课题的研究。教师可针对本校数学教学中存在的难题或制约数学教学成效的瓶颈问题开展校本课程研究，这样不仅能够有效解决日常教学反思中的问题，而且有利于建设科研型数学教学团队。

参 考 文 献

［1］ 高荣元. 初中数学教育教学中如何培养学生的逻辑思维［J］. 学周刊，2022（27）：87-89.

［2］ 于红岩. 基于信息化的初中数学课堂教学策略［J］. 天津教育，2022（24）：159-161.

［3］ 崔旭霞. 初中数学课堂教学目标设计的策略研究［J］. 学周刊，2022（26）：76-78.

［4］ 梁明菊. "导学互动"教学模式在初中数学教学中的应用与研究［J］. 试题与研究，2022（23）：150-151.

［5］ 严伟军. "双减"环境下初中数学有效教学方法探讨［J］. 试题与研究，2022（23）：160-162.

［6］ 吴志文. 新课标下初中数学课堂教学的有效性策略［J］. 家长，2022（23）：108-110.

［7］ 钱永春. 基于核心素养的初中数学教学实践［J］. 文理导航（中旬），2022（09）：82-84.

［8］ 贺灿. 基于核心素养的初中数学课堂教学设计方法探讨［J］. 新课程，2022（30）：69-71.

［9］ 周荣刚. 初中数学探究式教学研究［J］. 中学课程辅导，2022（22）：33-35.

［10］ 韩颖. 自主合作学习模式下初中数学教学的实施策略［J］. 中学课程辅导，2022（22）：102-104.

［11］ 林武. 初中数学教学中"支架式"教学模式的应用研究［J］. 数理化解题研究，2022（20）：2-4.

［12］ 张琼. 初中数学互动式课堂教学的关键要素探究［J］. 数理化解题研究，2022（20）：17-19.

［13］ 王国强. 初中数学教学中渗透人文教育的路径探索［J］. 学周刊，2022（22）：37-39.

［14］ 谢文琼. 关于初中数学教学与信息技术多媒体的整合研究［J］. 学周刊，2022（22）：43-45.

［15］ 刘艳国. 初中数学教学中如何培养学生的数学核心素养［J］. 当代家庭教育，2022（21）：92-94.

［16］ 梁宙荣. 初中数学课堂中学生思维能力的培养策略［J］. 中学课程辅导，2022（19）：

15-17.

［17］潘元淑. 浅谈初中数学建模与应用问题教学［J］. 中学课程辅导，2022（19）：51-53.

［18］魏永刚. 初中数学课堂教学中的互动交流探索［J］. 亚太教育，2022（13）：143-145.

［19］蒋琴琴. 初中数学活力课堂的构建策略研究［J］. 天天爱科学（教学研究），2022
（07）：75-77.

［20］孙伟海. 初中数学多媒体高效课堂教学模式的探究［J］. 中国新通信，2021,23(24)：
198-199.

［21］李培新. 合理运用互联网优化初中数学课堂教学［J］. 中国新通信，2021,23（24）：
204-205.

［22］黄宇. 初中数学教学中学生自主学习能力的培养探究［J］. 延边教育学院学报，
2021（06）：196-197.

［23］李泽敏. 初中数学分层教学和小组合作的探讨［J］. 亚太教育，2021（24）：117-119.

［24］庞嵘嵘. 基于大概念的初中数学教学设计研究［D］. 桂林：广西师范大学，2022.

［25］杨晓梅. 情境教学在初中数学教学中的应用研究［D］. 淮北：淮北师范大学，
2022.